생생한 사례로 살펴보는
건강가정론

일러두기

- '생각 나눔'과 '조별 나눔'은 자유롭고 창의적인 생각의 기회를 위해 마련하였습니다. 모든 질문에는 정답이 없으므로 자유롭고 적극적인 생각의 기회를 통해 유익하고 즐거운 시간 되시길 바랍니다.
- 이 책에 등장하는 모든 인물의 이름은 가명이며, 이 책에 실린 사례는 모두 각색되었거나, 글쓴이의 동의를 얻어 수록하였음을 밝힙니다.

생생한 사례로 살펴보는

건강가정론

초판 발행 2023년 9월 4일

지은이 전주람, 최경
표지그림 전주성
펴낸이 류원식
펴낸곳 교문사

편집팀장 성혜진 | **디자인 · 본문편집** 신나리

주소 10881, 경기도 파주시 문발로 116
대표전화 031-955-6111 | **팩스** 031-955-0955
홈페이지 www.gyomoon.com | **이메일** genie@gyomoon.com
등록번호 1968.10.28. 제406-2006-000035호

ISBN 978-89-363-2489-6(93370)
정가 21,000원

THEORIES ON HEALTHY FAMILIES

생 생 한   사 례 로   살 펴 보 는

건강가정론

전주람 · 최경 지음

교문사

이 책은 기존 건강가정론 교재에 대한 아쉬움에서 출발하여 전문서적의 이론 중심을 넘어선 실천적인 부분에 초점을 두어 구성하였습니다. 가족학 전공자인 전주람은 딱딱한 이론의 요약 중심의 교재에서 벗어나 생생한 사례를 풍부히 하며 자신의 생각을 정리할 수 있는 질문을 던지는 방식의 교재가 학생들에게 보다 도움이 될 것이라고 확신합니다.

그리고 혜화동 선후배로 만난 이후, 가족학 전공자인 전주람과 아동학 전공자인 최경은 각자의 연구의 길을 걸어오며, 가끔 우리가 가르치고 있는 가족, 아동과 심리와 관련된 여러 과목들에 관해 이야기 나누곤 했습니다. 2020년 우연한 기회에 우리 둘은 이 시대에 필요한 건강가정론을 학습하는 학생들에게 '건강한 가족'이란 과연 어떠한 가족일지, 또한 '건강한 가족'에서는 어떠한 현상들이 발생하는지에 관해 다양한 각도에서 여러 질문들을 던지고자 했습니다. 아울러 저희 두 연구자는 일방적인 가르침보다는 학습자와 저자 간의 상호작용하는 방식의 중요성을 깨닫고 질문을 던지고 그 질문에 스스로 답해보는 방식의 교재 형태로 엮는다면 보다 많은 학생들이 쉽고 흥미롭게 책을 접할 수 있을 것이라고 판단했습니다. 생각 나눔이나 조별 활동은 스스로 가족에 대한 자신의 가치관을 정리해보는 시간을 제공할 것입니다. 그리고 짧은 시간 안에 다양한 가족의 모습에 대해 생각하고 다른 사람과 토의해볼 수 있도록 하기 위해서 그림책에 표현된 다양한 가족의 모습에 대해 살펴볼 수 있도록 하는 내용을 포함시켰습니다. 주변의 도서관이나 인터넷 등에서 그림책의 내용에 대해서 살펴보고, 건강한 가족에 관해 논의한다면 보다 학습의 즐거움을 더할 수 있을 것입니다.

이 책은 기존 이론 중심의 교재와는 달리, 가족에 관심이 있는 학습자 또는 독자들의 생각을 자세히 정리할 수 있도록 해줄 것입니다. 또한 '가족'이라는 키워드는 가족과 건강, 가족역할과 가족스트레스와 회복 과정을 가족이라는 미시체계 중심으로 전방위적으로 이해함으로써 사고의 지평을 확대할 것입니다. 이를 통해 기존의 가족에 대해 고정되어 온 편견과 고정관념을 걷어내고, 생생한 사례를 중심으로 건강한 가족을 재탐색하며 건강한 가족이란 도대체 무엇인지에 관한 생각의 기회와 담론을 제공해줄 것입니다. 또한 청년의 시기에 있는 학습자들이 새로운 가족을 만들기 이전 쉽게 이론과 접목하여 자신의 가족경험을 분석하고 이해할 수 있도록 해주며, 궁극적으로 가족관계라는 쉽고도 어려운 관계에서 벌어지는 여러 현상들을 세밀하게 관찰하고 생각해봄으로써 자신들의 일상에서 적용해볼 수 있는 지혜로 연결될 수 있기를 기대합니다. 그 사명감을 지닌 채, 두 연구자는 '가족, 건강과 마음'이라는 주제로 공동 집필하였습니다. 이 주제들은 이 책에서 아홉 편의 구조로 전개될 것입니다.

1장에서는 '가족'과 '건강한 가족'에 관해 기초적인 이해의 시간을 갖고자 하였습니다. 구체적으로 청년들은 가족을 무엇이라고 하는지 그 내용과 의미를 탐구하고, 가족의 형태와 기능은 어떠한지, 그리고 건강한 가족이란 과연 어떤 가족을 말하는 것인지에 관해 화두를 던졌습니다. 이 과정을 통해 독자 여러분들은 자신들이 인식하는 건강한 가족이 어떤 가족인지 질문을 통해 문제의식을 갖고 자신의 생각을 정리해나갈 수 있도록 했습니다.

2장에서는 사회변화와 가족의 변화에 관해 논의하였습니다. 21세기 가족은 '가족(family)'에서 '가족들(the family)'로 확장되어 왔습니다. 이는 기존의 전통적인 정상가족의 신화를 되짚어 보게 하며 한부모, 다문화, 공동체 가족 등 여러 가족의 형태에 관해 의문을 던지게 하였습니다. 미래 사회 다양한 가족들은 보다 확장되어 나갈지, 혹은 어떠한 형태의 가족은 소멸할지 등에 관해 호기심을 갖지 않을 수 없습니다. 이러한 여러 가족의 형태와 다양성에 관해 논의의 장을 펼쳐보고자 하였습니다.

3장에서는 건강가족에 대해서 보다 깊이 있게 논의해보고자 하였습니다. 건강가족의 등장배경을 사회적 변화와 맥락에서 소개하며, 학자들이 언급한 건강가족의 개념과 기능에 관해 정리하였습니다. 아울러 다양한 가족의 모습이 표현된 그림책을 소개하여 학생들이 그 내용에 대해 살펴보고 논의해볼 수 있도록 하는 질문을 함께 넣었습니다. 본서에 소개된 그림책들을 읽고 질문에 대해 생각해보거나 그룹의 구성원들과 토론해보는 과정은 현재 우리 주변에 있는 다양한 가족의 모습에 대해서 이해할 수 있는 기회를 제공할 뿐 아니라, 건강한 가족이란 무엇이고 건강한 가족이 되기 위해서 어떠한 것이 필요한지에 대해 생각해보도록 도울 것입니다.

4장과 5장은 건강가족에 대한 이론적인 접근으로 몇 가지 이론을 소개하였습니다. 가족체계와 생애주기, 가족발달론적 접근의 강점과 자원이론을 중심으로 가족이 지닌 체계론적 특성을 이해하고 생애주기별로 어떠한 발달과업을 지니는지, 또한 현장에서 만나는 가족들의 장점과 자원을 발굴해주는 일이 어떻게 가능한지 등에 관해 기술하였습니다. 이러한 이론적 개념은 사례를 통해 개념을 보다 쉽게 이해할 수 있도록 하였으며, 이 과정의 학습을 통해 독자 여러분들은 과거에는 볼 수 없었던 가족의 세계를 보다 깊이 관찰할 수 있을 것이라 기대합니다.

6장과 7장은 건강가족의 요소에 관해 저자들이 중요하게 생각하고 있는 가족역할, 가족정서, 가족의사소통, 가족스트레스와 가족탄력성의 다섯 가지 주제를 다루었습니다. 각 요소들의 개념이 가족관계에서 어떻게 작용하는지 습득하며 무엇보다 사례를 통해 어떻게 실제 현장에서 적용될 수 있을지에 초점을 두었습니다. 이를 통해 우리는 건강가족 요소의 개념들이 가족의 실제 일상생활에서 어떻게 적용되는지 이해할 수 있고, 무엇보다 우리 자신이 건강한 가족으로 나아가기 위해 어떠한 사고와 태도, 의사결정을 해나가야 하는지 지혜를 얻을 수 있을 것이라 기대합니다.

8장과 9장에서는 건강가정사업의 실제와 실천기술에 관해 다루었습니다. 8장에서는 건강가족의 요소를 향상시키기 위해 건강가정지원센터(혹은 가족센터)에서 사용할 수 있는 가족코칭과 가족상담 및 치료 관련 내용을 소개하였습니다. 마지막으로 9장에서는 「건강가정기본법」이 제정된 이래 건강가정사업의 전달체계가 어떠한지 이해를 돕고자 하였으며, 건강가정지원센터에서 시행하는 프로그램들의 유형과 내용을 간략히 살펴보았습니다. 아울러 건강가정사를 꿈꾸는 학습자들이 어떠한 역할과 윤리의식 및 자격을 갖추어야 하는지 설명하였습니다. 이를 통해 한국 사회에서 건강가정지원센터의 운영과 계획, 향후 방향성에 관해 이해하며, 건강가정 관련 프로그램의 현 주소를 점검하고, 실제 건강가정 전문가들이 향후 어떠한 교육, 상담 및 프로그램을 개발해야 하며, 건강가정사가 그 역할을 하기 위해 어떠한 자격과 윤리의식을 갖고 행동해야 하는지에 대해 생각해보는 기회가 될 것입니다.

이 책을 집필하는 과정에서 기존 연구물과 저자들의 교육현장의 경험들을 살렸고 두 저자 간에 논의하며 이 책에 담아냈습니다. 하지만 우리는 가족학자와 아동학 전공자들로서 학문에 대한 호기심과 열정은 가득하나 실제 건강가정 현장에 오래 몸담아 오신 분들에 비해 현장 경험이 적은 자들입니다. 이러한 한계점에도 불구하고 건강과 가족, 교육, 프로그램 개발에 진지한 관심을 가진 두 명의 연구자들은 몇몇 연구물, 전문서적에 의지하여 결과물을 내놓았습니다. 이 책이 나오기까지 학문의 열정을 깊이 파헤치도록 저희 두 연구자를 성장시켜주신 7080 부모님과 가족들, 그리고 가족과 아동의 세계에서 어린아이와 같은 호기심 어린 눈과 세밀하게 볼 수 있는 세심한 관찰력을 갖게 해주신 김순옥, 현은자 교수님께 감사의 마음을 전합니다. 그리고 이 책이 출간될 수 있도록 부족한 연구자의 뜻을 깊이 헤아려주신 교문사 진경민 차장님을 비롯하여 꼼꼼한 편집의 과정을 도맡아 주신 성혜진 선생님께 감사의 마음을 전합니다. 아울러 이 책에 어울리는 표지 그림이 나오기까지 애써준 전주성 그림작가님에게 깊은 감사의 마음을 전달드립니다. 아무쪼록 이 책을 통해 보다 괜찮은 가족의 일상을 만나보실 수 있기를 바라며 글을 마칩니다.

2023년 여름
전주람, 최경 일동

차례

8

1장

'가족'과 '건강한 가족'에 관한 논의

전주람

이 장에서는 저자들의 가족 관련 연구와 몇몇 사람들의 증언을 통해 가족의 개념에 관한 논의를 시작으로, 가족의 형태, 기능 및 주기에 관해 살펴보고자 합니다. 그리고 청년 두 명이 이야기하는 '건강한 가족'에 관한 내용을 시작으로 건강한 가족이란 어떠한 가족인지에 관해 화두를 던지고자 합니다. 이를 통해 여러분들의 가족에 관한 신념, 가치관 등을 탐색해보시기 바랍니다.

1.1 가족의 개념

가족이란 무엇인가? 당신은 '가족'이라는 용어를 통해 어떤 이미지가 떠오르는가? 하나의 어떠한 현상을 바라보는 관점은 사람마다 다르다. 인간은 자신의 경험을 토대로 사고방식이나 신념, 느낌 등으로 세상을 바라본다. 즉, 세모난 창을 통해 밖을 보면 세모로 보이고, 동그란 창을 통해 내다보면 둥글게 보일 것이다. 당신은 '가족(family)'을 어떠한 창으로 바라보고 있는가?

우선 한 20대 여대생과 자녀를 키우고 있는 40대, 50대 여성 세 사람이 생각하는 가족에 대한 의견을 들어보자.

정여울(가명)님, 20대 초반, 여

가족이란 무엇인가? '가족'이라는 이야기를 듣고 어떻게 정의내릴 수 있을까 많이 고민하였습니다. 누구나 가족을 만들 수도 있고, 만들지 못할 수도 있습니다. 이러한 점에서 가족을 한 단어로 정의내리기는 어려운 것 같습니다. 한 남자와 한 여자가 만나 결혼제도로 들어가 자녀를 낳아야만 가족이 된다고는 생각하지 않습니다. 결혼이라는 궤도로 진입하지 않은 남자와 여자의 만남이라는 공동체 역시 가족이라고 생각합니다.

시대에 따라 가족의 중심인 부모의 모습은 변화해온 것 같습니다. 과거에는 주로 헌신적인 어머니와 무뚝뚝한 아버지로 표현되곤 했지만 지금은 다정한 아버지와 자신의 인생을 중요하게 생각하는 여성의 모습도 자주 등장합니다.

저는 가족이 '따로 또 같이' 존재할 수 있어야 한다고 생각합니다. 즉, 개개인이 지닌 고유한 특성은 인정해주면서도 함께 공유할 수 있는 부분이 있어야 합니다. 그리고 가끔 불편한 점도 참고 견디는 시간이 필요하다고 생각합니다. 우리는 보통 낮에는 각자의 일터에서 생활하다가 저녁에 같이 모여 짧은 시간을 보내기도 하니까요. 그렇다고 생존을 위해 정해진 업무시간 외에 야근을 하고, 집에서는 잠만 자고, 가족들은 한 달에 한번 볼까 말까 하는 대화 없는 집이 가족인지는 잘 모르겠습니다. 당장 먹고살아야 하는 것이 현실이라서 어쩔 수 없다고 생각하면서도 과연 진정한 가족의 모습인지는 고민이 됩니다.

누구에게나 가족은 익숙하게 여겨집니다. 당연하다고 생각하는 측면이 있다는 것이죠. 하지만 인간과 인간이 만나는 형태의 모습은 매우 다양하고 당연하지 않게 받아들여지는 일이 날마다 반복됩니다. 이러한 경험에서 보면 '가족'에 대해 당연하다고 바라보는 것에서 벗어나 폭넓게 생각해볼 필요성이 있습니다.

4차 혁명과 코로나 시대를 보내는 요즘, 급변하는 시대에서 우리는 다양한 가족의 모습을 경험하며 살아갑니다. 이 때문에 우리는 여러 가족의 모습을 어떻게 수용할 것인지, 혹은 거부할지에 대해 고민할 수밖에 없는 현실에 직면해 있다고 봅니다.

이민서(가명)님, 40대 중반, 여

가족이란?

먼저 남편, 두 아이가 떠오릅니다. 결혼을 하면서 영원한 내편이 생겼습니다.

두 아이가 태어나 책임감이 생기고, 고민도 생기고, 무엇보다 두 아이를 잘 키워 행복한 가정을 이루어야지 하는 생각에 정신없이 살아온 것 같습니다. '가족의 소중함을 생각했었을까?'라고 되돌아 봅니다.

가족이라 함은 내 삶의 이유, 내가 가진 모든 것입니다. 나는 그들을 위해 존재합니다. 아무리 힘든 상황에서도 희망을 가지게 해주는 버팀목이랄까요. 편안하게 해주는 장소이기도 합니다. 그리고 나의 모든 것을 감싸 줄 수 있는 유일한 안식처입니다. 아무리 남편과 아이가 미운 짓을 해도 돌아서면 안쓰러워 용서가 되고, 사랑으로 감싸게 됩니다. 내가 어디에 있든, 무엇을 하든 언제나 나의 편이 되어 줄 수 있는 유일한 존재입니다. 언제나 그 자리에서 묵묵히 기다려 주고, 나를 움직이게 만드는 원동력이랄까요.

최유남(가명)님, 50대 후반, 여

나에게 가족이란?

선택되는 것도 아닙니다. 선택하는 것도 아닙니다. 가족이란 생물학적으로 유전에 의해 혈연이 되고, 나 개인의 아픔이 홀로가 아닌 가족으로 묶여 버리면 가족 전체의 '아픔'이 됩니다. 이것은 유일하게 가족만이 할 수 있는 것이라 여겨집니다.

가족은 나의 노력에 의해 쉽게 얻어진 것도 아니요, 나의 게으름 때문에 만들어지지 않은 것도 아니기에 어떻게 내가 태어나 나의 아버지 어머니의 자녀가 되고, 나의 자녀의 어머니 아버지가 되어 신비로운 우주 속에서 단단하게 묶여 있는 노받이의 밧줄과 같아져 버렸습니다. 노받이의 밧줄이 없다면 폭풍우에 언제 휩쓸려 갈지 모르나 묶여 있는 이상 거센 파도에서 지켜낼 수 있기에 가족도 서로가 서로를 지켜내기 위해 만들어진 또 하나의 새로운 '나의 분신'입니다.

가족이란 남남이라는 타인이 만나 자식을 낳아야 비로소 온전한 가족이 형성되는 것이라 확신합니다. 요즘 가족이라는 의미가 혈연을 떠나 공동체 생활 속에서도 '가족의 재발견'을 한다고들 하지만, 저의 관점은 다릅니다.

가족이란, 함께 있지 않아도 말할 수 없는 '사랑'이 전기처럼 흐릅니다. 그 '사랑'은 받지 않아도, 주지 않아도 섭섭하지 않으며 유유히 흐르는 사랑은 슬픔과 아픔, 애증이 함께 공존하며 흐릅니다.

가족이란 혹 누군가 죽어 세상에 없으면, 나를 잃어버린 것 같아 허전하며 나의 생을 마감할 때까지 쉽게 잊지 못해 마음이 아픕니다. 왜 그럴까요? 바로 '혈연'으로 연결되어 있기 때문입니다. 아무리 미워도 남처럼 미워할 수 없으며 밉다가도 품어갈 수 있는 것이 가족입니다. 하지만 남은 그렇게 되지 않습니다. 아무리 보기 싫더라도 없으면 찾게 되는 것을 보면 분명 남과는 다른 '신비'를 가지고 있는 것이 가족이라 할 수 있습니다.

내가 어려울 때 누가 나를 도와주겠습니까? 설사 타인이 나를 도와주었더라도 그것은 마음의 짐이 되어 그 짐을 덜어내야 하지만 가족에게 도움을 받았을 땐 나의 자존심에 조금은 상처가 나더라도 그 짐이 타인이 나를 도와준 것보다는 덜 무겁습니다. 그것은 바로 가족은 나의 삶에 '반쪽'임을 체감하기 때문입니다. 나에게 가족이란? 나의 삶의 '반쪽'입니다.

위 글에서 동의하지 못하는 부분, 혹은 동의하는 부분이 있을 것이다. 위 세 여성의 글에 비춰 가족에 대한 자신의 생각을 논의해보자.

14

Q1 '가족'의 범주에 관해 생각해봅시다. 어디까지 가족의 범주에 포함될까요? 결혼한 형제, 자매 그리고 그의 아내와 남편도 가족에 포함될까요? 당신이 키우는 반려견은 어떠합니까? 가족을 하나의 단어로 비유하여 문장을 만들어보고, 그 이유에 관해 기술해봅시다.

예시. "가족이란 '톱니바퀴'입니다."

처음으로 아버지께 "어디까지가 가족일까요?"라고 가족의 범위에 관해 질문했습니다. 결혼한 형제는 가족일지, 결혼한 형제가 낳은 조카는 가족일지 등에 관해 말입니다. 아버지께서는 다양한 가족의 형태가 존재함을 인식하시고, 가족의 범위를 우리가 한계짓는 것은 그 범위에 포함되지 않는 가족집단에게 상처가 될 수 있다고 말씀하시며 가족 범위를 우리의 주관하에 한계짓는 것은 위험함을 언급해주셨습니다. 하지만 가족이라면 가족의 형태와 관계없이 구성원 간의 상호작용이 있고, 좋든지 싫든지 단지 한 구성원에 의해서라도 가족집단과 그 내부의 구성원이 영향을 받는 것이 자명하다는 합의를 이끌어 내었고, 가족은 톱니바퀴라는 결론을 내렸습니다. 즉, 가족이란 강아지, 고양이와 같은 애완동물을 포함하여 둘 이상의 개체가 모여 지속적인 상호작용을 하고, 서로 영향을 주고받는 집단이라는 것입니다. 하지만 이렇게만 정의하면, 단순히 친구들끼리 모인 집단도 가족이라는 개념에 포함될 수 있기에, 구성원 모두가 자신들이 속한 집단을 가족이라고 생각해야 비로소 가족임을 결론내렸습니다.

가족이란 무엇인가에 대해 아버지와 논의하며 우리 가족은 현재 행복한지, 어떻게 해야 행복한 가족이 될 수 있을지 고민해볼 수 있었습니다. 어디까지가 가족인지 생각해보고, 가족에 관한 이론적 정의를 내리는 것도 중요하지만, 아버지께서 처음에 가족이란 서로 보듬어주고 사랑해주는 것이라고 답해 주셨던 것처럼 더 중요한 것은 가족들이 행복한 가족이 될 수 있는 방안을 모색하는 것이 아닐까라는 생각을 하게 되었습니다.

Q2 '가족'의 개념이 3개의 요소로 이루어진다면 어떤 요소로 구성하겠습니까? 가족의 삼각형을 그려보고, 그 이유에 관해 조별로 이야기를 나누어봅시다.

〈가족의 삼각형〉

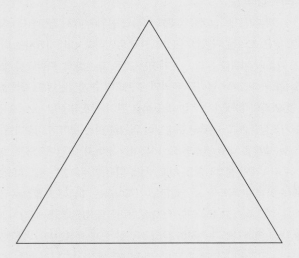

아래 내용은 최근 20대 청년들이 가족에 관해 비유한 내용을 담은 전주람과 최경(2021)의 〈은유법을 활용한 대학생들의 가족개념에 관한 연구〉에 실린 몇몇 담화이다. 다음 글을 읽고, 어떠한 내용이 가장 마음에 와닿는지 그 이유를 함께 나눠보자.

가족이란 퍼즐이다. 가족의 각 구성원을 퍼즐 조각이라고 했을 때, 한 명이라도 없으면 퍼즐 한 조각이 없는 것처럼 허전하다. 실제로 누구 한 명이 여행을 가거나 할 일이 생겨 평소보다 오래 외출해 있으면 언제 오나 기다리게 되고 괜히 보고 싶다. 또 가끔 싸우고 안 맞을 때도 있지만 한 번 더 들여다보고 이리저리 돌려 보면 결국엔 맞기 때문이다. 그리고 퍼즐 조각들이 모여 조금 더 큰 조각이 되고 그 조각들이 모여 퍼즐이 완성된다. 퍼즐 조각들은 그 모양이나 색이 전부 다르다. 이는 다양한 형태의 가족이 모여 사회를 구성하는 것과도 비슷해 보인다.

가족이란 햇살이다. 햇살이 적당하면 사람인 우리는 잘 살아갈 수 있다. 하지만 햇살이 너무 세거나 혹은 너무 없다면 생명체인 우리는 윤택한 삶을 살아가기 어렵다. 가족 또한 마찬가지이다. 적절하게 기능을 하면 우리의 삶을 풍요롭게 하지만, 가족이 기능을 잘 하지 못한다면 우리의 삶을 빈곤하게 만들 수 있다.

가족이란 서로를 지켜주는 울타리 같다고 생각한다. 어디서든 아무런 이유 없이 서로를 위해주는 관계는 가족뿐이라고 생각한다. 부모는 어린아이가 건강하게 자랄 수 있도록 지켜주고 시간이 흐르고 나면 성인이 된 자식들이 나이가 든 부모를 지켜준다. 힘든 생활 속에서 가족을 제외하고 서로를 지켜주는 관계는 흔치 않다고 생각하기 때문에 가족이란 서로를 지켜주는 울타리와 같다고 생각한다.

가족이란 김밥이다. 그 이유는 색색가지 다양한 맛의 속 재료들이 모여 한 가지의 맛을 이루는 김밥처럼 색색의 다양한 개성을 가진 사람들이 한 가정을 이루며, 이는 결국 하나의 집합체가 되어 어우러지기 때문이다. 엄마와 아빠, 언니와 동생 등 각각의 사람들은 본연의 속성과 개성이 같을 수도 다를 수도 있지만, 결론적으로는 한 가정이라는 틀에서 어우러지며 서로 돕고 맞춰가고 이해하며 살아가기 때문이다!

가족이란 비빔밥이다. 비빔밥에는 다양한 재료가 들어간다. 다양한 재료들을 각각의 개성을 가진 가족구성원이라고 생각한다면, 비빔밥에 들어가는 나물의 양뿐만 아니라, 밥과 고추장의 비율도 맞아야 조화롭다. 이처럼 가족구성원의 역할과 지위가 잘 분배되어야 조화롭다. 또한, 다른 반찬 없이 비빔밥 하나만 먹어도 속이 든든한 것처럼, 가족과 함께 있으면 마음이 풍요로워진다.

가족이란 버팀목이다. '든든한 버팀목이 되어준다'는 말은 '가족'에게 가장 잘 어울리는 말인 듯하다. 가족구성원은 서로에게 버팀목이 되어 준다. 가족 중 누군가가 힘든 현실을 마주하여 좌절하고 힘들어할 때, 가족구성원들은 스스로 버팀목이 되어 온전한 그의 편이 되어 주고 지지해준다. 또한, 타인이 그를 비난할지라도 가족은 그의 선택을 존중하고 응원한다. 가족구성원은 믿음을 주며 서로에게 의지할 수 있고 기댈 수 있는 존재이기 때문에 버팀목과 유사하다.

가족이란 술이다. 술을 많이 먹은 다음 날, 사람들은 구토를 하거나 두통을 겪는 등 숙취라는 것을 경험한다. 그러면 그들은 말한다. "내가 다시 술을 마시면, 멍멍이다." 그러나 그들은 그 이후에도 술을 마신다. 기쁜 날이나 슬픈 날에. 기쁜 날 그들은 술과 함께 축하와 격려를 받고, 반대로 슬픈 날에는 술과 함께 위로를 받는다. 아니, 어쩌면 '술'이라는 것 자체가 그들에게 축하와 격려이자 위로인 것 같다. 그렇기에 숙취로 아무리 고생했더라도, 가장 기쁘고 슬픈 날 술이 먼저 떠오르는 것 같다. 이와 같은 맥락에서 나는 가족이 술과 비슷하다고 생각한다. 가족과 시간을 보내다 보면 종종 싸우며 서로에게 상처를 주곤 한다. 그러나 그럼에도 기쁜 일이나 슬픈 일이 생기면 가족이 가장 먼저 생각난다. 그리고 우리는 그 가족에게서 가장 따뜻한 축하와 격려, 그리고 위로를 받는다. 우리는 '가족' 그 자체에서 따뜻함을 느낀다.

가족이란 음식이다. 배고플 때 생각나고 먹고 싶다. 먹으면 배불러 마음이 안정적이며 행복해지고 스트레스를 풀 수 있는 것이다. 하루에 세 번 이상 먹어야 하고 생활에 없으면 안 되는 것이다. 배고플 때 음식을 생각하는 것처럼 우리가 힘들 때도 가족을 찾아가서 위로를 받고 이야기를 나누며 스트레스를 해소한다. 가족은 음식처럼 따뜻하고 행복을 누릴 수 있으며 우리 인생에 필요한 것이고 없으면 안 되는 것이다.

가족이란 안식처이다. 그 이유는 항상 나의 편이 되어 주어 마음을 편안하게 만들어주기 때문이다. 밖에서 힘든 일이 있을 때 직접적인 도움을 주지는 않더라도 묵묵히 나의 뒤에서 응원하는 가족들이 있다는 사실이 힘이 되고 긍정적으로 살아갈 수 있는 원동력이 되어 주는 것 같다.

가족이란 믿을 수 있는 휴식처이다. 그 이유는 어떠한 상황이라도 내 편이 되어주고 나에게 진심으로 실질적인 도움을 주려고 하는 구성원이기 때문이다. 또한 내 성공에 진심으로 기뻐해주고, 나의 슬픔에 진심으로 아파해주는 사람들이 가족이기 때문이다.

가족이란 잠이다. 잠은 나에게 없어서는 안 될 꼭 필요한 존재이며, 나에게 따뜻함과 편안함을 주기 때문이다. 잘 시간이 없어 쪽잠을 잘 때 소중함을 느끼기도 하고, 어느 날에는 너무 달콤한 잠에 들어 기분 좋고 상쾌하지만, 또 어떤 날에는 불면증 때문에 잠에 들지 못해 스트레스를 받고 신경이 쓰인다. 가족의 관계도 마찬가지로, 가족은 나에게 없어서는 안 될 필요한 존재이고, 항상 따뜻한 마음으로 내 편이 되어 나를 편안하게 만들어준다. 항상 내 옆에 있는 듯하지만 각자의 생활로 함께하는 시간이 부족하여 그 작은 시간마저 소중한 것처럼, 그리고 가끔은 말다툼을 하며 싸울 때도 있고 신경쓰이는 일도 생기는 것처럼, 난 이런 부분이 '잠'과 비슷하다고 생각한다.

가족이란 시간이다. 사람들은 보통 자신이 해야 하거나 하고자 하는 일(자신이 종사하고 있는 분야에서 일을 한다든지, 친구들과 좋은 시간을 보낸다든지, 자신만의 여가 생활을 하는 것 등)을 하는 것에 빠져 '시간'이라는 것의 소중함, 그리고 귀중함을 잘 알지 못하고 지나갈 때가 많다. 아마 그 이유는 시간이 흐른다는 것에 너무 익숙해져 있기 때문일 것이라고 생각한다. 그러나 언젠가, 시간이 정말 무엇과도 바꿀 수 없는 것이라는 것을 깨달을 때가 온다. 이러한 시간의 성질은 가족과 많이 비슷하다고 생각한다. 왜냐하면 사람들은 가족들과 함께 있다는 것에 대해 익숙해져 가족의 소중함을 잘 느끼지 못하고 지나갈 때가 많다. 그러나 가족이 정말 필요한 순간, 또는 가족과의 이별처럼 비슷한 경험을 겪는다면 가족이 정말 소중하고, 어느 무엇과도 바꿀 수 없는 값진 것이라고 깨닫기 때문에 가족이란 시간이라고 생각한다.

가족이란 선인장과 같다. 우리는 다른 사람들과 원활하게 지내기 위해 갖은 노력을 한다. 말과 행동을 조심하고, 더 많이 참고, 상대방을 이해하려 애를 쓴다. 마치 귀한 화초를 키우듯이 말이다. 하지만 가족을 대할 때에는 그러한 노력이 부족한 경우가 많다. 오히려 매우 쉽게 짜증을 부린다. 쉽게 언성을 높이고, 인내심이 바닥나고, 상대방을 이해하려는 의지가 부족한 모습들을 되돌아볼 수 있다. 마치 뾰족뾰족한 가시를 드러낸 선인장을 키우는 것처럼 말이다. 물을 자주 주지도 않고, 잘 자라는지 매일매일 민감하게 살펴보지도 않는다. 그럼에도 불구하고 선인장은 안정적으로 꿋꿋이 서있다. 가족 또한 그렇다. 금방 풀고, 다시 웃고, 즐거울 때 속상할 때 항상 함께한다. 즉, 가장 안정적이고 편안한 존재이다. 그렇기에 가족은 선인장과 같다고 생각한다.

가족이란 골치 아픈 인연이다. 우리는 우리의 가족구성원을 선택하지 않았다. 엄마와 아빠가 우연히 만나 가정을 이루었고, 그 가정에서 우리는 우연히 태어났다. 우연에서 시작된 인연, 그것이 바로 가족이다. 인연에서 비롯되어 자신만의 고유한 본성을 가지고 태어난 아이는 가정에서 일차적으로 사회화되지만 점차 가족구성원이 아닌 더 많은 사람들과 관계를 맺어오며 나름대로의 인격과 가치관을 형성하게 된다. 그러한 과정에서 가족은 '온전한 내 편', '나를 가장 잘 아는 사람들'이 속한 집단이 되기도 하지만, 가족구성원을 이해할 수 없는 순간 싸우고 등지는 경우가 오기도 한다. 인간이란 본디 이기적이며 개인적이기 때문이다. 가족이 '골치 아픈' 인연인 이유는 바로 여기에 있다. 혈연이라는 끈질긴 연으로 맺은 관계를 우리는 부정하기 어렵다. 때로는 타인보다도 나를 더 아프게 하는 것이 가족이 되기도 한다. 가족이라는 이유로 서로에게 더 쉽게 상처를 준다. 때로는 가족이 내가 짊어져야 할 무거운 짐처럼 느껴지기도 한다. 그럼에도 가족이기 때문에 챙기게 된다. 따라서 가족은 의무감인지, 사랑인지 모를 관계 속에서 느끼는 평안함과 안정감, 그와 동시에 가장 고통스러운 통증이 되기도 하는 골치 아픈 인연이다.

가족은 공기이다. 우리는 평소 공기가 항상 주변에 있기 때문에 그것에 대해 생각하지 않지만, 만약 공기가 없다면 두려움을 느낄 정도로 그 가치가 크다. 공기처럼 가족도 항상 곁에 있어 소중함을 모르고 지나칠 때가 많지만, 없으면 고통스럽고 두려울 정도로 소중한 존재이므로 공기와 가족이 비슷하다고 생각했다. 또한 내가 죽도록 힘들 때 내가 숨쉴 수 있도록 도와주는 게 가족이라고 생각하기 때문이다.

가족이란 바람이다. 아무리 길고 어려운 바닷길도 좋은 가족과 함께하면 좋은 바람을 받으며 헤쳐나갈 수 있지만, 아무리 쉬운 바닷길도 나쁜 가족과 함께하면 맞바람과 폭풍우를 만나 돛대가 꺾일 수도 있기 때문이다.

생생한 사례로 살펴보는 건강가정론

앞의 담화 내용 중에서 특히 마음에 와닿는 글귀가 있나요? 한 가지만 꼽아봅시다. 그리고 그 이유에 관해 조별로 이야기를 나누어봅시다.

아마도 당신은 몇몇 생각의 기회를 통해 '가족'에 관한 가치관과 의식이 어떠한지 짚어 보았을 것이다. 그렇다면 학자들은 가족을 무엇이라고 정의내렸을까?

우선 사전적 정의로, 가족이란 혈연, 인연, 입양으로 연결된 일정범위의 사람들(친족)로 구성된 집단으로 정의내려진 바 있다(한국민족문화대백과, 2023). 가족에 대한 보편적인 정의를 내린 대표적인 학자로 미국의 문화인류학자 조지 머독(George Peter Murdock)[1]을 들 수 있다. 그에 따르면 가족이란 부부와 그들의 미혼자녀로 구성되며, 주거와 경제적 협력을 함께하는 사회집단으로 보았다. 이는 핵가족의 형태로 정의된 것이자 외형적 구성과 기능을 강조한 점이 특징이다. 또한 머독에 비하여 확대된 범

---

1 조지 머독(George Peter Murdock, 1897. 5. 11. 코네티컷주~1985. 3. 29. 펜실베니아주)은 미국의 문화인류학자이다.

위를 포함하여 가족의 사회심리적 측면을 강조한 레비스트라우스(Lévi-Strauss)의 정의를 살펴보자. 레비스트라우스에 따르면 가족은 결혼으로 시작하여 자녀로 구성된다는 점은 머독의 개념 정의와 유사하나 이들 이외에 가까운 친척이 포함될 수 있다고 설명하며 가족 개념을 확대시켰다. 아울러 가족원들은 법적인 유대를 갖고 경제적, 종교적 권리와 의무를 지니며, 성적 권리와 금기, 애정과 존경 등 다양한 심리·정서적 관계로 결합된다고 하였다. 이러한 전통적 의미의 가족은 남편과 부인 그리고 자녀라는 핵가족의 형태, 공동거주, 경제적 협력 세 가지가 핵심 키워드라고 할 수 있다.

하지만 이후 가족의 의미는 사회변화에 따라 상당한 변화를 보였다. 현대 가족은 사회변화에 따라 혈연관계를 필수조건으로 하지 않고 오히려 정서적, 관계적 기능을 중요시하고 가족의 다양성을 인정하였다. 1990년대 후반 쿤츠(Coontz, 1997)는 가족이란 서로 사랑하고 배려하는 사람들의 집단이라고 정의내렸다. 예컨대 올슨과 드프레인(Olson & DeFrain, 2003)은 가족은 두 명 이상의 가족구성원들이 서로 돕고 몰입되어 있으며, 애정과 친밀감, 가치관 및 의사소통과 자원을 서로 나누는 집단으로 정의하여 가족 간의 정서·관계적 측면을 강조하였다. 그리고 국내 가족학 학자 유영주(2001)는 가족이란 애정과 친밀감을 갖는 가족원들이 지속적으로 공동생활을 하는 집단이라고 하였다. 이와 같이 전통적 가족 개념과 달리, 가족구성원들의 정서적 교류가 강조됨을 알 수 있다. 이처럼 현대사회에 다양한 가족이 존재하면서 학자들은 사회변화에 따라 발생하는 다양한 가족을 올바르게 이해하기 위해 '가족(the familiy)'이라는 고정된 시각에서 '가족들(families)'이라는 새로운 개념으로 변화되어야 함을 주장한다.

마지막으로 '정상적인 가족'이 존재할지에 관해 논해보자. 여성가족부가 전국 1만 997가구를 대상으로 12세 이상 가구원 면접을 통해 가족실태조사를 한 결과, 부모와 미혼 자녀로 이루어진 가구는 2010년 48.4%, 2015년 44.2%, 2020년 31.7%로 감소 추세로 나타났고(박하얀, 2021), 2000년대 들어오면서 이혼율은 25%에 달하며 황혼이혼이 사회적 이슈로 부상하였다(정진경, 2001). 이러한 사실은 더 이상 가족의 정상성 개념으로는 가족의 현실을 설명할 수 없음을 증명하고 있다.

가족의 정상성이란 존재할 수 있는 것일까? 어떤 가족이 '정상'이고 어떠한 가족을 '비정상'이라고 말할 수 있는가? 주변을 살펴보면 혈연이 아니지만 홀로 된 1인 노인

분들이 모여 살거나, 이혼을 한 사람들끼리 한 지붕 아래 살아가는 경우를 살펴볼 수 있다. 또한 과거와 달리 자녀 출산을 선택하지 않고 자발적인 무자녀 가족으로 살아가기도 하며, 유학이나 취업 등의 이유로 가족이 외국에 떨어져 살며 경제적인 협력과 온라인을 통한 정서적 교류가 함께 모여 사는 가족보다 훨씬 활발한 경우도 어렵지 않게 찾아볼 수 있다. 당신의 시각에서 살펴볼 때, '비정상적인 가족'이 있는가? 그렇다면 어떠한 가족의 모습이 당신에게 정상적이지 않은 것으로 여겨지는가? 우리의 시각을 따져봄으로써 가족의 정상성에 관한 담론을 형성하고 가족의 개념을 논의해보자.

조별 나눔

'가족의 정상성'에 관해 논의해봅시다. 부모-자녀로 이루어진 가족은 '정상'일까요, 그렇지 못한 가족은 '비정상'일까요? 사업이 망해 결혼생활이 파탄에 이른 한 남성은 자녀 둘을 데리고 본가로 들어갔습니다. 이 가족의 형태는 어떻게 보이십니까? 정상적인 가족이란 어떤 가족인지, 또한 정상과 비정상을 나눌 수 있는 기준이 존재할 수 있는지 등에 관하여 논의해봅시다.

Q1 사회변화가 가족의 변화를 이끌고 가족의 변화 역시 사회의 변화를 이끈다고 합니다. 사회변화의 어떠한 요소들이 가족의 모습을 변화시킨다고 생각하나요?

Q2 당신은 나이가 들어감에 따라 가족에 관한 생각에 바뀐 부분이 있습니까? 예를 들면, '그래도 가족은 자녀가 있어야지...' 또는 '동성애가 법적으로 인정되는 나라가 생겨도 남녀의 결합이 조화로운 거 아니야?' 등 변화한 신념과 변화하지 않는 자신만의 신념을 탐색해봅시다.

• 가족에 관해 변화한 신념

• 가족에 관해 변화하지 않는 신념

1.2 가족의 형태, 기능 및 주기

가족을 이해하기 위해서는 우선 인류사회에서 존속하여 온 수많은 가족들이 어떠한 모습으로 모여 살고 있는가를 알아볼 필요가 있다. 이러한 가족의 구성 형태와 생활 모습은 가족의 외형뿐만 아니라, 그들의 문화와 정신구조를 나타내주기 때문에 가족을 이해하는 데 필수적인 부분이다.

1) 가족의 형태

가족의 형태를 분류하는 가장 기본적이고 손쉬운 방법은 가족구성원의 범위를 따져보는 것이다. 우선 가족구성원 수와 혈연관계의 범위에 따른 분류로, 이 범위는 대체로 핵가족과 확대가족으로 구분된다.

- 핵가족(nuclear family) : 부부와 미혼의 자녀만으로 이루어진 소가족
- 확대가족(extended family) : 부부, 자녀 외에 조부모 등이 함께 사는 가족

다음으로 가장권과 권위의 소재에 따른 분류이다. 가장권은 가족의 대외적 관계에서의 대표권과 대내적 관계에서의 가독권 및 가사권리권으로 이루어지는데, 이것이 부부 중 어느 편에 속하느냐에 따라서 가족을 분류한다. 가장의 권위가 부계에 속하면 '부권제' 또는 '가부장제'라 하고, 모계에 속하면 모권제, 양계에 공동으로 속하면 '동권제'라고 한다.

- 부계가족 : 역사적으로 가장 발달해 온 형태이다. 아버지 쪽의 계통을 중심으로 하여 결합된 가족조직 형태를 말한다. 부계가족의 경우, 자녀가 아버지로부터 지위와 권리를 이어받는다. 이때 지위를 이어받는 자녀는 아버지의 권위 아래 존재한다.
- 모계가족 : 부계가족과 대비되는 모계가족에서는 부계가족의 남자처럼 여자가 절대적인 가장권을 가지는 것으로 생각하기 쉬우나 사실은 그렇지 않다. 즉, 모계가족의 가장권은 부계가족의 가장권과는 내용이 다르다. 모계사회에서는 가족의 혈통계승과 가산의 상속이 모계가족을 중심으로 이루어지고, 여자들이 가

족의 통솔권을 대체로 장악하고 있으나 대외권을 갖지 않는다. 부계가족에서는 재산권을 가진 아버지가 대외권도 함께 갖는 것에 비하여, 모계사회에서는 어머니의 남자형제나 다른 남자가 대외권을 가지고 집 밖의 일을 처리한다.

마지막으로 부부의 결합형태에 따른 분류이다. 배우자의 수는 사회에 따라 다른데, 부부의 결합은 1남 1녀로 이루어지는 것이지만 사회에 따라서는 부부 중 어느 한쪽이 단수이고 상대방이 복수로 되어 있는 경우가 있다. 부부가 각기 1인으로 결합되어 있는 형태를 '단혼제' 또는 '일부일처제(monogamy)'라 하고, 남편이나 아내가 동시에 한 사람 이상의 배우자와 결혼생활을 할 수 있는 제도를 '복혼제(polygamy)'라고 한다. 복혼제는 다시 남자가 1인이고 여자가 다수인 일부다처제와 여자가 1인이고 남자가 다수인 일처다부제로 나눈다.

전 세계적으로 정확한 수는 알 수 없으나 일부일처제 가족, 즉 단혼제 가족이 대부분인데 일부일처제 가족이 가장 보편적인 가족형태인 이유는 대체로 다음의 네 가지로 볼 수 있다.

- 부부는 애정을 기초로 하여 결합되는 것으로 1남 1녀가 가족을 이루는 것이 가장 바람직하다.
- 사회적으로 남녀의 성비가 대부분 균형을 이루고 있으므로 성비의 유지상 일부일처제가 이상적이다.
- 부부는 경제적으로 협력하는 관계에 있기 때문에 1남 1녀가 협동하는 것이 경제적으로 유리하다.
- 종교적으로 1남 1녀의 결합이 이상적이라고 여기는 곳에서는 복혼제를 허용하지 않기 때문이다.

2) 가족의 기능

가족이 가족원과 사회에 대해 어떤 과업을 수행하는가? 가족 기능이란 가족원이 수행하는 역할이자 행위를 말한다. 이러한 가족행동의 결과는 가족원의 욕구충족과 사회 유지에 영향을 준다. 가족은 그 구성원과 더 큰 사회를 위해 수행하는 기능이 있으며 이러한 가족의 기능은 사회와 시대에 따라 다양하게 나타나고 끊임없이 변화하고 있다.

학자들에 따라 강조하는 점이 다르나 보편적으로 현대 가족에서 중요하게 수행되고 있는 기능을 구체적으로 살펴보면 다음과 같다. 첫째, 부부의 성적 욕구 충족과

Q1   최근 가족의 형태는 다양합니다. 대부분 핵가족의 형태로 살아가면서도 1인 가구가 대폭 증가하고 있는 추세입니다. 핵가족과 확대가족, 1인 가구의 장단점에 관해 논의해봅시다.

- 핵가족의 장단점

- 확대가족의 장단점

- 1인 가구의 장단점

Q2   당신은 어떠한 가족 형태가 가장 이상적이라고 생각합니까? 또한 어떠한 가족 형태로 살아가기를 원하십니까? 그 이유는 무엇입니까?

애정 기능이 중요하다. 대부분의 사회에서 가족제도는 남녀 간의 성적 욕구를 충족시키는 합법적인 제도로 인정받으며 사회질서 유지와 가족의 보호를 위해서 부부간의 성관계를 제외한 모든 성행위를 규제하고 있다. 이를 통해 가족과 사회의 질서를 유지하게 된다.

둘째, 생식 기능이 대표적이다. 부부간의 성생활의 결과로 자녀를 출산하는 생식의 기능은 가족만이 갖는 유일한 기능이다. 가족이 갖는 생식의 기능은 그 사회의 구성원을 충원하여 사회를 유지, 발전시켜 인류의 종속을 가능케 한다.

셋째, 자녀양육 및 사회화 기능을 들 수 있다. 양육과 사회화 기능은 자녀에게 사회생활에 적응해 나가는 데 필요한 지식과 기술을 가르치며 건전한 사회인이 되도록 전인교육을 담당하는 것이다. 그 외에도 가족문화를 전달하고 올바른 가치관을 심어주며 올바른 시민이 되도록 하는 일은 현대사회에서 아직도 가정의 의무로 남아 있으며 다른 교육기관을 통해서는 이루어질 수 없는 가족의 고유한 기능이다.

넷째, 경제적 기능은 가족의 유지에 매우 중요한 요소이다. 경제적 기능은 대내적으로는 생산과 소비의 기능이며, 대외적으로는 노동력의 제공과 분업에 참여하여 국민경제에 기여하는 것이다. 이를 통해 개인은 생활을 보장받고 경제질서를 유지한다.

다섯째, 정서적 안정 및 휴식 기능이 있다. 이 기능은 하루의 피로를 풀고 서로의 위안을 받음으로써 노동력을 재생산하는 데 기여하는 부분이다. 오늘날은 고도의 도시화와 산업화, 정보화 시대를 살아가게 한다. 이는 물리적 공간을 초월한 정보의 교류를 가능하게 하나, 이로 인해 개인은 육체적 피로뿐만 아니라 사회조직에서 생기기 쉬운 불안감과 긴장을 피하기 어렵다. 이 때문에 과거 어느 때보다도 가족의 안식처 기능은 강조되어 가는 듯하다. 가족원 간의 관계가 원만하지 않으면 그 가정은 가족원에게 무엇보다도 큰 괴로움을 주는 장소가 된다. 그러므로 대화를 통하여 정서적으로 지지하고 위로하여 소외감을 갖지 않게 하는 것은 현대 가정에서 더욱 강조되는 기능이라 할 수 있다.

여섯째, 사회적 지위 부여 기능이 있다. 인간이 최초로 태어나는 곳이 가정이며 그 가족 내에서 사회적 지위를 부여받는다. 개인은 일생 동안 부모가 영위하는 가정에서 자식으로서 생활하는 방위 가족의 생활경험과 자신이 결혼하여 이루는 생식 가족의 생활경험을 하게 된다.

일곱째, 보호적 기능이다. 이는 질병과 상해와 같은 외적 위험으로부터 가족구성원과 재산을 보호하는 것이다. 예전에는 이 기능의 대부분이 가족에 의해 수행되었다. 과거 전통사회의 가족이 노인과 어린이 및 환자들을 보살피는 사회보장제도로서의 기능을 수행해온 것이 사실이나 오늘날 이러한 기능은 심각한 위기에 봉착하고 있다.

마지막으로 종교적 기능이 있다. 전통사회에서, 제사가 곧 종교적 의례로서 이를 통하여 도덕윤리의 교육을 겸해왔다. 현대에도 조상에 대한 제사나 성묘가 아직까지 대부분의 가족에서 보편적으로 행해지고 있으나 그 의미는 많이 퇴색되었다. 현대 가정의 종교적 측면은 교회, 사찰, 성당 등 주로 종교기관이 담당하게 되었고 종교를 선택하는 계기도 자유의지가 많이 반영되고 있다. 이를 통해 사회의 안정화에 기여하는 기능이 있다.

가족의 기능은 시대에 따라 변화해왔다. 과학문명의 발달과 새로운 지식의 급격한

Q1   당신은 '가족'이 어떠한 기능을 수행할 필요가 있다고 생각하십니까? 그 이유는 무엇입니까? 또한 그 기능이 가족에서 잘 수행되기 위해서는 무엇이 필요할까요?

Q2   미래 시대, 가족에서 특히 강조될 기능은 무엇이라고 생각하나요?

유입은 전문기술 교육의 필요성을 강화시켜 가정 이외의 교육기관에 의한 기술, 직업교육이 중시된 반면, 자녀의 인성과 도덕교육의 주관자였던 가족의 교육 기능은 감퇴하고 있다. 아울러 현대사회의 과도한 경쟁성과 갈등적 요소들 속에서 애정적 양육을 통한 인성의 형성과 정서적 안정을 꾀할 수 있는 휴식처로서의 치유의 가족 기능이 강조되고 있다.

3) 가족의 주기

개인이 출생부터 죽음에 이르기까지 인생의 여정을 거치듯이 가족 역시 형성기부터 소멸까지 시작과 끝이 있다. 가족생활주기란, 남녀가 결혼으로 새로운 가족을 형성하고, 자녀를 갖게 되면서 가족은 확대되고, 그 자녀들이 성장한 이후 원가족을 떠나게 되면서 가족은 축소하기 시작하며, 노부부가 사망함으로써 그 부부가 형성한 가족이 소멸되는 주기를 말한다. 가족생활주기를 통해 가족생활에서 경험하는 미혼의 시기를 거쳐 결혼과 출산, 양육, 중노년기의 각 단계에 걸친 시간적 연속에서 발생하는 현상들을 이해할 수 있다. 아울러 가족의 성장과 변화를 단계별로 장기적으로 살펴봄으로써 각 단계가 지닌 가능성과 문제점을 파악할 수 있다.

가족생활주기는 두 가지의 강점을 지닌다. 우선 가족을 역동적으로 이해할 수 있게 해준다. 가족생활은 장기적이고 연속적이며, 고정된 것이 아니라 시간순에 따라 변화한다는 것을 인식하게 해준다. 아울러 시간이 지남에 따라 변화하는 가족의 주기에서 발생할 수 있는 어떠한 사건 또는 행위를 설명하고 예측할 수 있게 해준다. 이와 같이 우리는 두 가지의 유용성을 이해하여 건강가정 관련 전문가로 활동하면서 클라이언트들을 만날 때, 그들의 가족이 어떠한 상태인지 면밀히 파악하기 위한 기초적인 지식으로 활용할 수 있을 것이다.

가족주기는 학자들마다 다르게 정의되나, 여기서는 듀발(Duvall)과 유영주가 설명한 내용을 살펴보고자 한다. 우선 듀발은 가족주기를 8단계로 나누었고, 한국가족학자 유영주는 6단계로 분류하였다. 하지만 현재 한국가족은 초혼 연령이 꾸준히 높아짐에 따른 결혼 연령의 변화, 출산율 저하, 소자녀화, 자녀의 교육기간이 길어짐에 따른 독립 시기의 지체, 수명의 연장으로 인한 빈둥지 기간의 증가 등 가족주기상 많은 변화가 나타나고 있다.

가족주기 분류(Duvall, 1970년대)

- 신혼기 : 만족스러운 결혼생활 수립, 임신에 대한 적응, 친족관계 적응

- 첫 자녀 출산기 : 자녀 임신과 출산, 그에 대한 적응, 부모와 어린 자녀에게 만족스러운 가정 형성

- 학령 전 자녀기 : 학령 전 자녀의 욕구에 적응, 에너지 소모와 부모의 사생활 부족에 대처

- 초등학교 아동기 : 지역사회에 적응, 자녀의 교육적 성취 격려

- 청소년 자녀기 : 자유와 책임감 사이의 균형, 탈부모기 이후 관심사 개발

- 자녀 독립기 : 청년기에서 성인기로 자녀가 독립, 자녀의 독립 적응

- 중년기 부모기 : 부부관계의 재정립, 노년 세대와 젊은 세대, 친족관계 유지

- 노년기 부모기 : 퇴직에 적응, 배우자 사별과 독신생활에의 대처

가족생활주기 발달단계(유영주, 1990년대)

- 가족형성기 : 결혼으로부터 첫 자녀 출산 전까지 약 1년간(부부친밀감 형성)

- 자녀 출산 및 양육기 : 자녀 출산에서 첫 자녀가 초등학교에 입학할 때까지(부모역할 적응, 자녀를 포함한 가족생활로의 전환, 증가된 가사노동 적응)

- 자녀교육기 : 첫 자녀의 초등학교, 중학교, 고등학교 교육시기(자녀성장에 효과적 대비, 학습 분위기 조성, 가족구성원 가사일 분담, 좋은 부모역할을 위한 노력)

- 자녀성년기 : 첫 자녀가 대학에 다니거나 취업, 군복무, 가사에 협조하는 시기(자아를 찾고 독립심이 커지는 청소년 자녀와 원만한 관계, 학업 발달, 진로에 관심을 갖고 자녀의 미래에 대해 함께 계획함)

- 자녀결혼기 : 첫 자녀의 결혼으로부터 막내자녀 결혼까지(자녀의 결혼과 은퇴 이후의 생활에 대한 경제적 준비, 노화에 따른 건강관리에 힘쓰기)

- 노년기 : 막내자녀 결혼부터 배우자가 사망하고 본인이 사망할 때까지(은퇴 이후의 경제, 주거생활에 대한 계획, 여가시간에 적응, 배우자 사망에 따른 독신생활을 예상하고 자신의 죽음도 준비)

최근 한국가족은 초혼 연령이 꾸준히 높아짐에 따른 결혼 연령의 변화, 출산율 저하, 소자녀화, 자녀의 교육기간이 길어짐에 따른 독립 시기의 지체, 수명의 연장으로 인한 빈둥지 기간의 증가 등 가족주기상 다음과 같은 여러 변화가 나타나고 있다. 아울러 싱글라이프를 즐기는 욜로족과 황혼이혼의 증가 등의 변화로 기존과 다른 새로운 가족의 형태와 주기를 보여주고 있다.

현대 가족주기의 변화

- 의료 서비스 향상으로 평균수명은 더욱 길어질 것으로 보아 자녀 결혼 이후, 노부부만의 생활 기간이 증가하고 있다.

- 초혼 연령의 상승과 출산율 저하로 인해 가족 형성 및 확대기는 매우 단축되고 있으며, 출산기간은 점차 축소하고 있다.

- 자발적 무자녀 가족의 증가로 부부가 가족으로 형성되고 자녀 출산과 양육 없이 가족이 소멸되는 주기를 갖는다.

- 자녀의 교육기간이 길어짐에 따라 자녀의 독립 시기가 지체되고 있다. 최근 빈 둥지 증후군의 반대인 '찬 둥지 증후군(crowded nest syndrome)'을 겪는 부모가 늘고 있다. 빈 둥지 증후군은 자녀가 결혼하거나 대학에 입학하는 등의 이유로 가족을 떠나 부모가 외로움, 우울 및 허전함을 느끼는 현상을 일컫는 용어이다. 하지만 요새는 취업률 하락과 늦은 결혼이나 결혼제도로 들어가기를 거부하거나 포기하는 자녀들로 인하여 걱정하는 부모들이 증가하고 있다.

다음으로 발달단계와 발달과업에 관해 알아보자. 인간은 각 개인과 가족이 개성과 취향을 지니면서도 보편성을 동시에 갖는다. 각 가족은 가족생활주기 단계에 따라 수

조별 나눔

Q1 최근 반려동물과 식물을 가족으로 맞이하는 사람들이 늘어나고 있습니다. 유튜브 채널에서는 반려견을 마치 자녀처럼 키우며 돌보는 재미있는 영상들이 많이 있습니다. 이와 관련하여 당신이 선호하는 유튜브 채널이 있습니까? 어떤 부분에서는 매우 과하다 혹은 아니다라는 찬반논란이 팽팽합니다. 가족의 개념에 반려동물과 반려식물을 포함시킬 수 있을지 고민하고, 하나의 채널을 찾아 조별로 영상을 분석하고 가족과 관련한 논의점들을 마련해봅시다.

행해야 할 발달과업을 갖는다. 발달과업이란, 인간이 성장하고 발달해가는 단계별로 획득해야 할 행동 형태로 정의된다. 가족도 개인처럼 일생을 통하여 수행해야 할 발달과업이 있다. 구체적으로 발달과업은 가족주기 단계에 따라 가족원 개개인의 발달 요구와 사회문화적, 가족적 요구와 기대를 충족시키기 위하여 성취해야 할 여러 책임과 행동규범들을 의미한다. 우리는 생애주기 각 단계별 발달과업을 이해함으로써 각 단계에서 가족이 기대하는 욕구들과 가족의 변화를 이해하며 미래 가족의 행동을 예측할 수 있다. 가족원들이 각 단계별 발달과업을 성공적으로 수행할 때 가족원 개개인의 발달과 가족의 적응·성장이 가능해지고 가족의 행복도 증진될 수 있다.

미국의 발달심리학자이자 정신분석학자인 에릭 홈부르거 에릭슨(Erik Homburger Erikson, 1902~1994)은 전 생애에 걸친 발달과업을 총 8단계로 소개하였다. 출생부터 노년까지 각 단계마다 성취해야 하는 발달과업을 살펴보자.

첫 번째 단계는 생후 1년 사이에 경험하는 '신뢰감 대 불신감'으로, 이 시기에는 세상을 믿을 수 있는 곳이라고 인식하는 기본적인 신뢰감이 형성된다. 이것은 세상을 바라보는 긍정적인 세계관을 기르는 데 기초한다. 그러나 아기를 다룰 때 부적절하고 부정적으로 하면 아기는 세상에 대해 공포와 의심을 가진다.

Q2 결혼은 필수가 아닌 선택이라고 합니다. 당신이 지닌 결혼관은 어떠합니까? 반동거와 동거에 관해서는 어떤 입장입니까? 원가족을 떠나 새로운 가족을 이루어야 한다고 생각하는지, 또는 법적인 결혼제도로 들어가야하는지 등에 관해 논의해봅시다.

Q3 '찬 둥지 증후군'이라는 용어가 어떻게 인식되나요? 이와 같은 가족형태가 지닐 수 있는 장단점에 관해 논의해봅시다.

두 번째 단계는 '자율성 대 수치심'으로, 자기의 요구에 따른 자율과 독립의 기초가 마련되면 어린이는 세계에 대해 적극적이고 능동적인 신체활동과 언어의 사용이 증가된다. 이를 '자발성의 요구'라고 한다. 그러나 그렇지 못하면 심한 죄책감을 갖게 되고, 질문과 탐색활동이 잦아진다.

세 번째 단계는 '주도성 대 죄의식'을 의미한다. 3~5세경에는 프로이트(Freud)의 전 오이디푸스기(Preoedipal Phase)²와 겹치는 시기로, 또래들과 협동 및 경쟁하고 자신이 원하는 것을 적극적으로 주장하고 실행하는 동안 아이의 주도성이 길러진다.

네 번째 단계는 '근면성 대 열등감' 단계로 지적 호기심과 성취 동기에 의해 활동이 유발된다. 성취 기회와 성취 과업의 인정과 격려가 있다면 성취감이 길러진다. 그러나 그렇지 못하면 좌절감과 열등감을 갖게 된다.

다섯 번째 단계는 '정체성 대 혼돈'으로, '나는 누구인가'에 관해 깊은 관심을 갖는다. 이 단계에서 발생하는 끊임없는 자기성찰과 의문은 자기개념을 획득하는 과정이다. 그 결과 자아정체성(ego-identity)이 형성되어 가는데, 방황하게 되면 역할 혼란(role confusion) 또는 자아정체성 혼미(identity diffusion)의 상태를 경험한다. 이는 직업 선택이나 성역할 등에 혼란을 가져오고 인생관과 가치관의 확립에 심한 갈등을 일으킬 수 있다.

여섯 번째 단계는 '친밀감 대 고립감'으로, 청소년기에 자아정체감이 확립되면 자신의 정체성을 타인의 정체성과 연결시키고 조화시키려고 노력하게 된다. 이 단계에서는 부모, 친구와 연인 등 타인과의 친밀감을 형성하여 자신의 고립된 심리적 상태를 극복해나가고자 한다.

일곱 번째 단계는 '생산성 대 침체성'으로, 다른 성인들과 원만한 관계가 성취되면 중년기에는 자신에게 몰두하기보다 생산적인 일이나 자녀 양육에 몰두한다. 이것이 원만하지 못하면 어릴 때와 마찬가지로 자신에게만 몰두하고 사회적, 발달적 정체를 면하지 못한다.

---

2 '오이디푸스 콤플렉스'란 프로이트가 제시한 개념으로 아이는 어머니를 쟁취하기 위해 아버지와 같은 남성이 되고자 동일시하는 현상을 말한다. 따라서 이 시기 남아들은 자신의 용납할 수 없는 생각과 감정을 아버지가 알아버린다면 자신의 성기를 거세시켜버릴지도 모른다는 공포를 경험한다.

마지막으로는 '통합성 대 절망감' 단계로, 통합성은 인생을 그래도 인정하고 받아들여 인생에 대한 통찰과 관조로 자신의 유한성을 인정하고 죽음까지도 수용하는 것을 의미한다. 그렇지 못하면 인생의 짧음을 탓하고 불가능함에도 불구하고 다른 인생을 시도해보는 데 급급하다 급기야 생에 대한 절망에 빠질 수 있다.

조별 나눔

Q1 한 청년은 아래 예시와 같이 '사람은 사람과 함께 살아야 한다'고 합니다. 에릭슨의 발달과업에서도 자궁 밖으로 나와 엄마와의 첫 관계를 맺고 성장하면서 또래관계와 연인, 부부관계에 이르기까지 전 생애에 걸쳐 인간관계는 참 중요한 과업 중 하나로 보입니다. 당신의 인간관계를 어린 시절부터 되짚어보며 어떤 인간관계를 추구하는지, 그와 관련된 철학(또는 가치관)은 무엇인지 간략히 정리하고 논의해봅시다.

예시. '사람은 사람과 함께 살아야 한다'는 것이 나의 몇 안 되는 철학이라고 믿습니다. 단순히 혼자 살지 말자는 의미도 있겠지만 인간관계 속에서 내 자신을 발전시키자는 목적도 있습니다. 나라는 사람은 수많은 인간관계 속에서 만들어졌다고 생각합니다. 세상에 나와 처음으로 마주한 부모님으로부터, 안락한 집에서 나와 학교로 그리고 사회로 나오며 만나는 친구들과 어른들까지, 그들과 함께 시간을 보내며 대화를 하고 살을 부딪히는 과정 속에서 나는 만들어졌습니다. 그리고 앞으로도 다양한 인간관계를 맺을 것이고 그 속에서 다듬어지며 조금씩 성장하리라 믿습니다. 하지만 이러한 인간관계가 타인 간 관계에만 국한된다고 생각하지 않습니다. 가장 중요한 인간관계는 내 자신과의 관계입니다.

프로이트의 주장에 따르면 사람의 심리는 세 가지로 구성되어 있습니다. 원초적인 욕구를 표출하는 원초아(이드), 도덕적·사회적 지표로 자신을 통제하는 초자아(슈퍼에고), 이 두 가지 심리를 통제하고 그 사이에서 균형을 이루며 현실과 조화를 이루려는 자아(에고)가 그것입니다. 원초아는 인간이 가지는 원초적인 본능을 표출하고자 합니다. 그리고 그 본능은 네 가지 욕구에 바탕을 두는데 식욕, 수면욕, 배설욕, 성욕이 그것입니다. 식욕과 수면욕, 배설욕은 살아가는 데 필수적인 부분이지만 성욕은 그렇지는 않습니다. 하지만 성욕은 자신의 유전자를 후대에 남겨 계속 살아가게끔 한다는 점에서 큰 욕구로 받아들여집니다. 이러한 욕구를 모든 순간 표출하며 살 수 없는 게 현실입니다. 만약 현실세계에서 이 네 가지의 욕구만을 따르며 살면, 아마 감옥에 있는 내 자신을 발견할 수 있을 것입니다. 따라서 이러한 원초적인 본능을 통제하며 현실과 조화를 이루려는 심리가 자아입니다. 이러한 자아는 현실과 본능이 부딪히는 과정에서 생겨납니다. 이 자아는 앞서 말한 초자아와 원초아 사이에서 균형을 담당합니다. 초자아는 사회와 도덕적 관념이 자신을 통제할 때 생겨납니다. 이러한 초자아는 쉽게 말해 '양심의 소리'라고도 할 수 있습니다. 따라서 삶의 모든 순간순간마다 원초아, 자아 그리고 초자아가 충돌하며 살아가게 됩니다.

나는 이 세 가지의 심리가 내 자신의 서로 다른 모습이고 내 자신과의 인간관계 속에서 살아가도록 표현하고자 합니다.

하지만 프로이트는 삶을 살아가는 데 이러한 의식적인 과정을 넘어선 무언가가 있다고 말했습니다. 그리고 이 부분은 무의식의 세계와 연관되어 있다고 주장했습니다. 프로이트는 자신이 의식하는 내 자신은 빙산의 일각이라고 말합니다. 즉, 내가 의식하지 못하는 무의식이 수면 아래 엄청난 크기의 빙산이 잠겨 있는 것처럼 드러나 있지 않다는 것입니다. 하지만 이러한 무의식은 우리를 지배합니다. 우리가 삶을 살아가며 하는 말, 행동, 선택 심지어 실수까지도 모두 무의식과 연관되어 있다고 말합니다.

앞서 말한 타인 간의 관계 경험과 개인의 세 가지 심리는 이러한 무의식의 세계를 만드는 데 많은 영향을 끼치고 동시에 이러한 무의식이 표출되는 방법이라고 생각합니다. 유년시절의 체험은 내 자신에게 많은 영향을 미칩니다. 유년시절에 겪은 충격적인 경험은 트라우마로 남아 비슷한 상황에서 끊임없이 영향을 미칩니다. 개인의 세 가지 심리도 동일하게 작용합니다. 자아의 통제 속에서 살아가지만 무의식적으로 본능적인 행동이 나옵니다.

따라서 무의식의 세계를 분석할 수 있는 것이 자신을 온전히 알아가는 과정이고 자신과의 인간관계의 시작이자 성장의 발돋움이라고 생각합니다. 무의식의 세계에서 우리는 우리가 미처 몰랐던 근본적인 생각과 심리를 알 수 있습니다. 빙산에서 보이지 않는 아랫부분처럼 우리가 의식하지 못한 우리의 내면을 마주했을 때 삶을 살아가는 이상적인 자세를 가질 수 있습니다.

Q2 우리는 무의식의 세계를 깊이 공부하지는 않지만, 많은 이들은 무의식의 세계를 믿기도 합니다. 프로이트는 인간의 모든 행동이 무의식적 동기와 결정에 따른 결과라고 말합니다. 심지어 실수와 망각까지도 무의식적 원인이 있다고 믿습니다. 무의식의 세계가 정말 존재할까요? 조원들끼리 자유롭게 논의해봅시다.

Q3 '나의 발달 과정'을 신체적, 정서적, 인지적, 사회적 발달 과정으로 나누어 자서전을 기록해봅시다. 당신의 성장에 큰 변화가 있을 것입니다.

예시. 〈나의 성장기〉

신체적 발달 과정

부모님께서 말씀하시는 바에 따르면, 저는 신생아 평균 몸무게 3kg과 키 53cm에 근접하는 신체조건으로 2000년 태어났습니다. 태어났을 때의 기억이 성인이 되어서도 유지된다는 사람도 있지만, 저는 기억이 전혀 나질 않습니다. 초등학교 2학년이 끝날 때까지, 내가 바람에 날아가면 어쩌나 하는 걱정을 어머니께서 농담으로 하신 기억이 납니다. 그 당시에는 엄청 말랐기 때문입니다. 키는 또래보다 조금 더 큰 상태로 커왔던 것으로 기억합니다.

초등학교 3학년이 되었을 때, 처음 패스트푸드를 접해보았습니다. 햄버거를 처음 맛보고 즐거워한 기억이 생생합니다. 이때부터 어머니께서 저를 살찌우기 위해 온갖 음식을 사주시거나 요리해주셨고, 저 또한 어머니의 기대에 부응하며 엄청나게 먹었습니다. 제가 통통해지기를 바란 어머니의 의도와는 달리 4학년이 될 즈음에는 경도 비만을 의심받을 지경에 이르렀습니다. 초등학교 5~6학년에는 교실 맨 뒷좌석에 앉을 정도로 또래보다 키가 컸음에도 불구하고 비만 의심을 받은 기억을 보면 몸무게가 상당히 많이 나갔던 것 같습니다. 이때부터 신체검사를 극도로 두려워하기 시작했습니다. 신체검사 결과가 나오고, 비만 의심을 받은 학생들 중 한 명으로 호명되어 양호실로 걸어가던 기억이 너무도 생생합니다. 혹시나 다른 친구들이 이 사실을 알까봐 전전긍긍하기도 했습니다.

중학교 2학년 중반까지도 교실 뒷자리에 앉을 정도로 또래에 비해 키가 큰 상태로 잘 성장하고 있었습니다. 하지만 중학교 2학년 2학기 체육시간에 축구를 하는 도중 전방십자인대와 연골판이 파열되었습니다. 수술 외에는 달리 방법이 없었고, 대학병원에서 수술을 했습니다. 하지만 그 후로 키 성장이 멈추어버렸습니다. 즉, 다치기 직전의 키가 현재의 키입니다. 여태껏 가장 후회하는 순간을 꼽는다면 이 당시 체육시간에 축구를 한 것입니다. 앞으로도 인생에서 후회하는 순간 BEST 5에 들지 않을까 하는 생각이 듭니다. 친구들을 점점 위로 올려다보게 되면서 느끼는 좌절감이 상당했던 것으로 기억합니다.

키 성장은 이렇게 비극적으로 끝이 났고, 몸무게는 그 이후로 정상 체중을 유지하다가 고등학교에 입학해서는 학업 스트레스를 먹는 것으로 풀었기 때문에 기하급수적으로 증가했습니다. 대학교에 입학한 후, 학기 중에는 살을 찌우고 방학 때 다시 빼는 형식으로 정상 체중의 범위에서 오르락내리락 해왔습니다. 키와 몸무게 외의 신체적 발달을 살펴보면, 중학교 시절에 방학 때마다 수영을 열심히 했기 때문에 어깨가 키에 비해서는 잘 발달했던 것 같습니다. 넓은 편은 아니지만 어깨가 좁아서 콤플렉스라고 느껴본 적은 없습니다. 또한 초등학교 6학년에서 중학교 1학년 즈음해서 2차 성징이 이루어진 것으로 기억합니다.

정서적 발달 과정(성취감 & 좌절감)

어릴 때부터 스스로의 노력의 대가로 얻는 결과 또는 성취감에서 기쁨을 많이 느꼈습니다. 그리고 그 결과는 주로 학업과 관련된 경우가 대다수였습니다. 성취감을 크게 느낀 첫 기억은 초등학교 5~6학년으로 추정되는 시기의 영어경시대회에서 입상한 경험입니다. 초등학교를 다닐 때에는 다른 남자아이들과 마찬가지로 공부보다는 컴퓨터 게임에 미쳐 있었습니다. 하지만 영어 공부만큼은 영어학원을 다니면서 누구보다 열심히 했습니다. 학원 영어 선생님은 그런 모습을 빨리 파악하셨고 영어경시대회에 참가하기를 권유하셨습니다. 대회를 앞두고는 좋아하던 컴퓨터 게임도 잠시 그만두고 영어 공부를 했고, 그 결과 금상을 수상하는 영광을 누렸습니다. 비록 시에서 주최하는 소규모 영어경시대회였지만, 어린 나이의 저로서는 그저 최고가 된 듯한 기분이었습니다.

기억속의 처음 좌절감을 느낀 경험은 초등학교 저학년 방학기간 중에 피아노 학원에서의 경험입니다. 저를 지도하는 선생님은 굉장히 엄하셨습니다. 피아노를 처음 배우고 접하는데 실수하거나 장난을 치면 볼펜으로 손을 쎄게 때렸습니다. 어머니의 반강제적인 권유로 피아노를 배우게 되었는데, 흥미를 느끼기도 전에 좌절감을 먼저 느끼고 어머니를 원망하기에 이르렀습니다. 피아노 학원에 가기 싫다고 억지 쓰는 저를 어머니께서는 타이르셨지만, 결국엔 한 달이 채 안 되는 시점에 그만두었습니다.

중학교 시절은 분명히 암흑기였지만, 학업성취감을 가장 많이 느꼈던 시기라고 생각합니다. 초등학교와는 달리 매 학기마다 중간고사와 기말고사가 있었기 때문일지도 모릅니다. 처음 치른 중간고사에서 학급 1등, 전교 3등을 차지했다고 담임선생님이 종례시간에 말씀해주셨을 때의 그 전율을 잊지 못합니다. 초등학교 때는 학급 3등도 해본 적이 없는데, 300명이 넘는 아이들 가운데 3등을 했다는 사실에 기쁨의 탄성을 질렀습니다. 주위 친구들의 시선이 달라지고 부모님 또한 성적표를 보시고는 아낌없는 칭찬을 해주셨습니다. 이 한 번의 경험이 높은 자존감을 형성시키고, 공부에 몰두하게 되는 계기가 되었습니다. 그 이후로는 매 시험에서 전교 1등을 놓치지 않으며, 원하던 외국어고등학교에 입학하게 되었습니다.

외고에 입학해서는 성취감도 느끼긴 했지만, 좌절감과 열등감도 많이 느꼈습니다. 일단 기본적으로 중학교 시절에 공부 좀 한다는 학생들끼리 경쟁을 하다보니 내신 성적이 150명 중에 20등 안팎에 머물렀습니다. 항상 1등만 해오다가 절반에 못 미치는 등수를 받기도 하니 좌절을 많이 했던 것 같습니다. 또한 예쁜 여학생도 많았지만 키 크고 운동도 잘하며 공부도 잘하는 소위 엄친아들도 많았습니다. 그런 친구들과 내 자신을 자꾸 비교하면서 생기는 열등감을 고등학교 내내 가지고 있었습니다. 물론 웃기는 캐릭터를 갖고 있었기 때문에 그런 감정을 친구들에게 말하거나 은연 중에 드러내지는 않았습니다. 그래서 학교생활 자체는 정말 재밌었지만, 혼자 내적 갈등을 많이 했습니다.

고등학교 재학 중에 학업 외적으로 성취감을 느낀 경험이 있는데, 그것은 바로 학교 축제였습니다. 입시 전쟁의 절정기인 고 3을 이대로 보낼 수 없다는 생각을 한 나와 친구 2명은 장기자랑대회에 참가 지원을 했습니다. 그리고는 대회 2주 전부터 자율학습 쉬는시간, 기숙사 청소시간 등 자투리 시간을 최대한 이용해서 춤과 노래를 준비했고, 실수가 많이 있었으나 폭발적인 반응으로 장기자랑대회 1등을 차지하여 상금 10만 원을 얻었습니다. 학업에 치여 바쁜 와중에도 즐겁게 준비할 수 있었고 결과까지 좋아서 행복했던 기억이 있습니다.

인지적 발달 과정

혼자 보내는 시간이 많았던 중학교 시절에 나의 인지 능력이 질적 혹은 양적 차원에서 많이 발달했던 것 같습니다. '나는 누구지?', '나는 언제 행복하지?', '쟤는 왜 저렇게 행동할까?' 등 철학적인 질문을 스스로에게 많이 던진 것 같습니다. 그리고 이전에는 계획이라는 것을 세워보지 않았는데, 중학생이 되어서는 스스로 적으면서 또는 머릿속으로 계획을 수립하고 수정하기도 했습니다. 또한 이 시기에 성공한 사람들의 자기계발서나 자서전을 많이 읽었는데, 이 덕분에 도덕적인 측면이나 노력의 가치에 대해 많이 생각할 수 있었습니다. 이 시기에 어른들과 대화를 하면 애늙은이라는 소리를 많이 들었던 것 같습니다. 인지적 활동에 대한 지식과 조절을 의미하는 '메타인지'라는 말이 어느 한 다큐멘터리에서 방영되어 유행하기 시작했는데, 이 '메타인지'라는 말을 최근에서야 알았지만, 이러한 능력은 중학교 때부터 발달하기 시작했다고 생각합니다.

고등학교 재학 중에는 조금 더 피부에 와닿는 현실적인 문제에 대해 고민했었습니다. 남녀공학이었기 때문에 '여자애들은 왜 저렇게 감정적일까?'라고 고민해보기도 하고, 수험생활이 힘들 때면 '좋은 대학에 가야하는 이유는 무엇일까?', '내가 공부하지 않았더라면 지금쯤 뭘 하고 있을까?' 등을 스스로에게 많이 물었던 기억이 납니다.

대학교에 입학해서는 완전히 현실적인 문제를 고민하기 시작했고, 아직도 답을 못 내리고 있는 질문들이 많습니다. '취업은 할 수 있을까?', '취업 말고 다른 길은 어떤 게 있을까, 그걸로 성공할 수 있을까?', '연애는 할 수 있을까?', '결혼은 꼭 해야 할까?', '결혼을 하더라도 자식은 꼭 낳아야 할까?', '젊었을 때부터 허리띠 졸라매고 저축하는 삶이 바람직한가, 아니면 즐길 때 즐겨야 한다는 마인드로 소비하는 삶이 바람직한가?' 등의 질문을 던지며 하루하루 살아가고 있습니다.

사회적 발달 과정

시기별로 차이가 심하지만, 어릴 적의 나는 내향적인 성격이 강했습니다. 초등학교 4학년까지는 완전히 소극적이고 수동적인 성격이었습니다. 온라인 게임에 빠져 있었고, 그저 선생님이 시키시는 대로, 부모님이 말씀하시는 대로 행동했던 것 같습니다. 반에서도 피상적인 친구들 2~3명과 어울렸고, 반장이나 부반장을 해본 기억이 없습니다. 초등학교 5~6학년 시기에는 앞서 밝혔듯이 인생의 황금기로서 이성친구들과도 잘 어울려 놀고, 반장이나 부반장을 맡으면서 적극적으로 학교생활을 했습니다.

약육강식의 논리가 지배하는 남자 중학교에서는 철저히 개인주의적으로 행동했습니다. 이러한 환경에서는 제가 적극적으로 무언가를 시도하거나 반장을 맡는 등의 액션을 취했다가는 소위 말하는 '일진'들의 눈에 띄어 서글픈 학교생활을 하게 될지도 모른다는 생각을 했습니다. 그래서 밥을 같이 먹거나 방과 후에 가끔 운동하는 친구들 외의 더 넓은 인간관계를 형성하지 않고, 오로지 집에 가서 공부하고 혼자서 영화를 보거나 미국 드라마를 보는 식으로 스트레스를 해소했습니다. 다행히 모범생 이미지가 박혀 있어서, '일진'들은 나를 전혀 건들지 않았습니다. 난 이러한 생활이 정글에서 살아남기 위한 최선의 방식이었다고 지금도 판단하고 있습니다.

만약 남자 고등학교에 진학해서 3년 간 위의 생활을 더 했다면 전 아마 노이로제에 걸렸을 것이라고 생각합니다. 천만다행으로 남녀공학인 외국어고등학교에 진학하게 되어 다시 한 번 인생의 황금기를 맞으며 적극적으로 학교생활에 임할 수 있었습니다. 그리고 전원 기숙사 생활을 3년 동안 하다 보니 150명 전체가 두루두루 친해질 수 있었고, 특히나 40명밖에 안 되는 남자들끼리는 그 우정의 깊이가 남달랐고,

현재까지도 고등학교 친구들만큼 내 속을 다 보여주고 진짜 모습으로 만날 수 있는 친구들은 없는 것 같습니다. 이때의 친구들이 평생 너무도 귀한 자산이라고 생각합니다.

대학에 들어와서도 폭넓은 인간관계를 형성하긴 하였지만, 그 깊이는 고등학교에 비하면 매우 얕습니다. 아마도 함께하는 시간이 짧고 또 고등학교 친구들이 다 잘 되어 서울에서 대학교를 다니는 친구들이 많기 때문에, 대학에 와서도 고등학교 친구들을 더 자주 봤기 때문이라고 생각합니다.

결국 저는 주어진 환경에 따라 외향적인 모습과 내향적인 모습이 번갈아 가면서 나타났습니다. 현재는 새로운 사람을 만나는 것이 즐겁고 많은 사람이 모인 자리가 좋은 걸 보면 외향성이 강한 듯합니다. 앞으로도 취업에 성공해서 직장생활을 하게 된다면, 반강제적으로라도 외향적으로 살게 될 가능성이 높을 것이라고 생각합니다.

Q4 우리 모두는 인생의 마지막 끝 호흡이 멈추는 순간을 거부할 수 없습니다. 에릭슨 이론에 따르면 노년기의 자아통합감은 매우 중요한 과업이 됩니다. '자아통합감'이라는 용어 자체에 대해 정의내려보고, 당신의 노년기를 상상해봅시다. 어떠한 일상을 누군가와 함께, 또는 홀로 무엇을 하며 보내길 원하나요? 50년 뒤 어느 날, 노년의 일상을 그림으로 그려봅시다.

Q5 아래 그림은 한 24세 여학생이 그린 자신의 50년 뒤 어느 날의 일상입니다. 그녀는 탈북 여대생으로 남한 사회에서 새로운 가족을 이루며 자녀 둘을 출산하고 화목하게 살아가기를 바란다고 증언하였습니다. 그녀의 동의를 얻어 그림을 공개합니다. 그녀는 자녀 둘을 출산하고 평수가 넉넉한 집에서 살아가기를 원합니다. 도시가 아닌 주변에 산과 나무, 꽃 등 자연환경이 좋은 곳입니다. 가족들은 모두 TV를 보며 웃고 있습니다. 큰 야망과 꿈을 위해 성취하는 일상은 아니지만, 날마다 웃을 수 있는 그런 날들이 이어지기를 바라고 있습니다. 그림을 보고 느낀 점을 이야기해봅시다. 그리고 당신의 노년기 일상을 그림으로 표현해봅시다. 이를 통해 당신이 인생에서 중요하게 생각하는 가치와 신념을 보다 명확히 할 수 있습니다.

1.3 건강한 가족에 관한 논의

지금까지 가족에 관해 몇 가지 주제를 살펴보았다. 그렇다면 본 과목의 키워드인 '건강한 가족'이란 무엇일까? 이후 제3장에서 개념과 기능에 관해 자세히 논할 것이므로 여기서는 몇몇 학생들의 담화와 생각의 기회를 가볍게 가져보고자 한다.

그 논의에 앞서, 서울시립대학교에 재학 중인 나경서 학생과 목태균 학생이 '건강한 가정'을 주제로 나눈 대화를 살펴보자.[3]

건강한 가족(나경서 학생과 목태균 학생의 대화)

경서   대학생활을 하고 더 다양한 사람을 만나다 보니, 나는 사회생활만큼 가족과 함께하는 생활도 중요하다고 생각해. 가족과 함께하는 생활이 행복하기 위해서는 건강한 가정이 중요한 것 같은데, 너는 건강한 가정이 무엇이라고 생각해?

태균   '건강'하다는 말 자체가 애매한 것 같은데? 건강검진의 '건강'을 의미하는 건 아닌 것 같지 않아?

경서   하하. 그렇지, 그건 아닌 것 같아. 보통 건강이라고 하면 몸과 마음에 질병이 없는 상태를 떠올리잖아? 그런데 이걸 '건강한' 가족에 같은 의미로 적용하기는 어려울 것 같아.

태균   그렇다면 네가 생각하는 건강한 가족은 뭔데?

경서   내가 생각하는 건강한 가족을 판단하는 기준은 '가족을 이루고 있는 사람의 구성'보다는 '구성원들 사이의 유대감, 신뢰 등 여러 감정의 정도'가 중요하다고 생각해.

태균   그러니까 '아빠, 엄마, 할머니, 자녀'처럼 이러한 구성이 중요한 것이 아니라는 거지?

경서   그렇지. 사실 그렇잖아? 요즘은 주말부부도 있고, 조부모님이 자녀를 양육하는 가정도 있고, 혹은 친구랑 살기도 하잖아. 그러한 가족의 형태를 우리가 알고 있던 '핵가족'이 아니라는 이유로 '건강한 가족'이 아니라고 배척하는 것은 무리가 있다고 생각해. 그것보다는 가족구성원 사이의 끈끈한 감정, 그러니까 사랑, 신뢰, 지지하는 마음 등이 있다면 건강한 가족이라고 생각할 수 있을 것 같아. 그것이

---

3   법조인의 꿈을 가진 나경서와 회계사의 목표를 가진 목태균은 이 책의 저자인 전주람이 진행한 2022년 2학기 수업인 〈심리검사를 활용한 심리치료〉를 서울시립대학교 교직과목으로 수강하였다. 이 수업을 통해, 교수자는 건강한 가족에 관한 생생한 대화체를 이 책에 싣고자 학생을 모집하였고, 이 두 학생은 자발적으로 건강한 가족에 관해 관심을 갖고 흔쾌히 이 책의 독자들과 공유하는 데 동의해주었다. 건강가족 에세이에 대한 두 학생의 관심과 열정에 감사의 마음을 전한다.

생생한 사례로 살펴보는 건강가정론

없으면 그냥 한 공간에 사는 것일 뿐, 가족이 지인보다도 못한 존재가 될 수 있지 않을까 싶어. 나도 동생과 한참 싸울 때는 정말 모르는 사람처럼 지내기도 했다니까! 지금 생각해보면, 갈등을 풀지 못했던 당시 상황이 건강한 상태는 아니었을 것 같아.

태균　하하. 나도 동생과 싸워본 경험이 있어서 그런지 공감이 되네. 그러니까 네가 생각하는 '건강한 가족'을 정리해보면, 가족을 이루는 구성원들 사이의 사랑, 신뢰, 유대감 등 좋은 감정이 존재하는 가족을 의미하는 것이겠네!

경서　그렇지. 건강한 가족에는 여러 기준이 있을 수 있겠지만, 나는 '구성원 사이의 감정'이 가장 중요한 판단기준이라고 생각하거든. 넌 어때? 네가 생각하는 건강한 가정은 뭐야?

태균　음… 나는 구성원 간의 적절한 역할 분담도 건강한 가족의 기준이 될 수 있다고 생각해.

경서　구성원 간의 역할 분담?

태균　응. 집안에 불화를 일으키는 요인 중 하나가 역할 분담의 불균형이라고 생각하거든. 예를 들면, 옛날과 다르게 현대사회에서는 부모가 맞벌이를 하는 등 여성과 남성 간의 역할이 특정되어 있지 않잖아? 그런데 그것을 고려하지 않고 예전처럼 집안일은 아내가 하는 일이라고만 단정 짓고 남편은 밖에서 일한다는 이유로 아무것도 하지 않는 등 부적절한 성역할 분담이 이루어진다면, 건강한 가정이 되지 않는다고 생각해. 또 부모와 자식 간의 관계에서 예절이라는 이유로 부모가 자식에게 강요하고 자식이 부모를 무조건 따른다면 그것도 옳지 않은 모습이라고 생각해.

경서　아, 네가 말하고 싶은 것은 현대사회 가치에 맞는 역할 분담이구나!

태균　맞아! 서로 간의 존중을 바탕으로 자신의 역할을 한정 짓지 않고 다양한 종류의 역할을 가진다면 건강한 가족의 모습이라고 말할 수 있을 것 같아. 가족의 구성에 관계없이 현재 상황과 가치관에 맞는 역할 분담을 나누는 것이 건강하다고 할 수 있지 않을까? 그리고 시간이 지남에 따라 역할의 정도도 자연스럽게 변화하는 것이 적절하다고 생각해.

경서　여기서 중요한 것은 '존중'이겠구나! 서로를 아끼고 사랑해야 역할 분담도 잘 이루어질 수 있겠다.

태균　그렇지! 그리고 이것을 실현하려면 가족 간의 의사소통이 가장 중요하다고 생각해. 가족을 존중하는 의사소통이 있어야 서로의 감정을 알 수 있고, 변화할 수 있으니까 말이야. 그리고 이를 위한 올바른 교육도 건강한 가정을 만들 수 있는 길이 될 것 같아.

경서　맞아! 특정 형태의 가족만을 올바른 형태라고 생각하지 않도록 부모와 교사가 학생들에게 올바른 인식을 가지게 인도해야 할 것 같아. 학생들이 자신의 가족에 대해 편히 이야기할 수 있는 환경을 조성하고, 다른 학생들도 이상하지 않다고 받아들일 수 있도록 하는 것이 중요하지.

태균   듣고 보니 가족 간의 의사소통뿐만 아니라 외부 환경과의 의사소통도 중요하다는 생각이 드네!

경서   나도 그렇게 생각해. 와, 정말 평소에는 깊이 생각해보지 않던 '건강한 가정'에 대해 얘기해볼 수 있는
        기회였던 것 같아.

태균   맞아, 그리고 이런 고민이 내가 건강한 가정을 만드는 데에도 도움을 줄 것이라고 생각해. 오늘 대화
        즐거웠어! 즐거운 방학 보내!

경서   너도 건강한 방학 보내!

생각 나눔

※ 두 학생의 대화에서 무엇이 느껴지나요? 건강한 가족이란 어떠한 가족이라고 생각하나요? 하나의
   단어로 비유해보고, 그 이유에 관해 설명해봅시다.

Q1   '건강한 가족'이란 :

그 이유는,

Q2   위 경서와 태균이의 대화를 분석해봅시다. 이들의 대화에서, 당신이 동의하는 부분과 그렇지 않
은 부분에 관해 그 이유와 함께 논의해봅시다.

동의하는 부분	동의하지 않는 부분

Q1 '건강성'과 '기능성'은 어떻게 다르다고 생각하나요? '건강성'이라는 용어는 예방적 성격이 강하고, '기능적'이라는 용어는 보통 상담 및 치료 영역에서 자주 쓰이나 혼용하여 사용된다고 합니다. 여러분의 생각을 정리해봅시다.

Q2 '기능적인 가족'과 '역기능적인 가족'의 특성을 아래와 같이 정리해보았습니다. 여러분들의 가족에서는, 현재 어떠한 모습들이 발견될까요? 해당 항목에 V표시 해보면서 자신의 가족이 어떠한지 스스로 되짚어봅시다.

기능적인 가족의 특성

- ( ) 가족원 간에 친밀감이 있습니다.
- ( ) 결속력이 좋으며 유대감이 있습니다.
- ( ) 가족원의 개성과 독립성을 인정하며, 가족원 개개인의 자율성 발달과 성장을 지원합니다.
- ( ) 가족체계 내에 융통성이 있어 시간의 흐름에 따른 변화에 잘 적응합니다.
- ( ) 효과적이고 직접적인 의사소통을 합니다.
- ( ) 명확하고 유통성 있는 가족규칙을 통하여 가족들의 행동을 적절히 통제할 수 있습니다.
- ( ) 가족들이 서로 애정을 가지고 있으며, 정서적으로 충분히 지지해줍니다.
- ( ) 가족하위체계의 경계가 명확하고 융통성이 있습니다.
- ( ) 가족원들 사이에 역할 구분이 분명하고 책임감 있는 태도로 역할을 수행합니다.
- ( ) 갈등과 문제를 효과적으로 잘 해결할 수 있습니다.
- ( ) 가족과 함께 시간을 보내거나 가족의례에 참석하기를 좋아하며, 가치관을 공유합니다.

역기능적인 가족의 특성

- (　　) 자기중심적인 사고방식을 가지며 가족의 가치와 공동체의식에 소홀합니다.
- (　　) 가족과의 시간보다는 일이나 친구, 취미생활 등에 시간을 소모합니다.
- (　　) 분노감정 표현이 미숙하고 문제해결 과정에서 싸움과 회피 또는 폭력이 발생합니다.
- (　　) 사랑과 배려가 부족하고 비난, 불평, 비판, 무시, 자기비하 표현을 사용합니다.
- (　　) 대화가 부진하고 비효율적인 대화(자기표현과 경청 및 감정공유 부족)를 합니다.
- (　　) 경직되거나 혼돈된 가족규칙, 서로의 개성을 존중하지 않고 자기 틀을 강요합니다.
- (　　) 공통의 종교가 없고 가치관의 비양립, 가치관 차이 조율이 부족합니다.
- (　　) 부부권력의 불균형과 불평등, 부부불화가 일어납니다.
- (　　) 부모의 권위가 없으며, 불공평하고 일관성 없는 자녀지도를 합니다.
- (　　) 부정적, 비협조적, 경쟁적인 태도, 책임감과 인내심 부족이 있습니다.
- (　　) 친인척과 불화하거나 단절된 관계를 가집니다.

Q3　위 항목을 체크하며 당신의 가족에서 변화되기를 원하는 단 1개의 항목을 정해봅시다. 그것은 무엇입니까? 무엇 때문에 변화되기를 바라는지 당신이 이야기할 수 있는 만큼 공유하며, 어떻게 변화할 수 있을지에 관해 조원들과 토의해봅시다.

생생한 사례로 살펴보는 건강가정론

영화와 드라마에 나타난 가족의 모습들을 살펴보며 주인공들이 보다 기능적이고 건강한 개인 또는 가족의 상태로 나아가기 위해 무엇이 필요할지, 영화나 드라마 사례를 읽고 무엇이 느껴지는지에 관해 조원들과 이야기를 나누어봅시다.

사례 1 〈사이코지만 괜찮아〉

이 드라마의 여자주인공 '고문영'은 성인이 되어서도 제멋대로 살고 타인의 감정을 고려하지 않거나 생명에 관해 무감한 모습을 보이는 등, 일명 '사이코'와 같은 행동양식을 보입니다. 여자주인공인 '고문영'의 가족은 모두 심리적으로 취약한 상태이며 아버지는 심리적·신체적으로 취약한 삶을 살았습니다. '고문영'은 인기 동화작가이지만 어릴 적 아버지에게는 방치와 무시를 당하고, 어머니에게는 모든 것을 통제 당하는 삶을 살았습니다. 어머니는 딸인 고문영을 인형처럼 대했고, 딸이 자신의 통제를 벗어나려고 하면 딸을 신체적으로 학대하거나 방에 가두는 등의 학대행위를 통해 딸을 휘둘렀습니다. 또한 아이를 외딴 저택에서 기르며 친구를 사귀는 행위까지 모두 통제하였습니다. 어머니는 딸뿐만 아니라 남편인 여자주인공의 아버지도 자신의 통제에 두고 휘두르고자 했습니다. 남편에게 가한 심리적 학대는 드라마 내에서 자세하게 묘사되지는 않았지만, 남편은 아내의 통제에 무척이나 괴로워했고, 아내의 통제하에 완벽하게 아내를 닮아가는 딸을 혐오하면서도 완전히 밀어내지 못했습니다. 이 때문에 딸이 아내의 학대에 괴로워하는 것을 알면서도 딸을 방치하고, 딸이 자신에게 다가오면 차갑게 쳐내고 무시하였습니다. 결국 아내가 떠나자 남편은 딸을 저택에 방치하였고, 본인은 과도한 스트레스로 인하여 신체적으로 약해져 병원 신세를 지게 되었습니다. 드라마 〈사이코지만 괜찮아〉의 인물소개를 보면, 고문영은 '혼자는 당연했고 외로움은 익숙했다. 불량품을 만든 자가 죄니? 불량품이 죄니? 호기심이 탐욕이 되고 탐욕은 집착이 되고 집착은 어느새 간절한 갈망이 된다. 나의 이런 감정도… 과연 사랑일까? 내가 대체 왜 이러는지, 이 요동치는 마음속 파장들이 대체 다 무엇인지, 난 면역이 없는데, 그래서 죽을 것처럼 아프고 괴로운데'라고 소개되어 있습니다. 적나라한 인물소개에서도 알 수 있듯 '고문영'은 학대와 방치 속에 자랐고, 심리적으로 취약한 상태에 이르렀습니다.

사례 2 〈스물다섯, 스물하나〉

드라마 〈스물다섯, 스물하나〉 속 캐릭터인 '유림'은 따뜻하지만 경제적으로 어려운 환경 속에서 자랐습니다. 설상가상으로 닥친 IMF는 유림의 이웃 모두의 삶도 어렵게 했고, 유림의 부모는 더 힘든 이웃을 위해 보증을 서줍니다. 하지만 보증을 서준 이웃이 야반도주하는 사건이 벌어지면서 유림의 가족형편은 더욱 어려워집니다. 그럼에도 가난을 내보이지 않으려고 하는 부모에게 유림은 늘 미안한 마음입니다. 때문에 펜싱선수로 자리를 잡은 유림은 더 잘하고 싶고 더 오래 정상에 있고 싶어 합니다.

게다가 어려운 시기일수록 대중들은 영웅을 원합니다. 일방적으로 유림만을 응원하는 대중들의 모습이 나오는데 이는 어려운 시기의 사람들이 얼마나 영웅을 갈망하는지를 잘 보여주고 있습니다. 힘든 가정형편과 대중의 기대는 유림에겐 커다란 부담감으로 작용합니다. 하지만 유림은 이런 사정을 들키지 않으려 애를 씁니다.

다행히도 유림은 "힘든 때일수록 정신 쏙 빼놔야 한다", "웃는 날이 있어야 잊는 날도 빨라진다", "잊어야 또 살아내지"라며 몰려와 응원의 말을 건네는 펜싱부원들에 조금씩 마음의 문을 엽니다. 그리고 마침내 친구들에게 자신의 집이 어려워진 사정을 털어놓습니다. 그러자 친구들은 자신들의 불행을 하나둘 꺼내 놓으며 '누구나 다 힘든 비밀이 하나씩 있음'을 알려줍니다. '있는 그대로' 나를 드러내도 안전하다는 것을, 나만 힘든 게 아니라는 것을 알게 해준 친구들의 지지는 유림을 한결 가볍게 했을 것입니다.

Q1   위 주인공들의 삶 속에서, '가족, 마음과 트라우마, 그리고 성장'이라는 키워드로 다이내믹한 감정이 전해옵니다. 조별로 위 사례를 읽어보고 느낀 점을 자유롭게 나눠봅시다.

Q2 조원들과 영화, 드라마 혹은 자신의 주변에서 '건강한 가족'의 사례를 한 가지 선정해봅시다. 그런 후, 가족의 스토리를 간략히 정리하고 어떠한 요소들이 포함되어 있기에 건강한 가족으로 선정하였는지 요소들을 목록화하여 정리해봅시다.

- _____조가 생각하는 '건강한 가족'이란?

- 스토리 :

- 건강한 가족이라고 판단한 이유 :

2장

———

사회변화와 가족

가족은 인간이 이루는 가장 기본적인 관계이면서, 사회를 이루는 기본단위이자 역사상 가장 오랫동안 지속되어 온 제도입니다. 하지만 가족을 이루는 모습이나 가족 내에서의 관계는 나라마다 다르기도 하고 같은 나라에서도 시대에 따라서 그 모습은 다양합니다. 또한 시대나 사회의 가치관이 변화함에 따라서 가족의 모습은 변화하기도 합니다.

가족은 사회의 유지를 위해 가장 중요한 제도이고 사회의 가치관이나 문화와 뗄 수 없는 관계에 있기 때문에, 현대사회의 가족에 대해 이해하기 위해서는 사회가 어떻게 변화하고 있는지를 이해하는 것이 필요합니다.

따라서 이번 장에서는 가족의 구조나 가족에 대한 인식에 영향을 주는 현대사회의 변화에 대해 살펴보고자 합니다.

2.1 현대사회 변화와 가족의 변화

사회의 핵심적인 단위이자 제도인 '가족'은 고정되지 않고 시대와 문화에 따라 변한다. 가족을 제대로 이해하기 위해서는 사회변화에 따라 가족이 어떻게 변화되는가를 이해하는 것이 중요하다. 산업화에 따라 한국의 가족 구조는 급격한 변화를 겪고 그에 수반되는 문제들도 경험하고 있다.

현재 한국사회는 급속한 산업화로 인해 다양한 변화를 경험하고 있다. 그중 하나가 가족 구조 및 가족의 가치관에 대한 변화라고 할 수 있다. 이전과는 다른 새로운 변화로 인해서 여러 가지 문제들이 발생한다는 우려의 목소리도 많아지고 있다. 하지만 변화된 현실의 모습을 이해하는 것은 긍정적인 변화를 이끌 수 있는 원동력이 될 수도 있으므로 현대사회의 가족에 영향을 미치는 다양한 요인에 대해서 구체적으로 살펴보기로 하겠다.

생각 나눔

최근 한국의 가족이 겪고 있는 다양한 변화에는 어떤 것이 있다고 생각하는지, 나의 생각을 정리하여 이야기해봅시다. 과거의 가족과 현재의 가족에서 변화된 모습을 표로 비교하여 정리해 보아도 좋습니다. 변화의 기준(가족수, 가족관계, 가족의 기능 등)을 만들어서 비교해봅시다.

기준	과거	현재

1) 인구 구조의 변화

현재 한국사회는 저출산 현상이 심화됨에 따라 유소년 인구는 감소하고 고령 인구는 계속 증가하고 있다. 〈그림 2.1〉에 따르면 2020년에 65세 이상의 노인 인구가 전체 인구의 15.7%로 0~14세의 유소년 인구인 12.2%를 넘어서고 있다. 또한 앞으로 2040년과 2070년에는 유소년 인구가 7~8% 정도밖에 미치지 않으나, 65세 이상의 노인 인구는 34~46%에 이른다고 예측할 수 있다. 2025년이면 한국은 65세 이상의 노인 인구가 차지하는 비율이 20% 이상, 즉 인구 5명 중 1명이 노인인 초고령사회에 진입할 전망이라고 한다.

인구 구조의 변화에서 노인 인구의 증가와 유소년 인구의 감소뿐 아니라, 생산연령인구의 감소도 매우 중요하게 살펴보아야 할 측면이다. 생산연령인구인 15~64세의 비율이 급격히 줄어드는 현상을 미국의 경제학자 해리덴트(Harry Dant)는 '인구절벽'이라고 하였다. 일할 사람이 빠르게 줄어드는 인구절벽으로 인해 국가의 생산성이 낮아지고 노인 부양과 복지에 들어가는 돈은 기하급수적으로 늘어날 수밖에 없기 때문에 경제위기가 발생할 수 있는 심각한 상황임을 의미하는 것이다. 더욱이 2030년에 한국은 인구절벽을 넘어서 '인구지진' 위험에 처할 수도 있다고 염려하는 목소리가 높아지고 있다. '인구지진'은 영국의 인구학자 폴 윌리스(Paul Willis)가 자연 재앙인 '지진'보다 '인구감소와 고령화'의 파괴력이 훨씬 크다는 의미로 사용한 표현이다. 생산인구의 급격한 감소와 노인 부양비의 급증은 경제 성장률에 심각한 악영향을 미치게 되고, 사회 및 국가 전반에 여러 가지 연쇄적인 문제를 야기하게 된다는 것이다. 국가

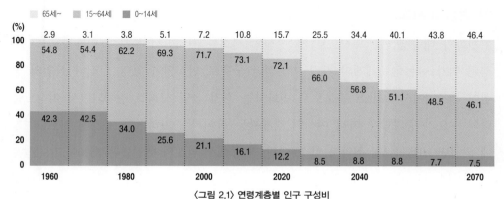

〈그림 2.1〉 연령계층별 인구 구성비
출처 : 통계청(2021). 장래인구추계: 2020~2070년.

에서도 인구 구조의 변화에 따른 여러 가지 문제를 해결하기 위해 국가 차원에서 저출산 및 고령화 기본계획을 발표하고 지난 15년간 저출산 극복을 위해 약 380조 원이라는 많은 재정을 투자하는 노력을 시도하였으나 인구 감소를 막는 데는 큰 효과를 얻지 못하였다고 인식되고 있다(뉴시스, 2022년 10월 11일).

인구구조의 변화로 인해 발생하는 문제는 매우 다양하며, 최근 국가나 사회적으로도 매우 관심을 가지고 있는 부분이므로 그 해결책에 대해서 살펴보고자 한다. 다양한 문제 해결을 위해서는 복합적인 차원에서의 노력이 필요하다. 우선, 출산율의 감소를 해결하기 위해서는 기업에서 육아휴직제도를 마련하는 것뿐 아니라 실질적으로 운영될 수 있는 기업 문화의 정착, 육아휴직 후 복직 시에 겪을 수 있는 인사 불이익 등 여성의 경력 단절로 인한 어려움에 대한 다양한 대안 마련, 현실적인 수준의 양육비나 교육비에 대한 지원과 부모의 육아 참여를 위해 직장에서 여러 가지 현실적인 지원 시스템 구축 등 '키즈 플랜들리(kids friendly)' 문화의 마련이 필요하다고 하겠다. 또한 청년 인구의 감소와 노인 인구의 증가로 인한 여러 가지 문제를 해결하기 위해서는 청년 일자리 창출을 위한 취업 및 창업제도의 구축과 청년 친화형 기업 시스템의 마련이 필요하다. 또한 정년 연장 및 폐지와 같은 경제 활동 인구의 확충, 고령자 계속 고용 방식과 임금체계 개편도 고려할 필요가 있다. 그리고 현재 혹은 앞으로의 초고령화 사회에서 노인이 겪는 경제적인 어려움뿐 아니라 질병이나 외로움과 같이 심리적인 어려움을 도울 수 있는 여러 가지 지원책에 대해 보다 깊이 있는 논의가 이루어지고, 이를 바탕으로 보다 실질적인 정책이 실행되어야 하는 것이다.

2) 여성의 사회 참여 증가

기계화와 대량생산을 특징으로 하는 산업 사회를 거치면서 부부와 미혼 자녀로 구성된 핵가족은 친족체계의 가장 기본적인 구조로 인식되어 왔다. 그러나 산업의 중심이 제조업에서 서비스 부분으로 변화하는 후기 산업 사회로 진행되면서 여성노동력의 수요가 증가함에 따라 여성의 경제활동 참여가 증가하였다. 통계청 자료(2022)에 의하면 2015년 7월 취업자 약 2,653만 명 중에서 남성의 취업률은 75%이고 여성은 52.7%였으나, 2022년 7월 취업자 약 2,847만 명 중에서 남성의 취업률은 74.4%, 여성 취업률은 55.5%였다. 또한 기혼 여성의 경제활동 참여도 증가하였다. 2015년에 유배우

가구 1,213만 9천 가구 중에서 맞벌이 가구가 535만 8천 가구로 44.1%였으나, 2020년 유배우 가구 1,233만 2천 가구 중에서 맞벌이 가구가 559만 3천 가구로 45.4%에 해당하는 것으로 나타났다.

2022년에 MZ세대 기혼 남녀 500명(남녀 각 250명, 25세 이상 39세 이하)을 대상으로 '맞벌이 현황'에 대해 조사한 결과를 살펴보면, 현재 '맞벌이 여부'에 대해서는 '그렇다'가 60.8%, '아니다'가 39.2%로 나뉘었다. 또한 맞벌이를 하게 된 이유는 '경제적 이유'(60.2%)가 가장 컸고, '경력을 이어가기 위해서'(21.7%), '자아실현의 필요성을 느껴서'(15.5%)라고 답하였다(파이낸셜 뉴스, 2022년 01월 06일). 맞벌이 가족은 여성의 취업동기에 따라 생계유지형 맞벌이 가족, 내조형 맞벌이 가족, 자아실현형 맞벌이 가족, 여가활용형 맞벌이 가족으로 분류하기도 한다(문혁준 외, 2020). 이것은 가족을 자신보다 우위에 두었던 현모양처상에서 벗어나 자신의 욕구와 기대에 따라 다양하게 미래를 설계하는 여성의 모습을 보여주는 것이라 하겠다.

이처럼 기혼 여성의 사회참여는 과거 가족에 희생하는 여성의 모습에서 벗어나 여성의 자아실현과 전문성 향상에 긍정적 영향을 주기도 하였다. 하지만 동시에 가사노동 부담은 남편과 아내 간에 갈등을 유발하기도 하였고, 엄마가 직장에 있을 동안 자녀를 맡아줄 보육 및 교육시설에 대한 필요와 자녀교육을 위한 경제적 부담에 대한 어려움을 유발하기도 하였다. 또한 딩크족의 형성과 더불어 유연근무제와 같이 일과 직업의 병행을 위한 제도적인 장치의 형성에 영향을 주었다고 할 수 있다.

3) 현대 산업의 급속한 발달로 인한 가족관계의 변화

현대 산업 사회에서 교통과 정보통신의 급속한 발달은 직업 구조의 다양화뿐 아니라 인구 이동과 세계의 글로벌화, 각 나라의 사회와 경제 및 문화와 가족 구조에 있어서 여러 가지 변화를 초래하였다. 다양한 산업의 발달과 가속화로 경제력이 향상되었고, 직업이 고도로 분화되어 다양해지고 전문화되면서 사회에서는 훈련된 유능한 노동력을 요구하게 되었다. 따라서 더 높은 경제력과 삶의 여유를 얻을 수 있는 고부가가치의 직업들이 많아졌고 경쟁은 더욱 심화되었다. 현대사회의 사람들은 원하는 직업을 선택하고 그 직업에서 전문가가 되기 위해서, 원하는 직장을 얻거나 대학교 혹은 그 이후의 다양한 교육을 받고자 가족과 떨어져서 생활을 하게 되는 경우도 빈번해졌다.

이러한 상황 속에서 친족에게 많은 책임과 의무를 부과하는 결속적인 친족집단 중심의 가족제도는 변화가 불가피하였다. 젊은 세대는 직업에 몰두하여 결혼을 미루는 만혼이나 결혼을 하지 않는 비혼을 선택하기도 하였고, 가족을 이루는 경우에도 가족이 꼭 함께 거주를 하는 것이 아니라 직업이나 학업의 필요에 따라 떨어져 살기도 하는 분거 가족이나 기러기 가족을 이루기도 하였다. 또한 성인 단독으로 독립적인 거주를 하는 1인 가구가 증가하기도 하였다.

정보화로 인한 글로벌화는 가족관계에도 변화를 가져오게 되었다. 인터넷이 발달

생각 나눔

※ 최근 한국 가족은 구조와 형태에 있어서 다양한 변화를 겪고 있습니다(유영준 외, 2020). 그 변화(혼인율과 출산율의 감소, 이혼율 및 1인 가구의 증가, 고령화 등)를 '가족위기론'의 관점에서 설명하는 사람들도 있고, 새로운 변화를 '가족진보론'의 관점에서 설명하고자 하는 사람들도 있습니다.

Q1 아래에서 설명하고 있는 '가족위기론'과 '가족진보론'의 입장을 읽어보고, 두 입장에 대한 자신의 생각을 이야기해봅시다.

입장 1 저는 최근 우리 사회에서 일어나는 혼인율과 출산율은 감소, 이혼율과 1인 가족의 증가는 현대 가족이 겪는 심각한 위기 상황이라고 생각합니다. 남북 분단과 같이 이전 세대가 겪은 전쟁의 아픔이나 빈곤 속에서도 우리 사회를 지탱해온 것은 가족 간의 사랑과 희생, 정서적인 안정감이 중요한 부분이었다고 생각하는데요. 지금은 가족 간의 유대감보다는 너무 개인적인 삶의 자유에만 초점을 맞추고 있어서 혼인과 출산과 같은 가족의 구성원을 이루는 행동에 대해서 불안감을 가지고 있다고 생각합니다. 따라서 현대의 이러한 모습은 '가족위기론'의 관점에서 설명할 수 있습니다. 이러한 변화는 자연스럽다기보다는 병리적인 현상이라고 할 수 있습니다. 따라서 이전 세대가 가졌던 전통적인 가족의 가치를 복원하고자 노력해야 한다고 생각합니다. 이전 세대와 똑같은 가족의 모습을 가질 수는 없겠지만, 그것을 모델로 하면서 보완점을 찾아야 한다고 생각합니다.

입장 2 저는 최근 우리 사회에서 일어나는 혼인율과 출산율의 감소, 이혼율과 1인 가족의 증가는 현대 가족이 겪는 변화의 한 부분이라고 생각합니다. 이러한 변화의 모습들이 모두 긍정적인 것이라고 할 수는 없지만 모든 것이 급속도로 변화하는 현대사회 속에서 받아들일 수밖에 없는 대안적인 가족의 형태라고 인식하고 수용하는 태도가 필요하다고 생각합니다. 이미 시작된 변화의 물결을 다시 되돌릴 수는

하면서 휴대폰이나 컴퓨터로 멀리 떨어져 있는 가족과 화상으로 전화나 대화를 하면서 가족과 일상을 나누고 심리적인 안정감을 느낄 수 있게 되었다. 또한 4차 산업의 발달은 가족 구성원의 수가 감소하는 현대 시대의 가족관계에 변화를 주게 되었다. 노인 케어 인력의 부족을 대비하여 노인들을 위한 도우미 로봇들, 즉 말동무 로봇이나 간병로봇, 치매케어 로봇 등이 개발되면서 AI 로봇이 가족의 빈자리를 채우기도 한다. 또한 가상 현실이나 증강 현실은 현실에 있는 시공간의 제약을 넘어서 다양한 경험을 할 수 있도록 해주기 때문에, 아픈 환자나 노인들이 가상현실을 통해 손주 결

없다고 생각합니다. 이전 세대가 이루었던 가족의 모습이 '바람직한 가족'이라는 인식에서 벗어나서 혼인율과 출산율의 감소, 이혼율과 1인 가족의 증가, 고령화 사회의 모습을 인정하고 정책에 반영하면서 현대를 살아가는 사람들의 행복을 위해서 노력하는 것이 필요하다고 생각합니다. 결혼이나 출산율이 감소하고 1인 가구나 노인가구가 증가하는 현상을 인정하고, 그렇다면 1인이나 노인가구가 처할 수 있는 어려운 상황들을 미연에 방지할 수 있도록 나라의 시스템을 바꾸고자 노력하는 '가족진보론'의 입장이 필요하다고 생각합니다.

Q2 '가족위기론'과 '가족진보론' 중에서 어떠한 입장인지, 그렇게 생각하는 이유는 무엇인지 자신만의 논리를 바탕으로 이야기해보세요. 그리고 나의 입장에서 생각하는 사회나 국가에서의 노력이나 변화에 대해서도 이야기해보세요.

혼식장이나 고향, 음악회 등을 가는 경험을 하면서 심리적인 만족감을 느끼거나 외로움을 줄이는 데에도 도움을 줄 수 있다.

4) 다문화사회로의 변화

각 나라의 정보가 세계 곳곳에 공유되고 국가 간에 인구 이동이 활발해지면서 우리나라도 다양한 문화적 배경을 가진 사람들이 함께 사는 다문화 사회로 변화하게 되었다. 여러 가지 이유로 자신이 태어난 국가가 아닌 다른 곳에서 정착하여 살게 되는 사람들이 증가하였기 때문이다. 세계 각국의 사람들은 학업이나 일자리를 찾기 위해 혹은 여행 등의 다양한 이유로 다른 나라에 갔다가 그곳에서 거주하거나, 더 나아가서는 국제결혼을 하고 자녀를 낳아서 살기도 한다. 마찬가지 이유로 외국인 노동자의 증가와 농촌 남성과 외국인 여성의 결혼이 증가하면서 우리나라에도 다문화 가족이 많아지게 되었다. 다문화 가구는 결혼이민자와 귀화자가 포함된 가구를 말하는 것으로, 귀화자가 있는 가구 또는 외국인이 한국인(귀화자 포함)과 혼인하여 이루어진 가구 또는 그 자녀가 포함된 가구를 의미한다.

'2021년 인구주택총조사'에 따르면 우리나라에 거주하는 다문화 가구는 38만 5,000가구로 전체 인구의 0.7%를 차지한다고 하였다.

이처럼 시대의 변화로 인해 우리나라도 한 국가나 사회 속에 다른 인종이나 민족 등 여러 집단이 지는 문화가 함께 존재하는 '다문화 사회'에 속하게 된 것이다. 특히 우리나라는 '단일 민족'이라는 인식과 자부심이 높았기 때문에 다문화 가족을 이해하는 데에 많은 노력이 필요했던 것도 사실이다. 따라서 다문화 가족이 차별 혹은 편견으로 인한 부적응 없이 우리 사회에서 잘 어우러져서 생활할 수 있도록 다문화 가족 구성원의 취업과 같은 경제적 삶의 질을 지원하거나, 가족 간의 의사소통 및 결혼 생활 적응이나 자녀 양육을 위한 지원과 같은 다양한 제도의 마련이 필요하다. 또한 다문화 시대를 살아가는 국민으로서 다문화 가족과 그 자녀를 인종이나 국가적인 배경에 한정하지 않고, 함께 살아가는 시민으로서 인식하는 자세가 필요하다.

또한 우리나라는 남한과 북한으로 나뉘어져 있는 특수한 상황을 고려할 때, 북한 이탈주민 가족도 다문화 가족에 포함시킬 수 있다. 남한과 북한은 같은 민족이지만 반세기 이상 서로 다른 체제와 환경에서 살아왔고, 사용하는 언어도 많이 달라져서 각기 다른 문화를 가지고 있기 때문에 북한에서 이주를 하여 우리나라에 살고 있는 북한 이주민 가족도 다문화 가족이라 할 수 있다. 탈북자 수는 1998년 947명에서 2003년 1,285명, 2009년에는 2,914명까지 증가하여, 현재는 3만 3,800여 명에 이른다 (통일부, 2022).

북한 이탈주민 가족이 어려움 없이 우리 사회에 잘 적응하여 생활하기 위해서는 사회의 구성원이 북한 이탈주민 가족에 대해 긍정적인 인식을 가져야 할 뿐 아니라 심리적인 적응과 실질적인 자립과 생활을 위한 금전적 지원과 취업 및 창업을 위한 다양한 교육 기회의 제공 등 여러 가지 제도의 마련이 필요하다.

5) 가족에 대한 가치관의 변화

현대사회에는 1인 가족이나 무자녀 가족, 한부모 가족과 재혼 가족 및 다문화 가족 등 다양한 가족 구조나 형태가 있다. 이렇게 가족의 구조나 형태가 다양하게 변화된 것은 개인이나 사회가 가족에 대해 갖는 가치관의 변화와 관련되어 있다. 현대사회에서 변화되는 가족의 모습을 이해하기 위해 결혼과 자녀출산 및 양육뿐 아니라, 이혼 및 재혼에 대한 태도나 입양과 국제결혼에 대한 가치관에서의 변화를 살펴보고자 한다.

(1) 결혼에 대한 태도

결혼은 성인 남녀가 가족을 이루는 데 있어서 중요한 요소이므로 사회 구성원이 결혼에 대해 가지고 있는 태도는 현재의 가족 구조뿐 아니라 미래의 가족 구조에도 많은 영향을 미치는 핵심적인 요인이라고 할 수 있다. 따라서 '결혼에 대한 태도'에 대해서 살펴보면 다음과 같다.

〈표 2.1〉의 '결혼에 대한 태도' 자료를 연도별로 비교해보면, '결혼을 해야 한다'는 응답은 2015년에는 70.2%였으나, 2022년에는 50.1%로 20.1% 감소하였고, '해도 좋고 하지 않아도 좋다'는 응답은 2015년에는 26.6%였으나 2022년에는 43.2%로 16.6% 감소하였다. 또한 2022년도가 2015년도에 비해 '결혼을 하지 말아야 한다'와 '잘 모르겠다'는 응답이 증가하는 경향을 보였다.

결혼에 대한 태도는 실제로 결혼을 하는 연령과도 관련될 수 있는 것으로, 통계청

〈표 2.1〉 결혼에 대한 태도 (단위 : %)

구분(%)	해야 한다		해도 좋고 하지 않아도 좋다		잘모르겠다		하지 말아야 한다	
	2022	2015	2022	2015	2022	2015	2022	2015
30대 이하	40.6	51.1	52.8	45.9	3.0	1.1	3.5	2
40대	42.3	62.5	50.6	34.6	2.6	1.4	4.4	1.6
50대	52.8	71.5	42.6	24.6	1.8	2	2.8	1.8
60대 이상	71.5	78.7	24.7	18.7	2.0	1	1.8	1.6
전체	50.1	70.2	43.2	26.6	3.2	1.5	3.6	1.7

주 1) '해야 한다' 항목은 '반드시 해야 한다'와 '하는 것이 좋다' 항목의 수치를 합하였다.
　　2) '하지 말아야 한다' 항목은 '하지 않는 것이 좋다'와 '하지 말아야 한다' 항목의 수치를 합하였다.
출처 : 통계청. 사회조사보고서(각 연도).

에서 발표한 '평균 초혼 연령' 자료를 통해 살펴보면 〈표 2.2〉와 같다.

〈표 2.2〉 평균 초혼 연령 (단위 : 세)

구분	2000		2005		2010		2015		2022	
성별	남성	여성	남성	여성	남성	여성	남성	여성	남성	여성
연령	29.3	26.5	30.9	27.7	31.8	28.9	32.6	30.0	33.7	31.3

출처 : 통계청. 인구동향 조사(각 연도).

　　〈표 2.2〉의 '평균 초혼 연령'을 살펴보면, 2000년에는 남자 29.3세, 여자 26.5세이고, 2010년에는 남자 31.8세, 여자 28.9세이다. 2015년에는 남자 32.6세, 여자 30세로, 2015년부터 여성의 초혼 연령이 30세를 넘었다. 2022년에는 남자 33.7세, 여자 31.3세로 나타났다.

　　자료들을 토대로 살펴볼 때, 결혼에 대한 태도가 과거에서 현대로 올수록, 그리고 젊은 세대일수록 결혼을 꼭 해야 하는 한다는 인식이 낮아지고, 결혼을 해도 좋고 하지 않아도 좋다는 인식이 높아진 것은 결혼을 필수가 아니라 선택으로 인식하는 경향이 증가한 것으로 유추해 볼 수 있다. 그리고 결혼에 대한 태도는 실제로 초혼을 하는 연령의 상승과 관련이 되며, 더 나아가 비혼이나 1인 가구의 확대와 같은 가족 구조의 변화와 연관된다고 하겠다.

생생한 사례로 살펴보는 건강가정론

(2) 자녀출산과 양육에 대한 태도

자녀출산과 양육에 대한 인식의 변화도 가족구조에 많은 영향을 미친다. 먼저 한국보건사회연구원(2021)에서 발간한 '2021년도 가족과 출산 조사(박종서 외, 2021)'를 토대로 자녀에 대한 태도를 살펴보면 다음과 같다. 미혼 혹은 임신이 가능한 시기의 여성인 19~49세 여성에게 자녀에 대한 태도를 물어본 결과, '꼭 있어야 한다'(30.5)%와 '있는 것이 없는 것보다는 나을 것이다'(37.2%)라는 반응이 '없어도 무관하다'(27.4%)와 '모르겠다'(4.9%)에 비해 높았다. 또한 연령대별로 살펴보면 대체로 연령이 낮을수록 '자녀가 꼭 있어야 한다'는 반응은 낮았고, '없어도 무관하다' 및 '모르겠다'는 반응은 높았다.

〈표 2.3〉 자녀에 대한 태도 (단위 : %)

구분	꼭 있어야 한다	있는 것이 없는 것보다 나을 것 같다	없어도 무관하다	모르겠다
19~24세	13.3	35.2	43.1	8.5
25~29세	21.1	36.3	36.3	6.4
30~34세	27.8	39.5	27.0	5.7
35~39세	37.6	37.7	20.6	4.1
40~44세	40.7	36.4	20.1	2.7
45~49세	41.6	38.7	17.5	2.2
전체	30.5	37.2	27.4	4.9

자녀에 대한 태도는 자녀의 출산과 관련될 수 있으므로, 우리나라의 출산율에 대해서 살펴보고자 한다.

<표 2.4> 합계 출산율 (단위 : 명)

구분	1970	1980	1990	2000	2010	2022
합계 출산율	4.530	2.820	1.570	1.480	1.226	0.780

출처 : 통계청. 합계 출산율(2022).

출산율은 보통 한 여자가 가임기간(15~49세)에 낳을 것으로 기대되는 평균 출생아 수를 말하는 합계 출산율로 살펴본다. <표 2.4>에서 알 수 있듯이, 우리나라의 1970년 합계 출산율은 4.53명이었으나 점점 줄어들기 시작하여 2022년에는 0.78명이다. 일반적으로 합계 출산율이 1명 이하라는 것은 한 세대(100년)가 지나면 출생아 수가 지금의 절반 이하로 줄어들 수 있다는 의미이다. 합계 출산율이 1.3명 미만인 경우는 초저출산 사회로 정의되므로(통계청, 2021), 우리나라는 2010년 이후부터 현재까지 초저출산 사회에 있다고 할 수 있다.

자료들을 통해서 살펴본 결과, 사회 구성원이 가지고 있는 자녀 출산에 대한 태도는 현재의 출산율 저하뿐 아니라 현재 혹은 미래에 계속될 외동아 및 무자녀 가족의 증가, 노령화 인구의 증가나 노인 부양 문제 등의 다양한 사회현상과도 관련될 수 있는 것이라 하겠다.

(3) 이혼에 대한 인식

최근에는 이혼 가족도 예전에 비해서 많이 볼 수 있다. 이혼은 1인 가족이나 한부모 가족 혹은 재혼 가족 등 다양한 가족의 형태를 만들 수 있으므로, 현대 가족의 변화를 살펴보는 데 중요한 요소라고 할 수 있다. 이혼 가족의 증가에는 여러 가지 요인이 있을 수 있으나, 그중에서도 이혼에 대한 인식이 중요한 요소라고 할 수 있다. 이혼에 대한 인식은 이혼을 하게 되는 당사자뿐 아니라 이혼을 바라보는 주변 사람들의 인식과도 관련되어서 다양한 영향을 미칠 수 있기 때문이다. 이혼에 대한 인식을 살펴보면 <표2.5>와 같다.

<표 2.5> 이혼에 대한 인식

구분(%)	어떤 이유라도 이혼을 해서는 안 된다	이유가 있더라도 가급적 이혼을 해서는 안 된다	할 수도 있고 하지 않을 수도 있다	이유가 있으면 하는 것이 좋다	잘 모르겠다
2012	13.3	35.4	37.8	10.9	2.7
2022	6.2	20.9	49.2	18.7	5.0

출처 : 통계청(2022). 사회조사보고서(각 연도).

이혼에 대한 인식은 2012년에는 '어떤 이유라도 이혼을 해서는 안 된다'와 '이유가 있더라도 가급적 이혼을 해서는 안 된다'와 같이 이혼에 대한 부정적인 응답이 48.7% 정도였고, '이유가 있으면 하는 것이 좋다'와 같이 이혼에 대해 긍정적인 응답은 10.9% 였다. 반면에 2022년에는 이혼에 대해 부정적인 응답이 27.1%였고 이혼에 대해 긍정적인 응답은 18.7%였다. 즉, 예전에 비해서 이혼에 대해 부정적인 인식이 감소하고 이혼에 대해 긍정적인 인식이 높아지는 등 이혼에 대한 인식이 변화하였음을 나타내는 것이라 하겠다.

이혼에 대한 인식 변화뿐 아니라 실제로 이혼하는 비율은 어떠한지를 살펴본 결과는 <표 2.6>과 같다.

<표 2.6> 혼인율과 이혼율 　　　　　　　　　　　　　　　　　　　　　　　　　　(단위 : 건수, %)

연도	총 혼인 건수	조혼인율	총 이혼 건수	조이혼율
1900	399,312	9.3	45,694	1.1
2003	302,503	6.3	166,617	3.4
2012	326,104	6.5	114,316	2.3
2015	302,828	5.9	109,153	2.1
2019	239,159	4.7	110,831	2.2
2022	191,690	3.7	93,232	1.8

주) 조이혼율은 특정 1년간 신고된 총 이혼건수를 해당 연도의 7월 1일자 해당하는 인구(연앙인구)로 나눈 수치를 1,000분비로 나타낸 것이다. 인구 관련 통계 보도 시 앞에 '조(粗)' 자를 붙여서 조출생률, 조사망률 등으로 표현하기도 하는데, 예를 들어 조이혼율이 1.4%라는 의미는 인구 1,000명당 1.4건의 이혼이 발생했다는 의미이다.
출처 : 통계청 보도자료(2022.5.25).

<표 2.6>에 따르면 총 이혼건수는 1990년에는 4만 5,694건이었으나, 2003년에는 16만 6,617건에 이르기까지 급속히 증가하였고, 그 이후에는 점차 감소하기 시작하여

2012년에는 11만 4,316명이고 2022년에는 9만 3,232명이었다. 또한 인구 천 명당 이혼 건수를 나타내는 조이혼율에 있어서도, 1990년에는 1.1%이고 2003년에는 3.4%를 기점으로, 2012년에는 2.3%, 2022년에는 1.8%로 조금씩 낮아졌다.

　　자료들을 토대로 살펴본 결과, 최근에 이혼율의 수치가 이전에 비해서 조금씩 줄어들고는 있으나 혼인율과 이혼율을 함께 비교해 보면 혼인율이 전반적으로 감소하는 추세에서 이혼을 선택하는 가정이 상대적으로 증가한 편이라고도 해석해 볼 수 있다. 이혼은 이후에 1인 가족이나 한부모 가족, 재혼 가족이나 조손 가족의 발생과도 관련이 있으므로 이혼 후에 처하게 되는 이혼한 부부 혹은 자녀의 삶에 대해서 면밀하게 살펴보고 고려할 필요가 있다.

(4) 가족의 범위에 대한 인식

현대사회에서는 우리가 알고 있는 가족의 범위에 대한 인식도 변화하고 있다. 일반적으로 우리나라에서 '가족'이라고 하면 주로 혈연관계에 있거나 혼인으로 맺어진 사람 중에서 일정한 범위 내에 있는 사람을 말하는 것으로 8촌 이내의 혈족이나 배우자를 포함하여 혼인을 통해 형성된 4촌 이내의 인척까지 포함시키는 경우가 많았다. 즉, 가족의 개념이나 가족의 범위를 인식할 때는 주로 혈연과 법률혼의 관계가 중심이 되어 있다는 것이다. 그러나 최근에는 혈연이나 법률적인 결혼을 하지 않고 친구나 애인끼리 거주하는 비친족 가구원, 즉 함께 살고 있는 비혈연자도 가족에 포함시켜야 한다는 인식이 높아지고 있다. 가족의 범위에 대한 인식 조사에서 2015년에 함께 살고 있는 비혈연자를 포함시킨 것이 3.3%였으나, 2020년에는 3.5%로 증가하였다. 인구주택총조사 결과에 따르면(통계청, 2021), 실제로 2021년 친족가구는 2020년에 비해 5만 가구 정도 감소하였고, 비친족가구는 4만 9,000가구 정도 증가하였다. 이처럼 가족의 범위에 대한 인식의 변화는 가족의 구조에 많은 영향을 미친다고 하겠다.

　　요즘에는 혈연이나 결혼 또는 입양이 아니더라도 정서적 안정감을 갖게 하는 반려견이나 반려 식물 심지어 반려 AI도 가족으로 생각하는 경향이 증가하고 있고 사이버 공간에서 알게 된 사람들끼리 친밀감을 쌓으며 가족 관계를 맺는 사이버 가족도 있다. 이것은 가족의 범위에 대한 인식이 넓어지고 있는 것으로, 자신에게 위안이나 안정감을 주는 반려견이나 반려 식물, 반려 AI를 가족구성원에 포함시켜서 함께 생활하며 행복을 찾으려는 사람이 늘어나고 있음을 말해주는 것이다.

조별 나눔

Q1 최근에 반려견을 가족으로 맞이하여, 장례식을 치르며 슬픔에서 헤어나지 못하는 한 친구가 있습니다. 그런데 그 이야기를 듣는 청자는 충분히 그 내용에 공감하지 못하기도 합니다. 반려견에 관한 당신의 생각은 어떠합니까? 조원들과 함께 이야기를 나누어봅시다.

Q2 여러분은 '프래밀리(Framily)'라는 용어에 관해서 어떻게 생각하는지 이야기해봅시다. '프래밀리'의 장점과 단점에 대해서 함께 이야기를 나누고, 나의 생각을 정리해봅시다.

'프래밀리'라는 신조어가 있습니다(서울경제, 2021. 11. 29). 친구(friend)와 가족(family)를 합친 말인, 프래밀리(framily)로 '가족 같은 친구'를 의미하는 단어입니다. 법적으로 맺어진 가족이 아니더라도 가족처럼 함께 생활하는 사람이나 집단을 일컫는 말입니다. 독거노인이나 가정에서 소외된 청소년을 보호하고 돕기 위해서 공동체를 형성하는 것도 '프래밀리'라고 할 수 있습니다. 프래밀리는 공동체 안에서 서로 지켜야 할 규칙을 지키며 함께 생활하는 사람들을 말하는 것으로, 상대방에게 경제적인 부담을 주지 않고 가족보다는 덜 끈끈하지만 덜 외롭게 사는 해결책이라고 할 수 있습니다. 프래밀리는 1인 가구의 증가와 전통적 가족의 개념, 가치관이 변화하는 시대에 어울리는 새로운 대안이라고 할 수 있습니다.

Q3 가족의 변화는 주거공간에도 영향을 줍니다. '셰어하우스'에 대해 이야기를 나누어봅시다. '셰어하우스'는 다수가 한 집에 살면서 개인적인 공간인 침실 외에 거실이나 화장실, 주방 등을 공유하는 주거방식입니다. '셰어하우스'는 1인 가구와 비혼족의 증가로 나타난 대표적인 주거의 형태로, 입주 경쟁률이 생각보다 높다는 기사들도 있었습니다.

• 내가 생각하는 셰어하우스의 장단점에 대해 이야기를 나누어봅시다.

• 가족의 변화에 따라서 앞으로의 주거 형태나 공간 구성이 또 어떻게 변할 수 있을 것이라고 생각하는지, 함께 이야기를 나누어봅시다.

Q4 자신이 미래를 살아가기 위해 원하는 집의 개념과 가족이 행복하게 살 수 있는 공간의 배치에 대해서 서로 이야기를 나누어 봅시다.

생생한 사례로 살펴보는 건강가정론

Q5　본 장에 소개된 '1) 현대사회 변화와 가족의 변화, 2) 가족형태의 다양화'를 보다 깊이 있게 이해하기 위해서는 관심 있는 주제를 선정하여, 그에 대한 자신의 생각을 정리해보아야 합니다.

1) 먼저, 아래 예시에 있는 주제 중 하나를 선정하세요.

2) 그리고 관심 있는 주제에 대해 다양한 통계자료나 연구자료들을 통해서, 구체적인 정보를 찾은 후 자신의 생각을 정리해보세요. 주제에 관하여 통계청의 국가통계포털(kosis.kr)에서 검색어를 입력하거나, 각 연도 인구통계조사보고서나 사회조사보고서를 찾아보세요. 또는 한부모가족실태조사보고서나 다문화가족실태보고서 등을 함께 찾아보아도 좋습니다. 다양한 자료들을 정리하면서 각 주제에 대하여 '과거에서 현재의 변화', '변화에 대한 긍정 혹은 부정적 측면', '부정적 측면에 대해 내가 생각하는 해결방안'에 대하여 자신의 생각을 정리해보세요.

주제의 예시

– 인구구조의 변화(출산율 저하, 1인 가구와 노인가구의 증가, 유소년 및 청소년 인구 감소)

– 여성의 사회참여 증가(맞벌이 가구 증가, 육아에 대한 어려움)

– 현대 산업의 발달로 인한 가족관계의 변화

– 다문화 사회로의 변화

– 가족에 대한 가치관의 변화(결혼 및 가족에 대한 인식, 비친족가구)

2.2 가족 형태의 다양화

우리 주변에는 다양한 가족들이 있다. 그중에서도 다양한 가족의 대표로 1인 가구, 무자녀 가족, 한부모 가족, 다문화 가족, 비친족 가구의 다섯 가지 가족 유형에 관해 보다 구체적으로 살펴보고자 하였다.

생각 나눔

Q1 최근의 사회변화에 따라 발생하는 다양한 가족의 형태를 언급하는 용어가 있습니다. 다음 용어들의 의미를 이야기해봅시다.
- 딩크족(double income, no kids)
- 딩펫족(dinkpet)
- 펫팸족(petfam, pet family)
- 통크족(two only no kids)
- 듀크족(duke, double employed with kids)
- 싱크족(single income no kids)

Q2 위에서 말한 가족에 관한 '신조어'들의 의미를 찾아보고, 이 용어가 왜 생겼다고 생각하는지 이야기를 나누어봅시다. 내가 이루고 싶은 가족의 형태는 어떤 가족에 가장 가까우며, 왜 그 가족의 형태를 이루고 싶은지 이야기해봅시다. 각 가족의 장단점에 대해서도 정리해봅시다.

Q3 우리 주변에도 다양한 가족들이 존재합니다. 내가 알고 있는 다양한 가족에는 어떤 가족의 형태가 있는지 이야기해봅시다. 각기 다른 구조와 생활방식을 가지는 가족들과 어우러 살기 위해서는 어떠한 방법이 있는지 이야기해봅시다.

1) 1인 가구

우리 사회에서 1인 가구의 증가는 매우 급속도로 이루어지고 있다. 1인 가구는 혼자 사는 청년이나 기러기 아빠, 이혼 혹은 사별 후 혼자 사는 중장년이나 노인과 같이 단독 가구나 독거 가구, 결혼을 하지 않고 혼자 사는 독신 가구의 개념과 혼용되어서 폭넓게 사용된다. 통계청에서는 1인 가구는 혼자서 살림하는 가구, 즉 1인이 독립적으로 취사 혹은 취침 등 생계를 유지하고 있는 가구로 정의한다.

1인 가구는 형성요인에 따라 자발적 1인 가구와 비자발적 1인 가구로 나눌 수 있다. 자발적 1인 가구는 학업이나 직장 등의 다양한 이유로 결혼을 늦게 하거나 안 하면서 부모에게서 독립하여 구성된 것이고, 비자발적 1인 가구는 이혼이나 별거, 사별이나 기러기 가족 등 본인의 의사보다는 여러 가지 외적인 요인들로 형성된 경우이다.

통계청(2021)에서 발표한 '2021 통계로 보는 1인 가구 조사' 자료를 살펴보면 〈표 2.7〉과 같다. 2020년 1인 가구는 664만 3,000가구로 전체 가구의 31.7%였다.

〈표 2.7〉 가구원수별 가구

(단위 : 천 가구, %)

연도	전체 가구	비중	1인 가구	비중	2인 가구	비중	3인 가구	비중	4인 이상 가구	비중
2016	19,368	100.0	5,398	27.9	5,067	26.2	4,152	21.4	4,751	24.5
2017	19,674	100.0	5,619	28.6	5,260	26.7	4,179	21.2	4,616	23.5
2018	19,979	100.0	5,849	29.3	5,446	27.3	4,204	21.0	4,481	22.4
2019	20,343	100.0	6,148	30.2	5,663	27.8	4,218	20.7	4,315	21.2
2020	20,927	100.0	6,643	31.7	5,865	28.0	4,201	20.1	4,218	20.2

출처 : 통계청(2021), 인구주택총조사.

또한 2020년 1인 가구의 연령대별 비중을 살펴보면 다음 〈그림 2.2〉와 같다. 20대가 19.1%로 가장 많고, 70대 이상(18.1%), 30대(16.8%), 50대(15.6%)와 60대(15.6%), 40대(13.6%) 순이었다. 즉, 1인 가구에는 20대나 30대도 있지만 40~50대나 60~70대 이상 노인 가구에서도 많았다. 20~30대의 청년 가구에서 1인 가구가 많은 것은 자신이 원하는 학교나 직장을 다니고자 가족과 멀리 떨어져서 가구를 이루어 생활하기도 하고, 직업을 가지면서 경제적으로 주거의 독립이 가능한 미혼남녀가 증가하였기 때문이라고 해석할 수 있다. 또한 원룸이나 오피스텔과 같이 독립생활을 위한 주거 형태도

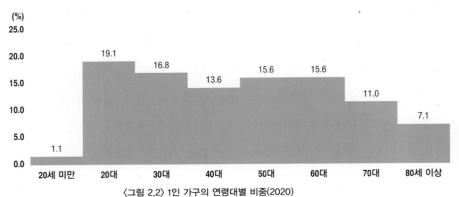

〈그림 2.2〉 1인 가구의 연령대별 비중(2020)

출처 : 통계청(2021), 인구주택총조사.

다양하게 늘어났고, 개인 및 사회적으로 점차 미혼자녀의 독립을 수용하는 분위기(김미숙, 2001)와, 후기산업사회로 오면서 개인이 자신만의 삶의 방식을 추구하는 가치관의 변화도 1인 가구의 증가에 많은 영향을 주었다고 하겠다(이희연·노승철·최은영, 2011). 그러나 젊은 세대에서 1인 가구의 증가는 개인주의의 확산에 대한 걱정과 아울러 경제력이 없는 1인 가구의 경우에는 경제적 빈곤이나 삶의 질 저하의 문제를 유발하기도 하고, 전반적으로는 이후의 결혼 혹은 출산과 연계되어서 인구 감소에 대한 다양한 해결책이 필요하다는 인식이 증가되고 있다. 40~50대의 1인 가족 증가는 기러기 가족의 증가와도 관련된다. 기러기 가족은 기러기 아빠의 고독한 자유와 경제적 부담, 주변 관계망 축소 및 존재감 하락뿐 아니라 가족과의 문화적 이질감과 소통의 문제를 야기하고 있다. 이민자의 자녀들 중에서 한국으로 유학을 오는 경우도 생기고 이민자들이 다시 한국으로 들어와서 생활하는 경우도 늘고 있다. 이런 사회변화를 반영하여 이민자들이 다시 한국으로 들어와서 한국생활에 적응을 하고 가족 간에 유대감을 잘 쌓을 수 있도록 도와줄 수 있는 프로그램이 지역사회에 마련되어야 한다 (김주현 외, 2010). 60대 이상 고령의 1인 가구의 증가는 노령화 인구의 확대와 노인의 경제적 빈곤이나 질병, 노인세대 부양의 문제, 노인 고독사의 문제에 대해 사회적으로도 다양한 안전장치 및 제도의 마련이 필요한 시점이라고 하겠다.

2) 무자녀 가족

무자녀 가족은 자녀 없이 부부 중심으로 살아가는 가족의 형태를 말한다. 일반적으

생생한 사례로 살펴보는 건강가정론

로 우리 사회에서는 결혼을 하면 자녀를 갖는 것을 당연하게 생각해왔었는데, 최근에는 결혼은 하지만 자녀를 낳지 않고 사는 무자녀 가족이 많아지고 있다. 무자녀 가족을 일컫는 딩크족은 미국의 베이비붐 세대인 제2차 세계대전 이후에 태어난 이들의 생활양식과 가치관을 대변하는 용어다.

무자녀 가족은 무자녀 가족 형태를 이루게 되는 과정에 작용하는 부부의 의도성과 무자녀 상태의 지속성 등에 따라 자발적 무자녀 가족, 비자발적 무자녀 가족, 상황에 따른 무자녀 가족, 일시적 무자녀 가족 그리고 영구적 무자녀 가족 등 다양하게 분류될 수 있다. 즉, 무자녀 가족이 어느 한 유형에만 고정적으로 속한다기보다는 처한 상황에 따라 조금씩 변화하면서 가족의 고유한 생애주기를 지나간다고 보는 것이 적합하다(김남영, 2020).

무자녀 가족이 많아지는 원인에는 여러 가지가 있다. 만혼이나 신체적인 문제로 인한 불임뿐만 아니라 자아실현에 대한 욕구나 원가족에서의 부정적 경험, 자녀에 대한 의미 변화와 부모됨에 대한 부담감, 스스로 부모로서의 자질이 부족하다는 인식과 양육환경에 대한 부정적인 인식 등 다양한 요인에서 기인한 것이다(이수연, 2012).

무자녀 가족의 증가 이유로 가족에 대한 가치관의 변화를 꼽을 수 있다(최영미·박윤환, 2019). 우리 사회에서의 유교적 가치관은 출산을 통해 가족의 대를 잇는 것을 중시하여 자녀출산에 강한 동기를 부여하였으나, 유교적 가치에 대한 인식이 약화되면서 출산에 대한 동기도 약화되고 있다(서정연·김한곤, 2015). 또한 부모가 자녀에 대해 가지는 사회적이며 심리적 가치도 출산 동기에 영향을 준다는 것이다. 즉, 자녀가 부모에게 주는 사회적이고 경제적이며 심리적인 가치감이 높다고 느낄수록 출산 가능성이 높았다(이완·채재은, 2017). 무자녀 기혼 남녀가 무자녀 가족을 선택한 이유에 대한 연구에서는 한국의 가족이 지나치게 자녀 중심적이며 자녀의 도구성을 강조하는 모습에 거부감을 느꼈기 때문이라는 반응도 있었다(이민아, 2013). 이수현(2012)의 연구에서도 많은 기혼 여성들은 자신에게 충실한 삶을 추구하고 개인과 부부의 삶의 질을 유지하는 것이 자녀양육을 하는 것보다 중요하다고 인식하여 무자녀를 결정한다고 하였다.

무자녀를 선택하는 가족은 자녀양육에 들어가는 경제적 부담이 덜 하기 때문에, 자기개발과 여가활동에 많은 시간과 비용을 투자하면서 자유롭고 독립적으로 생활하고자 한다는 것이다. 부부가 유사한 가치관을 공유하면서 자신 혹은 부부의 가치 실현을 위해 다양한 활동을 즐기는 삶을 중시하는 것이다(이수현·공미혜, 2012).

그러나 무자녀 가족은 자녀가 없다는 이유로 이기적일 것이라는 주변의 시선을 받기도 하고 직장에서는 "애도 없는데 일찍 가면 뭐해, 야근해"라는 말을 듣거나, 집안의 행사나 급전이 필요할 때 "너희는 교육비가 안 드니까 여유가 있잖아"라는 말을 듣는 등 주변의 많은 오해와 편견을 받기도 한다(김정미·양성은, 2013).

자신이나 부부의 가치관에 따라서 다양한 가족 형태를 이루는 사람이 많아지고, 무자녀 가족을 선택하는 사람들이 늘고 있는 만큼 나와는 다를 수도 있으나 자신의 자유 의지로 여러 가지 가족의 형태를 선택하는 사람들의 마음을 이해하고 배려하고자 노력하는 태도가 필요하다. 비혼뿐 아니라 무자녀 가족의 증가에는 변화된 가족가치관과 자녀가치관이 중요한 역할을 담당하고 있으므로, 저출산정책이 자녀양육기 부모의 양육부담을 완화시키는 것만이 아니라 정책 전반에 걸쳐서 가족가치관이 반영된 지원정책을 마련해야 함을 말해주는 것이다. 또한, 자녀를 키우는 것이 얼마나 가치로운지를 인식하고 일과 가정 모두에서 자녀를 키우는 일이 존중받을 수 있도록 사회 내 가족우호적인 분위기를 만드는 정책적인 노력이 필요하다고 하겠다(강유진, 2020).

3) 한부모 가족

「한부모가족지원법」 제4조에 따르면, 한부모가족은 '배우자와 사별 또는 이혼하거나 배우자로부터 유기된 자, 정신이나 신체장애로 장기간 노동능력을 상실한 배우자를 가진 자, 교정시설·치료감호시설에 입소한 배우자 또는 병역 복무 중인 배우자를 가졌거나 사실혼 관계가 아닌 미혼자에 해당하는 아버지나 어머니가 아동인 자녀를 양육하는 가족'을 말하는 것으로, 24세 이하의 어머니 또는 아버지를 둔 청소년 한부모를 포함한다. 한부모 가족 중에서 자녀의 보호를 누가 하느냐에 따라 모가 주양육자이면 '모자 가족' 또는 '여성 한부모 가족'이라 하고, 부가 주양육자이면 '부자 가족' 또는 '남성 한부모 가족'이라 한다(장혜경 외, 2001).

한부모 가족이란 용어는 기존의 '편부모 가족, 모자가정/부자가정, 결손 가족' 등이 다소 부정적이고 결손의 의미가 강하게 나타났던 용어들이어서 한부모 가족을 차별하는 느낌이 많았기 때문에 그런 분위기를 바꾸려는 의미가 포함되어 있는 것이다. 즉, 한부모 가족에서 '한'은 단순하게 한쪽 부모라는 의미보다는 우리말의 '한'(한가위 할 때의 한과 같은 의미)인 '하나로도 충분하고 가득하다'라는 의미로 이해하는 것이 더 적합하다.

통계청의 정의에 따르면 한부모 가구는 한부모의 법적인 혼인상태가 미혼, 이혼 및 사별이며 미혼자녀와 함께 거주하고 있는 일반 가구를 의미한다. 통계청의 인구총조사 결과(2021)에 의하면, 2020년에 한부모 가구의 수는 153만 3,000가구로 2019년과 비교하여 4,000가구(0.2%)가 증가하였다고 밝히고 있다. 전체 가구에서 한부모 가구가 차지하는 비율은 7.3%이며 또한, 세대구성별로는 모와 함께 사는 미혼자녀 가구는 5.3%, 부와 함께 사는 미혼자녀 가구는 1.7%였다.

한부모 가족 실태 조사는 「한부모가족지원법」 제6조에 따라서 매 3년마다 이루어지는 것으로, 한부모 가족에 대한 지원정책 수립 및 기초자료로 사용된다. 한부모 가족의 가구주 3,300명을 대상으로 한 '한부모가족 실태조사(2021)'에 따르면 한부모 가족의 혼인상태는 이혼이 81.6%로 가장 많았고, 사별이 11.6%, 기타가 6.8% 순이었다. 또한 가구 구성은 모자로 구성된 가구가 53.4%로 가장 많았으며, 다음으로는 부자 가구가 20.7%, 모자와 기타 가구원으로 이루어진 가구가 14.0%, 부자와 기타 가구원으로 이루어진 가구가 11.9% 순이었다. 모자중심 가구가 67.4%(모자 가구 53.4%, 모자+기타 가구 14%)로 가장 많았고, 그 다음으로는 부자중심 가구가 32.6%(부자 가구 20.7%, 부자+기타 가구 11.9%)의 순이었다. 이것은 2018년 조사에 비해 모자 가구 비율이 1.9% 증가한 것이라 할 수 있다. 또한 한부모 가구의 생활에 대해서 조사를 한 결과, 월평균 소득은 전체 가구 평균에 비해 1/4수준이었다. 그리고 2021년 한부모 가족들이 가장 필요한 지원 1순위로 응답한 것은 '생계비·양육비 등 현금지원'(60.0%)이 가장 많았고 '시설·임대주택 등 주거지원'(13.6%), '아이돌봄 관련 지원'(6.9%), '아이와 부모 건강을 위한 의료지원'(6.8%), '직업훈련·학업지원'(3.6%), '사회적 인식·차별 개선'(3.5%), '부모교육·상담지원'(2.6%), '자녀양육비 이행 소송 등 법률 지원'(1.6%), '자조모임 및 기타 지원'(1.5%)의 순으로 나타났다.

한부모 가족은 배우자가 없거나 그 역할을 할 수 없는 상태이고 자녀도 있어서 혼자 자녀를 양육하는 부모의 역할을 해야 하기 때문에, 가사일과 자녀양육 및 교육을

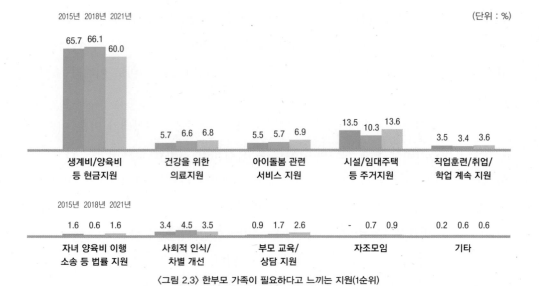

〈그림 2.3〉 한부모 가족이 필요하다고 느끼는 지원(1순위)

주) %, 2015년 : *n*=2,543, 2018년 : *n*=2,500, 2021년 : *n*=3,300

혼자 담당해야 하는 것에 대한 심리적·경제적 어려움을 겪게 된다. 또한 한쪽 부모와의 사별뿐 아니라 이혼으로 자녀가 겪게 되는 심리적 불안을 보살펴야 하는 상황을 겪게 될 수도 있으므로 한부모 가족이 처한 어려움을 잘 해결할 수 있도록 지역사회 내의 다양한 기관에서는 여러 가지 제도적인 장치를 마련하는 것이 필요하다. 최근에는 법적인 혼인 절차 없이 임신과 출산을 하는 '자발적 비혼모' 가정도 증가하고 있는 시점이므로, 다양한 형태의 한부모 가족을 위한 정책이 필요하다고 하겠다.

한부모 가족의 등장과 더불어 다양한 지원정책이 마련되고 있다. 1989년의 「모자복지법」과 2002년의 「모부자복지법」을 거쳐서, 2007년의 「한부모가족지원법」이 제정되었으며, 지금도 제13~18조에서는 복지자금의 대여나 고용의 촉진, 고용지원 연계, 공공시설에 매점 및 시설 설치와 시설 우선 이용, 가족지원 서비스, 청소년 한부모에 대한 교육지원, 자녀 양육비 이행지원, 청소년 한부모의 자립지원, 아동·청소년 보육·교육, 국민주택의 분양 및 임대 등 한부모 가족에 대한 지원내용이 명시되어 있다.

4) 다문화 가족

다문화 가족은 우리와 다른 민족 또는 다른 문화적 배경을 가진 사람들이 포함된 가족을 통칭하는 용어이다. 이전에는 혼혈아, 국제결혼, 이중문화 가족 등으로 불렸으나,

2003년에 건강가정시민연대가 이런 차별적 용어 대신 '다문화 가족'으로 대체하자고 권장하면서 널리 사용하게 되었다.

「다문화가족지원법」에서는 다문화가족이란 「재한외국인 처우 기본법」상의 결혼이민자 또는 「국적법」 제4조에 따라 귀화 허가를 받은 자와 출생 시부터 대한민국 국적을 취득한 자로 이루어진 가족으로, 결혼이민자와 국제결혼에 의한 자녀와 가족구성원을 모두 포함시켜 포괄적으로 정의하고 있다. 또한 2011년에 「다문화가족지원법」이 개정되면서 2012년부터는 혼인귀화자 외에 기타 사유 국적취득자, 즉 귀화자와 외국인으로 이루어진 가족, 귀화자와 귀화자로 이루어진 가족까지 다문화 가족의 범위로 확대하였다. 즉, '한국계 중국인(조선족)'이 귀화하여 한국 국적을 얻고 같은 한국계 중국인과 혼인하는 경우, 그 이전에는 법적으로 다문화 가족에 해당되지 않았지만 앞으로는 다문화 가족에 해당하도록 그 범위를 확대하였다.

다문화 가구의 변화 추이는 〈표 2.8〉을 통해 살펴볼 수 있다. 2021년 우리나라에 있는 다문화 가구는 38만 5,219가구로 2016년에 비해서는 21.9%, 2020년에 비해서는 4.7% 증가한 수치이다.

다문화 가구는 귀화자 가구와 결혼이민자 가구, 다문화자녀 가구 등으로 그 유형별로 비율은 다르지만, 우리 사회에서 살고 있는 다문화의 삶을 이해하기 위해서는 다문화 가족이 겪는 여러 가지 어려움에 대해서 살펴볼 필요가 있다. 결혼이민자와 귀화자로 구성된 다문화 가족 3만 2,000가구를 대상으로 하여 연구한 2021년 '전국다문화가족실태조사(여성가족부, 2022)'의 결과를 몇 가지 내용을 중심으로 살펴보

〈표 2.8〉 다문화 가구(2016~2021년)　　　　　　　　　　　　　　　　　　(단위 : 가구, %, %p)

구분	2016년	2017년	2018년	2019년	2020년	2021년	2016년 대비		2020년 대비	
							증감	증감률	증감	증감률
다문화 가구	316,067	318,917	334,856	353,803	367,775	385,219	69,152	21.9	17,444	4.7
귀화자 가구	124,706	133,799	133,988	144,230	153,154	163,056	38,350	30.8	9,902	6.5
결혼이민자 가구	130,173	130,160	136,401	142,598	151,910	146,018	14,845	12.2	-5,892	-4.9
다문화자녀 가구	27,759	26,210	31.236	35,913	38,347	41,955	14,196	51.1	3,608	9.4
기타	33,429	28,748	29,231	31,062	24,364	34,190	761	2.3	9,826	40.3

<표 2.9> 다문화 가족인 결혼이민자·귀화자가 배우자와 갈등하는 이유(1+2순위)   (단위 : %, 명)

구분	배우자 성격, 사고방식·가치관	자녀 양육·교육문제	생활비 등 경제문제	언어소통의 어려움	배우자 생활습관	문화, 종교차이	배우자 가족과 관련된 문제	본인 가족과 관련된 문제	배우자 폭언·폭력	기타	배우자와의 성생활
전체 (2021)	56.6 (67,875)	26.7 (32,037)	24.7 (29,583)	17.8 (21,295)	13.5 (16,215)	11.7 (14,109)	9.7 (11,623)	2.2 (2,677)	1.0 (1,150)	0.9 (1,128)	0.8 (1,018)

<표 2.10> 다문화 가족인 결혼이민자·귀화자의 문화적 차이 유형(복수응답)   (단위 : %, 명)

구분	식습관	의사소통 방식	자녀양육 교육방식	가족 행사 등 가족 의례	저축, 소비 등 경제생활 차이	가사 분담방식	부모 부양방식	의복 등 옷 입는 습관	종교생활에 대한 이해	기타
전체 (2021)	52.7 (71,431)	43.4 (58,816)	29.0 (39,299)	24.1 (32,736)	22.5 (30,474)	14.2 (19,211)	8.5 (11,500)	8.1 (10,947)	5.5 (7,449)	1.9 (2,588)

면 다음과 같다. 먼저, 다문화 가족이 배우자와의 관계에서 겪는 갈등의 가장 큰 이유를 2개 응답하도록 한 결과는 〈표 2.9〉와 같다.

다문화 가족이 배우자와의 관계에서 겪는 갈등은 주로 배우자의 사고방식과 가치관의 차이(56.6%), 자녀 양육 및 교육의 문제(26.7%), 생활비 등 경제 문제(24.7%), 언어소통의 어려움(17.8%), 배우자의 생활습관(13.5%), 문화나 종교차이(11.7%), 배우자 가족과 관련된 문제(9.7%), 본인 가족과 관련된 문제(2.2%), 배우자 폭언이나 폭력(1.0%), 기타(0.9%), 배우자의 성생활(0.8%)의 순이었다.

다음으로 다문화 가족이 문화적 차이를 느끼는 상황에 대해 연구한 결과는 〈표 2.10〉과 같다.

다문화 가족이 문화적 차이를 느끼는 경우는 식습관(52.7%)이 가장 높고, 의사소통 방식(43.4%), 자녀 양육과 교육 방식(29%), 가족행사 등 가정 의례(24.1%), 저축이나 소비 등 경제 생활의 차이(22.5%), 가사 분담방식(14.2%), 부모 부양방식(8.5%), 의복 등 옷 입는 습관(8.1%), 종교생활에 대한 이해(5.5%), 기타(1.9%)의 순이었다.

다문화가족이 자녀양육에서 겪는 어려움 중에서 먼저 만 5세 이하의 자녀를 양육할 때의 어려움을 살펴보면 〈표 2.11〉과 같다.

다문화 가족의 부모가 자녀 양육에서 겪는 어려움을 살펴본 결과, 만 5세 이하의 자녀 양육 시에는 자녀에게 한글을 직접 가르치기 어려움(26.8%), 어려움 없음(26.3%), 내가 바쁘거나 아플 때 자녀를 돌봐줄 사람을 찾기 어려움(20.5%), 자녀

〈표 2.11〉 다문화 가족인 결혼이민자·귀화자의 만 5세 이하 자녀 양육의 어려움 (단위 : %, 명)

구분	자녀에게 한국어를 직접 가르치기 어려움	어려움 없음	내가 바쁘거나 아플 때 자녀를 돌봐줄 사람을 찾기 어려움	자녀양육에 대해 배우자나 가족과 의견차이	한국의 어린이집, 유치원, 학교 등에 대해 잘 모름	기타	자녀양육에 대한 내 의견을 주위사람들이 무시	합계
전체(2021)	26.8 (16,647)	26.3 (16,182)	20.5 (12,598)	15.8 (9,700)	8.0 (4,947)	1.4 (867)	1.3 (722)	100 (61,483)

양육에 대해 배우자나 가족과의 의견차이(15.8%), 한국 어린이집, 유치원, 학교 등 교육기관에 대해 잘 모름(8.0%), 기타(1.4%), 내 의견을 주위사람들이 무시(1.3%)의 순이었다.

다음으로 다문화가족이 만 6~24세 자녀의 자녀양육에서 가장 크게 겪는 어려움 2개를 선택하도록 한 결과를 살펴보면 〈표 2.12〉와 같다.

〈표 2.12〉 다문화 가족인 결혼이민자·귀화자의 만 6~24세 자녀 양육의 어려움(복수응답) (단위 : %, 명)

구분	자녀의 학습지도, 학업관리의 어려움	자녀의 학업, 진학, 진로 등에 관한 정보 부족	교육비, 용돈 등 자녀에게 드는 비용 부담	게임, 스마트폰, 인터넷 사용 등에 대한 자녀와의 갈등	어려움 없음	자녀와의 대화 부족	학부모회, 봉사활동 등 학부모 활동 참여의 어려움	기타	자녀의 음주, 흡연, 가출 등의 문제
전체(2021)	50.4 (53,528)	37.6 (39,932)	32.0 (34,004)	19.7 (20,952)	11.9 (12,639)	11.2 (11,917)	6.1 (6,475)	1.1 (1,210)	0.5 (559)

만 6~24세 자녀를 양육하는 다문화 가족의 부모들이 느끼는 가장 큰 어려움은 자녀의 학습지도와 학업관리의 어려움(50.4%)이 가장 높았고, 그 다음으로 자녀의 학업, 진학, 진로 등에 대한 정보 부족(37.6%), 교육비나 용돈 등 비용 부담(32%), 게임, 스마트폰, 인터넷 사용 등에 대한 자녀와의 갈등(19.7%), 어려움 없음(11.9%), 자녀와의 대화 부족(11.2%), 학부모회, 봉사활동 등 학부모 활동 참여의 어려움(6.1%), 기타(1.1%), 자녀의 음주와 흡연 및 가출 등의 문제(0.5%) 순이었다.

여성가족부는 다문화 가족을 지원하기 위해서 「다문화가족지원법」 제12조 제1항과 제2항에 근거하여 시군구 지방자치단체 단위로 지역 '다문화가족지원센터'를 설치하여 직접 또는 위탁 운영을 하고 있다. 또한 다문화 가족에 대한 사회적 관심이 높아지면서 관련 여러 정책 지원과 다양한 지원서비스들이 실시되고 있다. 2021년에 실

<표 2.13> 다문화 가족인 결혼이민자·귀화자의 지원서비스에 대한 요구 (단위 : %, 명)

서비스 요구	일자리 소개·알선	한국어, 한국사회 적응 교육	입국전 한국생활 활준비 교육	가족 상담	직업 훈련	가정방문을 통한각종 교육	자녀 생활, 학습 지원	임신·출산지원	부모 교육	사회 활동지원(자조모임 등)	통·번역 서비스 지원	자녀언어발달 지원, 이중언어교육	창업 지원	한국학교진학 지원
전체 (2021)	3.27	3.10	3.07	3.04	3.03	3.00	2.93	2.91	2.90	2.85	2.85	2.83	2.83	2.61

주) 5점 만점 기준

시한 '전국다문화가족실태조사(여성가족부, 2022)' 자료에서 결혼이민자 및 귀화자가 원하는 서비스에 대한 정도를 5점 만점 기준으로 평가하도록 살펴본 결과를 살펴보면 〈표 2.13〉과 같다.

다문화 가족이 원하는 지원서비스에 대한 요구도는 일자리 소개 및 알선 서비스가 3.27점으로 가장 높았고, 한국어 및 한국사회 적응 교육이 3.10점, 입국 전 한국생활 준비 교육이 3.07점, 각종 상담이 3.04점, 직업훈련이 3.03점, 가정방문을 통한 각종 교육이 3점으로 요구도가 비교적 높은 편이었다. 이처럼 다문화 가족의 어려움을 이해하고 다문화 가족이 원하는 지원을 파악하여 그에 맞는 지원을 한다면 다문화 가족의 삶이 향상되는 데 많은 도움이 될 것이다.

북한이탈주민 가족은 넓은 의미에서 다문화 가족에 포함되기도 한다. 우리나라에 있는 북한이탈주민에 대해서 살펴보기 위해, 북한이탈주민의 입국현황을 살펴보면 〈표 2.14〉와 같다.

표에서 알 수 있듯이, 북한이탈주민들은 1990년대 초반까지는 연간 입국자 규모가 10명 내외로 적은 편이었으나, 이후 1998년에 947명으로 큰 폭으로 증가하여 2009년에는 2,914명으로 연간 3,000명 가까이 입국하였다. 그러나 2009년을 기점으로 조금씩 감소하여 2019년에는 1,047명, 2021년에는 63명, 2022년에는 67명으로 많이 감

<표 2.14> 북한이탈주민 입국인원 현황 (단위 : 명)

구분	'98	'01	'03	'06	'09	'13	'19	'21	'22	'23(잠정)
남	831	565	474	515	662	369	202	40	35	5
여	116	478	811	1,513	2,252	1,145	845	23	32	29
합계	947	1,043	1,285	2,028	2,914	1,514	1,047	63	67	34

소하긴 하였으나, 현재 전체 약 3만 3,800여 명에 이르고 있다고 유추해 볼 수 있다. 통일부의 주요사업통계(2022)에 따르면, 탈북이주민의 연령대별 입국현황(2022년 3월 말 기준)은 3만 3,860명으로 0~9세 3.8%, 10~19세 11.3%, 20~29세 28.4%, 30~39세 28.7%, 40~49세 17.8%, 50~59세 6.1%, 60~69세 3.9%이다. 이것은 탈북이주민 중 20~30대 젊은 연령층이 약 57%로 큰 비중을 차지하고 있음을 말해주는 것이다.

「북한이탈주민의 보호 및 정착지원에 관한 법률」(약칭 : 「북한이탈주민법」) 제2조 제1호에 따르면 북한이탈주민이란 '군사분계선 이북지역(북한)에 주소, 직계가족, 배우자, 직장 등을 두고 있는 사람으로서 북한을 벗어난 후 외국 국적을 취득하지 아니한 사람'이라고 정의한다. 따라서 북한이주민 가족은 '가족 중에 한 사람 이상이 북한이탈주민으로 구성된 가족'이라고 할 수 있다.

북한이탈주민은 탈북 과정에서 심한 정신적 외상을 경험하는 경우가 많아서 남한에 와서도 오랫동안 긴장과 두려움을 겪게 되는 것과 아울러 남한 사회에 적응해야 하는 어려움에 직면하게 된다. 남북한은 오랫동안 분단체제로 이루어져 있었으므로 이질적인 문화를 가지고 있어서 남한 사회에 온 북한이탈주민들은 경제나 사회체제 및 가치관 등 남한의 문화에 대한 적응 과정 속에서 문화적 충격과 심리적 위축을 경험하게 된다(신난희, 2013).

정부는 북한이탈주민들이 우리 사회의 일원으로 자립과 자활 의지를 갖고 안정적으로 정착하도록 「북한이탈주민의 보호 및 정착지원에 관한 법률」을 제정 및 개정하여 다양한 정책적 지원을 시행하고 있다. 2012년에는 북한이탈주민정착지원사무소(제2하나원)의 시설을 확충하고, 교육프로그램으로 여성특화교육을 강화하고 심리안정 및 건강회복 지원을 강화하고자 노력하고 있다. 또한 북한이탈주민의 자립과 자활에

〈표 2.15〉 탈북이주민의 연령대별 현황('23. 3월 말)　　　　　　　　　　　　　　　　　　　(단위 : 명, %)

구분	0~9세	10~19세	20~29세	30~39세	40~49세	50~59세	60세 이상	계
남	651	1,705	2,631	2,167	1,403	590	356	9,503
여	646	2,106	6,973	7,561	4,612	1,462	997	24,357
합계	1,297	3,811	9,604	9,728	6,015	2,052	1,353	33,860
비율	3.8	11.3	28.4	28.7	17.8	6.1	3.9	100

주) 입국 당시 연령 기준이며, 최근 입국하여 보호시설 등에 있는 일부인원은 제외된 수치로 입국인원과 차이가 있다.

가장 큰 어려움인 취업문제 해결을 위해서 노동부 및 기업 등과 유기적 협력관계를 구축하고 '북한이탈주민 일자리창출 사업'을 진행하고 있다(통일부, 2022). 북한에 대한 정부의 지원은 초기 입국단계, 시설보호단계, 거주지 보호 및 사후 지원단계로 나누어진다. 현재는 과거의 '일방적 수혜적 보호'의 관점 대신에 북한이탈주민이 사회의 일원으로 자립의지를 갖고 안정적으로 정착할 수 있도록 정착지원금의 기본금을 축소하고 직업 훈련이나 취업 및 자격 취득을 돕는 장려금제도를 도입하고 있다. 경제적 측면 이외에도 북한이탈주민 가족은 남한에서 적응하는 데 있어 여러 가지 심리적인 어려움을 겪기도 한다. 또한 북한의 문화에 익숙했던 가족관계가 남한의 개인의 자유를 중시하는 문화 속에서는 다소 변화가 필요하기도 한데, 그것을 잘 조율하지 못하면 가족 간에 갈등을 겪거나 이혼을 하는 경우도 생긴다. 부모가 북한식의 권위주의적인 사고방식을 고수하면 10대 청소년 자녀는 남한 교육의 영향으로 민주적인 관계를 요구할 수 있으므로 가족 간의 세대차이나 문화의 차이를 좁힐 수 있도록 돕는 노력도 필요하다. 또한 청소년 자녀는 장기간의 탈북 과정에 따른 학업의 결손이나 남한에서의 학업방식 등에 적응하기 어려워 학업부진의 문제를 겪기도 한다(홍욱화, 2005). 뿐만 아니라 북한이탈주민은 남한 사회에 적응하는 과정에서 가족, 학교, 직장 등에서 차별을 경험하기도 한다. 북한 출신임이 알려져서 자녀가 따돌림을 받지 않도록 북한이탈주민임을 숨기기도 하는데, 이것은 우리 사회에서 함께 살고 있는 북한이탈주민의 삶을 이해하고 이들에 대해 가지고 있는 편협한 인식을 전환하도록 하는 것이 필요하다는 것을 말해주는 것이다.

5) 비친족 가구

비친족 가구는 시설 등에 집단으로 거주하는 가구를 제외한 일반가구 가운데, 8촌 이내 친족이 아닌 남남으로 구성된 5인 이하의 가구를 말한다. 즉, 가족이 아닌 마음이 맞는 친구끼리 살거나 결혼하지 않고 연인과 함께 지내는 가구를 뜻한다. 2021년 국가통계포털 자료를 살펴보면, 비친족 가구는 2016년까지만 해도 26만 9,444가구(가구원 58만 3,000명)였으나 2021년에는 47만 2,660가구(가구원 101만 5,000명)까지 늘었다. 그동안 우리나라에서는 비친족 가구가 친족 가구에 비해 익숙한 모습이 아니었으나, 비친족 가구원이 100만을 넘긴 현 시점에서는 그들의 삶에 대해서 다시 한 번 살펴볼 필요가 있다고 하겠다. 즉, 비친족 가구 등 우리 주변에 살고 있는 다양한 가족에 대한 인식을 좀 더 자세히 살펴볼 필요가 있다.

'가족 다양성에 대한 국민 인식 조사'(여성가족부, 2021)에 따르면 전국 17개 시도에 거주하는 만 18세 이상 79세 이하 일반국민 1,600명을 대상으로 하여 가족 다양성에 대한 태도 및 수용도에 대한 인식을 살펴보았을 때 '법적 혼인, 혈연으로 연결되어야만 가족이라 할 수 있다는 의견에 '동의한다'(51.1%), '동의하지 않는다'(48.9%)로 응답이 거의 비슷한 수준으로 나타났다. 또한, '동의하지 않는다'는 응답은 2019년에는 32.7%였으나, 2021년에는 16.2%가 증가한 수치이다. 또한 '정서적 유대를 가진 친밀한 관계라면 가족이 될 수 있다'라는 의견에 응답자의 45.3% 동의했다. '혈연이나 혼인 관계가 아니더라도 생계와 주거를 공유한다면 가족이 될 수 있다'라는 의견에 대해서는 61.7%가 그렇다고 대답했다. 또한 '사실혼, 비혼 동거 등 법률혼 이외의 혼인에 대한 차별을 폐지해야 한다'는 의견에는 응답자의 76.9%가 찬성했다. 다양한 가족을 포용하기 위해서 가족의 범위를 사실혼과 비혼 동거까지 확장하는 방안에 찬성하는 비율이 64.6%였고, 반대는 35.4%였다. 찬성하는 비율이 64.6%인 것은 2019년의 60.1%과 2020년의 61%에서 지속적으로 향상된 수치로, 가족에 대한 인식과 개념이 변화하고 있음을 말해주는 것이다. 가족을 정의할 때 혈연이나 법적인 혼인 관계보다 생계의 공유나 정서적 친밀감을 중요시하는 사람이 많아지고 있다고 추측해볼 수 있다. 그러나 이렇게 가족에 대한 인식은 점점 빠르게 변화하고 있고 다양해지는 데 반해, 법과 제도 개선은 속도가 더디게 이루어지고 있다. 현행법상 우리나라에서 가족은 혼인이나 혈연 및 입양으로 이루어진 경우로 정의되어 있어서 이러한 비친족 가구는 가족으로서의 다양한 법적 혹은 제도적 권리를 누리기 어렵기 때문이다.

〈표 2.16〉 가족다양성에 대한 태도 및 수용도- 가족 개념에 대한 인식 (단위 : %)

구분	동의하지 않는다	동의한다
법적인 혼인, 혈연으로 연결되어야만 가족이라 할 수 있다	48.9	51.1
정서적 유대를 가진 친밀한 관계이면 가족이 될 수 있다	54.8	45.3
혼인, 혈연관계가 아니더라도 함께 거주하고 생계를 공유하는 관계이면 가족이 될 수 있다	38.3	61.7
법률혼 이외의 혼인에 대한 차별 폐지가 필요하다	23.1	76.9
가족의 범위를 사실혼과 비혼 동거까지 확장할 수 있다	35.4	64.6

이유	전체	성별		연령				
		남성	여성	29세 이하	30~39세	40~49세	50~59세	60세 이상
별다른 이유 없이 자연스럽게	38.6	39.2	37.9	41.3	35.2	33.7	54.8	50.0
곧 결혼할 것이라서	23.3	22.8	23.9	22.2	28.1	17.5	19.4	6.3
아직 결혼하기에는 이르다고 생각하여	27.4	26.9	28.1	38.6	27.3	10.2	8.1	12.5
형식적인 결혼제도에 얽매이기 싫어서	22.6	22.1	23.2	14.6	22.0	33.7	48.4	12.5
결혼하기에는 소득이 적어서	19.1	21.4	16.2	22.5	20.0	10.8	12.9	25.0
결혼에 대하여 확신이 서지 않아서	21.3	20.8	21.9	17.8	22.3	27.1	21.0	25.0
데이트 비용이나 생활비를 줄이기 위해서	24.4	24.0	24.8	30.8	23.5	16.9	16.1	0.0
집이 마련되지 않아서	25.6	26.9	24.1	26.9	29.6	19.9	14.5	0.0
상대방에 대하여 확신이 서지 않아서	12.6	12.2	13.2	12.3	10.1	19.3	11.3	18.8
결혼하기에는 나이가 많아서	8.6	11.0	5.7	4.4	5.8	15.1	25.8	43.8
결혼보다 헤어질 때 부담이 적어서	12.6	12.9	12.3	12.5	12.4	16.3	6.5	6.3
기존 결혼과 다른 파트너십 등 결혼에 대한 대안으로 생각해서	10.6	11.1	9.9	8.9	10.9	13.3	12.9	6.3
결혼하면 소득이나 자산을 독립적으로 사용하거나 관리하기 어려워서	9.8	8.3	11.6	7.0	9.1	13.3	17.7	25.0
실업이거나 고용상태가 불안정해서	9.5	11.1	7.5	10.2	9.1	8.4	8.1	18.8
자녀를 낳고 싶지 않아서	9.9	8.8	11.2	7.3	11.1	14.5	6.5	6.3
제사, 경조사 등 가부장적 가족의례나 문화가 싫어서	7.8	4.8	11.6	6.0	8.6	12.0	3.2	6.3
결혼하면 취업에 불리할지도 몰라서	4.1	3.9	4.4	4.7	5.1	2.4	0.0	0.0
부모 또는 자녀가 반대해서	4.5	5.1	3.7	5.5	2.8	6.0	4.8	6.3
결혼하면 파트너와 재산 상속 문제가 생길 수 있어서	4.6	4.9	4.2	3.1	3.3	7.2	8.1	31.3
기타	3.0	1.8	4.6	3.4	3.5	2.4	0.0	0.0

주) 중복응답집계로 100%를 넘을 수 있다.

여성가족부와 한국여성정책연구원(2021)이 전국 17개 시도의 만 19세 이상~69세 이하 일반국민 중 현재 남녀가 동거하고 있거나 과거 동거 경험이 있는 사람 3,000명을 대상으로 한 '비혼 동거 실태조사'에 따르면 동거의 이유는 〈표 2.17〉과 같다.

혼인을 하지 않고 동거를 하는 이유는 매우 다양해서 20%를 넘는 반응들을 중심으로 살펴보면, '별다른 이유 없이 자연스럽게'(38.6%), '아직 결혼하기에는 이르다고 생각하여'(27.4%), '집이 마련되지 않아서'(25.6%), '곧 결혼할 것이라서'(23.3%) 순이었다. 이 중에서 특히 '형식적인 결혼제도에 얽매이기 싫어서'라는 응답은 20대에는 14.6%였으나, 30대는 22%, 40대는 33.7%, 50대는 48.4%로 비교적 높게 나타났다. 20~30대뿐 아니라 40~50대의 반응이 높게 나타난 것으로 유추해볼 때, 비혼 동거를 하는 이유가 결혼으로 가는 과도기적 단계라기보다는 적극적인 선택의 결과라고도 해석해볼 수 있을 것이다.

여성가족부와 한국여성정책연구원(2021)이 발표한 '비혼 동거 실태조사'에 따르면 많은 동거 가족이 사회제도 이용에 대해서 불편을 겪는 것으로 나타났다. 그 내용을 살펴보면 〈그림 2.4〉와 같다.

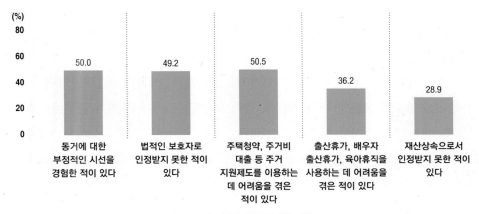

〈그림 2.4〉 동거로 인한 불편한 경험

동거로 인한 불편한 경험에 대해 응답한 내용을 살펴보면 '주택청약과 주거비 대출 등 주거지원제도 이용의 어려움을 겪는다'(50.5%)고 대답했고, '동거가족에 대한 부정적인 시선을 경험한 적이 있다'(50%), '법적인 보호자로 인정받지 못한 적이 있다'(49.2%), '출산휴가 및 배우자 출산휴가나 육아휴직을 사용하는 데 어려움을 겪은 적이 있다'(36.2%), '재산상속인으로서 인정받지 못한 적이 있다'(28.9%)의 순이었다.

동거가족 지원 정책의 필요성에 대해서 응답한 내용을 살펴보면 〈그림 2.5〉와 같다. 동거가족들이 필요하다고 생각하는 지원정책은 '수술동의서 등과 같이 의료적 결정 시 동거인을 법적인 배우자와 동일하게 인정하도록 관련 법제도 개선'(65.4%)과 '동거관계에서 출생한 자녀에 대하여 동일한 부모지위 인정'(61.6%)이며, '공적 가족복지서비스 수혜 시 동등한 인정'(51.9%), '사망, 장례 시동거인을 법적 배우자

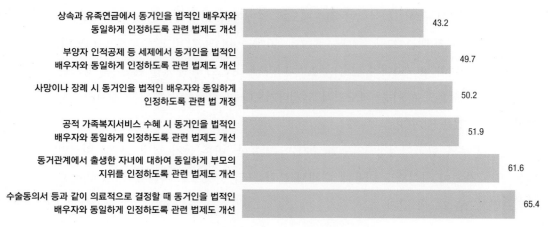

〈그림 2.5〉 동거가족 지원정책의 필요성

와 동일하게 인정'(50.2%), '부양자 인적공제 등 세제에서의 동등한 인정'(49.7%), '상속과 유족연금에서 동등한 인정'(43.2%)의 순이었다. 이것은 다양한 형태의 가족이 늘어날 것으로 전망하는 현시대에 맞춰 가족의 정의와 가족과 관련된 법과 제도들을 개선할 필요성이 있음을 말해주는 것이다. 여성가족부는 2022년 4월 '제4차 건강가정 기본계획'을 발표하면서 '비혼·동거가구, 위탁 가정, 서로 돌보며 생계를 함께하는 노인 등 다양한 가족 형태를 법적으로 인정하고 이들을 위한 정책을 확대하겠다'고 하였으므로, 이에 대한 다양한 실천적 노력이 필요하다고 하겠다.

Q1 한국 대학생들은 유럽이나 미국 친구들은 선호하는 한편 필리핀 등 제3국 사람들은 차별한다는 연구보고가 있습니다. 다문화에 대해 우리가 가지고 있는 편견이나 고정관념에는 어떤 것이 있는지 찾아보고 논의해봅시다.

※ 다양한 가족들의 존재방식에 있어서 가족의 재구성을 이야기하면서 패치워크(Patchwork) 가족에 대해서 이야기하고 있습니다(조선일보, 2009. 7. 29.). 패치워크는 자투리 조각보를 이어서 만드는 수공예 제품을 말합니다. 색깔도 모양도 다른 조각보가 하나로 연결되듯이 다양한 구성원이 모여서 가족을 만들었다는 의미입니다. 패치워크 가족의 예로는 전 배우자의 자녀와 함께 사는 재혼가족이 한 예가 될 수 있습니다. 공지영의 베스트셀러 소설 《즐거운 나의 집》은 세 번 결혼했다가 세 번 이혼한 엄마와 서로 다른 성(姓)을 가진 세 아이들이 살아가는 이야기를 다루고 있습니다.

Q2 세계 각국에서 존재하는 '패치워크' 가족에 대해서 생각해보고, 이런 가족들을 위해서 내가 혹은 사회에서 할 수 있는 일들에는 무엇이 있는지 생각해봅시다.

※ 우리나라의 드라마 〈어쩌다 가족〉, 〈오, 삼광빌라〉와 일본의 영화 〈어느 가족〉은 일본 사회를 기반으로 새로운 형태의 가족을 보여주고 있습니다. 그리고, 중국의 가족 드라마 〈이가인지명(가족이라는 이름으로)〉에도 전통적인 가족의 개념과는 다른 다양한 가족의 모습을 보여주고 있습니다.

Q3 다양한 영화나 드라마를 보고, '가족'에서 가장 중요한 것이 무엇이라고 생각하는지 이야기해봅시다. '가족'의 요소에서 '혈연'보다 중요한 것이 무엇이라고 생각하는지 이야기해봅시다.

※ 세계 여러 나라에는 다양한 가족의 모습을 반영하기 위한 제도들이 있습니다. 나라마다 세부 내용이 조금씩 다르긴 하지만, 비친족 가구에게 법적 가족과 유사한 권리를 보장해 준다는 공통점이 있는 제도들이 있습니다. 1999년 프랑스의 '시민연대계약(PACS, 팍스) 제도', 1989년 덴마크의 '파트너십 등록제', 2001년 독일의 「생활동반자법」, 2015년 일본의 지방자체단체 조례인 '파트너십 증명 제도' 등이 있습니다.

Q4 위에서 언급한 제도들을 조사하여, 각 제도의 특징을 정리해보고, 이 제도들의 장단점, 그리고 우리나라의 실정에 이 제도가 적합한지, 혹은 적합하지 않다고 생각하는지, 왜 그렇게 생각하는지에 대해서 조원들과 함께 논의해봅시다.

3장

건강가족에 대한 이해

'가족'은 삶에서 매우 중요하고 소중한 존재이기 때문에, 가족을 이해하고 가족이 나아가야 할 방향에 대해 고민하는 것은 개인적으로도, 사회적으로도 매우 중요한 일입니다. 하지만 가족이 형성되고 유지되는 모습은 매우 다양하기 때문에, 다양한 가족의 특성이나 '가족'이 가져야 할 바람직한 특성을 외적인 측면이나 하나의 기준만으로 살펴보는 것은 적합하지 않습니다. '가족'은 함께 시간과 공간을 공유하고 다양한 감정을 나누며 살아가는 복합적인 속성을 가지고 있기 때문입니다.

주말부부인 부부와 자녀가 공간적으로는 멀리 떨어져 살고 있지만 서로 자주 연락하고 함께 있는 시간 동안에 서로에게 헌신하며 애정을 보이는 가족도 있고, 같은 집에서 살고 있지만 함께 시간을 보내거나 유대감을 쌓지 않고 만나기만 하면 서로 원망하고 싸우는 가족도 있습니다.

최근에 '가족'을 연구하는 여러 학자나 실천가들은 '가족'을 이해하기 위해서는 가족의 외적인 특성이 아니라 가족이 가지는 내적인 특성이나 기능, 가족을 이루는 다양한 요소에 대해 살펴보아야 한다고 밝히고 있습니다. 가족이 나아가야 할 방향성에 대해 논의하는 '건강가족'에 관한 이론에서도 '가족'이 가지는 복합적인 특성에 대한 이해를 통해서 건강한 가족이 어떠한 가족이며, 가족 내에서 구성원들이 어떠한 역할을 해야 '건강한 가족'이 될 수 있는지 생각해보아야 한다고 말합니다.

따라서 이번 장에서는 '건강가족'이 등장한 배경과 개념에 대해 살펴보면서 건강한 가족에 대해 이해하고, '건강가족'이 되기 위해 어떤 노력이 필요한지 생각해보고자 합니다. 또한 다양한 가족의 삶이 묘사된 그림책을 통해 건강가족에 대해 생각해볼 기회를 제공하고자 합니다.

3.1 건강가족의 등장배경

현대사회에서 산업기술과 정보화 기술이 급속하게 발전하면서 경제적 풍요와 더불어 물질적인 부를 누리는 부유층과 빈곤층의 양극화가 형성되었고, 빈곤층의 사회 부적응이나 소외, 범죄 발생이 증가하였다. 또한 기술의 진보와 심화되는 경쟁들과 더불어 가족의 규모는 축소되기 시작하였고, 가족에서 수행해온 자녀와 부모 돌봄의 역할도 가정이 아닌 가족 외부에서 담당하면서 가족 간의 유대감은 약화되었다. 이것은 가정의 해체나 가족 동반자살, 가정폭력, 아동이나 노인 학대나 방임, 고독사와 같은 다양한 가족문제를 초래하기도 하였다.

현대에는 가족의 해체와 위기의 심각성을 인식하게 되는 것과 동시에 가족구성원 간에 사랑과 일체감 및 소속감을 느끼는 것이 인간이나 사회의 건전한 성장과 발달에 얼마나 중요한지를 각성하는 움직임도 생겨나기 시작하였다. 인간의 외로움과 소외감이 증대되는 정보화 사회에서 인간이 보다 정서적 안정감을 얻고 바람직한 성장을 하기 위해서는 가족의 역할이 그 어느 때보다 중요하다는 것이다. 또한 가족에 대한 연구들은 여러 가지 변화의 소용돌이 속에서 이전과는 조금 다르게 변화하였지만, 아직도 확대 가족 이데올로기에 기반한 가족가치관이 한국인에게 유지되고 있으며, 가족이 삶에서 매우 중요한 요소로 자리잡고 있다고 밝히고 있다(김승권 외, 2013; 김은지, 2015).

가족의 위기를 실감하면서 가족의 건강성에 대한 논의가 이루어졌으며, 건강한 가족을 이루기 위해 어떤 것이 필요한가에 대해서 다양한 움직임이 시작되었다. 건강한 사회를 만들고 그 속에서 개인이 건강하고 행복하게 생활하기 위해서는 가족의 건강성을 회복하는 것이 가장 중요하다. 가정은 사회적 자본의 근본이 되는 공공재적 성격을 가지고 있기 때문에 가정문제의 예방과 치료, 가족의 건강성을 향상시키기 위해서는 국가와 사회의 노력이 필요하다는 인식이 높아지기 시작하였다. 현대 가정은 개인과 가족의 힘만으로 해결할 수 없는 다양한 문제를 가지고 있으며 그 문제의 이면에는 사회구조적 측면도 많아서, 국가와 사회에서 적극적으로 개입할 필요가 있다는 것이 강조되면서 2004년에 「건강가정기본법」이 제정되었다(윤경자 외, 2019).

「건강가정기본법」은 기존에 아동이나 여성, 노인 등 특정 대상의 문제를 해결하는 것을 중심으로 했던 사후치료적 복지서비스에서 벗어나, 가족을 단위로, 가족이 겪는 문제의 예방 및 해결을 통해 가정의 건강성을 증진하려는 새로운 패러다임에 입각한 통합적인 법이다. 또한 현대의 가족은 예전과는 다르게 아주 다양한 형태를 가지고 있다. 1인 가구, 무자녀 가족, 노인독신 가구, 한부모 가족, 재혼 가족, 다문화 가족, 북한이탈주민 가족, 비친족 가구 등 다양한 형태의 가족들이 우리 사회에 존재하고 있으며 그 다양성은 지속적으로 확대되고 있다. 따라서 다양한 가족들의 건강성을 통합적이고 체계적이며 적극적으로 보호하고 향상시키고자 하는 데 목적이 있다.

「건강가정기본법」은 건강한 가정생활과 가족의 유지 및 발전이 국민의 권리이면서 의무라는 것을 밝히고 이에 대한 국가와 지방자치의 책임을 선언함으로써, 가족의 복지증진을 위해 가족과 국가가 모두 노력해야 한다는 것이다. 따라서 「건강가정지원법」은 총칙, 건강가정정책, 건강가정사업, 건강가정전담조직, 보칙 등 제5장 제37조로 구성되어 있다. 「건강가정기본법」의 기본 특성을 간략하게 소개하면 다음과 같다.

「건강가정기본법」

[시행 2020. 5. 19.] [법률 제17280호, 2020. 5. 19., 일부개정]

제1조(목적) 이 법은 건강한 가정생활의 영위와 가족의 유지 및 발전을 위한 국민의 권리 · 의무와 국가 및 지방자치단체 등의 책임을 명백히 하고, 가정문제의 적절한 해결방안을 강구하며 가족구성원의 복지증진에 이바지할 수 있는 지원정책을 강화함으로써 건강가정 구현에 기여하는 것을 목적으로 한다.

제2조(기본이념) 가정은 개인의 기본적인 욕구를 충족시키고 사회통합을 위하여 기능할 수 있도록 유지 · 발전되어야 한다.

제3조(정의) 이 법에서 사용하는 용어의 정의는 다음과 같다. 〈개정 2018. 1. 16.〉

1. "가족"이라 함은 혼인 · 혈연 · 입양으로 이루어진 사회의 기본단위를 말한다.

2. "가정"이라 함은 가족구성원이 생계 또는 주거를 함께 하는 생활공동체로서 구성원의 일상적인 부양 · 양육 · 보호 · 교육 등이 이루어지는 생활단위를 말한다.

2의2. "1인 가구"라 함은 1명이 단독으로 생계를 유지하고 있는 생활단위를 말한다.

3. "건강가정"이라 함은 가족구성원의 욕구가 충족되고 인간다운 삶이 보장되는 가정을 말한다.

4. "건강가정사업"이라 함은 건강가정을 저해하는 문제(이하 "가정문제"라 한다)의 발생을 예방하고 해결하기

위한 여러 가지 조치와 가족의 부양·양육·보호·교육 등의 가정기능을 강화하기 위한 사업을 말한다.

　「건강가정기본법」은 변화하는 사회 속에서도 우리 사회의 가정이 건강성을 가질 수 있도록 돕고자 하는 것이므로, 여성가족부장관이 관계 중앙행정기관의 장과 협의하여 건강가정기본계획을 5년마다 수립하도록 명시하고 있다.「건강가정기본법」은 건강가정과 관련된 다양한 정책이나 센터 운영에 기본이 되므로「건강가정법」을 이해하는 것이 필요하다.「건강가정기본법」의 기본계획은 다음의 10가지 내용이다. 이 계획에는 가족기능의 강화 및 가정의 잠재력개발을 통한 가정의 자립증진대책, 사회통합과 문화계승을 위한 가족공동체 문화의 조성, 다양한 가족의 욕구충족을 통한 건강가정 구현, 민주적인 가족관계와 양성평등적인 역할 분담, 가정친화적인 사회환경의 조성, 가족의 양육·부양 등의 부담 완화와 가족해체 예방을 통한 사회비용 절감, 위기가족에 대한 긴급지원책, 가족의 건강증진을 통한 건강사회 구현, 가족지원정책의 추진과 관련한 재정조달 방안, 1인 가구의 복지 증진을 위한 대책 등이다.「건강가정기본법」에 명시된 건강가정기본계획의 내용을 간략하게 소개하면 다음과 같다.

「건강가정기본법」에 명시된 건강가정기본계획의 내용

제15조(건강가정기본계획의 수립) ① 여성가족부장관은 관계 중앙행정기관의 장과 협의하여 건강가정기본계획(이하 "기본계획"이라 한다)을 5년마다 수립하여야 한다. 〈개정 2011. 9. 15.〉

② 기본계획에는 다음 각호의 사항이 포함되어야 한다. 〈개정 2018. 1. 16.〉

　1. 가족기능의 강화 및 가정의 잠재력개발을 통한 가정의 자립증진 대책

　2. 사회통합과 문화계승을 위한 가족공동체 문화의 조성

　3. 다양한 가족의 욕구충족을 통한 건강가정 구현

　4. 민주적인 가족관계와 양성평등적인 역할 분담

　5. 가정친화적인 사회환경의 조성

　6. 가족의 양육·부양 등의 부담완화와 가족해체 예방을 통한 사회비용 절감

　7. 위기가족에 대한 긴급지원책

　8. 가족의 건강증진을 통한 건강사회 구현

　9. 가족지원정책의 추진과 관련한 재정조달 방안

10. 1인 가구의 복지증진을 위한 대책

③ 기본계획은 국무회의의 심의를 거쳐 확정한다.

④ 여성가족부장관은 확정된 기본계획을 지체없이 국회 소관 상임위원회에 보고하고, 관계 중앙행정기관의 장 및 지방자치단체의 장에게 통보하여야 한다. 〈개정 2020. 5. 19.〉

조별 나눔

Q1 최근 한국에서 일어나는 여러 가지 사회변화와 그에 따른 가족의 모습을 생각해볼 때, 「건강가정기본법」의 10가지 기본계획의 내용 중에서 어떠한 사업이 가장 중요하다고 생각하는지 이야기해봅시다.

Q2 현재 혹은 미래의 한국사회의 모습을 고려할 때, 「건강가정기본법」이 개정되어야 한다고 가정해 봅시다. 그러면 10가지 '건강가정기본계획의 내용' 중에서 어떠한 내용이 수정, 혹은 첨가되어야 한다고 생각하는지 이야기해봅시다.

3.2 건강가족의 개념과 기능

건강가족에 대한 이해를 위해, 먼저 건강가족의 개념과 특징에 대해 살펴보고자 한다.

1) 건강가족의 개념

건강가족의 개념을 이해하기 위해 먼저 '건강'의 의미에 대해 살펴보고자 한다. 일반적으로 건강(health)은 병이 없거나 허약하지 않은, 신체적으로 튼튼한 상태로 인식된다. 하지만 전 세계적으로 삶의 질을 강조하는 웰빙(well-being)에 대한 개념이 확산되면서, 건강이란 신체적, 정신적, 정서적, 사회적, 영적 의미를 포함하는 넓은 의미로 인식되고 있다(김정옥, 2008). 건강의 요소 중 영적 건강은 과거에는 주로 종교에서 많이 사용되던 용어였으나, 최근에는 뇌나 심리를 다루는 학문이나 가족학 또는 사회복지학 등에서 융복합적으로 다루면서 인간의 삶과 건강에 영향을 주는 중요한 요소로 포함시키고 있다. 〈그림 3.1〉에서 알 수 있듯이 개인에게 건강은 전인적이고 총체적인 의미이면서, 가정이나 사회의 건강성을 말해주는 중요한 요소이자 지표라고 하였다(조희금 외, 2005).

이처럼 건강은 통합적이고 복합적인 개념, 여러 요소의 조합과 상호작용을 고려한 연속선의 개념으로 이해해야 하는 것이다.

건강가족에 대한 논의는 미국에서 가족이 갖는 부정적이고 역기능적인 측면보다는 가족의 긍정적인 측면에 관심을 가지면서 활발해졌다. 건강가족의 개념에 대해서는 학자마다 조금씩 다르게 정의하고 있다. Otto(1962)는 '건강한 가족'이란 긍정적인 가족정체감을 형성하고, 가족원 간에 긍정적인 상호작용을 증진시켜 개인의 잠재력을 향상시키는 관계유형을 가진 가족이라고 하였다. Stinnet &

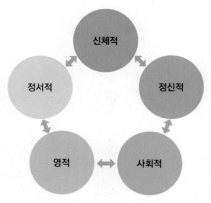

〈그림 3.1〉 세계보건기구(WHO)에서 정의한 건강

Sauer(1977)는 '건강한 가족'을 부부관계나 부모-자녀관계에서 행복도가 높고 서로의 요구를 충분히 만족시켜주는 가족이라고 하였다. Olson & DeFrain(2003)는 '건강한 가족'이란 전통적인 가족의 형태가 아니더라도 가족관계가 원만하고 어려운 문제를 함께 극복해갈 수 있는, 가족기능이 긍정적인 가족이라고 하였다.

건강가족은 강한 가족(strong family), 기능적 가족(functional family), 탄력적 가족(resilient family), 최적의 가족(optimal family), 균형 있는 가족(balanced family), 건강한 가족(healthy family) 등 개념이 같은 다양한 용어로 사용되고 있다.

한국에서는 1990년대에 건강한 가정에 관하여 논의되고 연구되기 시작하였다. 우리나라에서 '건강가족'의 개념은 '건강'과 '가족'의 합성어로서, 가족의 역할은 개인의 건전한 성장과 행복을 위해서 매우 중요할 뿐 아니라 국가의 안녕과 발전에도 필요한 요소임을 인식하면서 '건강가족' 및 '건강가정'의 개념이 확산되었다. 유영주(1999)는 '건강가족'을 개인적 차원에서 가족원 간의 상호작용이 원만하며 가족체계가 잘 유지되면서 가족가치관을 지속적으로 발전시키는 가족이라고 하였다. 유계숙(2004a)은 가족구성원이 건강한 정신을 가지고 긍정적인 상호작용을 하며 기쁨과 슬픔을 함께 하는 것이 '건강가족'이라고 하였다.

'건강가족'에 대한 관심이 높아지면서 2004년에는 「건강가정기본법」이 탄생하였고, 전국에 건강가정지원센터가 설립되었다. 2004년에 제정된 「건강가정기본법」은 '건강가정'을 '가족구성원의 욕구가 충족되고 인간다운 삶이 보장되는 가정'이라고 정의하고 있다. 또한 '가족'은 혼인·혈연·입양으로 이루어진 사회의 기본단위를 말하는 것이고, '가정'은 가족구성원이 생계 또는 주거를 함께하는 생활공동체로서 구성원의 일상적인 부양·양육·보호·교육 등이 이루어지는 생활단위를 의미한다고 밝히고 있다. 「건강가정기본법」에서는 제도 및 관계의 특징을 갖는 가족과 생활공동체로서의 가정이라는 개념을 모두 사용하고 있으며, 일반적으로 '건강가족'과 '건강가정'은 혼용되어 사용되므로, 이 책에서도 건강가족과 건강가정을 동일한 의미로 사용하고자 한다.

위에서 살펴본 것처럼 학자마다 건강가족에 대해서 다양하게 정의하고 있으나, 공통적으로 '건강가족'은 가족의 형태나 외형적 구조로 구분하는 개념이 아니라 가족원 간의 내적 관계와 가족이 수행하는 기능을 기준으로 하는 것이다. 또한 '건강'이 신체적, 정신적, 정서적, 사회적, 영적인 요소가 통합적으로 이루어진 의미라는 것을 알 수 있었듯이, '건강한 가족'은 건강한 가족과 건강하지 않은 가족으로 단순히 이분법적으로 나눌 수 있는 것이 아님을 이해해야 하는 것이다. 따라서 가족의 건강성을 살펴보기 위해서는 어느 한 가지 요소가 아니라 복합적으로 다양한 요소를 고려해야 한다. 하지만 다양한 요소를 고려해야 한다는 것은 모든 요소들이 건강해야 한다는 의미라기보다는, 상호연결되어 있는 각 요소들 중에서 어떤 한 요소라도 건강하게 하려고 노력하면 다른 것에도 영향을 미치게 되어 건강한 가정을 이룰 수도 있음을 말해주는 것이다. 이것은 건강한 가족을 이루는 요소들에 대한 관심을 불러일으켰고, 학자들은 건강한 가족이 지니는 특성들에 대해서 다양하게 살펴보았다.

여러 학자나 연구자들이 말하는 건강가족의 특성에 대해서 살펴보면, 다음과 같다 (Otto, 1962; Stinnett & Defrain, 1985; Stinnet & Sauer, 1977).

〈표 3.1〉 건강가족의 특성

학자	건강가족의 특성			
	응집력	융통성	의사소통	기타
Barnhill(1979)	• 상호성 • 명확한 부모–자녀 경계 • 개별화(개체화)	• 융통성 혹은 경직성 • 분명한 역할	• 분명한 의사소통	–
Beaver & Hampson (2003)	• 친밀감 • 부모의 연합 • 자율성 • 낙관적임 • 개인행동에 책임질 수 있음	• 평등적 권력 • 목표지향적 협상 • 갈등 해결능력	• 표현의 명확성 • 감정의 범위 • 타인의 말에 대한 개방성 • 감정이입 • 이해	–
Billingsley(1986)	• 강한 가족연대	–	–	• 강한 종교 지향 • 교육적 열망/성취
Curran(1983)	• 함께하기 • 존중과 신뢰 • 여가생활 공유 • 개인생활에 대한 가치 인정하기 • 식사시간 함께하기	• 책임감 공유 • 가족공유	• 의사소통 • 서로 확인하기	• 종교적 사랑 • 유머
Krysan, Moore & Zill(1990)	• 가족에의 몰입 • 시간 함께하기 • 개개인에 대한 격려	• 적응성 • 분명한 역할	• 의사소통 • 감사함 표현하기	• 종교 지향 • 사회적 연관성

계속

생생한 사례로 살펴보는 건강가정론

학자	건강가족의 특성			
	응집력	융통성	의사소통	기타
Lewis(1989)	• 건강한 결혼 • 가족의 친밀함 • 자율성 촉진	• 권력분배 • 바람직한 문제해결 • 변화에의 개방성	• 감정표현 • 바람직한 의사소통	• 긍정적 가치
Olson et al., (1989)	• 건강한 결혼 • 높은 가족 응집력	• 적당한 가족융통성 • 스트레스와 위기에 의 효율적인 대처	• 부부 및 가족의 긍 정적 의사소통	–
Stinnett & DeFrain(1985)	• 몰입 • 시간 함께하기	• 스트레스 대처능력 • 정신적 안녕	• 의사소통 • 감사와 애정	–
이은주, 유영주 (1995)	• 대화(양, 질, 분위기)가 잘 이루어지는 가족 • 가정생활이 화목한 가족 • 서로 사랑하며 가정 내 사랑이 충만한 가족 • 부모와 웃어른을 공경하는 가족 • 함께 많은 시간(여가, 식사 등)을 보내며 그것을 즐기는 가족 • 가족 공동의 가치관과 가훈이 있는 가족 • 상호이해가 이루어지는 가족 • 사생활을 존중해주는 가족 • 규칙적인 생활을 여행하는 가족 • 문제를 잘 해결하는 가족 • 가족원으로서의 역할에 충실한 가족 • 건전하고 긍정적인 사고방식을 가진 가족			
유영주(2004)	• 가족원에 대한 존중 • 가족원 간의 유대의식 • 감사와 애정, 정서적 안식처 • 긍정적 의사소통 • 가치관 목표 공유 • 역할 충실 • 문제 해결능력 • 경제적 안정과 협력 • 신체적 건강 • 사회와 유대			
유계숙(2004b)	• 헌신 • 감사와 애정 • 긍정적 의사소통 • 스트레스 대처능력 • 질적 시간 공유 • 정신적 안녕			
서종선(2007)	• 남편 : 경제적 안정과 생활조건과 같은 현실적인 면 • 부인 : 사랑, 배려, 대화, 화목 등의 조화롭고 이상적인 조건			

계속

학자	건강가족의 특성			
	응집력	융통성	의사소통	기타
김혜신, 김경신 (2011)	• 의사소통 • 가족유대 • 가치공유 • 문제해결능력			
한국 건강가정 진흥원 (2013)	• 가족관계 : 소통과 친밀감 • 자원관리 : 가치와 가족자원관리 • 외부관계 : 일 • 가정 균형과 지역사회관계			
조희금, 김경신, 정민자, 송혜림 (2013)	• 경제적 토대 : 가정의 경제적 안정과 안정적인 의식주생활 • 가족관계 : 민주적이고 양성평등한 가족관계, 열린대화, 휴식과 여가 공유 • 가정역할 : 자녀의 성장과 발달 지원, 합리적인 자원관리, 가족역할 공유 • 사회와의 관계 : 일과 가정의 조화, 건강한 시민의식과 자원봉사활동, 지역사회활동 참여 • 가족문화 : 건강한 가정생활문화의 유지 및 창조			

2) 건강가족의 기능

학자들의 견해에서 살펴보았듯이, 건강가정의 특성은 어떤 특별한 것을 의미하기보다는 자율성이나 존중 혹은 식사시간 함께하기와 같이 가정 내에서의 구성원이 가져야할 마음 자세나 행동, 긍정적인 의사소통이나 가족연대 혹은 가족문화와 같이 가족원과의 관계에서 가져야 하는 특성들을 의미하는 것이다. 따라서 건강가족의 특성은 모든 형태의 가정이 어느 정도의 건강성을 가지고 있으며, 또 어느 정도의 부족함을 가지고 있다는 것을 의미한다. 즉, 가족구성원이 그 역할과 기능을 잘 하지 못하면 역기능적인 가족이 되고, 가족이 기능적인 역할을 잘 하면 '건강한 가족'의 특성에 가까워진다.

생각 나눔

〈표 3.1〉에서 건강가족의 특성을 언급한 학자들의 설명을 참고하여, 자신이 생각하는 건강가족의 특성세 가지를 적어봅시다. 학자들이 설명하지 않은 요소들 중에서 찾아도 됩니다.

〈표 3.2〉 기능적 가족과 역기능적 가족의 특성

기능적 가족	역기능적 가족
평등한 동반자로서 화목한 부부관계를 가지고 있다.	부부관계에 불평등이나 불균형이 있어서, 부부불화가 일어난다.
가족과 함께 시간을 보내며 친밀감과 유대감을 쌓는다.	가족과의 시간을 보내기보다는 자신의 일이나 친구, 취미생활에 과도한 시간을 할애한다.
종교나 가족 의례 등 가족 간에 공통적인 행사나 문화에는 참석하고자 노력한다.	자기중심적인 사고방식을 가지며 가족의 가치를 공유하지 않고, 가족 공동의 행사에 관심이 없고 잘 참여하지 않는다.
가족들이 가치관이나 신념을 공유하여 결속력을 가지면서도 갈등에 대해 솔직하게 소통하고자 노력한다.	가족 간의 공동체적인 가치관 형성을 위한 노력이 없고, 가치관의 차이에 대해 조율하려는 노력이 부족하다.
구성원이 직접적으로 의사소통을 하는 과정에서 경청하기와 유머 사용, 정서적으로 충분히 지지를 경험하도록 한다.	가족에 대한 사랑과 배려가 부족하고, 가족에게 비난이 불평, 비판이나 무시, 자기비하적인 표현을 사용한다.
구성원 간에 솔직하게 감정표현을 하지만 이해와 용서, 타인의 감정을 존중하여 자신의 분노를 조절하는 배려와 용서가 있다.	가족 간의 갈등 상황에서 분노에 대한 감정 표현이 미숙하고 문제해결 과정에서 싸움과 회피 또는 폭력이 발생하기도 한다.
명확한 가족 규칙이 있으나 규칙에 융통성이 있어서, 가족원의 개성과 독립성을 존중하고 지원한다.	가족규칙이 융통성 없이 경직되어 있거나, 서로의 개성을 존중하지 않고 자기 틀을 따르기를 강요한다.
부모로서 권위가 있으며 일관성 있는 자녀양육을 위한 가치관이 정립되어 있다.	부모로서 자녀에게 권위가 없이 행동하며, 불공평하고 일관성 없는 방식으로 자녀지도를 한다.
가족원들이 갈등과 문제가 있을 때, 각자의 역할을 담당하면서 해결하고자 노력한다.	가족원들 간에 대화가 부족하고 대화 시에도 비효율적인 대화방법(자기표현과 경청 및 감정공유 부족)을 사용한다.
가족원들 사이에 역할 구분이 분명하며 책임감 있게 수행하지만, 상호협조가 바탕이 되어 있다.	가족원들에 대해 부정적·비협조적인 태도를 갖거나 때로는 경쟁적인 태도를 보이며, 책임감과 인내심이 부족하다.
원만한 친인척관계와 사회관계망을 가지고 필요할 때는 도움을 요청할 수 있다.	친인척과 불화하거나 단절된 관계를 가진다.

또한 각 가정이 건강한 가족의 특성을 갖기 위해서는 가족의 기능뿐 아니라, 가족이 가지고 있는 다양한 요소들을 살펴보고 어떻게 하면 건강한 가족의 특성을 가질 수 있는지 생각해보는 것이 필요하다. Stinnett & Defrain(1985)은 여러 연구를 통해서 건강한 가족에 공통적으로 존재하는 여섯 가지 요인을 '감사와 애정(Appreciation and affection)', '헌신(Commitment)', '긍정적 의사소통(Positive communication)', '함께 보내는 즐거운 시간(Enjoyable time together)', '영적 웰빙(Spiritual well-being)', '스트레스와 위기의 성공적 관리(Successful management of stress and crisis)'라고 밝히고 있다. 이 6가지 요인들에 대해서 살펴보면 다음과 같다.

(1) 감사와 애정

감사와 애정은 건강가족이 가지는 중요한 특성이다. 공동체 구성원들이 서로에게 애정과 감사의 마음을 가지고 생활하며 그 마음을 표현하는 것은 가족구성원을 더 끈끈하게 결속시킬 수 있기 때문이다. 감사와 애정이 신체적인 접촉이나 긍정적인 언어표현으로 확장되거나 유머와 결합된다면 건강한 가족을 이루는 데 더욱 도움이 된다. 그래서 감사와 애정의 상호작용은 눈덩이와 같은 효과가 있다고 한다. 서로에게 감사할 점을 찾고 사랑의 말을 하는 것은 심리학에서 말하는 '자기충족적 예언(self-fulfilling prophecies)'과 공통점이 있다. 가족에게서 좋은 점을 찾고 감사의 말을 할수록 더 좋고 감사할 일들이 찾아온다는 것이다(제석봉 외, 2004).

(2) 헌신

건강한 가족의 구성원들은 서로에게 헌신한다. 가족을 삶에서 중요한 존재로 인식하고 가족과의 시간 및 활동에 우선순위를 두면서 생활한다는 의미이다(이선형 외, 2018). 또한 부부간의 신뢰와 정직, 충실함과 상호의존 등은 헌신과 관련된 중요한 요소이다. 헌신은 한쪽에서의 일방향적인 것이 아니라 상호 간에 믿음과 존중을 바탕으로 이루어지는 것임을 인식하는 것이 중요하다.

(3) 긍정적 의사소통

건강가족의 구성원들은 서로에게 긍정적인 의사소통을 하고자 노력한다. 긍정적인 의사소통이란 구성원들에게 가능한 한 직접적이고 솔직하게 이야기하려고 노력하는 것이다. 의사소통 과정에서 때로 충돌할 수도 있지만, 서로 다르다는 것을 인정하면서 문제를 부인하거나 논쟁을 피하지 않고 상대방을 일방적으로 비판하지 않는 것이다. 구성원에게 이야기할 수 있는 충분한 시간을 주고 그 의견에 경청하면서 공감하려고 노력하는 자세가 긍정적 의사소통이라고 할 수 있다.

(4) 함께 보내는 즐거운 시간

건강한 가족은 함께 질적으로 좋은 시간을 보내는 가족이다. 현대의 모든 개인들은 여러 가지 이유로 각자 바쁜 시간을 보낸다. 하지만 그 속에서도 소소한 일들로 얼마든지 즐겁고 행복한 시간을 가질 수 있다. 예를 들면, 함께 식사하며 담소를 나누거나 집안일을 함께하는 것, 종교나 취미활동을 함께하거나 특별한 일을 하지 않아도 함께 시간을 보내는 것이다. 때로는 특별한 이벤트를 마련하여서 가족만의 좋은 추억을 남기는 것도 좋다.

(5) 영적 웰빙

영적 웰빙은 영적인 안녕이나 복지를 의미한다. 영성은 자신을 초월한 어떤 힘에 대한 믿음과 의지를 말하는 것으로, 결혼생활에서 개인의 가치관 형성에 중요한 역할을 하며 사랑과 헌신 및 돌봄의 상호작용을 돕고 가족생활에 의미와 목적을 부여하는 것이다. 가족원의 영성은 개인의 차원을 넘어서 도덕적이고 윤리적인 행위에 대한 공통적인 기준을 제시할 수 있기 때문에 결혼에서의 동반자적 관계, 서로의 역할과 책임에 대한 지침을 제시한다. 또한 삶에서 요구되는 도전과 시련을 견디거나 극복하게 할 수 있고, 가족이 고립과 절망감에서 벗어나서 새로운 시각으로 희망과 신뢰를 얻게 하는 자원도 된다. 영적인 요소는 가족을 연결하게 하고 튼튼하게 만드는 접착제와 같은 역할을 하기 때문에, 영적으로 연결되어서 서로를 지지하고 보살피는 가족은 건강한 가족이 되는 것이다.

(6) 스트레스와 위기의 성공적 관리

모든 가족은 스트레스와 위기를 경험한다. 건강한 가족도 삶의 위기를 경험하고 스트레스를 느껴 서로 원망하고 고통을 주기도 하면서 가족의 해체까지 이르는 심각한 어려움을 겪기도 한다. 하지만 건강한 가족은 스트레스와 위기를 부정적으로 보기보다는 희망을 가지고 스트레스에 대처할 여러 가지 행동을 취하고자 노력한다. 따라서 건강한 가족은 스트레스와 위기를 경험하는 과정에서도 서로 한 마음이 되어서 가족에 헌신하려고 노력하면서 스트레스로 인한 손상을 줄이고 스트레스를 효율적으로 관리하는 능력을 발달시키고자 한다.

Stinnett & Defrain(1985)의 '건강한 가족 만들기 실천 아이디어'와 '건강한 가족 만들기 행동단계'

하나. '건강한 가족 만들기 실천 아이디어'

① 감사와 애정의 표현

- 배우자 또는 가족구성원에 대해 좋아하는 점을 열 가지씩 적고 함께 읽는다.

- 부정적이고 비판적인 말을 긍정적인 말로 바꾸어 가정을 긍정적이고 즐거운 환경으로 만든다.

- 우리 자신이나 타인에게서 발견되는 단점에서도 긍정적인 면을 찾아서 상황을 재정의해본다.

- 감사를 표할 때, 이를 고맙게 받아들임으로써 감사 표현을 촉진한다.

- 가족에게 하루에 하나씩 칭찬하는 것을 매일의 목표로 삼고, 매일 칭찬한 목록을 정리해둔다.

- 생일날 사랑의 편지를 쓴다.

② 헌신

- 정기적으로 가족회의를 개최하여 가족구성원들에게 '어떤 일을 하는가, 무엇이 필요한가, 우리 가족의 목표가 무엇인가'를 물어본다.

- 헌신하고자 하는 마음을 다질 수 있도록 결혼서약을 다시 한다.

- 가족의 스케줄을 재조정한다.

- 부부관계에 어떤 위험신호는 없는지 때때로 점검한다.

- 함께 좋은 책을 읽는다.

- 가족 간의 헌신을 다룬 영화를 함께 보고 이야기 나눈다.

③ 긍정적 의사소통

- 매일 가족과 이야기하는 시간(15~30분 정도)을 마련해본다.

- 자신의 의사소통 습관을 객관적인 입장에서 검토해본다.

- 식사시간을 대화의 장으로 삼는다. 모든 가족이 함께 모일 수 있는 시간을 정해서 아침식사 때는 그날의 계획을 이야기하고, 저녁엔 그날 있었던 가장 재미있는 이야기를 나눈다.

- 가족의 의례나 전통(예 잠자기 전에 서로 안아주기, 토요일 저녁에는 팝콘을 먹으며 게임하기, 매년 7월에 가족여행 가기, 특정 기념일에 부부끼리 특별한 시간 보내기, 가족과 특별한 날에는 꽃 보내기 등)을 세운다.

- 가족에게 있었던 재미있는 이야기나 가슴 뭉클한 사연들을 적어 가족의 일기나 잡지를 만들어 모아둔다.

- 생일날에 축하하는 장면을 동영상으로 찍어 기념한다. 아이들이 좋아하거나 싫어하는 음식, 집안일, 과

목을 질문하고, 좋아하는 옷을 입고 노래를 부르거나 동화책 읽는 모습 등을 찍어 보관한다.

④ 함께 시간 보내기

- 눈을 감고 어린 시절을 돌이켜 보며 행복한 추억여행을 떠난다.
- 아이들이 학교에서 돌아왔을 때 간식을 먹으며 이야기를 나눌 15분 정도의 시간을 마련한다.
- 가족에게 추억이 될 벽이나 방을 정해서 사진, 기념품 등으로 장식한다. 이는 가족의 정체성을 느끼게 하는 데 도움이 된다.
- 가족의 상징이나 로고를 함께 디자인해본다. 가족의 상징이나 로고를 티셔츠나 재킷에 프린트해서 가족 티를 입어본다.
- 일대일 관계를 위한 기회(예 아버지는 아들과 영화를 본다, 엄마는 아이들과 요리를 한다, 아이들은 같이 컴퓨터 게임을 한다)를 계획한다. 이런 시간은 개별적 관계를 만들 수 있는 기회가 된다.

⑤ 영적 성장

- 매일 15~30분 정도 기도와 묵상할 시간을 마련하다.
- 종교적 주제, 가치와 관련된 문제, 철학적 문제를 다루는 토론 그룹에 참여한다.
- 삶에서 가장 중요한 것이 무엇인지 함께 토의해본다.
- 약점과 강점을 찾는다. 약점을 어떻게 고칠 것인지 계획을 세워보고, 강점을 더욱 발달시킬 방법을 찾아본다.
- 개인적으로나 가족 단위로 이웃을 위한 봉사에 시간과 돈, 에너지를 투자한다.

⑥ 스트레스와 위기 대처

- 생활상의 스트레스를 측정해본다.
- 운동을 열심히 하고, 유머 감각을 키운다.
- 기분을 전환시켜주거나 상쾌하게 만드는 취미를 갖는다.
- TV나 영화 장면을 가족 대화의 촉매제로 삼아 다른 사람의 위기를 보고 가족과 '나 같으면 무엇을 할 수 있겠는가, 도와줄 사람은 누구인가'에 대해 대화한다.

둘, '건강한 가족만들기 행동 단계'

① 행동 단계 1 : 가족강점(strength)을 평가한다. '가족강점 척도'를 사용하여 자기 가족의 '강점'이 무엇인지 찾는다. 또한 성장이 필요한 부분과 고쳐야 할 점을 파악한다. 이 척도는 자기 가족이 이미 가지고 있는 강점을 발견하고, 앞으로 발달시켜 나가야 할 강점을 찾는 데 사용한다(부록의 '가족강점 척도' 사용).

② 행동 단계 2 : 가족의 꿈을 펼쳐본다. 가족이 모두 모여 조용히 명상을 하면서 어떤 가족이 되기를 바라는지 이상적인 가족의 모습을 그려본다. 그런 다음 가족 각자 돌아가며 자신이 내다본 아름다운 가정의 모습이 어떤 것인지 발표한다. 이때 어떤 말을 하든 따뜻하고 수용하는 자세로 들어준다.

③ 행동 단계 3 : 구체적인 목표를 선정한다. 가족이 모두 모여 꿈을 이야기하는 동안 가족이 이룰 수 있는 목표와 목록을 함께 작성한다. 이 목록 중에서 가족 모두가 동의하는 '열 가지' 목록을 작성한 다음, 그것을 달성한 날짜를 기입한다.

④ 행동 단계 4 : 가족행동 계획을 수립한다. 가족 모두가 동의한 목표를 달성할 수 있는 행동 계획을 수립한다. 예를 들어, '가족이 함께 모두 즐기는 것'이라는 목표를 정했다면, 이를 위한 활동에는 어떤 것이 있는지 생각해본다. 이때 브레인스토밍이 도움이 된다. 가족행동 계획을 이끌어 갈 '담당관'을 정하는 것도 좋은 방법이다.

⑤ 행동 단계 5 : 외부 자원을 활용한다. 때로 외부 자원으로부터의 강화와 격려가 필요할 경우도 있다. 부부성장, 자녀양육, 건강한 가족만들기 등의 세미나나 강연이 있으면 가족이 함께 참여하면 도움이 된다.

⑥ 행동 단계 6 : 충실하게 참여한다. 건강한 가족만들기는 '사건'이 아니라 계속 이어져야 할 '과정'이다. 따라서 이를 오랜 세월 동안 지속해나가는 자세가 필요하다(제석경 외, 2004).

건강한 가정생활을 위해 자신의 가족건강성을 살펴볼 수 있는 척도를 살펴보면 다음과 같다.

1970년대 중반부터 미국에서는 가족의 건강성 정도를 사정하기 위한 가족건강성 척도를 측정할 수 있는 도구들을 개발하기 시작하였다. 올슨의 Circumpllex 모델, McMaster 모델 등이 그 예이다. 한국형 가족건강성 척도 II(KFSS-II)의 원척도는 Stinnett & DeFrain(2000)의 'American Family Strengths Inventory'를 토대로 개발되었다(유영주·이인수·김순기·최희진, 2013).

〈표 3.3〉 한국형 가족건강성 척도 II(KFSS II)

요인	문항	결코 그렇지 않다	별로 그렇지 않다	그저 그렇다	대체로 그렇다	항상 그렇다
가족탄력성	1. 우리 가족은 각자의 역할을 잘 수행한다.					
	2. 우리 가족은 자기 입장을 표현할 기회를 준다.					
	3. 우리 가족은 어려운 문제를 함께 해결한다.					
	4. 우리 가족은 서로 잘 돕는다.					
	5. 우리 가족은 서로에게 감사와 사랑하는 마음을 표현한다.					
	6. 우리는 서로의 이야기를 주의깊게 듣는다.					
	7. 우리 가족은 상항에 따라 유연하게 대처한다.					
상호존중과 수용	8. 우리 가족은 서로 신뢰한다.					
	9. 우리 가족은 가족구성원으로서 소속감이 있다.					
	10. 우리 가족은 서로 터놓고 이야기한다.					
	11. 우리 가족은 삶에 대해 긍정적인 태도를 가지고 있다.					
	12. 우리 가족은 서로를 존중하고 수용한다.					
질적 유대감	13. 우리 가족은 함께하는 활동(외식, 취미생활 등)을 즐긴다.					
	14. 우리 가족은 여러 이슈에 대해 논의하는 것을 중요시한다.					
	15. 우리 가족은 함께하는 시간을 많이 가진다.					
	16. 우리 가족은 함께 대화하는 것을 즐긴다.					
경제적 안정과 협력	17. 우리 가족은 먹고 살 만한 수입이 있다.					
	18. 우리 가족은 미래의 경제적 안정을 위해 준비하고 있다.					
	19. 우리 가족은 여가와 문화생활을 할 만한 경제적 여유가 있다.					
가족문화와 사회참여	20. 우리 가족만의 전통과 문화가 있다.					
	21. 우리 가족은 사회활동(봉사, 모임 등)에 참여한다.					
	22. 우리 가족은 지역사회에서 일어나는 일에 관심이 있다.					

Q1 Stinnett & DeFrain(2000)의 'American Family Strengths Inventory'를 토대로 유영주, 이인수, 김순기, 최희진(2013)이 개발한 한국형 가족건강성 척도 II(KFSS-II)를 중심으로 나의 가족의 건강성에 대해 살펴봅시다.

Q2 위에 체크한 결과를 토대로 나의 가족건강성 점수를 살펴봅시다. 가장 높은 요인과 가장 부족한 요인이 무엇인지 살펴봅시다.

영역	문항	점수
가족탄력성	1~7	
상호존중과 수용	8~12	
질적 유대감	13~18	
경제적 안정과 협력	17~19	
가족문화와 사회참여	20~22	

Q3 각 요인별 점수를 토대로 가족 건강성 점수를 높이려면, 어떠한 노력이 필요하다고 생각하는지 기록해봅시다. 가능한 한 현실적인 방법에 대해 생각해보는 것이 좋습니다. 그리고 조별로 함께 이야기해봅시다.

Q4 가족 간의 건강가정의 여섯 가지 요인 중 '긍정적 의사소통'이 어떻게 가능한지 생각해봅시다. 그리고 '가족들이 함께 보낼 수 있는 즐거운 시간을 위한 활동'에 해당하는 예시를 적어봅시다.

3.3   그림책으로 다양한 가족 이해하기

우리가 다양한 삶의 모습을 이해하는 방법에는 생활 속에서 직접 경험하거나 체험하는 방법도 있지만, 삶의 모습을 간접적으로 경험할 수 있도록 도와주는 매체인, 문학작품을 접하는 방법도 있다. 다양한 삶의 모습에 대해 이해하고 공감할 수 있도록 도와주는 다양한 문학장르 중에서 최근에 이슈가 되고 있는 것이 바로 그림책이다.

그림책은 글과 그림이 함께 있는 책을 말한다. 예전에는 글을 읽지 못하는 어린아이들이 읽는 책이라고 생각해 왔지만, 그림이라는 시각적인 이미지가 전달해주는 메시지의 중요성이 인식되면서 그림책에 대한 인식이 변화하고 있다. 그림책은 분량이 많지 않지만, 글만으로 전달하기에 어렵고 복합적인 의미도 그림으로 효과적으로 표현할 수 있어서, 그림책을 읽는 독자는 글과 그림을 함께 읽으면서 언어뿐 아니라 시각적으로도 책의 내용을 이해하고 감각적으로 공감하고 감동을 느낄 수 있기 때문이다. 그림책에는 사람뿐 아니라 의인화된 동물들도 등장하여 심각하고 어려운 내용들도 쉽게 전달할 수 있으며, 글과 그림을 통해서 의미를 복합적이고 풍부하게 이해할 수 있도록 돕기 때문에 그림책에서 다룰 수 있는 내용의 범위는 매우 넓다. 그림책에는 다양한 세상에 사는 사람들의 모습에 대한 정보뿐 아니라 다양한 사람들이 삶의 과정에서 느끼는 희로애락의 정서들이 표현되어 있다. 그림책은 독자들에게 자신이 알거나 생각하지 못했던 삶의 모습이나 가치에 대해서 알려주는 교육적인 가치를 가지고 있다. 뿐만 아니라 독자들은 그림책을 읽으며 그림책에 표현된 다양한 삶의 어려움이 자신의 삶과 다르지 않다는 것을 느끼기 때문에 그림책은 독자에게 공감과 위로와 같은 치유의 가치를 주기도 한다. 따라서 최근에는 '그림책을 통한 교육'뿐 아니라 '그림책을 통한 마음의 치유(그림책테라피)'라는 용어도 생겨나고 있다.

그림책은 그림을 보며 글자의 의미를 이해하는 영아기부터 어린이에게 그림책을 사주고 읽어주는 성인에 이르기까지 누구나 접할 수 있고 공감할 수 있는 책이며, 어렸을 때 그림책에서 읽은 내용은 그 이후에 어른이 될 때까지 영향을 미칠 수 있기 때문에 오랜 기간에 걸쳐서 삶에 영향을 미치는 책이다. 이러한 그림책의 가치에 대한 인식이 높아지면서, 최근에는 다양한 주제를 포함한 그림책들이 출간되고 있다.

그중 하나가 우리 주변에 있는 다양한 특성을 가진 사람들이나 가족들에 대한 이야기이다. 시대가 급격하게 변화하면서 우리 사회에는 다양한 변화가 일어나고 있다. 이전과는 다르게 인종이나 피부색 혹은 문화가 서로 다른 사람들이 한 나라에서 어우러져서 살아가고 있다. 그리고 가족들은 가족의 탄생 혹은 질병이나 죽음, 가족 간에 역할 분담의 어려움이나 부모-자녀 간의 갈등 등으로 다양한 어려움을 겪고 있다. 이혼과 재혼, 사별, 입양 등 여러 가지 이유로 한부모 가정을 비롯해서 조부모 가정, 입양 가정, 재혼 가정 등 여러 모습의 가족들이 존재하고 있다. 이처럼 우리 사회에는 다양한 변화들이 급격히 증가하였으나, 다양한 특성을 가진 사람들과 어우러져 살아가는 데 필요한 정서적 이해나 배려는 그 변화의 속도를 따라가지 못하고 있다.

따라서 이러한 삶의 모습이나 변화의 내용을 주제로 표현하고 있는 그림책들이 많이 출간되고 있다. 그림책은 누구나 읽을 수 있는 책이므로, 변화하고 있는 사회를 살아가는 아이들이 미래 사회의 시민으로서 필요한 가치를 인식하는 데 도움을 줄 수 있고 성인들에게도 이 사회의 모습에 대해서 쉽게 이해하고 생각해볼 수 있도록 하는 데 도움을 줄 수 있기 때문이다. 따라서 최근에는 다양한 사회의 모습을 이해하도록 돕는 지역사회의 프로그램들에서 그림책을 자주 활용하기도 한다. 그림책에는 우리가 일상에서 실제로 볼 수 있는 사람이나 가족의 모습뿐 아니라, 우리가 일상에서는 볼 수 없지만 세상 어디엔가 있을 가족의 모습이 등장한다. 그 가족의 모습이 건강한 가족의 모습일 때도 있지만, 때로는 그렇지 않은 가족의 모습일 때도 있는데, 그림책을 살펴보면서 그 속에 표현된 다양한 가족의 모습에 대해서 생각해보고, 가족의 건강성에 대해서 생각해보는 것만으로도 매우 의미 있는 과정이라고 할 수 있다. 이것은 건강가정사로서 사회에 있는 다양한 사람이나 가족의 삶을 이해하는 데에도 도움을 줄 것이며, 건강가정사로서 다양한 프로그램을 계획하거나 가족 구성원들이 자신의 삶이나 타인의 삶을 이해할 수 있는 여러 활동을 계획하는 데에도 도움을 줄 것이다.

1) 다양한 국가에서 살아가는 가족의 이야기

사람들은 세계 곳곳에는 다양한 특성을 가진 사람들이 살고 있고, 그들이 가족을 이루고 사는 모습이 각기 다르다는 것을 머리로는 알고 있다. 하지만 그 모습을 가까이

생생한 사례로 살펴보는 건강가정론

에서 실제로 접하게 되면 머리로 아는 것과는 다르게, 다양한 삶의 모습을 이해하고 편견 없이 받아들이는 것은 쉽지 않다. 자신도 모르게 내가 살아온 문화의 기준이나 그 속에서 형성된 나의 기준으로 다른 사람이나 가족을 바라보기 때문이다.

온 세상이 하나의 지구촌으로 연결되어서 다양한 문화적 배경을 가지고 있는 사람들이 어우러져서 사는 현대에는 다른 문화나 사람들에 대해서 이해하고 존중하며 평등하게 대할 수 있는 태도가 필요하다. 이런 태도는 다양한 문화를 가진 사람들이 긍정적인 자아정체감을 형성하는 데에도 도움이 되기 때문이다. 따라서 최근에는 세계에 있는 다양한 문화에 대한 지식을 알려줄 뿐 아니라 문화를 존중하고 배려할 수 있는 태도를 가질 수 있도록 하는 '다문화 그림책'이 많이 출간되고 있다. 다문화 그림책은 사회에 있는 다양한 삶의 방식이나 문화를 이해하는 내용, 즉 다양한 가족 문화를 이해하고 존중하는 내용과 사회에 있는 여러 삶의 방식이나 문화를 이해하는 내용, 즉 다양한 가족 문화를 이해하고 존중하는 내용까지 포함된다.

교통과 통신의 발달로 이동이 자유로워지면서 사람들은 인종이나 태어난 국가와는 관계없이 여러 곳에서 가족을 이루며 생활하고 있다. 일본이나 몽골에서 태어나고 자랐지만 우리 나라에서 가족을 이루고 사는 가족들도 있다. 또 우리 나라에서 태어났지만 태국이나 네덜란드에서 태어난 배우자와 결혼을 하여 가족을 이루기도 하기 때문에, 우리는 가족을 이루면서 다양한 문화를 접하게 된다. 다문화 가족에는 국제결혼 가족, 외국인 근로자 가족, 새터민 가족 등 폭넓은 범주가 포함될 수 있다. 다문화 가족들이 점점 많아지고 있는 현대에는 서로 다른 문화가 섞여 있는 다문화 가족 내에서, 그리고 사회에서 다문화 가족을 이해하고 함께 어우러져 생활하는 것이 왜 필요한지를 이해하고 공감하는 것이 필요하다. 우리 사회에 있는 다양한 다문화 가족을 이해하고 이주한 다문화 가정의 배우자나 그 자녀들이 자신에 대한 정체성을 가지면서도 우리 문화 속에서 잘 생활할수 있도록 하는 것이 중요한 것이다. 현재 다문화 가족의 상황을 알려주거나 그들의 어려움을 생각해보고 어떻게 함께 행복하게 살수 있는지에 대해 생각할 기회를 제공하는 다문화 가족 관련 그림책들이 많이 출간되어 있다. '다문화가족'과 관련된 그림책을 읽어보면 그들의 삶을 이해하는 기회가 될 수 있을 것이다.

Q1 그림책을 읽기 전에, '가족' 하면 떠오르는 모습(가족구성원의 수나 형태, 역할, 생활 모습)을 말로 이야기해보거나 그림으로 그려보세요.

Q2 세상에 있는 수많은 사람들의 삶과 가족에 대한 이야기를 담고 있는 그림책들이 있습니다. 그림책을 읽고, 세계의 많은 사람들이 가족을 이루는 것에 대해 느끼게 된 점에 대해 이야기를 나누어보세요. 조별로 그림책을 정하여 함께 토론해봅시다.

다양한 사람들의 삶과 가족에 관련된 그림책

– 『온 세상 사람들』(피터 스피어 글 · 그림, 이원경 역, 비룡소, 2021)

– 세상의 모든 가족을 위한 그림책 – 『가족 백과 사전』
  (메리 호프만 글, 로스 애스퀴스 그림, 신애라 · 차정민 역, 밝은 미래, 2010)

– 『세상의 모든 가족』(알렉산드라 막사이너 글, 앙케쿨 그림, 김완균 역, 푸른숲주니어, 2014)

– 『모든 가족은 특별해요』(토드 파 글 · 그림, 원선화 역, 문학동네, 2005)

– 『우리는 가족이에요』(박종진 글, 혜경 그림, 키즈엠, 2019)

그림책을 읽으며 내가 가진 생각들을 점검해보고, 소개된 그림책들 외에도 변화하는 세상의 모습을 반영한 다양한 그림책에 관심을 가지고 찾아보면서 세상에 대해 생각하는 깊이를 넓히길 바랍니다.

학생들이 그림책을 읽고 느낌을 이야기하거나 조별 토의를 한 내용을 일부 각색하여 예시로 소개하면, 다음과 같습니다.

예시. '따뜻한 햇살'조(조원 A, B, C)에서는 『모든 가족은 특별해요』(토드 파 글 · 그림, 원선화 번역, 문학동네 어린이)를 읽고, 이야기를 나누었다.

이 그림책은 아주 단순한 배경에 아이나 동물들을 주인공으로 하여 이 세상에 있는 가족의 여러 가지 모습을 단순하면서도 재미있게 표현하고 있다. 또한 여러 다른 가족들의 모습을 인식시키면서도 중간중간 가족이 가지는 공통점을 넌지시 이야기해주고 있어서, "맞아. 가족이란 이런 것이지"라고 느낄 수 있게 해주는 책이다.

그림책의 내용을 간략하게 소개하면 다음과 같다.

식구가 많은 가족도 있고, 식구가 적은 가족도 있고, 피부색이 같은 가족, 피부색이 다른 가족이 있지만, 그래도 모든 가족은 서로를 꼭 안아준다.

새엄마와 새아빠, 새엄마 새아빠의 아이들과 가족이 되기도 하고, 아이를 입양하는 가족도 있다. 엄마, 아빠가 둘인 가족도 있고 어떤 가족은 엄마나 아빠 한 분만 있기도 하지만, 그래도 모든 가족은 특별한 날을 함께 축하한다(함께 생일을 축하하는 그림).

똑같은 걸 좋아하는 가족도 있고, 서로 다른 걸 좋아하는 가족도 있고 조용한 걸 좋아하는 가족도 있고, 시끄러운 걸 좋아하는 가족도 있다. 한 집에 한 가족만 살기도 하고, 한 집에 여러 가족이 어울려 살기도 한다. 하지만 그래도 우리는 한가족, 서로 도우며 힘을 합친다(코끼리 가족이 서로 꼬리를 물고 연결되어 있는 그림).

책은 "가족의 모습은 여러 가지예요. 누구든, 무엇을 하든, 어디에 있든 여러분의 가족은 특별해요"라고 끝을 맺고 있다.

조원 A는 그림책이 너무 단순화되어 있고 가족의 모습을 나열하고 있다는 느낌을 받기도 했다. 하지만 아이들이 가족의 모습에 대해서 핵심적이면서도 쉽게 이해할 수 있는 책이라는 생각도 들었다. 그리고 "누구든, 무엇을 하든, 어디에 있든 여러분의 가족은 특별해요"라는 문장이 조금 상투적인 것처럼 느껴지면서도 "특별해요"라는 말이 '가족이 어떤 모습이든 그 모습그대로 인정받아야 한다는 의미'로 들려서 마음에 많이 남았다는 이야기를 했다.

조원 B는 가족의 특성을 소개하는 장면들에 물고기나 코끼리, 젖소 등의 동물이 주인공으로 등장해서 그림을 보는 재미가 있었다는 이야기를 했다. 유아들의 눈높이에서 가족의 다양성과 공통성에 대해 생각해볼 수 있는 책이라는 생각이 들었다. "누구든, 무엇을 하든 어디에 있든 여러분의 가족은 특별해요"라는 문장은 아이들이 그 의미를 잘 이해할 수 있도록 교사가 조금 더 부연설명을 해주거나 아이들이 그 의미를 잘 이해하고 있는지 함께 질문을 해 보아도 좋다는 생각이 들었다. 이런 그림책은 어린아이들이 다른 사람들을 이해하는 데 도움이 될 것 같다는 생각도 들었다는 이야기를 했다.

조원 C는 이 장에서 소개하고 있는 여러 그림책을 찾아보았는데, 그림책들은 다양한 가족의 모습을 생각해보게 하는 공통점을 가지고 있지만 그 표현 방식에 있어서는 조금씩 달랐다는 이야기를 했다. 그래서 본인도 그림책을 읽는 재미도 있었고, 아이들도 같은 주제를 다르게 표현한 그림책을 읽으면서 가족의 다양성에 대해서 깊게 생각해보는 기회가 될 것이라는 생각이 들었다고 하였다. 어려서부터 그림책을 통해 세상의 다양함에 대해 인식할 수 있는 기회를 주는 것은 어른이 되어서도 편견이 없이 생활하는 데 도움이 될 수 있을 것이라는 생각이 들었다. 더구나 『모든 가족은 특별해요』는 분량도 짧은 그림책이라서 그냥 편한 마음으로 넘겼는데, 중간중간 동물이나 피부색이 다양한 사람들의 그림을 보면서 작가가 아이들의 생각을 고려하여 다양성을 표현하려는 노력을 했다는 것을 느낄 수 있었다. 또 모습은 저마다 달라도 '모든 가족은 서로를 꼭 안아주지요', '모든 가족은 닮은 점이 있어요' 등 가족이 가지는 공통된 특징들을 표현한 대목에서 고개가 끄덕여지기도 했고, 가족이 가지는 공통된 특징이 또 무엇이 있었지? 라고 다시 한 번 생각해보는 계기가 되었다.

Q3 그림책을 읽고 난 후에, 우리 주변에 있는 '가족'을 이해하거나 '가족'들과 어우러져 생활하는 데 있어서 가장 중요한 것이 무엇이라고 생각하는지 이야기를 나누어봅시다.

Q4　우리 주변에는 다양한 문화적 배경을 가진 사람들이 가족을 이루고 살고 있습니다.　그림책을 읽기 전에, 내가 본 '다문화 가족'에는 어떤 가족들이 있는지 이야기해봅시다. 그리고 다문화 가족을 보면 어떤 생각이 드는지 이야기해봅시다.

다문화 가족과 관련된 그림책

- 『이모의 결혼식』(선현경 글·그림, 비룡소, 2004)
- 『그레이스는 놀라워!』(메리 호프만 글, 캐롤라인 빈츠 그림, 최순희 역, 시공주니어, 2005)
- 『울타리 너머 아프리카』(바르트 무이아르츠 글, 안나 회그룬드 그림, 최선경 역, 비룡소, 2007)
- 『우리 엄마는 외국인』(줄리안 무어 글, 메일로 소 그림, 박철화 역, 봄볕, 2016)
- 『찬다 삼촌』(윤재인 글, 오승민 그림, 느림보, 2012)
- 『인도에서 태양을 보다』(데디 킹 글, 주디스 잉글레세 그림, 유봉인 역, 내인생의책, 2019)
- 이중언어 그림책 『열두띠 동물 까꿍놀이』(몽골어판)(최숙이 글·그림, 체렝호를러 역, 보림, 2009)

Q5　우리 주변에는 피부색이나 인종과 같이 다양한 문화적 배경을 가진 사람들이 가족을 이루고 살고 있습니다. 다문화 가족에 대한 그림책을 읽고, 그들이 가지는 장점에 대해서 생각해 봅시다. 그리고 다문화 가족 혹은 다문화 가족의 자녀가 겪는 어려움(사회적인 편견이나 경제적인 어려움, 자녀 양육의 어려움)에는 어떤 것이 있을지 생각해봅시다.

Q6　다문화 가족이 우리 사회에서 자신의 정체성과 문화에 대한 자부심을 느끼면서 행복하게 살기 위해서는 개인 혹은 지역사회나 국가에서 경제적 혹은 문화에 대한 심리적인 적응, 자녀 교육을 위해서 어떤 지원체계나 도움이 필요하다고 생각하는지 이야기해봅시다.

생생한 사례로 살펴보는 건강가정론

2) 다양한 변화를 겪고 있는 가족의 모습에 대해 생각해보기

가족은 삶의 과정에서 가족의 유지뿐 아니라 해체나 재구성과 같은 변화의 과정을 겪는다. 이러한 변화는 가족에게 '위기'가 되어서 '위기의 가족'이나 '건강하지 못한 가족'이 될 수 있다. 그러나, 이런 '위기' 상황을 '성장의 기회'로 삼으면 '건강한 가족'이 될 수도 있다. 변화된 가족의 요소들을 가지고 가족이 어떻게 잘 기능하도록 노력하는가에 따라서 '건강한 가족'이 될 수 있다.

이런 삶의 모습을 이해하고 공감할 수 있도록 다양한 변화나 위기를 겪는 가족의 모습이 표현된 그림책들이 많이 출간되어 있다. 이러한 그림책을 읽으면 우리 주변에 살고 있는 가족이 경험하게 되는 다양한 변화에 대해 인식하고, 각 가족들이 이 변화에서 어떤 감정을 느끼고 대처하는지를 이해하는 데 도움이 될 수 있다.

결혼 후에도 사별이나 이혼으로 한부모 가족이 되어 아이를 키우기도 하고, 재혼을 하는 가족도 있다. 이혼으로 인한 배우자나 부모의 부재는 가정에 여러 변화를 만들게 된다. 부모 입장에서는 이혼으로 인해 심리적인 어려움을 겪기도 하고 배우자 없이 자녀를 양육하는 것으로 인해 힘듦을 겪기도 한다. 또한 주변의 편견이나 선입견으로 인한 어려움을 느끼기도 한다. 자녀의 입장에서도 부모의 이혼으로 인해 다양한 심리적인 어려움을 겪기도 한다. 하지만, 이런 갑작스러운 상황이나 변화들이 어려움만 가져오는 것은 아니다. 이런 상황들을 주변에서 어떻게 도와주고 부모나 자녀가 이 상황을 어떻게 받아들여서 긍정적으로 잘 해결하는가에 따라서 가족은 건강한 기능을 유지하면서 잘 지낼 수 있는 것이다. 때로는 부부가 매일 싸우고 미워하며 지내는 생활보다 이혼 후에 더 가족에 대한 이해의 마음이 생기는 경우도 있는 것처럼 말이다. 이처럼 건강한 가족은 갈등이나 어려움이 없는 가족이 아니라 갈등이나 어려움을 해결해 나아가는 과정에서도 만들어진다. 또한 주변에서 이런 가족의 모습을 이해하고 지지해준다면 더욱 잘 해결할 수 있을 것이다.

이혼과 함께 재혼을 선택하는 가족들도 있다. 재혼 가족이 이루어지는 경우는 다양하다. 두 배우자 모두 자녀가 없는 경우 혹은 한쪽이나 양쪽에 자녀가 있는 경우 등 재혼이 이루어지는 경우는 다양하고, 그에 따라서 가족이 겪는 어려움은 다를 수 있다. 따라서 재혼 가족의 건강성이나 건강한 가족으로서의 특성 및 역할에 대해 살펴보기 위해서는 재혼이 이루어지는 과정에서 어떤 것들을 고려해야 하고, 이 과정에서 자녀들에게는 또한 어떤 어려움이 있을지를 인식하는 것이 필요하다. 그런 어려움을 솔직하게 인정하고 바라보면 그 과정을 어떻게 보듬고 해결해나갈 수 있을지를 생각해볼 수 있기 때문이다. 또한 주변에서도 재혼 가족의 어려움을 이해하고 도와준다면 재혼 가족은 건강한 기능을 더 빨리 찾을 수 있을 것이다. 따라서 이혼과 재혼 가족에 대한 이해를 높이기 위해서는 이런 가족의 모습을 다룬 그림책들을 읽고 그 가족들에 대해 깊이 생각해보는 것이 도움이 된다. 그러나 지금까지 소개된 재혼을 다룬 이야기들은 부정적인 면이 많이 떠오른다. 『콩쥐팥쥐』, 『장화홍련전』이나 『신데렐라』, 『백설공주』 등의 이야기는 계부모나 계형제에 대한 두려움을 심어주는 데 많은 영향을 끼쳤다고도 볼 수 있다. 이런 이야기들은 재혼 가족에 대해 단편적으로만 다루고 있어서 현실감이 없으며 잘못된 편견을 심어주는 경우가 많았다. 따라서 재혼 가족에 대해서는 잘못된 편견이 아니라 새롭게 다시 시작하는 가족으로서 새로운 가족관계를 맺을 수 있도록 필요한 것이 무엇인지를 지지하고 도울 수 있는 사회적인 분위기나 노력이 필요하다고 하겠다.

이혼 혹은 한부모 가족이나 재혼 가족이 낯선 가족의 모습이 아니라 상황에 따라서 어디에서나 있을 수 있는 가족이라는 것을 이해하고 편견을 갖지 않고 대하는 것도 이 가족들이 건강하게 살아가는 데 도움이 될 수 있을 것이다. 따라서 이혼이나 재혼을 다룬 그림책에 대해 살펴보고 토론해보는 기회를 가지고자 한다. 건강가정사는 이러한 가족들을 위해 필요한 사회적 인식의 변화가 무엇인지를 인식하고 적절한 지원이 무엇인지를 고민하는 것이 필요하다. 그림책을 읽으며 나에게 이런 가족들에 대한 편견이 없었는지 점검해보는 것은 가족들을 위한 다양한 교육이나 상담프로그램에 대한 방향을 수립하는 데에도 많은 도움이 될 것이다.

Q1 '이혼'이나 '한부모 가족', '재혼 가족'에 대해 떠오르는 모습이나 알고 있는 일화, 이야기가 있다면 이야기해봅시다. 바람직한 한부모 혹은 재혼 가족의 일화도 좋고, 그렇지 않은 일화도 좋습니다.

Q2 이혼 관련 그림책을 읽고 이혼 과정에서 겪는 가족의 어려움에 어떤 것이 있는지, 이혼의 상황에서 건강성을 유지하기 위해 어떤 노력이 필요한지 생각하고 조별로 토론해봅시다.

이혼을 경험하는 가족에 대한 그림책
- 『따로 따로 행복하게』(배빗 콜 글 · 그림, 고정아 역, 보림, 2008)
- 『아빠한텐 집이 너무 작아』(유리 슬레거스 글 · 그림, 김선희 역, 마리앤미, 2021)
- 『나는 두 집에 살아요』(마리안 드 스멧 글, 닝커 탈스마 그림, 정신재 역, 두레아이들, 2012)
- 『풍선 세 개』(김양미 글 · 그림, 시공주니어, 2019)
- 『말하고 싶지 않아』(지니 프란츠 랜섬 글, 캐스린 쿤츠 피니 그림, 이순미 역, 보물창고, 2009)
- 『아빠는 궁전을 사주신대요』(클레이레징거 글, 아네테 뢰더 그림, 유혜자 역, 가문비, 2005)

학생들이 이혼에 관한 그림책을 읽고 그림책에 대한 느낌을 이야기하거나 조별 토의를 한 내용을 일부 각색하여 예시로 소개하면 다음과 같다.

예시. '자유로운 구름'조(조원 D, E, F)에서는 『말하고 싶지 않아』를 읽고, 이야기를 나누었다.

그림책 『말하고 싶지 않아』는 이혼을 앞둔 부부의 아이가 느끼는 다양한 감정을 동물에 빗대어서 표현하고 있는 이야기이다. 이 책은 아이의 내면 세계와 감정, 그리고 가족의 변화에 대한 이해를 통해 독자들에게 깊은 공감과 생각할 거리를 제공한다. 특히 이 그림책은 부모의 이혼에 따른 아이의 정서적인 변화와 가족의 변화에 대한 인식을 동물에 빗대어 서술하고 있는 것이 특징이다.

줄거리를 간단히 소개하면 다음과 같다.

 사이가 좋지 않은 엄마와 아빠가 서로에게 화냈던 밤에, 아이는 코끼리가 되어서 문을 부수고 들어가 엄마와 아빠가 싸우는 걸 멈추게 하고 싶었다. 어느 날 엄마와 아빠가 아이에게 와서 이혼한다고 말했을 때 아이는 상처받고 싶지 않아서 거북이가 되어서 등 껍데기 안에 숨고 싶은 기분을 느낀다. 엄마와 아빠의 이혼에 대해 말하고 싶지 않아서 아이는 야생마처럼 아주 멀리 달아나고 싶기도 했다. 또 물고기가 되어서 내 눈물이 강물이 된다고 해도 아무도 알아채지 못하게 하고 싶기도 했다. 이혼을 결정한 엄마와 아빠가 "너는 정말 멋진 아이며 많이 사랑한다"고 말할 때는 "싫어요. 말하고 싶지 않다고요"라고 소리치기도 한다. 그러다가 엄마와 아빠가 먼 곳에서 겨울을 나고 다시 돌아와 집이 두 개가 되는 울새처럼 나도 집이 두 개가 생긴다고 말했을 때, 어떤 것은 변하지만 많은 것이 그대로일 거라고 말해주었을 때, 곰이 되어 엄마와 아빠를 꼭 껴안는다.

이 책을 읽고, 조원들은 Walsh 가족탄력성 모델에 근거하여 이 가족 혹은 가족의 구성원이 '이혼'이라는 위기의 상황에 긍정적으로 적응하는가를 분석하고자 하였다.

탄력성 개념	하위영역	주요 내용
신념체계	역경에 대한 의미 부여	가족의 위기상황에 대한 해석 및 의미, 평가
	긍정적 시간	주도성, 희망 유지, 강점과 잠재력에 초점
	초월과 영성	보다 큰 가치와 목적, 영감
조직유형	융통성	안정성과 변화의 균형, 가족구조 재조직
	연결성	상호지지, 재결합, 화해와 용서
	사회, 경제적 지원	친족망과 지역사회망 확립, 재정 보장 확립
의사소통 과정	명료성	명확하고 지속적인 의사소통
	개방적 정서표현	감정 공유와 감정이입, 유머, 자신의 행동 책임지기
	상호 협력적 문제해결	공유된 의사결정과 갈등해결, 미래 도전준비

우선 가족탄력성 모델에 근거한 Walsh의 요인에 따라 그림책 내용을 분석해보면, 주인공인 아이는 엄마와 아빠 사이의 관계가 멀어지고 있다는 것을 인지하고 부모와의 의사소통을 거부한다. 특히 야생마가되어 멀리 달아나거나 악어가 되어 끔찍한 소리를 모두 삼켜버리고 싶다는 아이의 표현은 역경을 평가하고 긍정적으로 바라보기보다 회피하는 모습을 보여주고 있다. 아이는 가족 구조의 변화로 인해 혼란과 아픔을 겪으며, 이를 표현하기 위해 말을 하지 않는 선택을 하는 것이다. 그러나 부모는 아이와의 대화를 유지하려고 노력하며, 상호 협력적인 문제해결과 명료한 의사소통을 시도한다. 이는 가족 구조의 변화를 아이가 받아들일 수 있도록 돕기 위한 부모의 노력으로 볼 수 있다.

아이의 계속되는 거부에도 불구하고, 부모는 계속해서 아이와 대화하려는 의지를 보여준다. 그들은 곧 이혼할 예정이지만, 함께 아이가 변화하는 가족 구조에 대한 이해를 할 수 있도록 돕고 자신의 감정을 표현하고 받아들일 수 있도록 노력한다. 이 과정에서 가족구성원 간 양해와 이해, 그리고 양보와 협상이 중요한 역할을 한다는 점을 시사하고 있다. 가족탄력성 모델에 따르면 가족 내 분리된 개인이 서로에 대한 관심과 이해를 가지려고 노력하는 것은 가족 성장에 긍정적인 영향을 미친다. 이는 연결성에 관한 가족 기능 측면을 엿볼 수 있다.

이야기 마무리에는 아이가 부모의 이혼을 울새처럼 살 곳이 두 군데나 되는 긍정적인 상황으로 받아들이는 것, 즉 자연에서 초월적인 가치와 영성을 깨닫고 융통성이 있는 관계를 정의하고 구축하는 것으로 해석해 볼 수 있다. 이러한 종합적인 해결책은 가족의 연결을 유지하면서도 각 구성원의 개별적인 필요와 성장을 존중하고 수용할 수 있는 관계를 제시한다. 뿐만 아니라 이 초월적인 가치는 아이가 역경을 극복하고 개인적인 성장과 성숙을 이루어 낸 것에 대한 의미를 담고 있기도 하다. 아이는 부모의 이혼으로 인해 가정의 변화와 혼란 속에서 성장하고, 새로운 현실에 대처하며 자아를 발전시킬 수 있는 기회를 얻는다. 이를 통해 아이는 가족의 존재와 가치를 깨닫고, 엄마와 아빠 양쪽에 대한 애정과 이해를 동시에 품을 수 있는 개인의 역할을 발전시킨다.

정리하자면 그림책 『말하고 싶지 않아』에서는 부모의 이혼을 아이의 시각에서 서술하고 있으며 아이의 감정과 변화에 초점을 맞추고 있다. 부모의 노력과 이해, 상호 협력적인 문제해결, 명료한 의사소통을 통해 아이는 초월적 가치와 영성을 받아들이고, 가족의 구조적 변화를 수용하며 성장하게 된다는 것이다. 이를 통해 독자는 가족의 관계 변화에 대한 이해와 공감을 높일 수 있으며 가족 관계와 부모의 역할을 다시 한 번 생각해볼 수 있는 기회를 얻을 수 있으리라고 생각된다.

시대가 변하면서 다양한 가족의 형태가 발생하고 있지만 아직도 대부분의 사람들은 이혼 가정과 같은 다른 형태의 가족들을 불쌍하게 여긴다. 이 책을 분석하면서 우리는 그들을 동정하기보다 공감하고, 그동안의 편견을 반성해야 한다는 생각이 들었다. 다만, 아쉬운 점도 있었는데 말하고 싶지 않다는 아이의 부정적인 표현으로 인해 이혼이라는 역경에 대한 의미 부여와 긍정적인 시각이 좀 더 잘 표현되지 않은 측면이 있었다. 가족탄력성 이론에 근거하여 아이가 잘 극복하기 위해서는 부모의 이혼에 대해 좀 더 긍정적이고 친숙하게 바라볼 수 있도록 유도하는 장치가 필요하다. 예를 들어, 인간 관계에서 아무리 친한 사이임에도 안 맞는 부분이 존재할 수 있고 헤어짐이 있을 수 있다는 것을 내용에 포함시킬 필요가 있다는 생각이 들었다. 이러한 일련의 이별 과정을 통해 성장한 어른들은 헤어짐이라는 역경이 결코 긍정적인 효과도 가지고 있다는 것을 알고 있지만 아이들은 아직 어색하고 두려울 수 있기 때문이다. 따라서 다른 형태의 가족에 속한 아이를 이해하고 공감함으로써 그들이 역경에 대한 솔직한 평가와 긍정적인 시각을 가질 수 있도록 도와주어야 한다. 그래도 그림책을 읽으며, 이혼과 가족에 대해서 생각해 볼 수 있는 시간이 의미 있었다고 생각한다. 짧은 그림책이지만, 가족의 관계나 건강성의 측면에서 함께 생각해보니 여러 가지를 느낄 수 있었다고 생각이 된다.

마지막으로 이러한 의견을 조원들과 공유하고 토의해 보면서 보다 넓은 관점에서 바라볼 수 있었다. 조원 D는 아이에게 이혼은 어찌보면 아이에게 매우 불가항력적인 상황이기 때문에, 그림책을 보면서 아이가 좌절을 느끼는 감정이 상징적인 동물의 이미지를 통해 표현되어 있기도 했는데 그렇게 자신의 감정을 명료화하는 것은 아이가 그 감정을 극복해내는 하나의 과정이 될 수 있겠다는 생각이 들었다고 말하였다. 또한 그냥 "싫어, 짜증나, 화나, 몰라"로 감정을 뭉뚱그리는 것이 아니라 나는 말처럼 달리고 싶다거나, 소리치고 싶다거나 하는 방식으로 감정의 정체를 구체적으로 인식하고 표현할 수 있었을 때 아이가 치유되는 것처럼 여겨졌다고 말하였다. 그래서 아이가 자기가 힘든 것을 소리지르며 표출하고 나서야, 부모가 울새처럼 집이 두 개 생긴다는 말을 이해할 수 있었다는 생각이 들었다는 것이다. 따라서 그림책을 읽으면서 아이가 이혼의 상황에서 느끼는 부정적인 감정을 느낄 수 밖에 없음을 부모가 인정하고, 아이들이 그 감정을 솔직하게 표현할 기회를 주는 것이 필요하고 그것이 가족이 건강하게 위기를 극복하는데 도움이 될 것이라고 느꼈다고 말하였다.

조원 E는 이 그림책이 단순히 아이의 입장만을 표현하고 있기 때문에 가족탄력성에 따른 요인들을 분석할 때 한계점을 가질 것이라는 생각을 했지만, 자연의 울새를 빗대어 초월과 영성을 발굴하고 연결성을 이끌어낸 것이 인상깊게 남았다며 동감했다. 또한 그는 이전에 읽은 『따로 따로 행복하게』라는 그림책에서는 자녀가 부모에게 서로 별거하여 사는 '끝혼식'을 권유하며 아이가 주도적인 역할을 보여주는데, 이보단 수동적인 상황에 놓인 아이의 역경을 극복하는 서사가 보편적인 이혼 가정에 처한 아이들에게 좀 더 힘이 될 수 있다는 것을 느꼈다고 말했다.

조원 F는 아이들이 부모의 이혼을 접하는 과정에서 느끼는 감정의 색깔이나 크기를 동물의 특성이나 행동을 통해서 느낄 수 있도록 함으로써 이혼 가정에 있는 아이들의 마음을 이해하는 데 도움이 되었다고 전에는 이혼이라는 복잡한 과정을 아이들이 어떻게 이해할 수 있을지가 어렵게 느껴졌는데, 이혼을 다룬 그림책들을 읽고 그 안에서 표현된 가족의 모습에 대해 분석하고 토론을 하면서 건강한 가족을 바라보는 입장에서 이혼이 어떻게 묘사되고 표현되면 좋은지를 구체적으로 생각해볼 수 있었다고 하였다.

Q3　그림책 『아빠는 궁전을 사주신대요』에는 이혼 후 부모가 아이의 상실감을 해결해주기 위해 물질적인 선물을 제공해주는 모습이 등장합니다. 이혼 후 자녀와의 관계에서 가장 중요한 것은 어떤 것일지 이야기해봅시다. 자녀의 바른 성장을 위해 부모가 해야 할 역할은 어떤 것인지에 대해서도 이야기를 나누어봅시다.

Q4 이혼의 과정을 겪은 가족에서 부모와 자녀가 잘 기능할 수 있도록 하기 위해서는 가족 내에서 부모가 어떤 역할을 해야 한다고 생각하는지 이야기를 나누어봅시다. 주변에서 도움을 받을 수 있는 자원에는 어떤 것이 있는지도 이야기해봅시다.

Q5 재혼과 관련된 그림책을 읽고 '재혼'의 의미에 대해서 이야기해봅시다. 재혼으로 인해서 겪는 어려움도 있으나, 재혼이 가지는 긍정적인 의미도 있습니다. 재혼의 어려움뿐 아니라 긍정적인 측면에 대해서 이야기해봅시다.

재혼을 경험하는 가족에 대한 그림책
– 『커다란 포옹』(제롬 뤼예 글 · 그림, 명혜권 역, 달그림, 2019)
– 『특별한 손님』(안나레나 맥아피 글, 앤서니 브라운 그림, 허은미 역, 베틀북, 2005)
– 『아빠, 쟤들은 언제 가요?』(우테 크라우제 글 · 그림, 김서정 역, 문학과지성사, 2012)

Q6 그림책을 읽고 재혼을 통해 가족을 이루었을 때, 가족 내의 관계를 위해서 구성원들이 해야 할 일들에 대해서 구체적으로 생각하고 목록을 작성해봅시다. 예를 들면, 가족의 가훈 만들기, 가족의 생활규칙 만들기, 가족이 함께 모이는 날 만들기 등이 해당될 수 있습니다.

Q7 재혼 가족이 잘 생활하기 위해서는 각 자녀들이 재혼을 받아들일 수 있는 시간과 기회를 주는 것이 필요합니다. 어떤 방법이 있을지 생각해봅시다. 예를 들면, 이혼하여 따로 살고 있는 부모나 그 부모의 친척관계를 긍정적으로 활용하기 등이 해당될 수 있습니다. 그 외에 어떤 방법이 있을지 이야기하거나 적어봅시다.

3) 출산과 입양을 선택하는 가족 이야기

자녀의 탄생은 가족에게 있어서 많은 의미를 가진다. 물론 결혼 후에 자녀를 낳고 기르는 가족도 있고, 자녀를 낳지 않는 가족도 있으며, 자녀를 낳고 싶지만 자녀를 낳기 어려운 상황이 생겨서 입양을 선택하는 가족도 있다. 어떤 선택이든 모두 우리 주변에 있는 가족의 모습이다. 그러나, 일반적으로 우리나라는 '핏줄'이나 '대를 이어야 한다는 생각' 때문에 입양이나 입양 가족에 대한 인식도 긍정적이었다고는 할 수 없었다. 예전에 비해서 점점 입양 가족에 대한 인식이 개선되고 있으며 공개 입양하는 가정도 늘고 있지만, 자녀가 입양이라는 인식으로 인해서 어려움을 겪을까봐 입양자녀임을 공개하지 않는 가족도 있다. 물론 '가슴으로 낳은 자식'이라고 하여 입양아에 대해서 생각해보고 그 의미를 되새기고자 하는 움직임도 많다. 입양의 날도 5월 11일로 제정되어 있다. 다양한 가족이 있음을 인식하고 입양에 대해서 다시 생각해볼 수 있도록 2006년에 제정된 것이다. 가정의 달인 5월에 한(1) 가정이 한(1) 아이를 입양해서 하나 더하기 하나(1+1)의 새로운 가정으로 거듭난다는 의미를 담고 있다. 하지만 아직까지 입양에 대한 인식이 부정적이거나 입양으로 가족을 이루는 경우는 많지 않은 실정이다.

그럼에도 여러 가지 어려움들로 점점 출산율이 줄고 있는 상황에서 자신이 직접 낳지 않았어도 자녀를 입양하여 가족을 이루고자 하는 사람도 있다. 또 『비혼이고 아이를 키웁니다』(백지선, 2022)의 저자처럼 결혼을 하지 않고 아이를 입양하여 키우는 가족도 있다. 자녀를 원하지만 낳을 수 없거나 자신의 소신으로 입양을 원하는 부모가 친부모와 함께 살 수 없는 상황 속에서 상실감과 생존, 성장의 어려움을 겪고 있는 아이들과 만나서 부모-자녀 관계를 맺고 살아가는 것은 매우 의미 있는 일이라고 할 수 있다. 물론 입양 부모와 자녀가 만나서 가족을 이루고 사는 과정에서 다양한 어려움이 있을 것이다. 친부모와 살 수 없는 자녀가 겪는 여러 가지 어려움들도 있고, 입양된 아이가 부모나 혹은 형제자매 과정에서 겪을 수밖에 없는 다양한 갈등도 있으며, 주변에서 부모나 자녀를 대하는 여러 가지 시선들에서 자유롭지 않을 수도 있다. 그래서 입양을 하는 부모와 자녀의 모습을 통해서 입양에 대해서 생각해보고, 이런 가족을 돕기 위해서 어떤 개인적 혹은 사회적인 도움과 지지가 필요한지를 생각해볼 기회를 갖는 것이 필요하다.

Q1 그림책을 읽기 전에, 자녀 출산이나 입양에 대해서 내 생각은 어떠한지 이야기를 나누어봅시다. 만약 내가 결혼을 하여 가족을 이룬다면, 자녀를 낳을 것인지 혹은 몇이나 낳을 것인지, 아니면 입양을 선택해야 하는 상황이 온다면 어떤 선택을 할 것인지, 왜 그렇게 생각하는지 이야기를 해봅시다.

Q2 아래에 소개한 출산에 관한 그림책을 읽고 임신과 출산 및 육아에 대한 나의 생각을 이야기해봅시다. 임신과 출산 및 육아에 대해 긍정적으로 생각하는 측면과 부정적으로 생각하는 측면에 대해 이야기해봅시다. 부정적 측면에 대한 해결책으로는 무엇이 있는지 이야기해봅시다.

자녀의 임신과 출산 및 육아에 관한 그림책
다음 그림책들은 자녀의 탄생을 기다리는 마음과 걱정과 설렘, 기쁨, 자녀를 낳았을 때의 어려움과 기쁨 등의 마음을 표현하고 있는 책입니다.
– 『없다 없다』(전정숙 글, 이장미 그림, 어린이아현, 2020)
– 『엄마가 엄마가 된 날』(나가노 히데코 글·그림, 한영 역, 책읽는곰, 2009)
– 『아빠가 아빠가 된 날』(나가노 히데코 글·그림, 한영 역, 책읽는곰, 2009)

Q3　아래에 소개한 입양에 관한 그림책을 읽기 전이나 후에 입양을 기다려야 하는 아이들이 처한 상황에는 어떤 것이 있는지, 그리고 이런 아이들이 겪게 되는 어려움에는 어떤 것들이 있는지 생각해봅시다. 소개한 그림책의 내용뿐 아니라 국내외 입양에 관한 다양한 자료를 찾아서 이야기해도 좋습니다.

입양 가족에 대해 생각해보도록 돕는 그림책

다음 그림책들은 자녀를 입양하게 되는 부모와 자녀의 상황이나 어려움뿐 아니라 입양을 하게 되기까지의 기다림과 걱정, 설렘과 기쁨 등의 마음을 표현하고 있는 책입니다.

- 『엄마 아빠가 생긴 날』(제이미 리 커티스 글, 로라 코넬 그림, 조세현 역, 비룡소, 2005)
- 『태오 이야기』(조아름 글·그림, 고래이야기, 2017)
- 『진짜 동생』(제랄드 스테르 글, 프레데릭 스테르 그림, 최윤정 역, 바람의아이들, 2004)
- 『너 누구 닮았니』(로리 뮈라이유 글, 오딜 에렌 그림, 최윤정 역, 비룡소, 2022)
- 『엄마와 나』(레나타 갈린도 글·그림, 김보람 역, 불의여우, 2018)
- 『실』(토릴 코베 글·그림, 손화수 역, 현암주니어, 2020)

　(〈실〉이라는 애니메이션도 있으니 인터넷에서 검색해보아도 좋아요.)
- 『왜 나는 엄마가 낳지 않았어요?』(아말테아 글, 줄리아 오레키아 그림, 김현주 역, 아름다운사람들, 2014)

Q4　그림책을 읽고, 입양 가족이 겪는 어려움도 있지만 입양 가족이 가지는 긍정적인 측면에는 어떠한 것이 있는지 생각해봅시다. 부모나 입양된 자녀, 혹은 기존에 자녀가 있는 경우에도 입양을 하는 가족들의 경우에는 어떠한 어려움 혹은 긍정적인 측면이 있는지 이야기해봅시다.

Q5 입양 가족이 겪을 수 있는 어려움에 관해서 과장되게 표현한 영화도 있고, 입양 후에 더 어려움을 겪는 아이들에 관한 실제 사례들도 있습니다. 이런 아이들을 위해서 어떠한 사회적인 노력이 필요한지 이야기해봅시다.

Q6 입양에 관한 긍정적인 사례들이 영화나 매스컴에서 소개되고 있습니다. 이러한 긍정적인 사례들을 찾아보고, 이야기를 나누어봅시다. 또한 긍정적인 입양가족이 많아지려면 어떤 노력이 필요한지도 이야기해봅시다.

4) 역동적인 가족관계를 보여주는 이야기

가족은 생활 공동체이기도 하기 때문에 가족 내에서의 상황은 다양하게 변하고, 그 과정에서 가족의 관계는 여러 가지 변화를 겪게 된다. 자녀의 성장뿐 아니라 또 다른 자녀의 출생이나 부모의 맞벌이 혹은 부모의 질병이나 늙음, 부모와 자녀의 관계는 다양하게 변화한다. 최근에는 노인 인구가 많아지면서 노인에 대한 간병이나 노인의 외로움이나 죽음에 대해서도 관심이 높아지고 있다. 또한 노인뿐 아니라 가족구성원의 죽음은 가족에게 많은 상실감을 주기도 한다. 이렇게 발생한 상황들을 바꾸기는 어렵지만, 이런 상황을 대하는 개인이나 가족의 자세가 변화하거나 주변의 배려와 노력에 따라서 더 좋은 상황으로 변화시킬 수도 있다. 따라서 가족들이 겪는 상황들에는 어떠한 것이 있고 서로를 위해 어떻게 협력하는 것이 좋은지 생각해보는 것은, 우리 주변의 가족들이 겪는 상황에 대해서 관심을 가지게 하고 어떻게 서로 이해할 것인가에 대해서 생각해보는 기회가 될 것이다.

Q1 가족 내에서의 역할에 대한 갈등은 가족의 건강성에 영향을 주기도 합니다. 그림책 『돼지책』(앤서니 브라운 글 · 그림, 허은미 역, 웅진주니어, 2001)은 가족 내에서의 역할 분담과 사랑 · 헌신 · 감사에 대해서 생각해보게 합니다. 의인화되어 있는 상징적인 글과 그림을 통해서 가족구성원이 모두 행복하기 위한 나의 역할은 무엇인지에 대해서 생각해볼 수 있습니다. 책을 읽고, 우리 가족에서 『돼지책』의 엄마와 같은 사람이 있는지 살펴보고, 우리 가족이 모두 행복해지기 위한 역할 분담에 대해 생각해봅시다.

Q2 새로운 가족의 탄생도 가족의 관계에 영향을 미칩니다. 그림책 『달라질 거야』(앤서니 브라운 글 · 그림, 허은미 역, 미래엔아이세움, 2003)는 둘째 아이 출산을 위해서 병원에 입원한 엄마와 엄마를 데리러 간 아빠를 집에서 홀로 기다리는 아이의 마음을 표현한 책입니다. 처음 동생을 맞이하는 손위 형제의 마음은 기쁘기도 하지만 아직은 낯설기도 한 존재일 수 있습니다. 또한 심리학적으로도 부모의 사랑과 인정을 얻기 위해 형제자매가 느끼는 감정을 '형제 간의 경쟁(Sibling rivary)'이라고 부르기도 합니다. 부모와의 사랑을 공유해야 하는 형제자매의 관계는 매우 복잡한 감정을 갖게 할 수 있기 때문입니다. 동생이 집으로 오기를 기다리는 손위 형제의 복합적인 심리가 그림을 중심으로 표현되어 있습니다. 자신의 직접 혹은 간접 경험에 비추어서 새로 태어나는 형제나 자매가 있을 때, 손위 형제가 느끼는 복잡한 감정에 대해 생각해봅시다. 그리고 손위 형제(자매)의 마음을 돕고 두 형제(자매)가 서로 협력적인 관계를 유지할 수 있도록 하기 위해서 부모는 어떤 역할을 하는 것이 좋을지에 대해서도 생각해봅시다.

Q3   그림책 『할머니 엄마』, 『오른발, 왼발』, 『우리 가족입니다』, 『아기 할머니』는 치매에 걸려 아픈 할머니와 함께하는 가족에 관한 이야기입니다. 특히, 그림책 『파랑오리』는 버려진 악어를 가족으로 받아들여서 살다가 치매에 걸린 파랑오리와 그 곁에서 보살피는 악어의 모습을 보여줍니다. 그림책을 읽은 후에, 이런 상황에서 가족이 건강하게 잘 생활하기 위해서 필요한 것은 무엇인지 생각하고 이야기해봅시다. 그리고 가족 내에서의 노력뿐 아니라, 이런 가족들을 위해서 지역사회나 국가에서 할 수 있는 신체적 혹은 심리적인 지원에는 어떤 것들이 있는지 생각해봅시다.

조부모나 조부모의 늙음이나 질병 혹은 죽음과 관련된 그림책
– 『오른발, 왼발』(토미 드 파올라 글·그림, 정해왕 역, 비룡소, 2004)
– 『우리 가족입니다』(이혜란 글·그림, 보림, 2009)
– 『아기 할머니』(함영연 글, 한혜정 그림, 고래책빵, 2021)
– 『할머니 엄마』(이지은 글·그림, 웅진주니어, 2016)
– 『할머니는 어디로 갔을까』(아르노 알메라 글, 로뱅 그림, 이충호 역, 두레아이들, 2012)
– 『파랑오리』(릴리아 글·그림, 킨더랜드, 2018)
– 『이름짓기 좋아하는 할머니』(신시아 라일런트 글, 캐드린 브라운 그림, 신형건 역, 보물창고, 2019)
– 『엠마』(웬디 케셀만 글, 바바라 쿠니 그림, 강연숙 역, 느림보, 2004)

Q4   그림책 『할머니 엄마』, 『할머니는 어디로 갔을까』는 엄마와 같은 역할을 해주는 할머니의 모습과 할머니의 부재 후에 남은 가족의 마음에 대해 생각하게 합니다. 이 그림책을 읽으며 조손 가족이 갖는 장점에 대해서도 생각해보고, 그림책의 내용을 확장하여 조손 가족이 겪게 되는 경제적 어려움이나 세대 간의 소통 등으로 인한 심리적 어려움, 학업지도의 어려움이나 조부모의 질병 등으로 인한 어려움에 대해서도 생각해볼 수 있습니다. 조손 가족의 장점이 잘 발휘될 수 있도록 하기 위해 조부모를 위한 지역사회에서의 노력이나 손자녀를 위한 지원 등에 대해서 생각해보아도 좋습니다. 손자녀 가족을 지원할 수 있는 다양한 세대 소통프로그램에 대해서 계획해봐도 좋겠습니다.

Q5 『이름짓기 좋아하는 할머니』와 『엠마』는 나이가 들어감을 받아들이는 태도에 대해서 이야기하고 있습니다. 나이가 들어갈수록 삶에 위축되기도 하고 삶에 너무 많은 애착을 느끼지 않으려는 태도를 보이기도 합니다. 또 반대로 더 활력을 가지고 남은 시간을 보내려는 모습을 보이기도 합니다. 이 두 책은 그 양쪽의 모습을 표현하고 있는 책입니다. 『이름짓기 좋아하는 할머니』, 『엠마』에 등장하는 할머니는 조금 다르지만, 그림책을 읽으며 노년의 늙음에 대해서 생각해보고 점차 노년기가 길어지는 미래 세대에서 노년기를 받아들이는 자세는 어떠해야 한다고 생각하는지 이야기해봅시다. 노년기의 삶의 활력을 위해서 스스로 혹은 가족관계에서는 어떤 도움이 필요한지, 혹은 사회나 국가에서는 어떤 제도가 있으면 좋을지, 지역 사회에서 노인을 위해서는 어떤 교육 혹은 심리적인 지원프로그램이 필요한지에 대해서 생각해봅시다.

똑같은 얼굴을 가진 사람이 없듯이, 사람들의 삶의 모습 또한 각기 다르다. 가족의 모습도 모두 다르고, 다양한 변화의 과정을 겪는다. 변화의 과정에서 가정의 건강성은 많은 위기와 도전을 경험한다. 그러나 그 도전의 과정에서 가족이 가지는 내적·외적 자원을 잘 활용하면 이전보다 더 건강한 과정이 될 수 있다. 따라서 건강한 가족은 가족구성원의 수나 성비, 경제적 요소라기보다는 서로 유대감을 가지고 위기에 어떻게 반응하고 대처하는가에 달려 있다고 할 수 있다. 건강가족의 등장배경이나 특성 및 개념에 대한 이해를 바탕으로 그림책에 나타난 다양한 가족의 모습에 대해 살펴보고 그 건강성에 대해 생각해보는 과정은 우리가 나 혹은 내 주변에 있는 가족을 이해하고 함께 행복하게 살도록 하는 데 도움이 될 것이다.

4장

건강가족에 대한 이론적 접근(1) :
가족체계론,
생애주기이론

이 장에서는 건강가족에 대한 이론적 토대가 되는 가족체계론적 접근과 생애주기이론적 접근의 두 가지 이론에 관해 이해해보고자 합니다. 가족체계론은 제2차 세계대전 후 독일의 생물학자 베르탈란피(Bertalanffy)가 여러 학문 분야를 통합할 수 있는 공통적 사고와 연구의 틀을 찾으려는 노력 끝에 발표한 이론입니다. 즉, 일반체계이론을 가족에 적용시킨 이론으로 전체성(holism)에 입각하여 가족의 어떠한 현상을 개별적으로 바라보는 것이 아닌 가족구성원의 상호관계와 전체적 구조 속에서 이해하고자 하는 관점입니다.

생애주기이론적 관점은 1901년 라운트리(Rountree)가 개인의 생애와 가족의 경제적 상황이 교차되면서 빈곤이 지속된다고 발표하면서 생애주기 관점을 가족에 적용한 이론입니다. 즉, 개인의 발달은 사회화 과정에서 가족의 고유성이 구축되고 계층, 사회구조들의 내재화에 영향을 미침을 발견한 것입니다.

여기서는 주요 개념을 간략히 살피고, 사례 위주로 논의를 이어가고자 합니다.

4.1 가족체계론

여기서는 가족체계론적 접근의 주요 개념인 가족 하위체계에 관해 이해하고, 가족규칙과 항상성 등에 관해 학습하고자 한다. 아울러 가족체계이론의 주요 개념이 가족의 문제에 어떻게 적용하여 변화 가능한지에 관해 이해해보고자 한다.

일반체계이론은 1960년대 후반 이후 정신병리학이 하나의 통로가 되어 가족학에도 도입되었다. 특히 가족치료 이론과 실제 현장에 일반체계이론이 도입되어 보웬(Bowen)이나 미누친(Minuchin), 사티어(Satir) 등의 가족치료학자들이 가족상담과 치료에 체계이론을 적용시키면서 '가족체계이론'이라는 용어가 탄생하게 된다. 이 이론은 가족 내 의사소통을 분석하고 가족상담 및 치료 영역에서 유용하게 활용되고 있는 대표적인 이론이다.

이러한 일반체계이론의 기본전제를 종합하여 가족에 적용해보면 다음과 같이 정리할 수 있다.

① 가족체계는 상호의존적이다.

② 가족체계는 전체성으로 이해되어야 한다.

③ 가족체계는 목표지향성이 있다.

④ 가족체계는 투입 · 산출과 전환 과정을 갖고 있다.

⑤ 가족체계는 개방적이어야 한다.

⑥ 가족체계는 자기규제성과 통제 메커니즘을 가져야 한다.

⑦ 가족체계는 위계질서를 가지고 있다.

⑧ 가족체계는 기능분화의 특성이 있다.

⑨ 가족체계는 등결과성을 갖는다.

체계론적 접근은 전체성과 상호의존성에 근거하여 가족 현상을 분석하는 유용한 통찰력을 제공해주었다는 점에서 기여도가 크다. 하지만 여권주의 성향을 지닌 가족 연구자나 치료자들은 체계이론이 모든 성원들은 동등하게 체계의 역기능성에 기여한다고 가정함으로써 가정 내의 남성과 여성의 권력 차이를 간과할 뿐만 아니라 상대적으로 권력이 적은 여성, 아동, 소수인종 및 장애자 집단의 문제에 민감하지 못하다는 비판을 한다. 또한 개념들이 지나치게 추상적이어서 설명력이 부족하다는 것도 자주 비판받는 점이라고 할 수 있다.

1) 가족체계론적 접근의 주요 개념

가족체계론적 접근에서는 가족을 하나의 체계(system)로 이해한다. 체계란 일정한 원리에 따라서 낱낱의 부분이 짜임새 있게 조직되어 통일된 전체이다(국립국어원 표준국어대사전, 2023).

(1) 가족 하위체계

'가족(family)'을 하나의 전체 체계인 'total system'으로 보면 개인은 하나의 하위체계이며, 한 개인은 가족 내의 다른 체계들과 가족의 기능을 분배하고 수행한다. 가족은 정적 단위가 아니라 개인의 발달과 적응에 영향을 주기도 하고 이웃, 친척, 지역사회 같은 상위체계의 영향을 받기도 하는 개방적이고 역동적인 체계이다. 대표적인 하위체계의 예로는 부부하위체계, 부모하위체계, 형제자매하위체계 등이 있고 흥미, 세대, 성, 기능에 따라 체계를 형성하기도 한다. 이러한 하위체계들은 일정한 위계를 이루며 결과적으로는 전체적인 하나로 지속된다.

① 부부하위체계(spouse subsystem)

부부는 가족체계의 시작이자 핵심이다. 이 하위체계의 정서적 안정이 매우 중요하며 부부체계가 얼마나 원활한지는 전체 가족체계의 기능성을 좌우한다. 따라서 부부하위체계는 다른 하위체계보다도 중요하며, 특히 미누친은 부부체계를 강조하였다. 이 체계는 다른 체계와 분명한 경계선을 이루어야 하는데, 특히 자녀가 있는 가족의 경우라면 더욱 중요하다. 부부는 서로를 신뢰하고 정서적인 지지체계가 되어주어야 하며, 그들만의 독특한 문화를 만들어 유지해나가야 한다.

Q1 다음은 한 청년의 글입니다. 참고하여 여러분의 생각도 정리해봅니다. 만약 가족 간 소통이 없다면 어떤 일이 벌어질까요?

예시. "만약, 가족 간 소통이 없다면?!"

저는 소통이 없는 가족은 건강한 가족이 아니라고 생각합니다. 인간관계의 기본은 의사소통이라고 생각합니다. 소통을 하며 관계를 맺고, 타인의 생각과 심리를 알 수 있으며, 갈등상황이 발생했을 때 소통으로 그 갈등을 풀어나갈 수 있기 때문입니다. 가족은 그 누구보다도 많은 상호작용을 하는 상대인데, 소통이 없다면 서로 멀어질 것이고, 서로의 행동에 대해 이해를 잘 할 수 없을 것 같습니다. 결국 오해가 쌓이고 쌓여 언젠가 크게 싸우게 될지도 모릅니다.

저는 소통이 없다면 '건강한 가정'이 될 수 없다고 생각합니다. 건강한 가정에 대하여 다양한 전문가들이 중요하다고 지적하는 것은 긍정적인 상호작용입니다. 이러한 상호작용이 존재하지 않는다면 건강한 가정이 될 수 있는 핵심적인 조건이 없는 것입니다. 설령 소통이 없다 해도 대외적으로 건강한 가정처럼 보일 수는 있겠지만, 이러한 형태의 가정은 내외부적 위험이 찾아올 때, 그 실체를 순식간에 드러내게 될 것입니다.

소통의 기준이 어느 정도인지는 정하지 않았지만 소통이 거의 없는 가족은 건강한 가족이라고 하기 어렵다고 생각합니다. 가족 간에 소통이 없다는 것은 거의 혼자 살아가는 것이나 마찬가지고 인간은 결코 혼자 살아갈 수 없다는 말이 심리적으로도 해당되기 때문입니다. 제 가족도 서로 간에 대화가 많지 않은 편인데 그렇다보니 제 스스로를 봤을 때 평소에 소극적이고 가끔 무기력함을 느낀 적도 있어서 가장 가까운 사이인 가족끼리의 친근한 소통이 매우 중요하고 필수적이라는 생각이 들었습니다. 언어적, 비언어적 소통을 서로 자주 함으로써 유대감을 형성하고 일상과 희노애락의 감정을 공유하면서 서로의 고민도 들어주고 기쁜 일을 나누면 배가 되고 슬픈 일을 나누면 반이 되는 효과를 체감할 수 있을 것입니다. 물론 가족 간에 소통이 있어도 일방적으로 이야기를 하거나 경청을 하지 않는다면 건강한 가족이라고 할 수 없습니다. 또한 서로 대화는 많이 하는데 주로 비관적이고 부정적인 말들을 한다면 오히려 서로에게 해가 될 것입니다. 가능하면 평소에는 긍정적이고 사소하게라도 재밌는 이야기를 하는 것이 좋고, 상호 간에 이해와 존중을 바탕으로 공감해주는 것이 건강한 가족이 되는 지름길이라고 생각합니다.

건강한 가족이란 무엇이라고 생각하는지에 대한 학자들의 의견을 보니, Otto는 긍정적 가족정체감을 형성하고 만족스런 상호작용을 증진시키며 개인의 잠재력을 북돋우는 사회심리적 특성을 가지고 있는 관계유형이라고 정의했고, Pratt는 가족원 간 다양하고 규칙적인 상호작용을 하며 적극적 참여로 사회와 강한 유대를 맺고 가족원의 개별성과 자율성을 부여하여 문제를 창조적으로 해결하고 적극적으로 대처해 나가는 가족이라고 정의하였습니다. Olson과 Stinnet는 가족원 간의 상호작용의 질이 개개인의 심리적 안녕에 기여하는 가족이라고 정의하였습니다. 이 외의 여러 학자들도 건강한 가족이란 무엇인지에 대해 정의할 때 대체로 공통적으로 '상호작용'이라는 단어를 사용하고 있습니다. 즉, 가족구성원들 간의 소통을 건강한 가족의 요소 중 주요 요소로 보고 있다는 것입니다.

저도 이런 학자들의 의견과 비슷하게 건강한 가족이란 관계적인 측면에서 그 가족구성원들 간의 유대관계가 깊고, 정신적·정서적인 측면에서 서로에게 심리적 지원이 되는 관계라고 생각합니다. 소통은 문제를 해결하는 데에 있어서 중요한 도구이기도 합니다. 위와 마찬가지로 서로의 생각을 소통을 통해 알 수 있기 때문에 서로 맞지 않는 부분을 얘기함으로써 그 문제를 원활히 해결할 수 있습니다. 따라서 소통은 위와 같은 도구로 사용되기 때문에 건강한 가정을 위해서 중요한 요소입니다.

Q2 가족의 응집력을 유지하기 위해 일정 시간을 가족원들이 함께 보내는 것은 중요한 일이 됩니다. 일상에서 '식사'는 중요한 일이 되는데요, '가족식사'는 가족 중 한 사람 이상과 함께 식사하는 것을 말합니다. 일주일에 '혼밥'의 비율은 얼마나 되시나요? 가족과 함께하는 식사는 여러 가지 건강 관련 특성과 유의미한 연관성이 있다는 것으로 보도되었습니다. 예컨대, 잘 된 영양섭취상태와 더 건강한 식습관, 더 낮은 우울증상과 위험 행동, 게다가 더 좋은 가족 상호작용, 더 높은 학문 업적, 더 높은 삶의 만족도와 주관적 정신 및 신체 건강과의 연관성에 대한 결과가 보도되었습니다. 바쁜 현대사회를 살아가는 우리는 어떻게 가족식사를 일주일에 단 몇 번이라도 실천에 옮길 수 있을까요? 솔루션을 제안해봅시다.

② 부모하위체계(parental subsystem)

부모-자녀관계에서 부모는 권위를 갖는다. 자녀를 보호하고 지도하는 역할을 맡아 수행하며 자녀의 발달과 성장을 돕는다. 적절한 지도와 통제, 자녀의 사회화를 위해 노력한다. 부모들은 자신의 사랑하는 자녀들이 어떻게 행복한 인생을 살아갈 수 있을지에 관해 고민한다. 교육법에 관해서도 유대인법 교육이 좋은지, 덴마크식 교육이 좋은지 등에 관해 논하며 최선의 방법을 찾아나가고자 노력한다. 아울러 자녀들이 서로 협동하고 타협하는 관계를 맺도록 교육한다.

③ 형제자매하위체계(sibling subsystem)

자녀들 간에 협동하고 경쟁 또는 지지하며 동료관계(peer relationship)를 배우는 체계이다. 가족의 형제자매하위체계에서 한 개인이 차지하는 위치(또는 서열)는 전 생애에 중요한 의미와 성격적 특징을 부여한다. 가족 내 형제자매관계 경험은 사회의 작은 실험현장과 같다. 그들이 형제자매관계에서 사랑과 끈끈한 유대감을 나누고, 때로는 갈등과 경쟁을 경험하면서 얻은 경험이 외부세계의 또래관계에 적용된다.

(2) 가족규칙(family rules)

가족규칙이란 어떤 가족 내에서 반복된 행동유형과 어떤 행동을 규제하는 상호기대를 말하는 용어이다(이철수, 2009). 가족 내 권력, 역할, 의사소통, 문제해결, 의식 등에 관해서 크게 명시적이고 암묵적인 가족규칙으로 나눌 수 있다. 명시적 규칙은 눈에 보이는 것으로 가족 모두에게 공식화된 규칙이다. 예를 들어, 귀가 시간이 늦으면 전화를 하거나, 외출하고 돌아오면 손을 씻는 등의 규칙이 있다. 또한 암묵적 규칙은 가족원 간 의논한 적은 없지만 은밀하게 숨겨져 있는 규칙이다. 예를 들면, 설거지는 여성이 해야 한다든지, 가족사에서 누군가의 죽음은 언급하지 않는 것 등이 있다.

　가족규칙의 특징은 세 가지로 정리해볼 수 있다. 첫째, 모든 가족은 가족규칙을 가지고 있지만 가족구성원들이 그 규칙을 명확하게 알지 못하거나 동의하지 않을 수도 있다. 따라서 가족규칙에 동의하지 않는 구성원이 있으면 가족체계 내에 갈등이 발생하는 요인이 된다. 예컨대, '명절에는 모든 가족이 집에 머물러야 한다'는 가족규칙이 있다고 가정해보자. 그러나 둘째 딸 지영이(가명)는 명절에 집에 머물기보다 친구들과 여행가기를 원했고, 실제로 여행을 갔다면 가족에게 어떤 일이 벌어질지 상상해보자. 아마도 가족원 누군가는 여행을 가는 지영이를 비난하거나, 여행을 가지 못하게 함으로써 갈등이 발생할 수 있다.

　둘째, 가족규칙은 자신과 다른 규칙을 지닌 가족구성원과의 갈등상황에서 더욱 명확하게 드러난다. 원가족을 떠나 결혼한 두 사람은 자신에게 익숙한 규칙을 더욱 잘 볼 수 있다. 예컨대, 30세 윤정(가명)이와 36세 정남(가명)이는 결혼 후 '안전의식'에 관해 갈등이 발생하였다. 정남이는 원가족에서 성장하면서 '안전이 매우 중요하므로' 냉장고를 제외한 콘센트는 모두 뽑아둔 뒤 숙면을 취하지만, 윤정이는 정남이와 반대로 대체로 집안 환경이 안전하다고 인식한다. 정남이의 '잠들기 전 콘센트를 살피는 행위'는 하나의 규칙으로 부부관계에 작용하여 갈등이 일어날 수 있다.

　셋째, 가족규칙이 역기능적인 경우가 되어 유연성이 없는 특징을 지녀 가족원들의

Q1 당신의 모습에 영향을 주었거나, 혹은 지금도 영향을 받고 있는 원가족에서의 가족규칙을 세 가지 발견해봅시다. 명시적 규칙의 한 예로, '자녀 방에 들어갈 때 노크하기'가 있을 수 있습니다. 이러한 가정환경에서 성장한 켈리(20대, 여)는 결혼 후에도 원가족에서 가족원 중 누군가의 방에 들어갈 때 노크하는 생활습관으로 인하여 상대방의 독립된 공간을 인정해주고 존중해줄 수 있게 됩니다. 암묵적 규칙의 예로, 야미코(30대, 여)의 가족에서 남성들은 가족이나 친지모임에서 일하지 않아도 된다는 규칙이 있습니다. 원가족에서 야미코는 남성들이 일하는 모습을 거의 보지 못했기 때문에 결혼 후 남편이 가사일과 요리를 도우려는 모습이 고맙지만 다소 부담스럽습니다.

Q2 새로운 가족규칙을 한 개 만들 수 있다면, 당신 가족에 어떤 가족규칙을 담고 싶습니까?

생활을 억압하거나 피해를 줄 수 있다. 사티어(Satir)에 따르면 가족규칙의 강압적 적용은 개인의 자아존중감에 부정적인 영향을 미친다. 따라서 기능적이지 않은 가족규칙은 수정되는 것이 바람직하다.

그렇다면 자신의 가족경험을 회상해보고, 나의 사고와 성격 및 행동에 영향을 미친 가족규칙을 명시적 규칙과 암묵적 규칙으로 나누어 살펴보자.

(3) 가족체계의 균형 : 항상성

가족은 위기상황이나 스트레스에 직면했을 때 안정된 상태를 유지하려는 경향이 있다. 가족의 형태를 떠나 모든 가정은 현재의 균형과 안정을 그대로 유지하려 한다. 그리하여 가정에 위기상황이 닥치게 되면 그 구성원들은 변화에 직면한 가정의 안정을 위해 노력하게 된다. 가족체계의 균형은 가족체계의 항상성 개념으로 더 잘 이해될 수 있다. 이는 마치 우리 몸이 외부 환경의 급격한 온도 변화에서 체내 자동조절장치가 작동하여 항상 일정한 온도를 유지하려는 것과 같다. 무더위에 땀을 흘려 체온을 떨어뜨리거나 운동을 하여 땀이 많이 배출되면 갈증을 일으켜 물을 마심으로써 일정한 수분을 유지하려는 것이 대표적인 예이다.

체계 균형을 유지하려는 노력은 한 구성원의 문제가 개선됨에 따라 이번에는 다른 구성원들이 문제의 조짐을 드러내는 상황에서도 찾아볼 수 있다. 왜냐하면 가족들 간의 역할은 변화되고 또 상호 간에 교환되기도 하지만 가정의 기본구조는 변경되지 않기 때문이다. 따라서 한 구성원의 문제가 개선된다고 해도 근본적으로 가정에 어떤 긍정적인 변화가 일어나는 것은 아니다. 대체로 가정은 변화를 맞이하기보다는 현재의 상태를 그대로 유지하려는 경향이 있기 때문에, 이러한 균형을 깨뜨리지 않기 위해서 한 구성원의 문제가 개선되고 그에게 어떤 변화가 생기면 다른 구성원에게 문제의 조짐이 생겨 그가 그 역할을 담당하게 된다. 그러므로 이와 같은 가족체계의 모순에서 탈피하려고 하면 현재의 상태를 그대로 유지하기 위해 가족구성원 간에 이루어지는 부정적인 역할 담당의 악순환이 중단되어야 한다. 그리고 다른 적절한 방법을 시도하고 가족의 상황을 개선해 나가야 한다. 가족체계의 균형유지와 위기상황 극복을 동시에 가능케 하는 문제는 가족상담 및 치료에서 중요하게 다루어지는 요소이다.

조별 나눔

Q1 한 남성의 증언입니다. 다음 글을 읽고 이 가족이 위기상황에서 불구하고 안정된 상태를 어떻게 유지할 수 있었는지에 관해 토의해봅시다.

"저의 가족이 가장 위기에 처했던 상황은 큰 아이가 5살 때 폐렴으로 입원했을 때입니다. 큰 아이는 7일 동안 고열이 났었는데 그 원인을 잘 모르다가 종합병원에서 폐렴 판정을 받고 입원하였습니다. 그때 막내인 둘째가 3살이었는데, 둘째는 기질이 좀 까다로워 엄마하고 잠시도 떨어져 있지 않으려고 하였습니다. 그래서 밤에는 제가 낮에는 아내와 둘째가 병간호를 하기로 하였습니다. 그런 후 첫째가 무사히 병 치료를 마치고 퇴원하자 둘째가 아프기 시작했습니다. 둘째도 첫째와 같은 증상으로 폐렴 판정을 받고 입원하게 되었습니다. 이에 따라 아내가 종일 둘째의 병간호를 위해 붙어 있어야 하는 상황에서 큰 아이를 돌봐줄 사람이 없었는데, 그렇다고 직장을 안 다닐 수도 없는 상황에서 저희 가족은 위기에 처하게 되었습니다. 결국 고민 끝에 이러한 위기상황을 극복하고자 외부적인 자원을 활용키로 하였고, 비록 직장과 거리가 멀지만 저와 첫째가 부모님 댁에 거주하면서 낮에는 부모님이 큰 아이를 돌보고 밤에는 제가 퇴근하여 첫째를 돌보기로 계획하여 이를 실행하였습니다. 다행히 둘째가 3일만에 퇴원하여 가족의 기능은 정상적으로 돌아올 수 있었습니다. 위와 같은 위기를 경험하고서 가족에게 생긴 긍정적인 변화는 외부 자원에 대한 관리의 중요성을 깨닫고 이에 대해 노력하고자 한 것입니다. 첫째 아이의 경우, 두 군데 종합병원을 갔으나 병실이 없다는 말을 듣고 돌아올 수밖에 없었습니다. 하지만 평소 친하지 않은 직장 선배가 자신이 아는 종합병원에 가볼 것을 권유하였는데 그 병원장과 친분이 있다는 것이었습니다. 그래서 밑져야 본전이라는 생각에 그 병원에 갔는데 놀랍게도 바로 입원을 할 수 있었습니다. 한편, 둘째 아이가 입원했을 때 만약 첫째 아이를 맡길 곳이 없었다면 그 위기를 극복하지 못했을 것입니다. 첫째 아이는 약간의 분리불안이 있어 부모와 떨어져 있는 것을 굉장히 싫어합니다. 그러한 연유로 제가 첫째 아이와 같이 있었던 것이고, 만약 평소 안면이 있는 할머니, 할아버지 집이 아니었다면 아마 그곳에 있으려고 하지 않았을 것입니다. 이와 같이 위기 극복에는 외부 자원이 많은 도움이 되었고, 이러한 결과로 인해 주위 사람에 대해 항상 고마움을 갖고 잘 지내려는 노력을 하게 되었습니다."

Q2   당신의 가족이 위기에 닥쳤던 사건 1개를 떠올려봅시다. 그런 후 그 위기를 극복할 수 있었던 이유에 관해 분석해봅시다. 누구의 노력이, 또한 어떠한 자원의 활용을 통해 위기를 극복하고 가족이 해체되지 않고 유지될 수 있었을까요?

2) 사례를 통해 살펴보는 가족체계이론의 실천

여기서는 몇몇 사례를 살펴보며 가족체계이론이 어떻게 실천적 현장에서 적용될 수 있는지에 관해 논의해보고자 한다.

(1) 사례 1 : "4형제와 함께 성장한 한 청년의 20대 시작"_김요셉(가명), 20대, 남

요셉의 사례를 읽고 가족체계론적 관점에서 요셉의 형제자매 하위체계의 기능이 어떠한지에 관해 논의해보자. 요셉이 여러 형제와 성장하면서 지닐 수 있었던 강점은 무엇일지, 혹은 상대적으로 적은 수의 형제자매와 지내는 또래들에 비해 어떠한 장단점이 있을지에 관해 이야기나누어 보자.

1997년 9월 13일, 우렁찬 울음소리와 함께 경기도 한 병원에서 태어났습니다. 저를 낳으실 당시 어머니께서는 정말 아무런 고통이 없이 자연분만하셨다고 합니다. 잘 믿기진 않지만 사실이랍니다. 어머니는 임신기간에도 별다른 입덧이 없었다고 합니다. 그래서 저를 효자 중에 효자라고 자주 불러주십니다. 이런 어머니의 말씀을 들으면 괜스레 부듯합니다. 제가 태어날 당시에 저희 가족은 저를 포함해서 6명이었습니다. 인구 절벽 시대에 엄청 많죠? 아버지께서는 목사님입니다. 그래서 어머니도 종교길을 걷는 아버지를 도우며 저희들을 키워오셨습니다.

제 위로는 형과 두 명의 누나가 있습니다. 누나들의 입장에서는 귀여운 남동생이었던 것 같습니다. 저를 귀여워해주고 같이 놀아주려고 많이 노력했습니다. 물론 제가 1살쯤 의자 위에서 저를 앉고 있다가 놓치는 바람에 앞으로 고꾸라져 코도 눌리고, 축농증이라는 신경 쓰이는 문제가 생기고 말았지만요. 하지만 그만큼 누나들이 저를 놀아주려고 많이 노력했다는 것이 정말 기분 좋았습니다.

그렇게 부모님과 누나들의 사랑을 듬뿍 받으면서 저는 2살 때까지 경기도에서 살았습니다. 그러다가 아버지가 선교의 꿈을 품으시면서 일본으로 이사를 가게 되었습니다. 비록 안방을 포함해 방은 2개, 거실, 화장실, 부엌으로 이루어져 있는 다가구주택이었지만, 어린 저에게는 마냥 신기하고 재미있는 공간이었습니다. 또한 다소 넓은 마당이 있었기에 그때 제가 놀기에는 정말 안성맞춤인 공간이었습니다. 그러다가 제가 3살 때 첫 번째 동생이 태어났습니다. 부모님을 통해 들었던 그때 저는, 처음에는 아직 태어난 지 얼마 안 된 동생이 너무 신기해서인지, 귀여워서인지 자꾸 동생을 건드리고 손도 만져보고, 자고 있는 동생과 놀고 싶어 깨우기도 하고 동생이 생겼다는 것에 들뜬 나머지 동생을 많이 괴롭혔다고 합니다. 제가 생각하기엔 아마 태어난 지 얼마 안 된 동생이 너무 귀여워서, 형이 되었다는 것이 기뻐서, 동생과 놀고 싶은 마음에 그렇게 장난도 치고 했던 것 같습니다.

가족 모두의 사랑이 자기한테 쏠리다가 동생에게 뺏겼다는 생각이 들었는지 언제부턴가 매번 별거 아닌 일에 울기도 하고, 동생 것을 뺏기도 하는 등 동생을 질투하는 모습을 보였겠죠. 물론 어린 나이이기에 동생을 질투한다는 것이 어찌 보면 자연스러운 일일 수도 있고, 부모님의 사랑을 독차지했다가 빼앗겼다는 마음에 그러한 것일 수도 있지만, 지금의 저로서는 왜 별거 아닌 일로 싸우고 울고 그랬는지 이해가 안 되기도 합니다. 그러다가 제가 5살쯤, 유치원을 다니게 되었고, 유치원을 다니면서 한글도 배우고, 숫자공부도 하고 정말 재미있는 활동을 많이 했습니다. 그때 저를 가르쳐주신 유치원선생님의 성함이 기억날 정도로 선생님께서는 저에게 항상 칭찬과 좋은 말들을 해주셨고, 저는 유치원을 다니는 것이 마냥 즐겁고 재미있었습니다. 때문에 항상 일찍 학교에 가기 위해 부지런히 일어났고, 학교에 얼른 가겠다고 부모님을 이른 아침부터 깨우곤 했습니다.

그러다가 저에게 두 번째 남동생이 생기게 되었습니다. 그때는 또 다른 동생이 생겼다는 것이 너무나 좋았습니다. 물론 첫 번째 동생이 생겼을 때보다는 덜했지만, 제 밑에 동생이 두 명이라는 사실이 너무나 좋았고, 같이 놀 동생들이 많이 생겼다는 것이 마냥 좋았습니다. 그러다가 제가 7살 때 누나들과 함께 다니던 학교를 동생과 함께 다니게 되었습니다. 원래는 5살이지만 생일이 빠른 동생이 유치원을 일찍 들어오게 된 것입니다. 동생과 함께 유치원을 다닌다는 것이 재미있었고, 그때에는 한글을 많이 배웠기에 동생에게 글도 가르쳐주고 덧셈도 가르쳐주면서 재미있는 학교생활을 보냈습니다. 물론 같이 학교를 다니다보니 재미있는 일화도 많이 있었고, 나름 가슴 아픈 이야기들도 있었습니다.

그중에 하나를 말하자면 학교에서 통장을 만들어 매주 요일을 정해 정기적으로 돈을 가져와 저금을 하는 게 있었는데, 나만의 통장에 돈을 매주 저축하는 것이 뿌듯했기에 한 번도 빠지지 않고 저축하려 했습니다. 그런데 문제는 바로 남동생이었습니다. 7살이라는 나이가 비록 적은 나이는 아니었지만, 어머니께서 저에게 주신 저축용 돈을 5살인 동생이 가져가 무얼 사먹은 것입니다. 저축을 못한 것이 너무 슬퍼서인지, 동생이 사먹는 걸 말리지 못해서인지 저는 결국 울음을 터트리고 말았죠. 제 이야기를 들은 어머니께서는 아직 어린 동생에게 처음 매를 들었습니다. 아무것도 아닌 일이었던 것 같지만, 지금까지 생생하게 기억날 정도로 그 당시 저에게는 아마 가장 슬펐던 일이 아니었나 싶습니다. 이러한 일이 있은 후, 저의 3번째 동생이 태어났습니다. 그 짧은 기간 안에 3명의 동생이 태어나다보니, 이제는 별다른 생각이 들지는 않았습니다. 하지만 역시 갓 태어난 동생은 너무 귀여웠고, 다시 동생 사랑에 빠지게 되었습니다. 물론 저도 아직은 어린 나이였지만, 형으로서 해주고 싶은 게 많았고 동생을 데리고 놀면서 동생들과 함께 즐거운 나날들을 보냈습니다.

요셉의 이야기를 읽고 느낀 점을 자유롭게 기록해봅시다. 아울러 요셉의 형제자매하위체계의 기능이 어떠한지에 관해 논의해봅시다.

(2) 사례 2 : "부와 가난, 그리고 여행"_여준서(가명), 20대, 남

준서의 가족환경에 관해 생각해보자. 경제적으로 풍요로운 때와 그렇지 못한 때, 그럼에도 불구하고 여행을 통해 좋은 경험을 추억으로 남겨주고자 했던 준서의 아버지가 어떻게 느껴지는가? 한 가족의 '경제적 여건'은 교육과 여행, 거주지의 이동에까지 직·간접적으로 영향을 미치고 있다. 이러한 다양한 경험은 준서의 미래에 어떠한 영향을 미칠 지에 관해 이야기나눠보자.

제가 6살 때 아버지는 우리 가족에게 좋은 경험을 해주고 싶다고 하셨어요. 저는 신기하게도 아버지 생신날 태어났어요. 새벽 4시경 태어난 저를 총명할 거라고 하셨어요. 아버지는 굉장히 유쾌하시고 호탕하신 분이세요. 우리 남매를 포함한 모든 아이들에게 인기 만점인 자상한 분이십니다. 하지만 ROTC 장교 출신이셨기 때문에 엄할 때는 한없이 무서운 아버지로 기억됩니다. 아버지는 운동을 무척 좋아하시고 부지런하세요. 그러면서도 가정적이십니다. 거의 날마다 새벽에 일어나서 청소하고 체조를 하고 근처 호수를 뛰셨어요. 대단하시죠. 어느 날에는, 철인 3종을 하셨고 가족이 다같이 응원하러 가기도 했죠. 이러한 영향으로 지금 체육이라는 전공을 선택한 것 같습니다.

저는 부유한 환경과 가난한 환경 모두 경험해봤습니다. 저는 태어나자마자 처음으로 외가댁에 들어갔대요. 친가의 경제상황이 좋지 않았기 때문이죠. 외가댁은 서울에 100평이 넘는 주택에 살고 있을 정도로 부유했답니다. 아직 젊으셔서 자리를 잡지 못한 부모님은 결혼 후 외가댁에서 지내셨다고 해요. 외가댁은 이층집으로 되어 있었구요. 방이 10개쯤 되었던 집이었어요. 부자였죠. 할아버지, 할머니, 큰이모의 가족들과 우리 가족이 같이 살았어요. 충분한 공간이었죠. 마당에는 수영장이 있었지만 관리가 어려우셨는지 언젠가 수영장을 메우고 잔디 마당으로 만들었어요. 아이들의 놀이터가 된거죠. 때론 미끄럼틀을 타고 정글짐을 하며 놀이로 충만했습니다. 따로 공원을 나가지 않을 정도로 재미있게 놀았습니다.

하지만 행복도 잠시였죠. 어린 시절 가난을 겪은 아버지는 자가에 대한 꿈이 확고하셨다고 해요. 우리의 교육환경을 고려해서 무리하여 최고의 학군이 있는 곳에 아파트를 사셨는데요. 기억을 더듬어 보면, 집이 크진 않았지만 바로 앞에는 호수가 있었고, 아파트 단지는 작았지만 놀이터는 2개나 구비되어 있어 친구들과 그곳에서 시간을 보낼 수 있었어요. 윗집, 옆집 다른 동의 사람들이 모두 친하며 담소를 나누는 광경이 일상이었어요. 얼음이나 밥이 부족할 때 아랫집에 가서 얻어 오는 심부름을 하기도 했고, 다른 집에서 놀다가 잠이 들어서 그대로 재우시는 경우도 많았어요. 저는 무려 15년 동안 이사 한 번 가지 않고 그곳에 살았죠. 가족 모두가 그 집에 대한 애정이 컸기 때문에 꾸미는 것도 열심히 했어요. 아버지는 손수 침대 같은 것도 만드시고 칸막이로 구조도 바꾸는 등의 작업도 하였죠. 저 역시 집에 대한 애착이 정말 컸고 떠나고 싶지 않았죠. 하지만 사람의 일이라는 것이 모두 원하는 대로 흘러가진 않았습니다.

아버지의 사업이 연달아 망하면서 빚더미에 앉은 우리 가족은 마지막 보루인 집을 팔게 되었고 이사를 가게 되었습니다. 이사한 곳은 유흥가 근처에 있어서 밤에는 굉장히 시끄럽고 싸움도 많이 일어나고 사람들은 아무데서나 담배를 피웠어요. 환경이 너무도 열악해진거죠.

그런 상황에서 아버지는 빚까지 내서 두 달간의 북아메리카 여행을 가자고 하셨어요. 두 달 동안 정말 많은 것을 경험했습니다. 미국의 동부, 서부를 다 돌고 캐나다까지 갔었어요. 어려서 기억이 모두 나진 않지만, 워낙 오래 여행을 했기 때문에 좋은 추억이 많습니다. 할리우드, 레고랜드, 디즈니랜드를 다 다녔어요. 또한 스탠포드, MIT, 하버드, 예일 대학교를 탐방하면서 견문을 넓힐 수 있었습니다. 또한 사막에서 모래폭풍을 보고 산 길에서 아기 곰과 마주친 것은 소소한 재미로 기억됩니다. 공원에서 라면을 끓여 먹고 소세지를 구워 먹으면서 현지인과 대화하고 현지 아이들과 같이 놀면서 새로운 경험을 하였습니다. 이런 경험을 통해서 외국인 공포증이 전혀 없고 영어를 못하지만, 외국인과 대화하는 것을 지금도 좋아합니다. 미국에서 두 달 동안 가족이 24시간 붙어 있으면서 가족애가 더 커졌던 것 같아요. 이 여행은 평생지울 수 없는 좋은 기억일 것 같습니다.

준서의 이야기를 읽고 느낀 점을 자유롭게 기록해봅시다. 아울러 준서의 아버지가 사업이 망하여도 가족이 해체되지 않고 유지될 수 있었던 이유에 관해 논해봅시다.

이처럼 가족체계론적 관점은 가족구성원의 일부 또는 전체가 다양한 형태의 외부환경의 변화에 어떻게 반응하며, 외부환경은 가족체계에 어떠한 영향을 주는가에 관해 파악하도록 돕는다. 즉, 인간이 근접환경으로 몸담고 있는 가족이라는 환경을 보다 체계적으로 구조화할 수 있도록 하며, 가족환경체계와 개인 간의 관계를 이해한다는 점에서 통합적인 관점을 제공해주고 있다.

4.2 생애주기이론

이 장에서는 생애주기이론의 주요 개념을 이해하고, 생애주기이론의 내용을 건강가정론의 실천 영역으로 접목시킬 수 있는 방법에 관해 생각해보자.

생애주기이론적 관점은 개인의 생애 과정과 가족사건, 사회적 의미를 어떻게 지각하여 구성하는지에 초점을 두기 때문에 가족단계의 개념을 정확히 하는 장점이 있다. 사회적·역사적 연구를 보면 어느 시대에 가족과 사회경험을 하고 살았는지에 따라 사실 우리 인생이 결정된다고 할 수 있다. 예를 들면, 100년 전 여성의 삶이 지금 한국 여성의 삶과 전혀 다른 것은 바로 역사적으로 변해 온 사회, 문화 가치들이 가족과 생애에 그대로 투영되고 영향을 미친 것이다.

Q1 두 예시문을 읽고 자유롭게 토의해봅시다. 특히 과수면증을 진단받은 여성의 심리적 상태를 분석해봅시다.

예시. 과수면증 진단을 받은 20대 여대생의 사례

"평소에 저는 어떻게 살고자 하는지에 대한 다짐을 분명히 갖고 있습니다. 하지 말고자 한 것을 하지 않으려 경계하고, 살고자 한 방향으로 내 삶이 흘러가도록 순간순간을 뒤돌아보며 노력합니다. 하지만 저는 살면서 내 다짐을 잊을 때가 많습니다. 그럴 때에는, '내가 어떻게 이걸 잊고 살았지?'하며 깜짝 놀랄 때가 많이 있습니다. 시간의 경과에 따라, 다짐의 유무에 따라 나의 성격은 수시로 변화하고, 저는 내 스스로가 마음에 들 때도 마음에 들지 않을 때도 있습니다. 그렇게 변화하는 순간 속에서도 저는 제 본질이라고 생각하는 몇 가지 성격이 있습니다.

첫째, 저는 꽤 예민한 사람입니다. 사실 저는 어렸을 때 제가 예민하다고 생각하지 않았는데, 주변에서 예민하다는 말을 많이 해주었습니다. 조금 더 나이가 들고 난 후 곱씹어보니, 이것은 제가 부정적인 생각을 입밖으로 잘 내뱉기 때문이라고 생각하게 되었습니다. 예민하다는 주변의 반응을 부정적으로 인식했던 저는 그 이후로 남들에게 그렇게 보이지 않도록 노력을 많이 하였습니다. 예민한 사람으로 보이지 않도록 했던 노력은 '무시하기'였습니다. 사람을 무시했다는 말이 아니라, 나에게 스트레스로 다가오는 것들을 무시하기 위해 노력하였다는 것입니다. 예를 들면, 저는 위가 약하여 스트레스를 받거나 맞지 않는 음식을 먹으면 가장 먼저 배가 아픕니다. 때문에 고등학교 때에는 하루도 배가 아프지 않았던 적이 없었습니다. 다른 사람들은 같은 음식을 먹고 멀쩡한데 저만 배가 아프다고 말하고, 그런 일이 반복되다 보면 저는 '예민한 아이'가 되어 있었습니다.

둘째, 무엇이든 분석을 자주 하는 것입니다. 상황을 하나하나 분석하려고 하는 것은 제 머릿속에서 저도 모르게 진행되는 작은 습관입니다. 예를 들면, 어떤 친구가 저에게 어떤 말을 해서 화가 나게 되었을 때, 저는 또 그 상황에 대해서 '친구가 나에게 이런 말을 해서 내가 이 부분에 대해서 화가 났구나. 이렇게 말한 건 친구의 잘못이고 또 다른 어떤 부분은 친구의 말이 맞네. 저 부분은 화가 안 나는 데, 이 부분은 화를 내도 되는 상황인 것 같다' 등의 생각을 합니다. 굳이 정리할 필요가 없을 상황까지도 저는 머릿속으로 자꾸 정리하고 이해하려고 합니다. 그렇다고 제가 올바른 분석을 하고 있는 것은 아닙니다. 다른 사람의 말을 분석할 때 상대방에게 제가 생각하는 바가 맞는지를 모두 물어보는 것이 아니기 때문에, 혼자 완전히 잘못된 방향으로 상상하고 믿어버리는 경우도 많습니다. 특히 부정적인 생각의 경우, 더 쉽게 상상으로 빠져버립니다. 그렇기 때문에 저는 최대한 상황을 그대로 받아들이기 위해 노력합니다.

셋째, 잘못을 잘 인정합니다. 이러한 성향은 주로 사람 사이의 관계에서 나타납니다. 저는 항상 상대방을 존중하려고 하지만, 아무래도 항상 서로 평등하고 바람직한 관계가 유지되는 것은 아니기 때문입니다. 이런 관계에서 제가 잘못한 경우가 있을 경우, 스스로 반성을 하고 상대방에게 인정하며 사과를 잘 합니다. 상대방에게 제 잘못을 인정하는 걸 두려워하지 않는 것은 오히려 마음의 여유가 있을 때 비로소 가능하다고 생각해서 제 장점 중 하나라고 생각합니다. 이러한 성격이 형성되었던 이유는, 과거에 제가 잘못을 인정하지 않아 후회했던 일이 많기 때문입니다. 저는 자존심이 센 아이였고, 잘못을 인정하길 싫어했습니다. 분명히 여유를 가지고 한 발짝 떨어져 보면 내 잘못임이 분명했는데도 혼자만의 논리에 빠져 끝까지 나는 잘못한 것이 없다고 믿었습니다. 어렸을 적엔 이런 태도로 많은 소중한 친구를 지치게 했고, 잃게 되었습니다. 몇 년이 지난 지금은 스스로 잘못을 인정하지 않는 건 저에게 아무런 도움도 되지 않음에도 불구하고 자존심만을 세웠던 제가 어리석게 느껴집니다. 잘못을 인정하지 않으면 저는 아무런 발전도 없고 바람직하지 못한 성향을 고치지도 못한 채 평생을 그렇게 살 뿐입니다. 저는 여러 번 과거의 제 행동을 후회한 적이 있기 때문에 항상 제 잘못을 잘 인정하게 되었습니다.

마지막으로 저는 잠이 많고 게으릅니다. 20살 때 의사에게 '과수면증' 진단을 받았습니다. 과수면증은 잠을 자도 피로감이 가시지 않고 계속해서 잠이 오는 증상으로, 아무도 깨우지 않으면 이틀 밤낮을 자고도 또 잘 수 있었습니다. 의사에게 처음으로 과수면증을 진단받고, 잠이 많은 것이 의지가 약해서가 아니란 걸 의사에게 인정받은 후 약을 복용하기 시작했습니다. 충분히 잠을 잔 후에 추가로 오는 잠을 막는 약이었는데, 저는 하루가 그렇게 길다는 것을 그때 처음 알게 되었습니다. 그 이후로 제2의 인생을 사는 기분이 듭니다. 한편으론 20년간 그렇게 살아온 탓에 항상 노력을 해도 몸이 쉽게 처지고 상당히 게으릅니다. 저는 삼수를 해서 학교에 입학하였는데, 남들보다 조금씩 느리게 살아서 인생 전체가 느려진 건 아닐지 혼자 자주 상상합니다."

1) 생애주기이론적 관점의 주요 개념

생애주기(life course perspective)란 개인이 태어나서 성장, 발달 및 죽음에 이르기까지의 일련의 변화 과정을 의미한다. 생애주기는 입학, 진학, 취직, 결혼, 직업 전환 및 은퇴 등의 일정한 지표에 의해 표시될 수 있지만 개인이 속한 사회문화에 따라 다르다.

생애주기적 관점이란, 시간의 흐름에 따라 조직의 구조나 기능이 어떻게 바뀌는지 주목하는 이론이다. 즉, 인간의 출생부터 태내기, 영아기, 유아기, 아동기, 청소년기, 성인기, 중년기, 노년기에 이르기까지 생애주기 과정마다 이루어야 할 과업이 있다고 주장한다. 이 관점은 시간의 변화에 따른 생활사건, 개인발달, 관계의 발달에 사회적·역사적 사건의 가치를 부여하게 된다. 특히 연령 변화와 세대 간의 이해관계, 인구사회적인 변화가 우리 인생에 관여하게 된다. 생애주기 관점은 인간발달과 가족생활에서 시간, 맥락, 과정 의미의 중요성을 강조한다.

생애주기이론적 관점의 유용성

- 개인과 가족이 시간과 역사적 맥락에서 변화되는 과정을 미시사회적 관점과 거시사회적 관점에서 분석하는 틀을 제공한다.
- 이 관점은 개체발생적 발달에 영향을 미치는 사회적·역사적 맥락요인에 초점을 두어, 개인의 생애발달, 가족발달, 사회역사적 발달을 통합해서 살펴볼 수 있는 분석틀이다.

생애주기이론적 접근은 미시적 접근과 거시적 접근으로 일상세계의 문제를 다룬다. 미시적 접근에서는 전 생애를 통해 인간이 지닌 현실적인 욕구와 문제를 다루며, 거시적 접근에서는 발달의 시간맥락, 사회구조 과정에서의 발달 및 변화 등 역사적이고 인구사회학적인 문제를 다룬다. 이런 관점은 개인에서부터 가족집단뿐 아니라 사회적, 역사적인 수준까지 고려하여 분석한다는 점에서 건강가정과의 연관성을 지닌다. 이 관점에서의 건강가정 연구는 개인발달 이외에 가족의 특수성, 역사성, 인구사회학적 변화 등을 총체적으로 다룬다.

2) 생애주기적 관점의 적용 사례

(1) 생애주기와 여가활동

최근 사회적으로 일과 삶의 균형(work-life balance)이 강조되고 있다. 윤소영(2010)의 〈여가에 대한 생애주기 관점과 여가생활주기 단계별 모형 개발〉에 따르면 생애주기별로 여가활동 모형이 제시되고 전 생애에 걸쳐 지속적인 여가생활이 중요하다고 소개된 바 있다. 따라서 연구자는 여가의 생활화와 지속성을 위해 '일, 가정, 여가' 균형의 실천이라는 비전 아래 여가의 지속화, 생활화, 전문화 세 가지 목표를 갖고 여가활동 모형을 제시하였다.

〈표 4.1〉 생애주기에 따른 여가생활주기의 변화

단계	내용
1단계 (유년기, 청년기)	• 다양한 여가경험을 통한 전인적 발달 • 자기계발을 위한 노력
2단계 (성인기)	• 사회적 위치 확립 • 부부와 부모로서의 역할 수행 • 중년기 위기 극복 • 건강 유지
3단계 (성인후기~노인기)	• 노후 준비를 위한 인생 재설계 • 자유재량시간의 증가로 새로운 활동 모색

윤소영(2010)이 사례를 통해 살펴본 바와 같이, 각 생애주기 단계별 여가활동의 여가목표, 제약이 되는 요인 및 발달과제 제시 등은 생애단계별 개인적, 사회 및 환경적 요소들을 고려한 여가생활계획을 수립할 수 있다는 강점이 있다. 아울러 초기 사회화 단계에서 여가 경험의 중요성이 강조됨으로써 장기적인 여가계획을 수립하는 데 도움이 될 수 있겠다.

생애주기적 관점은 태아부터 영·유아기, 아동기, 청소년기, 성인기, 노인기에 이르기까지 사회문화적으로, 연령적으로 다른 경험과 발달의 특성을 고려하여 각 세대가 경험한 역사적, 사회적 배경과 사회인구학적 변화 등을 인식하면서 가정의 건강성 유지를 위한 가정정책사업을 기획하고 시행할 수 있다. 이처럼 가족원의 발달이 전 생애를 통하여 이루어지되, 세월의 변화와 시간의 변화, 인생사건들이 어떻게 재창조되고 독창적으로 이루어지는가를 관찰하고 분석할 수 있다.

Q1 2023 언론 기사를 토대로 보면, 읍면 지역으로 갈수록 시설 접근성 등을 이유로 다양한 여가활동(주로 TV 시청)이 부족한 현상을 뚜렷하게 확인할 수 있어 문화인프라 확대 등의 방안이 요구되고 있습니다. 당신이 건강가정실천 전문가로 여가활동 관련 사업 담당자라면 TV 시청이 많이 이루어지는 지역에서 다양한 여가활동 실천 확대방안을 기획해봅시다.

Q2 자녀가 청소년기가 되면 독립성이 발달하여 자신만의 세계가 확장됩니다. 이 시기의 부모는 전과는 다른 자녀의 변화된 모습에 적응하기 어려운 경우가 많고, 동시에 자신의 부모들은 노인기를 보내며 병원일이 증가되는 시기로 제2의 사춘기라고 불리기도 한다고 합니다. 이러한 시기에 신체적, 정신적으로 건강하게 보낼 수 있는 몇 가지 솔루션을 제안해봅시다.

Q3 '소확행'(작지만 소소한 행복)과 '워라벨'(워킹-라이프-밸런스)은 익히 알려진 신조어입니다. 당신에게 '소확행'은 어떤 의미로 다가오나요? 또한 왕성하게 일하는 중장년 시기에 일과 삶의 균형이 가능할까요? 당신은 일과 삶의 주제에서 어떤 라이프스타일을 추구하나요?

(2) 생애주기와 공동주택

가족형태의 변화에 따라 주택에 대한 가치관과 공간개념도 다양화되고 있다. 여기서는 정미경(2022)의 〈생애주기를 고려한 공동주택의 공간계획에 관한 연구〉의 주요 내용을 살펴보며 생애주기별 공간계획이 어떻게 달라질 수 있는지 논의해보고자 한다.

〈표 4.2〉 생애주기별 공간의 특성

단계	내용
1단계 (가족형성기 및 확대기)	• 확장하고자 하는 욕구 • 자유롭게 영역을 레이아웃하여 구성 • 다양한 목적으로 사용하는 공간
2단계 (미성년 자녀가 있는 가족안정기)	• 안정적인 휴식 공간 • 창조성 유발 • 구성원 간의 협의(창의성, 관계성 유발)
3단계 (30세 미만의 자녀가 있는 가족축소기)	• 공간의 주체는 부모 중심 • 구성원 간의 관계성
4단계 (부부 또는 혼자인 가족해체기)	• 공간의 셰어 • 사용하지 않는 공간을 셰어, 수익창출 희망

정미경(2022)의 연구를 토대로 살펴보자. 1단계 가족형성기와 확대기는 결혼해서 자녀출산까지의 가정으로 다목적으로 사용할 수 있는 넓은 공간요구가 많다. 공간의 수보다 크기를 더 선호한다. 2단계인 19세 미만 자녀가 있는 가족안정기에서는 자녀들의 사춘기가 시작된다. 개인생활공간인 각각의 방이 사용된다. 자녀가 하나일 때와 둘일 때, 셋일 때 각각 다르겠지만 각 자녀의 방이 확대된다. 즉, 개인생활공간이 확대되고 그 안에서 편안하고 안정적인 휴식을 취하며 창의성이 극대화될 수 있도록 한다. 3단계 가족축소기(30세 미만 자녀)에는 자녀 중심에서 부부 중심의 가정으로 변화하는 시기이다. 자녀가 온전히 성장한 단계이므로, 부모 중심의 가족 구성이 되고 부모공간인 부부침실의 기능이 온전히 사용된다. 4단계 가족해체기(60세 이상)에서는 자녀들이 결혼 또는 독립을 하고 부부 또는 사별 후 혼자 지내는 시기이다. 자녀방이 사용되지 않으며, 주택의 사이즈를 줄이기보다는 남는 공간을 셰어하여 임대수익을 얻길 희망한다. 연구자는 가족의 생애주기를 고려한 변경가능한(지속가능한) 공동주택의 공간구성이 진행된다면 가족생활주기별에 따른 주거욕구가 충족될 것이며,

공동주택에 대한 주거만족도나 효과 등이 달라질 것이라고 제언한 바 있다.

조별 나눔

Q1 당신의 10년 뒤 '어느 날'을 상상하며 그림으로 표현해봅시다. 당신의 주변에는 무엇이 있고, 거주지 공간은 어떻게 구성할 것입니까?

Q2 아래 그림은 50년 뒤 노년을 꿈꾸며 20대 이여울(가명) 씨가 그린 것입니다. 그녀는 싱글이며 반려견이 있습니다. 티비와 빅스비가 일상의 소소한 즐거움인 듯 합니다. 그녀에게 취미생활은 중요해 보이며, 어르신 봉사단과 보육원 단체를 운영하며 누군가에게 도움이 되는 삶을 살아가기 원한다고 증언하였습니다. 그림을 보고 조원들과 느낀 점을 이야기해봅시다.

5장

건강가족에 대한 이론적 접근(2) :
가족발달이론,
가족강점과 자원

전주람

이 장은 건강가족의 이론적 접근을 위한 두 번째 파트로 가족발달이론적 접근 및 가족강점과 자원이론적 접근의 두 가지 이론에 관해 살펴보고자 합니다. 가족발달이론적 접근은 시간에 따른 가족의 변화 과정을 설명하는 이론으로, 어떠한 역할과 과업을 수행해야 하는지 예측케 합니다. 그리고 가족강점과 지원이론은 기존의 문제 중심적 시각과는 다른 인간의 기능성, 강점과 자원에 초점을 두는 이론입니다. 이 이론을 통해, 여러분 자신의 가족발달 과정을 성찰해보고 자신의 강점을 강화해 나갈 수 있기를 바랍니다. 아울러 실천현장에서 우리가 만나는 이용자(혹은 내담자)들 내면의 숨은 보석 같은 강점 및 자원을 보다 잘 발견하게 될 것이라 기대합니다.

5.1   가족발달이론

가족발달이론적 접근에서는 가족을 '상호작용하는 인격체들의 집합'으로 보며, 가족구성원들이 다양한 가족생활주기 단계로 옮겨감에 따라 경험하는 다양한 역할과 발달과업을 어떻게 대처하는가에 일차적인 관심을 둔다. 이 이론의 역사는 1930년대로 거슬러 올라가며 미국의 대공황시기 학자들은 미국의 가족을 이해하기 위해 가족발달이론을 제시하였고, 1950년대 체계화되었다. 체계화 과정에는 힐(Hill)과 그의 제자들, 특히 한센(Hansen), 듀발(Duvall), 로저스(Rodgers), 앨더스(Aldous), 밀러(Miller), 마테스키(Mattessich), 화이트(White) 등의 연구가 많은 영향을 미쳤다.

이 이론은 제2차 세계대전 직후 군인가족들의 적응에 대한 관심에서 출발하였다. 이론의 주요 목표는 가족과 인간발달에 대한 사회과학적 지식을 가족이 직면하는 문제들에 적용시키는 것이었다. 가족의 변화 과정을 설명하고 기술하는 데 초점을 두는 가족발달이론에서 가장 중요한 연구문제는 가족의 시간에 대한 분석이다. 각 가족구성원의 발달에는 개인차가 있지만 인간발달의 보편성에 의해 공통적인 발달을 보인다.

이 이론에서 이론의 기본단위는 개인이 아닌 가족, 즉 가족단위로서의 변화에 주목한다. 가족의 형성과 자녀출산으로 인한 확대기, 그리고 자녀가 결혼이나 독립으로 떠나게 되어 부부만 남는 축소기를 거쳐, 가족은 소멸하게 된다. 개인의 생애주기를 분석하는 생애주기이론과 유사점이 있지만, 생애주기이론적 접근이 '개인의 발달'에 초점을 둔다면 가족발달이론적 접근은 '가족주기의 관점'에서 살펴본다는 차이점이 있다. 여기에서 가족주기의 관점이라 함은 부부로 시작되는 가족형성기를 시작으로 확대기, 축소기, 소멸기를 말한다. 다만 이 이론이 제시하는 단계들이 전통적인 성역할 분담체계를 지닌 중산층 핵가족에 준거하고 있어서 다양한 가족형태에 적용하기 어렵다는 한계점이 있다. 이를 보완하기 위해 전체 가족구성원들의 전 생활사를 종단적으로 연구하는 것이 방법일 수 있겠으나, 시간과 비용의 부담이 매우 크다는 단점이 있다. 이러한 문제점을 극복하려는 많은 노력들이 1980년대 이후부터 이루어지고 있다.

일반적으로 가족발달 단계는 가족을 형성하는 결혼에서부터 시작한다. 그 이후 가족구조와 가족생활은 일정한 유형화된 단계를 따르게 되는데, 각 가족생활주기는 가족발달의 척도로 간주된다.

가족 형성기 (신혼기)	가족 확대기 (자녀출산) 5~6년	가족확대 완료기 (자녀양육) 20~25년	가족 축소기 (자녀성장) 5~6년	가족축소 완료기 (자녀출가) 4~5년	가족 해체기 (중·노년기) 10년

〈그림 5.1〉 가족생활주기의 예

생각 나눔

Q1 가족생활주기와 각 단계의 발달과업을 다시 한 번 생각해보면서 다음의 예를 읽어봅시다.

예시. "제주에 사는 드네 스미스(29)와 알렌(34) 부부는 첫아이인 딸이 태어난 후, 그들의 결혼생활에서 많은 변화를 겪었습니다. 부인 드네 씨는 그녀의 딸에게 온통 정신을 쏟았으며, 남편 알렌 씨는 부양의 부담감을 느끼며 주식을 시작하고 재테크에 처음으로 관심이 커져갔습니다.

맞벌이인 그들은 주 3~4일을 근무하면서 페이조건이 더 좋은 직장으로 옮기고자 했고, 그 과정에서 이력서 작성 및 여러 신경써야 할 부분이 많아졌습니다. 이처럼 자녀의 변화는 두 사람의 관계에도 변화를 가져다 주었습니다. 아기의 빨래가 늘어나고 가사일은 끝도 없는 것처럼 느껴졌습니다. 이 때문에 남편은 아내에게 불평을 늘어놓고, 아내는 남편에게 아기 돌보는 일을 적극적으로 도와주지 않는다고 불만입니다. 이러한 갈등의 시간을 보내면서 알렌 씨는 '신혼 때부터 관계가 좋지 않은 부부들은 첫아이 출산 후 정말로 큰 갈등을 겪을 수 있겠구나'라고 생각하게 되었습니다. 비록 이들 부부는 자녀를 출산함으로써 자신들의 부부관계가 영향을 받을 것이라는 사실을 예기치 못했지만 둘은 여전히 서로가 서로의 편이 되어주며 여러 난관을 헤쳐나가고자 노력하였습니다."

Q2 첫 자녀의 출산은 부부의 라이프스타일(예 부부의 여가, 가사분담, 외식, 친정과 시댁의 방문, 친목도모 모임, 해외여행 등)에 어떠한 변화를 가져올 것인지 상상해봅시다.

Q3 드네 스미스와 알렌 부부가 '변화'를 긍정적으로 받아들이고 보다 건강한 가족의 모습을 유지하기 위해 무엇이 필요할지 상상해봅시다.

결혼한 부부만으로 이루어진 가족발달단계는 자녀출산기로 진입하면서 질적 변화를 가져온다. 첫 자녀출산으로 '남편/아내'의 지위와 역할 이외에 '부모'라는 지위와 부모역할 수행이라는 발달과업을 갖게 되었다. 또한 부양자·양육자의 역할분리 과정에서 양육과 가사분담으로 인한 갈등을 겪게 되었다. 일반적으로 첫 자녀의 출산과 함께 부부관계에 많은 변화가 일어나며 부부 상호작용이 재조직되고, 부모 역할에 적응할 필요성이 생긴다. 실제로 출산 후 몇 주 혹은 몇 달 동안 어느 정도의 부부소외도 발생한다. 따라서 부모기로의 전이에 성공적으로 적응하기 위해서는 신혼부부가 자녀출산 이전부터 두 사람만의 독립된 결혼생활을 창조하고, 출산 후의 스트레스를 견뎌내기 위해 부부유대감을 강화하며, 성역할 고정관념을 탈피하여 상호 간 만족스러운 적응을 위해 노력하는 등 튼튼한 기초를 마련해야 할 것이다.

1) 이론의 가정

가족발달이론적 접근이란 가족에 대한 단계 또는 주기의 관점에서 가족발달과업의 과제를 연구하고 실천하는 것이다. 즉, 시간적 개념을 바탕으로 한 인간의 내적 발달 과정에서의 변화이며, 가족의 생애주기에서 상호작용을 살펴보는 것이다. 발달 과정은 가족을 이해하는 데 필수적이며, 가족은 다양한 차원에서 분석될 수 있다.

한편 이 이론에서는 각 가족과 그 가족구성원들은 가족이 처한 발달단계에 따라 규범에 의하여 정해진 발달과업을 수행해야 함을 강조한다. 가족의 발달과업은 가족 내에서 중요한 역할을 재배열하고 변화시키며 발전시키는 데 요구되는 것으로 가족구성원의 증감이나 새로운 규범의 출현으로 인해 계속 변화되는 가족의 역할 유형이다. 이는 한 단계에서 발달과업을 성공적으로 수행하지 못하면, 다음 단계에서 어려움을 겪게 된다는 프로이트의 견해를 차용하였다.

가족발달이론 접근은 4가지 기본가정을 갖는다. 첫째, 발달 과정으로 가족의 미래를 예측 가능하다. 예컨대, 부부가 자녀출산을 앞두고 경제적으로 저축하지 않거나, 자녀결혼을 앞두고 어떤 심리적·경제적 준비도 되어 있지 않다면 매우 어려운 시기를 맞이할 수 있다. 미리 예측할 수 있다는 것은 예방할 수 있는 기회를 주는 것이다.

둘째, 가족은 다양한 차원에서 분석되어야 한다. 가족 형태 및 구조, 특성에 따른 적합한 준비가 필요하다. 일생을 살아가며 가족의 형태(예 이혼, 사별로 인한 가족형태의 변화, 자녀출산으로 인해 가족인원수의 확대 등)의 변화를 경험해나갈 수 있고, 이러한 변화는 가족의 형태를 변화시킬 뿐만 아니라 가족 안에서 새로운 현상을 발생시킨다.

셋째, 가족집단은 개인, 관계, 사회제도의 다양한 수준에서 여러 특성을 보인다. 가족문화에 따라 다른 특성을 보이고, 문화적 맥락에 따라서도 다른 모습을 지닌다. 문화마다 살아가는 가족의 모습은 다르며, 같은 문화권 내에서도 각자 고유한 가족의 문화를 지니며 살아가기 마련이다. 사회 변화의 한 예로, 1인 가구는 과거와 달리 자연스러운 현상으로 받아들여지고 있다. 즉, 결혼과 출산이 당연시되었던 과거와는 달리 선택의 문제로 바뀌게 되었다.

넷째, 가족집단은 개인, 관계, 사회제도의 다양한 수준에서 여러 특성을 보인다. 가족문화에 따라 다른 특성을 보이고, 문화적 맥락에 따라서도 다른 모습을 지닌다. 문화마다 살아가는 가족의 모습은 다르며, 같은 문화권 내에서도 각자 고유한 가족의 문화를 지니며 살아가기 마련이다. 사회 변화의 한 예로, 1인 가구는 과거와 달리 자연스러운 현상으로 받아들여지고 있다. 즉, 결혼과 출산이 당연시되었던 과거와는 달리 선택의 문제로 바뀌게 되었다.

마지막으로, 가족은 외부 사회의 문화나 규범으로부터 영향을 받는 동시에 영향을 준다. 예컨대, 과거 여성은 집안살림을 주로 하였지만 사회 변화에 따라 경제활동을 하고 남편과 함께 가사분담을 하는 등 규범이 바뀌게 되었다. 그러면서도 전통적인 성역할 관습 및 규범이 남아 있어 여전히 명절이 되면 불평등으로 인한 스트레스를 호소하는 여성들을 어렵지 않게 찾아볼 수 있다.

- 개인생활주기 : 인간이 출생에서 사망에 이르기까지 거치는 발달단계
- 가족생활주기 : 가족이 형성되어 확대, 축소, 소멸되기까지 가족생활이 변화되는 과정

한 사람은 개인생활주기를 거치는 동시에 가족구성원으로서 가족생활주기를 경험한다. 개인생활주기와 가족생활주기는 밀접하게 연관이 되어 있다.

2) 가족발달단계와 발달과업 및 주요 문제

가정이 시간에 따라 변화, 발달된다는 것을 인식한다면 발달단계에서 직면하는 잠재적인 스트레스나 긴장을 미리 예측해볼 수 있다. 예측은 곧 문제 예방으로 연결될 수 있는데 이러한 시도는 건강가정교육을 통해 충분히 활용될 수 있다. 가정의 건강성확보의 기본이 물적 토대와 인적 토대의 조화 속에서 모든 가족원이 다양한 욕구를 실현하는 것인 만큼, 가족발달이론은 가족생활주기와 발달과업, 그리고 역할변화 등 가정생활을 분석하고 진단, 평가할 수 있는 다양한 개념을 제공해준다는 점에서 적응력이 높다고 할 수 있다.

다음은 가족발달단계에 따른 발달과업과 주로 나타나는 주요 문제들에 관한 내용이다. 발달과업과 주요 문제는 개인과 가족 및 시대에 따라 다르게 변화하겠으나, 인간이 지닌 보편성에 기초하여 참고사항으로 살펴볼 수 있다. 발달과업(developmental task)이라는 개념은 미국의 과학자이자 교육학자 로버트 해비거스트(Robert J.

Havighurst, 1900~1991)가 제안하였다. 하지만 해비거스트가 1972년 제시한 발달과업은 20세기 초 미국의 중산층을 대상으로 하고 있어 시대적 상황뿐 아니라 사회문화적 특성에 차이를 보이고 있다.

발달과업의 특징을 몇 가지 정리하면 다음과 같다(정홍인, 2017). 첫째, 발달과업은 특정한 시기에 수행되어야 하는 특정한 과업이 있음을 전제로 한다. 둘째, 각 단계에서 발달과업을 얼마나 달성했는지 여부가 이후 단계의 발달에 영향을 미치며, 셋째, 발달과업은 사회적 맥락 안에서 발생하므로 사회로부터 요구되는 역할(또는 기대수준)이 있다. 즉, 발달과업이란 도달해야만 하는 특정한 삶의 발달단계에서 사회적 기대를 기반으로 한 연령대별 규범적 과업(Hutteman et al., 2014)이며, 인생의 어떤 시기에 각 개인이 성취해야만 하는 특정한 활동이나 목표(장휘숙, 2009)라고도 할 수 있다. 따라서 발달과업이란 개인이 환경에 적응하기 위해 특정 시기에 나타나는 성취해야 할 과업이라고 정의내릴 수 있겠다. 물론 각 발달단계에서 어떠한 과업이 수행되어야 하는지, 특히 어떠한 과업이 중요한지에 관한 의견은 시대와 문화 및 개인마다 다르게 주장될 수 있다.

〈표 5.1〉 가족발달단계와 발달과업 vs 주요 문제

가족발달단계	발달과업	주요 문제
신혼기 가족 (결혼~자녀출산 전)	• 역할과 책임관계의 기준 설정 • 만족스러운 소득과 지출체계 수립 • 부부간 친밀감과 유대(상호 만족스러운 애정과 성생활 합의) • 효율적인 의사소통과 의사결정 • 친인척관계와 원만한 관계 수립 • 임신과 부모됨 합의 및 준비	• 부부간 생활방식의 차이갈등 • 부부간 성적 부적응 • 인척관계 갈등 • 대화체계 및 가족규칙 정립방법의 갈등 • 경제적 불안정의 문제 • 가정폭력, 이혼불안 등
유아기 자녀 가족 (자녀출산~ 첫 자녀 6세)	• 안정적인 애착관계 확립 • 영유아 자녀를 효율적으로 양육 • 영유아 자녀의 부모역할 적용 • 자녀출산에 따른 시간, 에너지, 공간, 가사의 재조정 • 만족스런 부부관계 유지 노력	• 임신과 출산에 부적응, 부부의 성적 부진, 배우자의 무관심 • 자녀의 건강문제, 발달장애 • 경제부담, 가사분담 갈등 • 배우자의 외도문제, 이혼위기, 가정폭력 등

계속

가족발달단계	발달과업	주요 문제
학동기(아동기) 자녀 가족 (2~7세)	• 자녀의 잠재력 개발에 대한 적절한 교육 • 자녀의 학업성취 지원 • 아동의 정서안정과 소속감을 위한 환경 조성 • 만족스러운 부부관계를 위한 노력	• 자녀의 학교생활부적응, 성적부진, 이상행동문제(ADHD, 학습장애) • 자녀의 정서적·신체적 건강문제 • 자녀교육 관련 경제적 부담, 자녀에 대한 과잉기대 • 자녀양육 관련 부부갈등 • 부부간 권태기, 부부갈등 심화, 배우자 외도, 이혼위기, 가정폭력 및 알코올중독, 게임중독 등
청소년기 자녀 가족	• 청소년 자녀의 자아정체감 형성, 진로선택 및 준비 • 사회적 역할 획득 • 학업성취, 정서적 독립 지원 • 자녀의 독립성 인정 및 자녀발달에 맞춘 가정생활 적응 • 재정계획 및 실천 • 만족스런 부부관계 유지 • 중년기 준비(자녀 학비, 노후 준비 등)	• 부모−자녀 간 세대차이 • 자녀의 학교생활 부적응, 가출, 일탈, 비행문제, 자살시도, 행동문제 • 자녀의 불안, 우울 등 정서문제 • 자녀의 학업스트레스, 정신장애, 자녀지도 관련 부부갈등 • 자녀교육 관련 경제적 부담, 정서문제 • 부부갈등 심화, 배우자 외도, 이혼위기, 가족 간 유대 약화, 가정폭력, 중독문제 등
성년기 자녀 가족 (20세~결혼 전)	• 자녀와 인격적 관계 정립 • 자녀진로, 취업 지원 • 재정계획 및 실천 • 중·노년기 준비(신체적, 정신적 건강 및 안정적인 기초생활을 위한 경제적 준비)	• 자녀 미취업 문제 • 결혼 및 독립 관련 부모−자녀 간 갈등, 건강 위기 • 중년기 우울증, 퇴직에 적응 • 자녀의 정신건강 문제 • 노부모 부양 부담 • 부부유대감 약화, 가정폭력, 별거, 이혼위기 등
자녀독립기 가족 (가족 첫 자녀 결혼~막내 자녀 결혼 전)	• 자녀의 결혼 및 독립지원 • 부부관계 재정비 • 건강대책 세우기 • 중년기 위기감 극복(갱년기) • 조부모 역할 수행/노년기 준비	• 자녀결혼 및 독립 관련 부모−자녀 간 갈등, 자녀의 취업문제 • 건강악화 위기감, 중년기 우울 • 새 가족원과의 갈등 및 삼각관계 • 명예퇴직 및 실직에 적응 • 손자와의 관계에서 갈등 • 자녀의 정신건강 문제 • 노부모 부양부담 • 부부유대감 약화, 가정폭력, 별거 및 이혼 위기
노년기 가족 (자녀 결혼 후 ~배우자 사망)	• 정서적으로 활기찬 여가활동 • 노화 및 은퇴적응, 신체적·정신적 건강 유지 • 부부중심의 관계유지 및 증진 • 성인자녀, 가족 및 친지와의 유대감 유지, 또는 친구, 동료 간의 의미 있는 인간관계 확립 • 배우자의 사별과 죽음에 대한 수용	• 은퇴 및 노화에 부적응 • 부부관계 악화 및 갈등심화 • 가정폭력, 별거, 중독, 이혼위기 • 성인 자녀와의 갈등 • 고부 간의 갈등 • 경제문제, 건강문제 • 정서적 고립과 소외 • 주거이동문제, 배우자 간병문제 • 배우자 사별에 부적응 • 죽음에 대한 두려움

앞서 언급한 내용을 토대로 다음 질문들에 관해 함께 토의해보자.

조별 나눔

Q1 한 여성은 30대 후반 늦게 결혼하여 자녀를 4명 출산(딸, 딸, 아들, 딸)하여 5인 가족으로 살아 갔습니다. 이 가족은 맞벌이 가족으로 어머니는 식당 운영을 하였고, 아버지는 옷가게를 하였습니다. 둘은 사업이 번창하여 경제적으로 풍족한 생활을 하였습니다. 그런데 막내 아들이 한국 학교생활에 적응하지 못해 일찍 캐나다로 유학을 떠났고 부부는 갑작스럽게 가족의 축소기를 맞이하였습니다. 그리고 부부는 남들보다 일찍 낚시를 하고 등산을 하는 등 여유로운 생활을 보낼 수 있었습니다. 그런데 이 부부는 계획에 없던 늦둥이를 낳게 되었습니다. 첫째보다 무려 12살이나 어린 아들이었습니다. 이 부부는 다시 가족확대기를 맞이한 것입니다. 이 때문에 부부의 역할과 과제도 바뀌게 되었습니다. 갑작스럽게 동생을 맞이한 첫째, 둘째, 셋째 그리고 부모가 수행해야 할 발달과업은 무엇이 있을까요?

Q2 자녀가 청소년기가 되면 독립성이 발달하여 자신만의 세계가 확장됩니다. 이 시기 부모는 전과는 다른 자녀의 변화된 모습에 적응하기 어려운 경우가 많고, 동시에 자신의 부모들은 병원일이 증가되는 시기로 제2의 사춘기를 겪는 경우가 많습니다. 이러한 중년기 시기에 자녀와 부모의 신체적·심리적 변화에 잘 적응하고 자신도 건강한 심신을 유지할 수 있는 솔루션에 관해 논의해봅시다.

Q3   드라마 〈시그널〉은 많은 사람들이 들어보았을 것입니다. 시그널 중 한 장면으로 여주인공인 김혜수가 직장 상사들을 위해 커피를 타려는 장면이 나옵니다. 직장에서 커피는 부하 여직원이 대령해야 한다는 구시대적인 발상을 반영한 장면이었는데요, 이 장면은 그렇게 단순하게 끝나지 않습니다. 남주인공이자 김혜수의 직속 상사인 조진웅이 바로 커피를 올려놓으려는 쟁반을 가로채 자신이 대신 커피를 타서 상사들에게 전달합니다. 이 장면처럼, 우리의 가족도 부부역할과 관련하여 충돌과 갈등을 경험합니다. 드라마 속 조진웅처럼 직접 나서서 해결하고자 노력하면 좋지만 그렇지 못한 부부들이 많은 듯 합니다. 아내가 신체적으로 돌봄을 받아야 함에도 불구하고, 또한 젊은 부부임에도 여전히 집안일과 양육, 식사 준비는 '여성'이 해야 한다고 주장하는 남성들이 있습니다. 이들에 관해 여러분들은 어떻게 생각하십니까? 이들의 신념과 인식의 변화에는 희망이 없는 걸까요?

Q4   블레이저와 하이벨스(Blazer & Hybels, 2009)에 따르면 노년층은 다른 연령층에 비해 우울증이 3배 이상 발병하며 전체 노년층의 30% 정도가 우울증을 앓고 있는 것으로 보고되고 있습니다. 100세 시대, 활기찬 노년기를 보내는 사람들도 있고 그렇지 못한 노인들도 있는데요, 가급적 우울에서 벗어나 건강한 노년의 일상을 보내기 위해 무엇이 필요할지에 관해 논의해봅시다.

생생한 사례로 살펴보는 건강가정론

앞서 언급한 바와 같이, 이 이론은 전통적인 성역할 분담체계를 지닌 중산층 핵가족에 준거하고 있다. 하지만 현대사회에는 다양한 가족의 형태가 증가하며 여러 현상들을 독자적으로 수용해야 한다는 데 사회적 분위기와 흐름이 있다. 이 이론의 한계점을 극복하고자, 엘도어스(Aldous)는 이혼한 부모의 가족 경로를 제시하였고, 카터와 맥골드릭(Carter & McGoldrick)은 재혼 가족의 발달단계를 제시한 바 있다.

〈표 5.2〉 엘도어스(Aldous)의 이혼한 부모의 가족경로

단계	내용
1단계	이혼과도기와 한부모 가족의 형성
2단계	부모역할 수행과 직업생활 계속 혹은 새로 시작
3단계	초등학생 연령의 자녀가 있는 가족
4단계	청소년 자녀가 있는 가족
5단계	청년이 된 자녀가 집을 떠나는 가족
6단계	중년의 부모
7단계	직업에서 은퇴하거나 부모들에 대한 부양책임을 가짐

〈표 5.3〉 카터와 맥골드릭(Carter & McGoldrick)의 재혼 가족발달 단계

단계	내용
1단계	새로운 관계 형성
2단계	새로운 결혼과 가족에 대한 개념화 및 계획 세우기
3단계	재혼 및 가족 재구성

생각 나눔

Q1 예시를 살펴보고 20~30대 청년기는 어떠한 발달과업이 중요하다고 생각하는지 자신의 생각을 정리해봅시다.

예시. 청년기는 직업세계에서 활발하게 자신의 역량을 보여주는 시기입니다. 인생의 후배들에게 개인생활과 사회생활에서 경험한 양육, 결혼, 상사와의 관계 등을 조언해주거나 도움을 줍니다. 만약 가정과 직장에서 아무것도 해줄 수 있는 것이 없어 스스로 도움이 되지 못한다고 여기게 되면 침체감이 올 수 있습니다. 아울러 자기계발도 굉장히 중요하지만, 자신이 발전하는 만큼, 주변 인물들에게도 좋은 영향력을 줄 수 있는 사람이 되는 것 또한 중요하다고 생각합니다. 청년기 발달과업은 자아성찰입니다. 이 시

기에는 어느 정도 직업도 가지고 가정도 이루게 될 것입니다. 그렇게 되면 자신이 책임을 져야 하는 일들이 많아집니다. 이 과정에서 과연 자신이 지금까지 생활했던 것처럼 앞으로 생활하더라도 주변 사람들에게 좋은 영향을 줄 수 있고 모범이 될 수 있는지를 다시 한 번 돌아보는 시간을 가지는 것이 미래의 인간관계와 자신의 생활, 주변 사람들에게 좋을 것입니다.

Q2　이혼소송 중인 50세 남편은 초등학교 6학년 딸과 중학교 2학년 아들과 거주 중입니다. 최근 딸 아이는 초경을 시작하였고, 아버지는 다소 말수가 적어지는 아이를 어떻게 대해야 할지 고민이 생겼습니다. 일생에 처음 어른이 되는 일을 축하해주기 위해 케이크로 축하를 해주었지만 무언가 어색한 감이 도는 듯 합니다. 이 가족에서 아버지가 성공적으로 수행해야 할 발달과업은 무엇일지에 관해 논의해봅시다.

Q3　고등학교 입학을 앞둔 김철여(가명)는 최근 새엄마를 만나게 되었습니다. 어린 시절, 부모의 이혼이라는 '충격'이 있었지만 그는 묵묵하게 아무 일도 없었다는 듯 성실하게 학업에 임해왔습니다. 철여는 열심히 공부한 결과 최근 희망장학금 100만 원을 수여했습니다. 그런데 철여의 새엄마와 철여의 의견은 엇갈렸습니다. 새엄마는 교복을 맞추고 문제집을 사는 등 학업에 장학금을 쓰기 원했고, 철여는 고등학교 입학 전 친구들과 여행을 가는 데 쓰기를 원했습니다. 그리고 아버지는 아쉽게도 이 둘의 일에 무관심합니다. 이 가족은 어떻게 문제를 해결해나갈 수 있을까요? 현실 가능한 솔루션을 제안해봅시다.

생생한 사례로 살펴보는 건강가정론

5.2   가족강점과 자원

　　　　자원이론은 '문제'에 초점을 두는 병리적인 관점에서 벗어나 인간의 '가능성'을 바라본다. 우리가 가족실천 현장에서 만나는 이용자(또는 내담자)들이 지닌 강점과 재능, 자원을 그대로 바라보며 인정하는 데 주력한다. 이 이론의 지지자들은 문제와 그로 인한 증상, 부정적인 결과를 돕는 일에서 벗어나 그들의 삶을 함께하며 가치를 확고히 해나가는 데 관심을 기울인다. 이러한 과정을 통해 우리는 그들의 자존감을 높이고 효능감을 증진시키며 유능하고 독립적인 인간으로 성장할 수 있도록 도울 것이다. 아울러 그들에게 희망을 부여하고 영성과 같은 정신적 차원을 풍부하게 하며, 스트레스 대처능력을 높이고 일상에서의 만족을 높이는 등 포괄적인 접근 (Miley & Dubois, 1995)을 통해 임파워먼트(empowerment)시킬 수 있다.

1) 강점관점의 개념과 주요 영역

샐리비(Saleebey, 1996)는 강점 관점을 실제 적용하는 데 핵심적인 개념으로 여섯 가지 개념을 주요 개념으로 설명하였다. 아울러 샐리비는 아래의 내용들이 강점에 포함될 수 있다고 하였다. 중요한 것은 이러한 것들을 강점으로 인식하고 새로운 의미를 부여하는 것이다. 즉, 강점관점이라 함은 자신의 일과 세상에 대한 사고방식, 즉 관점 자체를 말한다. 이 관점이 실천현장에서 성공적으로 적용되고 활용되기 위해서는 강점관점의 내용과 원칙에 관해 잘 이해하여 클라이언트의 성공적인 경험, 강점과 자원 등을 발굴해낼 수 있어야 한다.

강점관점의 주요 영역

- 임파워먼트 : 개인, 집단, 가족 및 지역사회가 내부 또는 외부에 지닌 자원을 발견하고 확장하도록 돕는 과정이다.
- 소속감 : 사람들이 가족과 지역사회의 구성원인 것을 인식하고 소속감을 가질 때 자신의 소중함, 존중감과 책임감을 갖게 된다. 따라서 조직의 구성원으로 소속되어 권리와 책임을 갖고 안전함 속

에서 행복감을 추구하도록 한다.

- 레질리언스(resillience) : 사람들은 아주 심각한 문제와 극한 역경도 극복하고 이겨낼 수 있다. 이를 통해 적극적으로 성장해나갈 수 있는 기회를 만나도록 한다.

- 치유 : 인간 유기체는 스스로 치유할 수 있는 능력이 있다. 사람들이 혼란과 질병 등 어려움에 처할 때 중요한 것은 자신의 신체와 마음이 전체적으로 건강한 것과 선천적인 재능이 있다는 것을 신뢰하는 것이다.

- 대화와 협동 : 대화는 동정, 동일시, 타협, 적응, 다른 사람을 참여시키는 것을 포함한다. 실천가들은 상담자, 중재자로 내담자와 협동하는 것이 중요하다.

- 불신의 종식 : 실천가들은 내담자 이야기의 진실성 여부에 초점을 두는 것이 아니고 내담자의 내적인 힘이 될 수 있는 강점과 자원을 신뢰하는 것에 가치를 두는 것이다.

2) 실천현장에서의 적용

가족이 보다 기능적인 체계로 유지되기 위해 중요한 점들은 많겠지만, 특히 가족의 문제보다 강점과 자원 중심의 시각이 매우 중요하다. 아울러 우리가 건강가정 실천전문가로 현장에서 활동할 때에도 그들이 지닌 자원과 강점이 무엇인지 파악하는 것이 중요하다.

강점관점의 영역

- 개인이 지닌 기술과 재능(예 글쓰기, 꽃가꾸기, 외국어 능력, 발레하기, 뛰어난 태권도 실력 등)

- 자신에 대한 가치와 특성(예 인내심, 관계능력, 유머감각 등)

- 상호작용기술(예 위로하고 중재할 수 있는 능력, 긴장을 줄일 수 있는 능력 등)

- 주변환경(예 확대가족, 친밀한 관계의 사람, 좋은 이웃 등)

- 가족과 가족 간의 이야기(예 가족의 역사, 전승되는 교훈적인 이야기 등)

- 역경을 통하여 얻은 지식(예 연인관계에 실패하고 역경을 겪은 뒤 인간관계는 상호작용이라는 사실을 알게 됨. 창업에 실패하고 자신이 사업가보다는 급여받는 직종에 종사하는 편이 낫겠다고 판단함 등)

- 부모역할을 통하여 얻은 지식(예 차분하고 꼼꼼한 첫째와는 달리 둘째의 경우 매우 외향적이고 예술적인 성향이 강함을 인식하고 다른 방식으로 양육해야겠다고 다짐함)

- 영성과 믿음(예 자신이 창조자의 섭리 아래 존재함을 믿고 신을 의지하며 살아감, 다음 생을 위해 선을 베풀며 살아감)

- 희망과 꿈(예) 현재보다 쾌적한 정원이 있는 주택에서 살 수 있기를 원함, 스튜어디스가 되기 위해 영어와 프랑스어를 습득하여 보다 멋진 모습이 되고자 하는 바람 등)
- 직업(예) 전문상담자격 취득을 통해 전문심리상담가 되기를 원함, 역사여행가이드 전문가로 활동하기 위해 지식을 갖추어 나감 등)
- 문화적 의식 또는 예식에 관한 지식(예) 한국 사람은 빨리빨리 행동하는 특성을 지님, 결혼식에 참여할 때 단정한 의상으로 예의를 갖춤 등)

강점지향적인 관점(strength perspective)은 무엇보다 클라이언트의 상실된 힘을 회복하는 과정에서 강점과 잠재력을 밝혀내고 적극 활용함으로써 내면의 동기나 정서적 힘, 또는 잠재력을 극대화해주는 것이다. 건강가정 실천전문가들은 클라이언트를 병리적으로 보기보다는 여전히 능력과 가능성, 가치와 희망이 있는 존재로 인식하며 모델링하는 자세가 필요하다.

이처럼 사회복지 실천현장에서 강점관점이 대두되는 흐름은 그동안 사회복지 실천현장에서 개인, 가족과 지역사회의 병리, 결핍과 문제 등에 관심을 두었다는 사실을 말해준다(Saleeby, 1996). 이 관점은 1989년 Weick, Rapp, Sullivan & Kisthardt 등에 의해 소개되면서 사회복지 분야에서의 관심이 고조되기 시작하였다. 한국에서는 1990년대 이후 '역량 강화', '권한 부여'라는 개념(양옥경·김미옥, 1999)으로도 소개되었고, 이후 문제가 있는 청소년, 중독의 문제를 지닌 자, 노인뿐만 아니라 정신질환자에 이르기까지 다양한 집단에 적용하고 효과성을 알아보는 연구들이 진행되었다.

과거 병리적 관점과 달리 강점관점의 주된 특징은 다음과 같다. 병리적 관점에서 치료는 문제에 초점을 두며, 실천가가 만든 치료계획 중심으로 계획되어 증상을 줄이는 것에 초점을 둔다. 반면 강점관점에서는 개인의 장점으로써 재능과 자원 등에 관심을 갖고 치료의 가능성에 초점을 둔다. 자원은 개인, 가족, 지역사회의 강점과 능력이므로 지역사회구성원으로서 보다 기능적으로 살아가도록 조력한다.

우리는 가족 관련 실천현장에서 클라이언트를 만나 그들의 가족기능성을 보다 향상시켜주어야 하는 여러 업무 영역에서 그들의 강점과 자원을 찾아낼 수 있는 능력을 지녀야 한다. 이러한 능력을 향상시키기 위한 노력의 일환으로 '내가 보는 나의 장점-타인이 보는 나의 장점' 활동을 통해 자신의 강점과 자원을 발굴해보자.

내가 보는 나의 강점(흑)−타인이 보는 나의 강점(백)

1. 4명으로 조별 그룹을 만든다.

2. 우선 개인작업으로 자신이 인식하는 강점 50가지를 적어본다.

3. 조별 작업으로 자신의 강점 중 대표적인 3가지 강점을 조원들에게 소개한다.

4. 자신의 워크시트 빈칸(타인이 인식하는 나의 강점 50가지)을 조원들이 채운다.

5. 자원 100가지를 스스로 살펴보며 무엇이 느껴지는지 나누어본다.

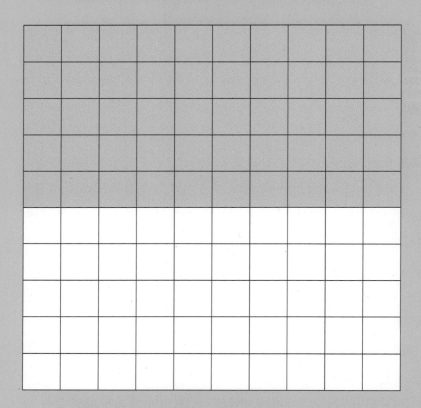

강점 리스트 예시

대학에 재학 중인 20대 친구의 이야기입니다. 정신
과에 다닐 만큼 힘들었지만, 지금은 잘 극복하여 진
취적인 일상을 보내고 있습니다.

1. 친구가 많은
2. 형, 동생 관계가 좋은
3. 항상 열심히 하는
4. 직업이 많은
5. 배려하는
6. 사려 깊은
7. 주변 사람을 잘 챙기는
8. 금전적으로 잘 베푸는
9. 밥을 잘 사는
10. 술을 잘 사는
11. 예의바른
12. 어른들에게 잘 하는
13. 할아버지, 할머니 세대의 이야기를 잘 들어주는
14. 동생들을 잘 챙기는
15. 형들에게 잘 하는
16. 평균보다 키가 큰
17. 돈을 잘 버는
18. 돈을 많이 모은
19. 높았던 꿈을 이룬
20. 인정받는
21. 더욱 인정받기 위해 노력하는
22. 돈보단 명예를 쫓는
23. 자신에 대한 금전적 투자를 아끼지 않는
24. 아낄 땐 아끼는
25. 가계부를 쓴 지 9년이 된
26. 정말 밑바닥부터 스스로 이루어낸
27. 자수성가한
28. 희망을 주는
29. 새로운 길을 개척한
30. 남들과는 다른
31. 나와 다르다고 무시하지 않는
32. 존중하는
33. 존중하지 못해도 노력하려 하는
34. 도전을 두려워하지 않는
35. 배움에 관심이 많은
36. 동시에 여러 가지를 할 수 있는
37. 자존감이 낮지 않은
38. 한번 빠진 것엔 끝장을 보는
39. 자유로운
40. 프리랜서라 시간쓰는 것이 용이한
41. 손이 빨라 돈을 버는 가성비가 좋은
42. 생각이 많은
43. 준비성이 있는
44. 모든 것을 메모하는
45. 철저한
46. 겸손한
47. 거만하지 않은
48. 자만하지 않은
49. 항상 일하는
50. 영어를 잘 하는
51. 중국어를 공부하고 있는
52. 다양한 경험이 많은
53. 외국을 정말 많이 갔다온
54. 다양한 외국에 친구들이 많은
55. 외국 맛집을 많이 아는
56. 외국 로컬지역들을 잘 아는
57. 인종차별을 하지 않는
58. 인종차별을 잘 당하지 않는
59. 인정받는 자식이 된
60. 노래를 잘 부르는
61. 다양한 예술에 관심이 많은
62. 술을 잘 먹는
63. 숙취가 없는
64. 숙취가 있어도 다음날 스케줄을 잘 소화하는
65. 간이 매우 건강한

66. 조금 자도 많이 피곤하지 않은

67. 정리를 잘 하는

68. 정리를 좋아하는

69. 애국심이 많은

70. 한국을 알리고 있는

71. 인터뷰를 많이 한

72. 잡지에 많이 나온

73. 매체에 많이 나온

74. 색감을 잘 쓰는

75. 그림 구도를 잘 배치하는

76. 나만의 확고한 그림 스타일이 있는

77. 직업적 신념이 확고한

78. 섬세한

79. 책임감이 높은

80. 바람피지 않는

81. 분리수거를 잘하는

82. 일회용품을 거의 사용하지 않는

83. 재활용을 잘 하는

84. 교통법규를 잘 준수하는

85. 물리적 고통을 잘 참는

86. 화해를 잘 하는

87. 나이에 비하여 이룬 것이 많은

88. 믿고 따르는 사람이 많은 리더인

89. 날 좋아하는 사람들이 매우 많은 아티스트인

90. 인간관계를 끊을 땐 단호한

91. 말장난을 잘하는

92. 정신과를 4년 다녔지만 무너지지 않는

93. 마음이 힘들면 더 열심히 하는

94. 쉴 땐 쉴 줄 아는

95. 여기까지 막힘없이 쓸 수 있는

96. 강점과 함께 단점도 같이 떠올리는

97. 단점을 떠올리면서 반성하는

98. 반성과 함께 변화하려고 하는

99. 변화할 자신이 있는

100. 항상 변화하고 있는

강점관점의 기본 가정은 다음과 같다. 여기서 중요한 점은 자신이 세상을 바라보는 관점과 가정들이 얼마나 동의하는지의 여부에 관해 살펴보는 것이다.

강점관점의 기본 가정 4가지

1. 인간은 모두 자신의 문제를 해결할 수 있는 능력이 있다.

2. 인간은 누구나 자신만의 강점들을 지니고 있다.

   (예 진취적, 꼼꼼한, 계획적인, 차분한 등 정신적 에너지뿐만 아니라 친밀감 형성능력, 사회성 등과 관련된 개인의 관계적 능력 등)

3. 우리는 타인이 자신의 강점을 발견하여 줄 때보다 발전하고 성장한다.

   (예 건강가정 실천현장에서 클라이언트의 동기는 실천가가 강점을 발견할 때보다 발전하고 성장한다.)

4. 우리가 처한 모든 환경은 자원이다. 환경이 아무리 열악할지라도 자원과 가능성을 찾을 수 있다.

이처럼 우리 모두는 개인의 내·외적 자원을 갖고 있다. 가족원들은 자신과 환경의 상호작용 가운데 자신의 내·외적 요구를 해결하기 위해 필요한 인지적·행위적 노력을 통해 정착을 이루어간다. Lazarus & Folkman(1984)은 개인이 활용할 수 있는 내적 자원을 '심리적 자원(psychological resources)'이라고 명명하였다. 이는 기존 스트레스 반응에 관심을 두고 스트레스를 완화하는 데 초점을 두는 전통적인 스트레스 대처 모델의 범위를 넘어서서 자원의 획득과 유지를 강조한다(Lazarus & Folkman, 1984).

Hobfoll(1989)의 자원보존이론은 자원을 획득하고 보호하기 위한 개인의 노력에 초점을 둔다. 객관적·사회적으로 구성된 개인의 환경적 특성 모두를 자원으로 간주하고 초점을 둔다. 즉, 개인의 자원을 평가할 때 실제 보유하고 있는 자원의 양뿐만 아니라 부가적으로 획득 가능한 자원 모두를 평가하게 되는 것이다. 이러한 자원보존이론은 건강가정 실천전문가들이 문제중심적인 파악에서 벗어난다는 점에서 차별적이라 할 수 있다. 개인이 활용할 수 있는 내적 자원을 심리적 자원(psychological resources)이라고 한다(Lazarus & Folkman, 1984). 그리고 범위를 개인 심리 내면에서 환경적 영역으로 확장하여 보면 심리사회적 자원이란 우울, 불안 등과 같은 부정적 결과를 직접적·간접적으로 막아주는 자신의 내·외적인 환경적 요소(Ensel & Lin, 1991)라고 할 수 있겠다. 즉, 심리사회적 자원이란, 자신이 어떠한 상황을 극복해나가며 자

Q1 아래 한 남학생(고 2)의 사연에서 강점과 자원을 찾아봅시다.

예시. "저는 얼마전 OOO수녀원 청소년시설을 퇴소했어요. 집에 가니 형과 부모님이 반겨주고 공동생활을 하지 않아 편하고 좋습니다. 어머님은 새어머니세요. 저는 가끔 친어머니를 만나고 있습니다. 그렇다고 새어머니가 싫은 건 아니에요. 그런데 저를 낳아주신 어머니가 더 좋습니다. 친구들과 어울리다보니 중고폰을 훔치는 일에 가담하게 되었고 그 일로 인하여 6개월 정도 시설에 있었던 거죠. 그곳에는 신부님과 수녀님들이 계셨는데요, 저는 거기서 많은 걸 깨닫게 되었습니다. 죄를 지었음에도 여전히 저를 좋게 봐주시는 선생님들이 인상깊었어요. 형도 예전에 저와 같은 일이 있었거든요. 부모님이 많이 힘드시겠죠. 여쭤보진 않았지만요. 그래서 앞으로 잘 지내보려고 합니다. 일단 다음주부터 학교에 가기로 했으니 잘 적응해야죠. 저는 운동을 좋아해요. 유도도 잘 하고 태권도 좋아해요. 그런데 전문적으로 배워 유도장이나 태권도장을 차리고 싶은데, 운동을 배울 가정형편은 못 돼요. 어쩌겠어요. 일단 공부하면서 앞으로 무엇을 할지 찾아봐야죠. 빨리 어른이 되어 돈을 벌고 싶어요. 사실 부모님께도 죄송스럽고 그렇잖아요. 나중에 잘돼서 효도해야죠. 배달 아르바이트도 해볼까 해요. 부모님 생신이 다가오는데, 좋은 향수를 친어머니께 선물해드리고 싶거든요. 저 잘 살 수 있을까요? "

Q2 당신이 기록한 강점을 조원들과 나누어봅시다. 총 몇 개의 강점과 자원을 찾을 수 있을까요?

Q3 위 학생이 학교에 보다 잘 적응해나갈 수 있도록 하기 위해 무엇이 필요하다고 생각하십니까?

신의 내·외적 요구를 해결해 나가기 위해 자발적으로 획득하고 활용할 수 있는 유·무형의 모든 물질(전주람, 2014)을 말한다.

이 개념을 가족으로 확대하여 살펴보면, 가족자원이란 가족원들의 욕구를 충족시킬 수 있는 활용 가능한 개인의 내·외적 요소라고 정리할 수 있겠다. 마지막으로 우리 가족만의 자원, 특히 어떤 갈등이나 힘든 일이 발생했을 때 극복해나갈 수 있는데 도움이 되는 몇 가지 요소를 찾아보자.

왼쪽의 조별 논의를 통해 한 클라이언트의 강점과 자원을 찾아보자.

생각 나눔

Q1　우리 가족만의 자원 세 가지를 발견해봅시다. 예컨대, 아빠는 도전적이이며 리더십이 강합니다. 집안에 위기가 찾아올 때마다 진두지휘하며 해결해 나가십니다. 엄마는 소근육이 잘 발달되어 섬세합니다. 뜨개질을 잘하고 최근에는 반려견들의 옷을 만들어 판매하여 가정 경제에도 보탬이 됩니다.

Q2　상상의 즐거움을 만끽해봅시다. 당신이 잠들기 바로 전 편안한 시간입니다. 요술램프 지니가 나타났어요. 갑작스러운 일입니다! 지니는 당신에게 한 가지 소원을 들어준다고 합니다. 당신의 가족에게 한 가지 선물을 준다고 하는데요, '눈에 보이지 않는 가족자원'이라는 단서를 달아주었습니다. 단 한 가지! 여러분은 무엇을 선택하시겠습니까? 그 이유가 궁금해집니다.

6장

건강가족의 요소에 대한 이해(1) :
가족역할, 가족정서,
가족의사소통

전주람

이 장에서는 건강가족의 요소로 가족역할, 가족정서, 가족의사소통에 관해 살펴보고자 합니다. 가족 구성원들은 어떤 역할을 하나요? 가족들은 제각기 자신의 역할을 수행하며 살아갑니다. 그리고 그 역할들은 가족 형태와 환경의 변화에 따라 변화합니다. 이러한 각각의 고유한 '역할'이 어떠한 과정을 거쳐 획득되는지 그 과정에 대해 살펴보고자 합니다.

또한 가족원들에게 가족들 간의 정서교류와 유대감은 중요한 정서적 속성이며, 소통은 가족들의 삶을 윤택하게 해줍니다. 우리가 어떻게 가족원들과 대화해야 하는지, 현재 바쁜 일상에서 어떻게 함께 시공간을 공유하며 고유한 가족문화를 보존할 수 있는지 함께 생각해봅시다.

6.1 가족역할

1) 역할의 개념과 역할 5단계

역할이란 한 개인이 차지한 지위와 타인과의 상호교류 과정에서 주어지는 행동규준이나 문화적 행동양식을 말한다. 개인이 속한 사회는 다양한 지위를 지닌 사람들로 구성된다. 우리 사회가 안정적으로 유지될 수 있는 것은 그 사회에 속한 개별 구성원들이 자신의 지위에 따라 기대되는 행동을 수행하고 있기 때문이다. 그렇다면 개인의 역할은 어떠한 과정을 거쳐 취득되는가? 가족원들의 역할은 다음과 같이 5단계를 거친다.

역할 5단계

1. 역할기대(role-expectaion) : 역할담당자에 대한 타인의 요구나 평가기준

2. 역할인지(role-perception) : 역할담당자가 어떤 역할을 자기가 수행해야 한다고 지각하는 상태

3. 역할수행(role-performance) : 역할담당자가 기대나 인지의 일치 여부와는 상관 없이 실제로 행하는 행동

4. 역할평가(role-evaluation) : 역할담당자에게 부여되는 역할기대와 역할수행 간의 일치나 불일치를 따져봄으로써 얻게 되는 개인적 충족감

5. 역할고정(role-fixation) : 역할평가를 통해 만족할 만하다고 인정되는 역할행동 유형을 자신의 역할로 내면화하는 단계

예를 들어 살펴보자. 한 여성은 학위를 마친 뒤 30대 후반 느지막이 결혼을 하였다. 그런데 어느 날 전등이 고장났다. 여성은 집안의 전등이나 수도, 세탁기 호스 등이 고장나는 일에 관해 당연히 남편이 고쳐주거나 어려울 경우 수리기사를 불러 일처리를 해줄 것이라고 기대하였다(역할기대). 왜냐하면 원가족에서는 보통 아버지나 남자형제들이 그 일을 담당했기 때문이다. 아내는 남편이 퇴근하여 들어오자, 전등이 고장난 사실을 알리고 고쳐주기를 원했다(역할인지). 그런데 이 남성은 자신이 지냈던 원가족에서는 어머니가 기계를 잘 다루어 집안에서 무엇이 고장나면 모두 어머니가 수리하거나 고쳤다고 말한다. 그의 어머니는 컴퓨터를 조립할 뿐만 아니라 자동차의

부품도 웬만한 건 모두 스스로 고치셨다. 그 남성은 어머니가 다 해주신 덕에 전등을 고쳐본 일이 없었다. 그래도 아내가 원하므로 남편은 시도해보기로 했다. 그런데 도통 엄두가 나지를 않는다. 사다리를 타고 올라가는 일부터 먼지를 닦아내고 정리하는 일 모두가 서툴고 어려웠다(역할수행). 그는 비용을 들여 수리기사를 불러 처리하겠다고 (역할평가) 결심했다. 즉, 비용이 발생할지라도 그가 복잡한 설명서 매뉴얼을 익히는 것을 포기한 것이다. 이후 부부는 집안에 세탁기, 컴퓨터, 전등 등 수리해야 하는 일이 발생하면 수리기사를 불러 일을 처리했다(역할고정). 이처럼 가족원 내에서 발생하는 수많은 역할은 새롭게 가족원 누군가로부터 기대되며 인지, 수행과 평가의 과정을 거쳐 역할고정에 이르게 된다.

생각 나눔

Q1 당신의 집에서 당신이 맡고 있는 구체적인 역할을 하나 생각해봅시다. 예를 들면, 분리수거를 하거나, 주말에 화장실 청소를 하고, 혹은 가족여행을 계획해야 할 때 리더자를 맡는 역할 등입니다. 당신이 역할을 맡게 된 과정을 역할 5단계로 분석해봅시다.

나의 역할 : _____

1. 역할기대 : _____
2. 역할인지 : _____
3. 역할수행 : _____
4. 역할평가 : _____
5. 역할고정 : _____

Q2 당신이 경험하는 '가족역할' 중에서 변화되기를 원하는 것이 있는지 살펴봅시다. 그리고 어떠한 과정을 통해 가족역할의 변화가 가능할지에 관해 생각해봅시다.

2) 가족역할의 개념과 유형

가족역할이란 가족이 적절한 결속을 유지하면서 주어진 기능을 충실히 수행하기 위해 가족구성원이 행하는 반복적 행동양식이다. 가족역할은 가족구성원에 부여된 역할을 기준으로 부부역할, 부모역할(부역할, 모역할), 자녀역할, 조부모역할(조모역할, 조부역할) 등으로 구분할 수 있다. 여기서는 부부를 중심으로 부부역할과 부모역할을 살펴보겠다.

(1) 부부역할

부부역할을 수행하는 데에는 사회의 기대, 어린 시절의 경험, 개인의 선호, 불평등한 권력 등을 포함하는 복잡하고 다양한 요인들이 영향을 미친다. 과거에는 도구적인 성향을 남성성으로, 표현하는 성향을 여성성으로 규정하여 성역할 정체감을 상호양립할 수 없는 양극단으로 이분화시켰다(Parsons & Bales, 1995). 하지만 사회변화와 가치관의 변화로 남성성과 여성성이 근본적으로 배타적인 것이 아니라 개인의 특성에 따라 여성성과 남성성을 모두 높게 지닐 수도 있고, 어느 한쪽 성향을 강하게 지닐 수도 있으며, 혹은 어느 쪽도 제대로 지니지 못할 수도 있는 것으로 설명한다. 예컨대 어머니는 항상 '여성의 일(예 가사, 요리, 양육 등)'을, 아버지는 항상 '남성의 일(예 경제적 책임, 가장으로서의 부양 등)'을 하는 매우 전통적이고 엄격한 가족에서 성장한 사람은 결혼 후 자신의 부모와 유사한 역할을 수행할 수도 있고, 반대로 자신의 부모와는 다른 행동을 선택할 수도 있다.

오늘날에는 과거처럼 성에 근거한 명확한 역할 구분을 기대하기보다 개인의 선호에 따라 선택되는 방향으로 변화하고 있다. 가사분담에 대한 연구결과(Olson 외, 2008)에서 행복한 부부는 불행한 부부에 비해 부부 중 어느 한 사람이 다른 사람보다 더 많은 일을 한다고 생각하지 않는 것으로 나타났다. 행복한 부부의 중요한 지표는 부부가 평등한 관계 유지를 위해 얼마나 함께 노력하는가이다.

(2) 부모역할

'부부'는 자녀를 출산함과 동시에 '부모'의 이름을 갖는다. 자녀의 출생은 가족의 역할과 부부의 라이프스타일에 변화를 가져다 준다. 부모에게 자녀양육은 매우 의미 있는 일이지만, 많은 스트레스를 가져다주기도 한다. '부모됨'에 대한 보상은 돈도 선물도 아니며, 자녀들의 성장을 지켜보는 기쁨, 부부가 함께 자녀를 기르면서 느끼는 친밀감 등 대부분 심리적인 것이다. 부모역할은 의미 있고 가치 있는 일이나, 이 역할에 대한 훈련은 매우 미흡하다. 예컨대, 갓난아기를 어떻게 목욕시켜야 하는지, 남편이 해야 하는지, 아내가 해야 하는지, 같이 한다면 무엇을 어떻게 해야 하는지 고민이 될 것이다. 한편 아기의 옷이 보태져 늘어나는 빨래는 누가 어떻게 정리해야 하는지, 아기의 분유는 온라인쇼핑을 할지, 오프라인으로 살지 등 수많은 의사결정 앞에 부딪히게 된다. 따라서 부모는 부모로서의 역할을 원만하게 수행할 수 있도록 가급적 부부가 자녀 출생 이전에 논의할 수 있는 일들을 이야기하며 이후에도 지속적으로 유연하게 부와 모의 역할을 수행하고 학습해나가야 한다.

가족역할에서 무엇보다 중요한 것은 부부 서로가 협동하여 건강한 가정생활을 위해 공동의 목표와 가치관, 인생의 의미를 찾고 공유하는 것이 아닐까 싶다.

Q1 당신은 남편과 아내의 역할에서 중요한 점이 무엇이라고 생각하십니까? 예를 들어, 아내는 남편의 생일날 미역국과 케이크를 챙겨주어야 하는 일이 중요하다고 인식할 수도 있고, 혹은 남편은 아내가 시부모님 생신날 외식이 아닌 손수 만든 음식을 제공하는 일을 중요하게 생각할 수도 있겠습니다. 남편의 역할과 아내의 역할에서 중요한 점을 세 가지씩 정리해보고 그 이유에 관해 설명해봅시다.

Q2 40대 초반에 결혼한 한 부부는 자녀출산을 포기하고 자신들의 일에 집중하며 살아가기로 합의하였습니다. 부부는 주말마다 여행을 다니고, 둘 다 방학이 있는 교사 직업을 가지고 있어 방학 때마다 세계여행을 다녔습니다. 그렇게 10년 정도 흘렀는데, 어느 날 남편은 여행에 집중하며 둘만 사는 조촐한 가정에 아쉬움을 느낍니다. 그리고 아내에게 자녀출산을 제안합니다. 깜짝 놀란 아내는 절대 그럴 수 없다고 강하게 주장하는데요, 이렇게 바뀐 남편의 욕구에 아내는 어떻게 대응해야 할까요? 아내는 한가롭게 살아가는 부부 중심의 라이프스타일이 깨질지도 모르겠다는 불안감에 사로잡혀 있습니다.

6.2 가족정서

1) 정서와 정서 인식

정서란 사람의 마음에 일어나는 여러 가지 감정을 일컫는다. 그로스(Gross) 외 다수의 연구자들은 유사용어들의 혼란을 막기 위해 구분하였으나, '기분', '감정', '느낌' 같은 유사한 몇몇 용어가 구분 혹은 혼용되어 사용되고 있다. 기분은 지속시간이 긴 반면 정서는 지속시간이 짧은 경우를 말하며, 정서는 특정한 대상이 있고, 기분은 대상이 특정적이지 않다. 정서는 학문적으로는 정동(affect)과 구분된다. 정동은 자극에 대한 무의식적 생리 반응으로 정동은 단지 일어날 뿐이고, 정서는 정동 과정이 의식화된 산물이다(Leslie S. Greenberg, Sandra C. Paivio, 2008).

타인의 정서를 판단하기 위해 사용되는 가장 용이한 정서적 정보로 얼굴표정(Friesen, 1972)을 들 수 있다. 인간은 얼굴표정과 함께 어떠한 언어정보가 제공되는가에 따라 표정의 정서 인식(emotional recognition)이 달라질 수 있다. 정서 인식은 자신 및 타인의 내적, 외적 정서를 인식하고 이해하는 능력이다(박화윤·안라리, 2006). 즉, 자신의 기분과 감정 전체를 인지하고, 더불어 자신의 정서를 조절하고 통제하는 능력을 말한다. 또한 자신이 경험하는 우울, 불안 등 부정적인 정서를 종결시키고 긍정적인 정서상태는 지속시킬 수 있다고 믿는 정도를 말한다.

정서 인식은 정서에 대한 주의(monitoring)와 명명화(labeling)를 포함한다(Swinkles & Giuliano, 1995). 즉, 정서에 주의를 기울이고 이를 명확히 인식하는 것이 '적응'과 '행복'에 주요 변인이 된다. 정서의 명확성이 뛰어난 사람들은 심리상태가 건강하고 긍정적인 가치관(Mayer & Stevens, 1994)을 지닌다. 또한 그들은 적응능력도 뛰어나고 신체적으로도 건강하며, 편안한 심리상태를 유지하였다(Goldman, Kraemer & Salovey, 1996). 그리고 정서표현을 잘하는 사람이 다른 사람들에게 더 사랑받고(DePaulo, 1992), 사람들과의 관계에서 발생되는 문제 또한 긍정적으로 해결하며, 대인관계 형성과 유지에 더 능숙(김선주, 2002)한 것으로 밝혀졌다. 반면, 정서의 명확성이 낮은 사람일수록 스트레스 상황에서(정서적 반응에서) 빨리 벗어나지 못하는 경향이 있다.

2) 가족정서

가족원 간의 따뜻한 정서 교류는 피로와 긴장을 해소해주고, 가족의 정서적 안식처로서의 기능에 매우 중요한 부분을 차지한다. 가족원들이 서로 긍정적이고 바람직한 정서적 접촉과 교류를 하는 것은 가족에 대한 긍정적인 생각을 이끌어내고 가족유대감과 결속감을 다지며, 개별 가족원의 미래에 안정감을 부여하는 작용을 한다.

건강한 가족에서의 상호작용은 가족관계를 편안하고 따뜻하며 즐겁고 기분 좋은 낙관적 분위기를 조성한다. 이러한 가족의 분위기에서 가족원들은 다양한 정서(예 온화함, 사랑, 희망, 감사, 위로, 행복, 기쁨 등의 긍정적 정서에서부터 분노, 공포, 슬픔, 절망 등의 부정적 정서까지)를 표현할 수 있고 관용적으로 수용할 수 있다. 기능적 가족들에서는 정서의 교류가 원활하지 않거나 한 가족구성원의 과도하거나 부적절한 반응이 나타날지라도 가족기능이 심각하게 방해받지 않는다. 그러나 문제가 있는 가족에서는 가족원들의 정서표현이 경직되어 있고 상호작용이 원활하지 않으며, 부정적 정서표현을 통해 불안과 공포, 불신의 분위기가 조성된다.

3) 거트만 박사의 정서코칭

가족치료사 거트만(Gottman)은 자녀와의 관계에서 정서의 인식과 표현을 매우 중요하게 생각한 대표적인 학자이다. 우리는 아래 감정코칭의 5단계를 통해 건강한 부모-자녀 관계를 형성할 수 있다. 아울러 거트만 박사는 감정을 인식하기 이전 무엇보다 자신의 마음에서 벌어지는 감정을 일컫는 용어로 '감정 단어'를 아는 것이 중요하다고 강조하였다. 예컨대, 친구와 싸워 마음이 매우 복잡한데 그 마음의 상태가 '화'라는 것을 알지 못한다면 상대방에게 '나 지금 화가 치솟아'라고 표현할 수 없을 것이다.

감정코칭의 5단계

1. 자녀의 감정 인식 : 자녀의 감정 인식. 자녀가 무엇을 느끼는지 듣기

2. 경청과 소통 : 자녀가 감정에 대해 이야기하도록 격려하고 관심받고 있다고 느끼도록 함, 자녀의 관심사에 관심 갖기

3. 감정 평가 : 평가 전 느끼는 것에 공감하는 것이 중요. 자녀의 감정을 진지하게 생각해야 함, 더욱 친밀한 관계를 갖도록 노력

4. 자녀의 감정을 적절하게 공유 : 자녀들은 부모를 보면서 그들의 감정에 어떻게 반응하는지를 배우게 됨

5. 자녀가 스스로 해결책을 생각하도록 격려 : 강의하지 말 것

〈그림 6.1〉 감정코칭의 5단계

Q1 현재 당신의 감정이 어떠한지 3개의 감정 단어로 설명해봅시다.

예시. 감정의 예

두려운, 기쁜, 불평하는, 놀란, 환상적인, 결심이 서지 않는, 부끄러운, 위협적인, 노여운, 고통스러운, 자랑스러운, 안심하는, 비탄에 빠진, 괴로운, 단호한, 고민스러운, 낙심한, 무관심한, 당황한, 지루한, 긴장된 등

Q2 영화 〈인사이드 아웃〉을 봅시다. 영화에 등장하는 장면 중에서 인상깊은 장면을 선정하여 예시와 같이 분석해봅시다. 그 안에서 주인공들의 감정은 어떠한지, 소통의 방식은 적절한지 등에 관해 분석해봅시다.

예시. 영화 〈인사이드 아웃〉

분석장면 소개

〈인사이드 아웃〉은 사람마다 존재하는 기쁨, 슬픔, 소심함, 분노, 까칠함을 인격체로 만들고, 사람 안에서 사람의 성격을 구성함을 전제로 한 영화입니다.

아빠의 사업적 어려움으로 이사를 가게 되어 새로운 학교로 등교한 첫날, 라일리는 자기소개 도중 이사 전의 추억에 슬퍼져 그만 첫날부터 울음을 터트려 버립니다. 라일리의 자기소개를 주도하던 기쁨이는 슬픔이의 실수로 기쁜 기억을 슬픔으로 바꾸어 라일리의 눈물을 터지게 만들고, 이 기억은 핵심기억이 돼버려 이를 막으려는 기쁨이와 슬픔이의 몸다툼으로 위기에 처한 기쁨의 기억들을 구하려다 기쁨이와 슬픔이는 밖으로 빨려나가 버립니다. 학교에서 돌아온 후 가족과의 식사에서 라일리의 새로운 환경에 대해 이야기를 나누는 상황입니다.

소통방식 분석

엄마 : 좋은 소식이 있어. 여기에도 주니어 하키연맹이 있단다. 게다가 내일 방과후에 신입생을 뽑는대. 다시 하키를 시작하면 좋을거 같은데.

라일리 : 아～ 네. 참 좋기도 하겠네요. (경멸)

〉〉 말없이 한순간에 이사를 하게 되어 갑자기 하키팀도 그만두어야 했던 라일리는 다른 하키팀 얘기가 나오자 조롱조의 말투를 사용하고 있다.

엄마 : 그래. 학교에서 첫날은 어땠니?

라일리 : 글쎄... 괜찮았나? 모르겠어요. (엄마는 남편에게 비언어적 표현으로 도움의 신호를 보냄)

아빠 : (대화를 듣지 않고 있다가) 아～ 그래. 라일리. 학교는 어땠니?

라일리 : 학교는 좋았어요. 됐죠? (경멸)

〉〉 두 번씩이나 답하기 싫은 질문에 대답하게 되어 마음이 상해 나온 말이다. '대답했으니까 됐지?'라는 식의 말투로 빈정거리며 말을 한다.

엄마 : 라일리... 너 정말 괜찮아?

아빠 : 라일리, 이런 태도는 맘에 안드는데?

라일리 : 자꾸 왜 이러세요..! 저좀 내버려 두세요! (방어)

>> 자신은 대답하라길래 대답을 했을 뿐인데 본인이 두 번씩이나 답하게 한 것은 생각하지 않고 자신의 태도만 지적하는 것에 반감을 표출하며 자신은 잘못한 것이 없다는 반응이다.

아빠 :   잘들어. 라일리, 누가 그렇게 부모한테 건방지게 굴어도 된다고 가르쳤니? (경멸, 비난+모욕)

>> '건방지게 군다'며 비난을 한다. 직접적인 말이 아닌 의문문의 형식으로 '자기는 이렇게 가르친 적이 없으니 네 탓이다'라는 뜻을 표방하며 잘못을 라일리에게 돌리면서 빈정거린다.

라일리 : 저는요? 전 전... 전 그만 좀 하세요!!! (명령, 방어)

>> 본인의 말 실수를 회피하려 들고 더 이상 말하고 싶어 하지 않는다.

아빠 : 뭐라구? 니 방으로 가. 어서! (경멸)

>> 본인의 기분이 상하고 아이가 도전한다는 생각을 하며 이를 꺾고자 명령조를 사용하며 권위적인 태도를 보이고 있다.

소통을 위한 제언

라일리와 아빠는 우선 진솔한 대화와 올바른 말투 사용이 필요합니다. 같은 말이지만 상대방을 기분나쁘게 만드는 조롱조, 빈정거림의 말투로 갈등은 심화되고 있습니다. 만일 상대방에게 기분 나쁜 일이 있었던 것 같다면, 서로의 기분이 상한 것 같다면, 엄마처럼 다른 이야기를 꺼내보거나 부드러운 말투로 안정감을 주는 것이 중요합니다.

라일리는 우울한 일에 대해 가족에게 숨기려 하기보단, 가족들은 자신의 편이 되어 줄 존재라는 것을 이해하고, 솔직히 털어놓을 수 있는 용기가 필요합니다. 또한 가족이라고 해서 모든 잘못이 용서되는 것은 아니기에 아무리 본인이 화가 나더라도 자신의 잘못에 대해서는 미안함을 가지는 것이 중요합니다.

아빠는 아이(라일리)의 문제 원인을 파악하지도 않고서 비난조의 말투로 경멸을 행하고 있습니다. 서로 간의 오해가 있다면 그 오해를 먼저 풀려는 행동이 중요하며, 부모와 아이 사이에서 가장 쉽게 나타나는 갈등인 권위적 행동을 자제해야 합니다. 모든 탓을 아이에게 돌리며 비꼬는 언행도 아이에게는 반감을 사게 되므로 '나는 ...해서 ~라고 느꼈어'라는 식의 '나-문장법'을 이용해 진솔함이 묻어나오게 감정을 표현하고 이끌어내는 행동이 좋습니다.

6.3 가족의사소통

버지니아 사티어
(1916. 6. 26.~1988. 9. 19.)

버지니아 사티어(Virginia Satir)는 위스콘신주의 네일스빌에서 5남매 중 첫째로 출생하였다. 그녀는 대공황의 영향으로 경제적으로 어려웠던 가족들을 돕기 위해 학업과 일을 병행하였지만, 이후 1937년부터는 교직에 종사하면서 시카고의 노스웨스턴대학교에서 대학원 과정을 시작하였고, 이후 전업학생으로 전향하였다. 1948년 사회서비스행정으로 석사학위를 받았다. 사티어는 교사로 근무하면서 학부모들과의 만남을 통해 학부모에게 격려와 지지를 제공할 때 학생들이 학교생활을 더 잘할 수 있다는 사실을 깨달았다. 사티어는 일생 동안 가족치료에 관한 다수의 저서를 집필하였으며 대표적인 저서로는 『당신의 많은 얼굴들(Your many faces)』(1978), 『사람만들기(New People Making)』(1988) 등이 있다.

이 절에서는 의사소통의 개념 및 과정에 대해 이해하고, 사티어가 제시한 의사소통 유형의 이해를 통해 건강가정 실천기술을 향상시키는 방안을 생각해보고자 한다.

사티어의 치료적 신념

- 인간은 누구나 변화할 수 있다.
- 우리는 모두 성공적으로 대처하고 성장하는 데 필요한 내적 자원을 지니고 있다.
- 우리는 과거를 변화시킬 수 없다. 단지 그것들이 우리에게 미치는 영향을 변화시킬 수 있다.
- 치료는 병적인 것보다 건강함과 가능성에 초점을 맞추어야 한다.
- 문제 그 자체는 문제가 아니다. 대처하는 방법이 문제이다.

1) 의사소통의 개념과 요소

인간은 태어나는 순간부터 수많은 메시지를 전달하고 전달받는다. 이러한 메시지의 교류, 즉 의사소통은 사람들이 서로 관계를 맺고 유지해나가는 데 필요한 요소들 중 하나이다. 의사소통이란, 정보를 전달하거나 관계를 발전시키기 위해 메시지를 주고 받는 과정이다. 즉 자신이 지닌 의사나 감정의 소통으로 인간이 살아가면서 사회생활을 하기 위해 반드시 필요한 능력이라고 할 수 있다. 의사소통은 크게 언어적 의사소통과 비언어적 의사소통으로 나눌 수 있다. 관계가 친밀할수록 비언어적인 의사소통을 더 많이 사용하므로, 가족관계에서는 비언어적인 메시지를 잘 파악하는 것이 중요하다. 예컨대, 분위기가 고요한지, 긴장되어 있는지, 목소리 톤이 부드러운지, 혹은 상대방에 대한 편안한 시선과 자세인지, 말의 속도가 적당한지, 또는 제스처와 고개 끄덕임 및 눈빛 등을 통해 언어적 메시지를 반복하거나 보충할 수 있다. 아울러 종종 언어적 표현을 대신하거나 대화의 흐름을 조절하는 메시지의 역할을 하기도 한다.

비언어적 의사소통의 요소

- 표정과 시선 접촉
  - 미소 : 기분이 좋은지 안 좋은지 여부, 회피 여부
  - 상기된 얼굴 : 놀라거나 당혹스러운 상황임을 예측
  - 다문 입술 : 적개심을 나타낼 수 있음
  - 직접적인 시선 접촉 : 관심과 적극성 등의 정도를 파악할 수 있음
  - 회피하는 시선 접촉 : 소통하기를 회피하고 있음을 알 수 있음
- 자세와 몸동작
  - 팔짱 낀 자세 : 감정적인 거리가 있음을 의미할 수 있음
  - 굳은 자세 : 긴장된 상태임을 보여줌
  - 앞으로 구부린 자세 : 상대방에 대한 관심이나 흥미가 있음을 보여줌
  - 뒤로 젖힌 자세 : 상대방에 대한 관심이 적고 회피하고 있거나 과하게 긴장이 이완된 상태임을 알려줌

이러한 대인기술이 성공적인 관계에 필수적인 요인이자 결혼생활의 성패를 결정하는 중요한 요인이라고 한다(Spitzberg & Cupach, 2002). 이들에 따르면 의사소통기술이 부족한 사람들은 흡연, 음주 및 마약 남용과 같은 문제에 노출되기 쉬운 반면, 의사소통기술이나 능력이 나은 사람들은 교육적 성취도가 높고 입사시험 인터뷰에서도 더 나은 결과를 보이며 직업적인 성공에도 도움이 된다고 하였다.

의사소통의 요소는 다음과 같다. 먼저 송신자란 자신의 생각, 감정 및 정보 등을 언어로 전달하는 화자를 말한다. 많은 경우, 말하는 사람의 음성을 통해 슬픈지, 화가 났는지 등 감정 상태를 알아차릴 수 있다. 수신자는 적극적으로 상대방의 이야기를 들어주는 사람이다. 상대방이 어떠한 이야기를 하는지 잘 알아듣기 위해서는 비판이나 판단 및 평가하지 말고 그대로 듣는 능력이 필요하며, 상대방에게 관심을 기울이고 솔직한 대화, 상대방에 대한 지지적 태도가 필요하다. 그리고 느낌, 생각, 여러 가지 정보 등에 해당하는 메시지가 존재하고, 송신자가 자신의 마음속 메시지를 전달하기 위해서는 부호화를 통해 메시지를 표현 가능한 기호로 바꾸어 전달 가능한 부호화와 상징을 활용한다. 그리고 피드백은 상대방에게서 본 정보를 전달하고 자신이 이해한 바를 상대방에게 분명하게 해주는 과정이다. 즉 상대방이 말한 내용을 잘 이해했는지 그 의미를 정정하거나 조정하며 정보의 내용을 명확히 하는 과정이라고 할 수 있다. 이러한 의사소통 과정은 기본요소만 갖추어졌다고 해서 의사소통이 이루어지는 것이 아니라, 요소들 간의 상호작용, 즉 일련의 과정이 있어야만 의사소통이 이루어진다.

2) 가족의사소통 척도를 활용한 실천적 적용

여기에서는 척도를 활용하여 자신의 의사소통 유형을 점검해보고 어떠한 방식으로 가족상담에 적용할 수 있는지 살펴보자. 자신에게 의미 있는 타인으로 가족, 친구 또는 연인과 같이 검사해보고 서로 어떠한 장단점이 있는지 생각해보자.

사티어의 의사소통 척도

평상시 상황과 갈등상황의 두 가지 상황에서 검사한다. 우선 아래 문장을 읽고 자신의 평상시 상황에 관해 체크해보자. 왼쪽 _____란에는 자신의 평상시 상황에 대해 체크한다. 각 문항을 읽고 해당되는 문항에는 V 표시하고 해당 사항이 없다면 패스한다. 그 다음, 오른쪽 (   ) 안에는 갈등상황에서 자신에게 각 문항의 내용이 해당될 때 V 표시하고 해당 사항이 없다면 패스한다.

(평상시)   **(갈등)**

_____ A. 나는 상대방이 불편하게 보이면 비위를 맞추려고 한다. (   )

_____ B. 나는 일이 잘못되었을 때 자주 상대방의 탓으로 돌린다 . (   )

_____ C. 나는 무슨 일이든지 조목조목 따지는 편이다. (   )

_____ D. 나는 생각이 자주 바뀌고 동시에 여러 가지 행동을 하는 편이다. (   )

_____ E. 나는 타인의 평가에 구애받지 않고 내 의견을 말한다. (   )

_____ A. 나는 관계나 일이 잘못되었을 때 자주 내 탓으로 돌린다. (   )

_____ B. 나는 다른 사람들의 의견을 무시하고 내 의견을 주장하는 편이다. (   )

_____ C. 나는 이성적이고 차분하며 냉정하게 생각한다. (   )

_____ D. 나는 다른 사람들로부터 정신이 없거나 산만하다는 소리를 듣는다. (   )

_____ E. 나는 부정적인 감정도 솔직하게 표현한다. (   )

_____ A. 나는 나의 생각이나 감정을 표현할 때 남을 의식한다. (   )

_____ B. 나는 내 의견이 받아들여지지 않으면 화가 나서 언성을 높인다. (   )

_____ C. 나는 나의 견해를 분명하게 표현하기 위해 객관적인 자료를 자주 인용한다. (   )

_____ D. 나는 상황에 적절하지 못한 말이나 행동을 자주 하고 딴전을 피우는 편이다. (   )

_____ E. 나는 다른 사람이 내게 부탁을 할 때 내가 원하지 않으면 거절한다. (   )

_____ A. 나는 사람들의 얼굴 표정, 감정, 말투에 신경을 많이 쓴다. (   )

_____ B. 나는 타인의 결점이나 잘못을 잘 찾아내어 비판한다. (   )

_____ C. 나는 실수하지 않으려고 애를 쓰는 편이다. (   )

_____ D. 나는 곤란하거나 난처할 때는 농담이나 유머로 그 상황을 바꾸려 하는 편이다. (   )

_____ E. 나는 나 자신에 대해 편안하게 느낀다. (   )

_____ A. 나는 타인을 배려하고 잘 돌보아주는 편이다. (   )

_____ B. 나는 명령적이고 지시적인 말투를 자주 사용하기 때문에 상대가 공격받았다는 느낌을 받을

　　　　　　　 때가 있다. (   )

_____ C. 나는 불편한 상황을 그대로 넘기지 못하고 시시비비를 따지는 편이다. (   )

_____ D. 나는 불편한 상황에서는 안절부절못하거나 가만히 있지를 못한다. (   )

_____ E. 나는 모험하는 것을 두려워하지 않는다. (   )

_____ A. 나는 다른 사람들이 나를 싫어할까봐 위축되거나 불안을 느낄 때가 많다. (   )

_____ B. 나는 사소한 일에도 잘 흥분하거나 화를 낸다. (   )

_____ C. 나는 현명하고 침착하지만 냉정하다는 말을 자주 듣는다. (   )

_____ D. 나는 한 주제에 집중하기보다는 화제를 자주 바꾼다. (   )

_____ E. 나는 다양한 경험에 개방적이다. (   )

_____ A. 나는 타인의 요청을 거절하지 못하는 편이다. (   )

_____ B. 나는 자주 근육이 긴장되고 목이 뻣뻣하며 혈압이 오르는 것을 느끼곤 한다. (   )

_____ C. 나는 나의 감정을 표현하는 것이 힘들고, 혼자인 느낌이 들 때가 많다. (   )

_____ D. 나는 분위기가 침체되거나 지루해지면 분위기를 바꾸려 한다. (   )

_____ E. 나는 나만의 독특한 개성을 존중한다. (   )

_____ A. 나는 나 자신이 가치가 없는 것 같아 우울하게 느껴질 때가 많다. (   )

_____ B. 나는 타인으로부터 비판적이거나 융통성이 없다는 말을 듣기도 한다. (   )

_____ C. 나는 목소리가 단조롭고 무표정하며 경직된 자세를 취하는 편이다. (   )

_____ D. 나는 불안하면 호흡이 고르지 못하고 머리가 어지러운 경험을 하기도 한다. (   )

_____ E. 나는 누가 나의 의견에 반대해도 감정이 상하지 않는다. (   )

모두 체크하였다면 평상시에서 A, B, C, D, E가 몇 개인지 개수를 세어 숫자를 기입한다. 또한 동일한 방식으로 갈등상황에서 A, B, C, D, E가 몇 개인지 개수를 세어 숫자를 기입한다.

평상시	유형	갈등상황
	A	
	B	
	C	
	D	
	E	

사티어가 설명하는 의사소통 유형은 총 다섯 가지이다. 각 유형은 모두 '자신', '타인'과 '상황' 세 가지 요소로 구성되며, 사티어는 모든 유형이 지닌 '자원'이 있음을 강조하여 보다 기능적인 의사소통의 유형으로 변화하는 것이 중요하다고 하였다.

회유형(placating)은 자신의 내적 감정이나 생각을 무시하고 타인의 비위에 맞추려는 성향을 말한다. 그러하기에 다른 사람들의 의견에 동조하고 비굴한 자세를 취하며,

사죄와 변명을 하는 등 지나치게 착한 행동을 보인다. 이들의 자원은 '돌봄'이다.

비난형(blaming)은 회유형과 정반대 유형으로 타인을 무시하는 성향을 보인다. 다른 사람이 자신을 힘이 있고 강한 사람으로 인식하게 하려고 노력하며, 타인의 말이나 행동을 비난, 통제 및 명령하는데, 외면적으로는 공격적인 행동을 보이나 내면적으로는 자신이 소외되어 있으며 외로운 실패자라고 느낀다. 이들의 자원은 '자기주장'을 잘하는 능력이라 할 수 있다.

초이성형(super-reasonable)은 자신과 타인 모두를 무시하고 상황만을 중시한다. 규칙과 옳은 것만을 절대시하는 극단적인 객관성을 보인다. 또한 매우 완고하고 냉담한 자세를 취하고 독재적인 행동을 한다. 그러나 내면적으로는 쉽게 상처받고 소외감을 느낀다. 이들의 자원은 '지식'이라 할 수 있다.

산만형(distracting)은 자신, 타인, 상황 모두를 무시한다. 따라서 접촉하기가 가장 어려운 유형이다. 산만형은 위협을 무시하고 마치 위협이 존재하지 않는 것 같이 행동하므로 주의를 혼란시킨다. 따라서 의사소통의 결과는 상호작용의 두려움과 상호관계에 대한 불신, 좌절, 거절로 인한 자존감 저하, 자기가치에 대한 의심 등의 경험을 하게 된다. 이들의 자원은 '즐거움'이라 할 수 있다.

위의 네 가지 역기능적 의사소통의 공통된 특성은 자존감이 낮고 남의 감정을 상하게 하는 것을 두려워하며 관계의 단절을 두려워하고 남에게 짐이 되는 것을 원하지 않으며, 사람이나 상호작용 자체에 어떠한 중요성을 부여하지 않는다는 것이다. 그리고 그에 따라 표현하는 언어적 메시지와 비언어적 메시지의 의미가 일치하지 않는 이중메시지를 전달하게 되는 때가 자주 발생한다. 이들은 자신이 이중메시지를 전달하고 있다고 의식하지 못하므로 메시지를 받는 사람 역시 이중메시지에 의해 혼돈을 초래하게 된다.

마지막으로 의사소통의 다섯 번째이면서 유일한 기능적 의사소통 유형은 **일치형**이다. 이 유형의 사람들은 의사소통의 내용과 자신이 실제 내면에서 경험하는 감정이 일치하는 것을 말한다. 그들은 진솔한 소통을 하며, 자신이 알아차린 감정을 단어로 정확하고 적절하게 표현할 수 있다. 매우 생동적이고 창조적이며, 독특하고 유능한 행동양식을 보인다.

위 척도는 필자가 상담현장에서 자주 활용하는 것 중 하나이다. 내담자의 문제보다는 자원과 강점을 발굴해내는 사티어의 긍정적인 신념이 상담적용에서 돋보인다.
아울러 부부 또는 연인, 가족들이 서로를 이해하지 못한다고 불평을 늘어놓을 때 무
엇이 어떻게 다른지 구체적으로 볼 수 있는 잣대가 된다.

이러한 노력에도 의사소통방식의 개선이 가족 안에서 효과적으로 이루어지지 않
을 수 있다. 그런 경우 심리치료를 받거나 의사소통 개선프로그램에 참가하는 등 외
부의 방법을 활용해볼 수도 있다. 가정 내의 의사소통은 한 구성원이 갑자기 마음을
바꾼다고 해서 해결되는 것이 아니라 가족구성원 전체의 체계적 노력과 훈련이 있어
야 개선될 수 있는 어려운 과제이다. 오랜 시간 소통이 부재했던 가족에게는 위에 제
시한 방법들이 자신들과는 상관없는 터무니없는 이야기들이라고 느껴질 수 있다. 그
렇기에 부모-자녀 간의 의사소통 문제, 더 넓게는 가정 내부에서의 의사소통 문제를
해결하기 위해서는 위에서 제시한 방법들도 모두 중요하지만, 당사자들이 그 문제를
충분히 인식하고, 앞으로 한 발짝 나아가기 위한 용기를 가지는 것이 중요한 시작점

조별 나눔

Q1 사티어의 의사소통 척도 검사 결과, 한 가족은 다음과 같은 결과로 나타났습니다. 상담사는 이
가정의 문제점으로 첫째 딸(21세)이 자기생각과 감정을 가족원들에게 거의 표현하지 않는다는 점을 알
게 되었습니다. 당신이 어머니를 상담한다면, 어떻게 개입하겠습니까? 가족원들의 의사소통 유형을
토대로 솔루션을 제안해봅시다.

어머니(48세)	회유형, 일치형	• 이혼 후 3남매를 양육 중이며, 건설회사에서 근무함 • 둘째와 셋째와는 소통이 잘 되는 편이나, 첫째 딸과는 어떤 이유인지 모르나 심리적 거리감이 있음
첫째 딸(21세)	초이성형	• 대학교 재학 중(성악 전공), 매우 내성적인 편이나, 경제적 책임감이 강함, 다재다 능하며 외국어 실력(영어와 일본어)이 뛰어남, 대체로 학업에 성실함 • 가족 중 막내동생과 유대감이 강함
둘째 아들(17세)	비난형	• 고등학교 재학(세계여행을 하며 문화를 소개하는 유투버가 되기 원함) • 외향적이고 누나보다는 여동생과 친밀함

Q2 둘째 아들의 비난이 끊이지 않고 가족의 긍정적인 소통방식의 변화에 협조적이지 않다면, 당신
은 무엇을 어떻게 하시겠습니까?

이 될 수 있겠다.

사티어의 의사소통 척도 결과를 분석한 사례이다. 이하늬와 조현민(가명)은 대학 동아리에서 활동하며 두 사람의 소통 유형이 어떻게 다른지 분석하였다.

사티어의 의사소통 척도 검사 분석 사례

2021년 5월 19일 13시, 이하늬와 조현민을 대상으로 15분간 사티어의 의사소통 척도 검사를 시행하였다. '이하늬'와 '조현민'의 검사 결과는 다음과 같다.

〈이하늬의 검사결과〉

평상시	유형	갈등상황
7	A(회유형)	5
0	B(비난형)	2
1	C(초이성형)	0
1	D(산만형)	1
2	E(일치형)	3

》 평상시 경우를 살펴보자. 평상시에 A 유형이 가장 높은 점수로 확인되었다. 뒤를 이어 E 유형의 점수가 높았고, C 유형과 D 유형의 점수가 동일한 것으로 드러났다. 그리고 B 유형의 경우 어떤 점수도 부여받지 못했다. 다음으로, 갈등상황에서의 유형을 살펴보자. 갈등상황에서도 A 유형이 가장 높은 것으로 나타났다. 그리고 E 유형, B 유형, D 유형의 순서로 점수가 높았다. C 유형의 경우는 어떤 점수도 부여받지 못했다. 종합해보면, 평상시 상황에서 'A>E>C=D>B'인 것으로 드러났고, 갈등상황에서는 'A>E>B>D>C'인 것으로 확인되었다. 특히 다른 유형과 비교했을 때 평상시와 갈등상황 모두 A 유형이 높은 점수를 받은 것은 주목할 만하다.

〈조현민의 검사결과〉

평상시	유형	갈등상황
2	A(회유형)	3
2	B(비난형)	4
7	C(초이성형)	7
3	D(산만형)	6
6	E(일치형)	3

》 평상시 경우를 살펴보자. 평상시 C 유형이 가장 두드러지는 것으로 확인되었다. 뒤를 이어 간소한 차이로 E 유형의 점수가 높은 것으로 밝혀졌으며, 그 다음은 D 유형의 점수가 높았다. 그리고 A 유형과 B 유형은

같은 점수를 부여받았다. 다음으로, 갈등상황에서의 유형을 살펴보자. 갈등상황에서도 C 유형이 가장 높은 것으로 드러났다. 그리고 D 유형, B 유형이 뒤를 이었다. A 유형과 E 유형은 같은 점수를 부여받았다. 종합해보면, 평상시 상황에서 'C>E>D>A=B'인 것으로 드러났고 갈등상황에서는 'C>D>B>A=E'인 것으로 확인되었다. 특히 다른 유형과 비교했을 때, 평상시와 갈등상황에서 모두 C 유형이 높은 것으로 드러났다.

〈유형별 우선순위〉

이하늬	조현민
평상시 : A>E>C=D>B	평상시 : C>E>D>A=B
갈등상황 : A>E>B>D>C	갈등상황 : C>D>B>A=E

해석 및 논의

이하늬는 평상시와 갈등상황에서 모두 '회유형'이다. 회유형은 고려사항에서 자신을 배제하는 유형이다. 타인과 상황은 인정하지만 자기 자신의 느낌이나 생각을 고려하지 않는 편이다. 해당 유형은 자신의 감정보다 다른 사람의 기분이나 태도, 표정을 의식하고 그들의 기분에 맞춰주려고 애쓴다. 즉, 회유형은 타인중심적인 유형으로 볼 수 있다. 이들은 타인에 대한 배려와 돌봄을 중시하며, 다른 유형에 비해 민감하다는 것이 자원이다. 그러나 상대방이 죄책감을 갖도록 함으로써 그들의 죄책감이 자신을 아껴주는 것이라고 간주하는 것이 회유형의 단점이라고 할 수 있다.

이하늬의 평상시와 갈등상황에서 가장 거리가 먼 유형은 각각 '비난형'과 '초이성형'이다. '비난형'은 회유형과 반대되는 유형이다. 즉, 고려사항에서 타인을 배제하고 자기 자신과 상황만을 중시하는 것이다. 해당 유형은 자신을 보호하기 위해 다른 사람을 무시하거나 결점을 찾아 지적한다. 이들은 독재자와 같은 행태를 보이며, 타인을 통제하거나 명령조로 말하는 경향이 있다. 또한, 일이 잘못되었을 때 다른 사람의 탓으로 돌리거나 타인을 비난한다. 이는 내면의 나약한 모습을 인정하고 싶지 않은 것에서 비롯된 행태이다. 따라서 겉으로는 공격적인 태도를 보일지라도 내면은 외로움을 느끼고 비성공적인 감정이 남아 있다. 해당 유형의 비난 행위는 다른 사람과 가까워지고 싶은 욕구를 감추는 것이다. 한편, '초이성형'은 고려사항에서 자신과 타인을 배제하고 상황만을 고려하는 유형이다. 이들은 규칙을 중시하며, 객관적인 태도를 유지하려고 노력한다. 때로는 완고하고 냉담한 것처럼 보이기도 하지만, 쉽게 상처를 받고 소외감을 느낀다.

조현민은 평상시와 갈등상황에서 모두 '초이성형'이다. 해당 유형은 규칙이나 옳고 그름을 구별하는 것을 절대시한다. 즉, 극단적인 객관성을 중시하는 것이다. 이들은 겉으로 보기엔 몹시 완고하고 냉담하다. 독재적인 행동을 하는 것처럼 보이기도 한다. 그러나 내적으로는 쉽게 상처받고 소외감을 느낀다. 초이성형의 자원은 지식이다. 이러한 초이성형 내담자에게는 주로 '지각'을 통해 쉽게 다가갈 수 있다.

조현민의 평상시와 갈등상황에서 가장 거리가 먼 유형은 각각 '비난형'과 '일치형'이다. '비난형'은 고려사항에서 타인을 배제하고 자기 자신과 상황만을 중시하는 것이다. 이들은 자신의 나약한 내면을 숨기기 위해 타인의 결점을 찾아 지적하거나 자신의 실수를 남 탓으로 돌리는 등 공격적인 태도를 보인다. '일치형'은 기능적 의사소통 유형으로, 자기 자신, 타인, 상황을 모두 자각하고 돌보는 유형이다. 이들은 의사소통의 내용과 내면의 감정이 일치한다. 즉, 비난형처럼 스스로를 방어하기 위해 타인과 상황을 통제하는 것이 아니라 자기 자신이 되기를 선택하는 것이다. 이들은 다른 사람들과 관계를 맺을 때, 상호작용을 위해 선택한다. 해당 유형은 자신의 감정과 입장에 솔직하다. 또한, 자존감이 높고 신체적으로나 심리적으로 모두 건강한 상태이고, 자신의 말과 행동에 책임을 질 줄 아는 유형하다.

'이하늬'와 '조현민'은 검사 결과를 토대로 서로의 공통점과 차이점, 그리고 본인의 모습과 검사 결과를 비교하여 일치하는 부분과 불일치하는 부분에 대해 중점적으로 논의하였다. 두 사람의 결과는 평상시의 경우 '비난형'이 가장 점수가 낮다는 점에서 공통적이다. 즉, 두 사람은 평상시에 자신을 보호하기 위하여 타인을 무시하고 지적하지 않는 편이다. 그러나 회유형의 경우, '이하늬'는 평상시와 갈등상황에서 모두 가장 점수가 높았으나 '조현민'은 두 상황에서 모두 점수가 낮았다. 둘째로, '이하늬'의 경우 갈등상황에서 일치형이 두 번째로 높았으나 '조현민'은 일치형이 가장 점수가 낮았다. 마지막으로, '이하늬'는 갈등상황에서 초이성형이 가장 낮은 점수였으나 '조현민'은 갈등상황에서 초이성형이 가장 높은 점수로 확인되었다. 따라서 조현민은 이하늬와 비교했을 때, 자신의 느낌이나 생각을 비교적 더 고려한다는 사실을 유추할 수 있고, 갈등상황에서 비교적 기능적 의사소통에 가까운 유형이며, 상황을 고려하는 경향이 강함을 추측할 수 있다. 실제로 '이하늬'는 평상시와 갈등상황 모두에서 자신의 느낌이나 생각을 무시하고, '조현민'은 상황만을 중시하여 객관성에 집착하는 경향이 있다. 예를 들어, '이하늬'는 '상대방이 불편해 보이면 비위를 맞춘다', '나는 나의 생각이나 감정을 표현할 때 남을 의식한다' 등의 질문에 그렇다고 답하였다. 반면, '조현민'은 '나는 이성적이고 차분하며 냉정하게 생각한다', '나는 목소리가 단조롭고 무표정하며 경직된 자세를 취한다' 등의 질문에 그렇다고 답하였다.

'나'와 '조현민'은 각각 회유형과 초이성형이 높은 것으로 드러났으나, 해당 유형의 특징 중에서 일부가 일치하지 않았다. 예를 들어, '나'는 상대방이 죄책감을 가지면 자신을 아끼는 것으로 생각하지 않는다고 주장하였다. 이는 회유형의 특징과는 사뭇 다르다. 한편, '조현민'은 자신이 객관성을 중시하는 것은 맞지만, 자신과 타인의 입장 모두를 고려하고 있으며, 독재적인 행동은 잘 하지 않는다고 답하였다. 이는 조현민이 평상시에 초이성형 다음으로 일치형이 높기 때문인 것으로 생각된다.

느낀 점

의사소통 유형이 어떤 유형에 가장 근접하는지 알아볼 수 있었던 좋은 경험이었다. 또한, 검사 결과를 통해 조현민이 의사소통을 하는 방식을 이해할 수 있었고, 비록 완고하고 냉담한 태도를 보이지만 내적으로는 쉽게 상처를 받는다는 사실을 알 수 있었던 계기가 되었다. 그러나 회유형의 특징과 이하늬의 검사 결과가 조금은 달랐다. 가령, 상대가 죄책감을 갖도록 한다는 부분은 일치하지 않았다. 이를 통해 모든 의사소통 유형을 정형화할 수 있는 것은 아니며, 이러한 결과는 기능적 의사소통 유형인 '일치형'이 두 번째로 높은 것으로 드러났기 때문이라는 사실을 알 수 있었다. 이번 검사를 통해 의사소통 유형에 대한 각각의 특징을 살펴보면서 누군가 타인을 지적하거나 냉담한 태도를 보일 때는 겉모습만으로 판단하지 않고 그 속에는 자신을 보호하기 위한 목적이 있고, 내적으로는 상처를 잘 받는 사람이라는 것을 인지해야겠다고 다짐하였다. 또한, 이하늬의 의사소통 유형이 역기능적임을 이해하고, 기능적인 의사소통 유형에 가까워질 수 있도록 노력해야겠다고 느 생각했다.

위와 같이 상담현장뿐만 아니라 가족, 부부와 연인 사이에서 간단한 척도를 활용하여 소통방식이 어떻게 다른지 분석할 수 있다. 이를 통해 자신과 타인을 이해하는 과정을 통해 보다 돈독한 인간관계를 맺어나갈 수 있을 것이다.

생생한 사례로 살펴보는 건강가정론

Q1 의미 있는 타인 한 명을 선정하여 검사를 실시해봅시다. 그런 후, 검사를 해석해주고 서로 소통 방식이 어떻게 다른지 혹은 같은지에 관해 논의해봅시다.

Q2 검사를 실시한 후 느낀 점을 간략히 기록해봅시다.

7장

건강가족의 요소에 대한 이해(2) :
가족스트레스와 가족탄력성

전주람

이 장에서는 건강가족의 요소로 대표적인 가족스트레스와 가족탄력성 두 가지 개념에 관해 살펴보고자 합니다. 우리는 '가족'이라는 미시체계에서 살아가며 필연적으로 작고 사소한 갈등부터 치열한 줄다리기로 이어지는 스트레스에서 여러 갈등을 마주합니다. 하지만, 우리는 각자만의 삶의 방식과 요령으로 스트레스를 극복하고, 다시 안정된 상태를 경험합니다. 이 장에서는 '스트레스' 자체보다는 극복방안과 위기를 극복할 수 있는 가족탄력성에 초점을 두어 우리의 일상을 살펴보고자 합니다.

7.1 가족스트레스

1) 스트레스의 개념

스트레스의 어원을 살펴보면 'Stringer'로 '팽팽하게 죄다'라는 의미가 있고, 14세기부터 Stringer를 Stress로 쓰기 시작하였다고 한다. 스트레스는 개인이 처한 환경이 자신의 적응능력을 넘어설 때(또는 개인이 적응능력을 과도하게 사용할 때) 나타나는 것(전미애, 2006)으로, 누구도 피해갈 수 없는 현상이다. 그리고 스트레스를 일으키는 외부적 인자자극 또는 원인을 스트레스 요인(Stressor)이라고 한다.

스트레스의 개념은 크게 세 번의 전환기를 지나왔다. 초기 개념의 스트레스는 자극으로 이해되었다(예 배고픔, 전쟁). 그리고 두 번째는, 어떤 한 자극에 대한 유기체의 반응(또는 반응으로 나타난 상태)으로 관점이 전환되었다. 즉, 증후를 확인하는 데 주안점을 두었고, 스트레스란 생명을 구하기도 하지만, 신체의 체계를 무너뜨리기도 하는 것으로 이해되었다. 마지막으로, 스트레스를 위협적인 사건을 평가하는 과정으로 보았다. 작용론은 사건 자체가 스트레스가 아니며, 사건을 경험하는 개인이 지각하고 해석하며 어떤 능력과 개인적 자원을 가지고 반응하느냐에 따라 스트레스가 될 수도 있고 아닐 수도 있다고 보는 관점이다. 즉, 환경과 유기체의 관계 혹은 둘의 상호작용으로 보는 것이다.

마지막 관점에 따라 지각된 스트레스는 스트레스 상황에서 자신의 반응을 어떻게 조절하는가와 관련이 깊다(Larsen, 2000). 스트레스에 대한 개인의 인지적 평가가 선행된 후에 각자의 수용수준에 따라서 지각되는 스트레스가 다르며(Weinstein, Brown & Ryan, 2008), 개인이 자신의 정서나 가치에 대해 평가하는 과정에서 상황이나 사건의 좋고 나쁨이 자신의 수용기준을 초과할 경우 스트레스로 느끼게(Lazarus & Folkmam, 1984) 된다.

몇몇 연구에 따르면 20대 청년들은 다음과 같은 스트레스를 경험한다고 한다.

20대 청년들의 스트레스

- 취업 청년과 비교해 미취학 청년들은 신체화, 강박증, 대인예민성, 우울, 적대감, 불안 경향성, 스트레스 지수 등 모두에서 취약한 정신건강 상태임(이훈구 · 김인경 · 박윤창, 2000)
- 대학 신입생 대상 진로스트레스 분석, 진로 모호성, 취업압박이 대학생활 적응에 영향을 끼침(김경욱 · 조윤희, 2011)
- 취업스트레스는 대학생들의 인터넷 중독에 유의미한 영향을 미치는 것으로 확인됨(장수미 · 경수영, 2013)
- 대학생들의 취업 스트레스는 우울과 정적 상관이 있음(최승혜 · 이혜영, 2014)

2) 가족스트레스의 개념

가족스트레스는 가족체계 내에 주어지는 긴장과 압박감이다(Boss, 2001). 가족이 꾸준히 가지고 있었던 상태가 깨지면, 체계는 당황하고 압박감을 가져 혼란스럽게 된다. 다시 말해, 가족스트레스는 평정한 가족상태의 변화를 가져오게 된다.

가족스트레스는 스트레스원과 대처능력을 포함한 개념을 말한다. 즉, 가족이 자신들의 생활방식을 만들어 갈 때, 가족에게 어떤 자극 요인이 더해져 기존의 생활양식이 혼란을 겪게 되며, 이전의 대처방식이나 문제해결능력으로는 평형을 유지할 수 없는 위기에 도달하는 상황과 그것을 극복하려는 노력과 결과까지 포함한 능동적인 과정을 의미하는 용어이다. 지금까지 형성된 기존의 역할체계나 문제해결능력으로는 대응할 수 없는 가족생활체계에 어떤 변동이 생기는 과정이라고 할 수 있겠다.

가족의 발달적 스트레스

가족의 발달적 스트레스란 가족생활주기의 각 단계에 따라 가족이 직면하는 스트레스를 말한다.

- 결혼, 부모되기, 청소년기 맞이하기, 자녀 독립시키기, 은퇴 등의 가족변화 과정은 가족이 성장, 발달함에 따라 예상할 수 있는 스트레스가 되는 사건들로서, 예상할 수 없는 스트레스가 되는 사건(자연재해)보다 긴장 점수가 더 낮은 것으로 나타난다.
- 자녀의 성장에 따라 역할 변화가 일어나는 전형적인 가족의 생활주기에서 예상되는 스트레스 요인이 되는 사건을 짧은 기간에 경험하는 것으로, 각 단계의 가족 상호관계의 역할기대와 가족규칙의 변화를 수반한다.

- 가족구성원들은 각 단계의 변화와 관련된 스트레스의 정도는 가족이 스트레스를 지각하는 정도와 가족 개개인의 역할 및 행동 변화의 정도와 관련 있다.

스트레스를 야기하는 원인적 사건이나 상황을 '스트레서(stressor)' 혹은 '스트레스원'이라고 한다. 보스(Boss, 2001)는 스트레스원을 총 12개의 범주로 구분하였다. 스트레스원이 내부인지 외부인지, 형태, 지속기간 및 강도에 따라 스트레스의 종류를 구분할 수 있다.

가족스트레스의 연구 동향을 간략히 살펴보자. 가족스트레스는 미국을 중심으로 문제를 지닌 가족구성원이 있거나 천재지변이나 위기를 경험한 가족을 중심으로 연

〈표 7.1〉 스트레스원의 사건과 상황

스트레스원(source)	
내부 • 스트레스원 사건의 발생 원인이 가족 내부 • 중독, 외도, 선거출마, 폭력 등	외부 • 스트레스 발생사건 원인이 가족 외부 • 홍수, 테러, 인플레이션 등
형태(type)	
규범적/발달적/예측 가능한 • 생애 과정에 따라 예견된 사건 • 출생, 사춘기, 결혼, 노화, 폐경, 은퇴, 죽음	재앙적/상황적/예측할 수 없는 • 예측할 수 없는 사건이나 상황 • 자녀의 죽음 등
애매모호한 • 미해결된 채 남아 있는 사건이나 상황 • 구조조정, 20% 해고 대상	명백한 • 가능한 사실들 • 가족들이 무엇이 언제, 어떻게 일어날지를 알고 있는 사건
자의적인 • 원했거나 찾아나서는 사건이나 상황 • 자의적 직업 이동, 대학 진학, 원하는 임신	비자의적인 • 자의적으로 선택하지 못한 사건 • 해고, 이혼당한 경우, 입양 등
지속기간(duration)	
만성적 • 오랜 시간이 걸리는 상황 • 당뇨, 마약중독, 인종차별, 편견 등	급성적 • 단기간이나 매우 긴장되는 사건 • 골절 등
강도(density)	
누적된 • 누적되어 다음 스트레스를 유발시키는 사건 • 합병증, 만성화, 질병의 악화, 죽음 등	별개의 • 다른 사건을 발생시키지 않는 사건

구하고 있다. 초기의 가족스트레스 연구는 가족에게 위기적 상황을 초래하는 사건과 대처방식에 대한 연구중심으로 이루어졌다. 이후 불황에 의한 가장의 실업, 가족의 질병과 사망, 전쟁에 의한 이별, 천재지변과 같은 파괴적 사건에 직면한 가족이 어떻게 영향을 받으며, 어떤 요인이 가족마다 각기 다르게 극복하도록 작용하는지에 대한 연구가 이루어져 왔다.

1970년대 이후 미국의 가족스트레스 연구는 가족생활주기를 고려한 연구를 중심으로 이루어졌다. 가족스트레스 연구는 돌발적 사건에만 한정하지 않고 가족생활의 시간적 경과를 통해 반드시 거쳐야 하는 현상이라는 관점이 도입되면서, 가족스트레스는 각 가족의 연령과 그들이 속해 있는 생활주기에 따라 다양하다는 연구결과가 나타났다.

가족스트레스는 수평적 요인과 수직적 요인이라는 두 개의 시간 축에 따라 여러 맥락의 틀 안에서 다양한 수준의 체계를 고려해야 한다. 개인을 둘러싼 가족, 가족을 둘러싼 보다 큰 체계에 대한 시야를 가지면서 개인이나 가족이 직면하고 있는 문제와의 관련성을 통합적으로 이해하는 것이 중요하다.

- 수평적 스트레스원 : 발달적 스트레스원(출산, 입학, 결혼 등 예측 가능한 사건들로 구성), 외적 스트레스원(실직, 사고에 의한 죽음 등 예측할 수 없는 사건들로 구성)
- 수직적 스트레스원 : 가족의 역사적 과정을 통해서 세대를 넘어서 전달된 개인이나 가족에게 영향을 미치는 것 → 원가족에서 파생되는 가족 이미지, 가족신화, 가족규칙 등

힐(Hill)의 연구는 스트레스 연구에서 대표적이다. 1949년 〈스트레스 상황에 있는 가족〉에 대한 실증적 연구에서 힐은 제2차 세계대전에 출정한 군인의 가족에 대한 이별과 귀환에 의한 재통합 과정을 상세하게 서술하였다. 힐의 ABC-X 모형을 살펴보자.

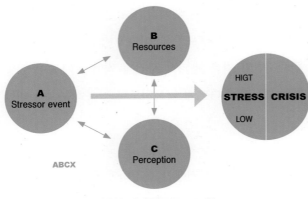

- 가족위기 또는 스트레스 상황 발생의 요인과 관련된 모델임
- A요인은 B요인 및 C요인과 서로 상호작용하여 그 결과 X(위기)가 되는 것
- 스트레스원이 되는 사건(A요인)이 반드시 가족스트레스 상황을 초래하지 않으며, 거기에 매개적 변수(B, C요인)가 작용한다는 것임 ⇒ 스트레스가 되는 사건(A요인)과 결과로서의 스트레스 상황 또는 위기상황은 명확히 구별해야 함

〈그림 7.1〉 힐의 ABC-X 모형

초기 연구에서 A요인은 가족증가, 가족이탈, 가족의 유대감 상실, 가족구조의 변화 등 가족 내부적 요인에서만 찾았다. 하지만 후기 연구에서 A요인은 가족 이외의 사건인 전쟁, 정치적·종교적 박해, 자연재해(홍수, 지진)로 확대되었다. 이러한 사건은 장기적으로 가족을 단결시키는 작용을 한다는 특징이 있다. B요인(위기에 대처하는 가족자원)은 가족의 적응능력, 응집력, 과거에 위기를 극복한 경험 등을 의미하며, C요인(사건에 대한 가족의 인지)은 가족이 현재 부딪힌 사건을 그들의 상황이나 목표에 대한 위협으로 받아들이는가, 반대로 성장의 계기로 취급하는가의 문제를 말한다.

이번에는 맥커빈(McCubbin, 1987)의 이중 ABC-X 모델(doble ABCX model)을 살펴보자. 맥커빈은 힐의 스트레스이론을 보다 충실히 계승·발전시킨 학자로 알려져 있다. 이 모형은 가족위기 이후의 행동을 평가(ABC-X 모델의 단점 보완)하고 위기상황에서부터 회복에 이르기까지의 시간경과에 따른 가족의 적응에 초점을 맞추고 있다. 가족위기의 발생까지를 '전위기단계', 위기 발생 이후의 재조직화 또는 재적응 과정을 '후위기단계'라는 2개의 연속된 국면으로 설명한다. 스트레스 상황의 가족은 단일의 스트레스원으로 위기상황이 발생하는 것이 아니라 주요 스트레스원이 되는 사건이 발생된 후에 스트레스 요인으로 누적되며, 이것은 곤란이 가중되어 결국 심각한 상황으로 이어진다고 주장하였다. 당초의 스트레스 요인 a에 새로운 A가 더해진 형태의 aA요인으로서 가족의 또 다른 대응이 요구된다. 누적된 스트레스 요인의 주된 현상(aA)은 원래의 사건 자체가 가진 곤란함이 시간의 경과와 함께 더욱 가중되는 경우를 말한다. 예컨대, 빌린 돈의 이자가 눈덩이처럼 불어서 카드로 돌려막기를 하다가

Q1 최근 자신의 일상에서 경험했던 스트레스 사례를 찾아 위 이론에 접목시켜 설명해봅시다.

• 사건 내용 :

• A :

• B :

• C :

• X :

Q2 당신의 어린 시절, 성장 과정에서 극복한 스트레스 경험을 한 개 찾고, 그 사진에서 스트레스원과 극복방법을 정리해봅시다.

• 스트레스원 :

• 극복방법 :

파산하는 경우, 또는 질병이 발생하여 만성화되거나 질병의 사태가 악화 또는 죽음에 이르는 경우가 있다. 또한 원래의 사건이 미해결된 채 그것과는 별개의 사건이 겹치는 경우가 있다. 수해지역에 전염병이 퍼지는 경우(인과관계)나 치매 노인을 돌봐야 하는 가족이 자녀의 결혼문제를 동시에 거론해야 되는 상황이 있을 수 있다. 그리고 원래의 사건을 극복하기 위한 대처행동 그 자체가 스트레스 요인으로 가중되는 경우도 있다. 예컨대 남편의 실직으로 아내의 직장생활(대처행동)이 부부관계를 힘들게 하거나 자녀양육의 어려움을 겪을 수 있다.

가족자원은 개인적 자원, 가족자원, 지역사회자원으로 나눠볼 수 있다. 개인적 자원은 가정생활을 영위해 나가는 능력, 자립된 활동을 할 수 있는 능력으로 여러 가지 인지적 능력 등이 포함된다. 가족자원은 통합성, 응집력, 유연성, 조직성, 종교적 가치 등이 포함되며, 지역사회자원은 사회적인 지지네트워크, 의료나 심리학적 상담, 각종 사회정책 등이 포함된다.

시간적 경과에 따른 자원의 유형(bB)에서 기존 자원(b)은 가족이 이미 가지고 있는 자원을 말한다. 처음 스트레스원의 충격을 약화시켜 위기발생률을 낮추기 위해 이용한다. 새로운 자원(B)은 누적의 결과 발생된 새로운 또는 추가적 요청에 부응하여 강화되고 개발된 자원을 말한다.

가족의 지각이나 의미부여(cC)에서 c는 원래의 스트레스 요인에 관한 가족의 지각을 의미하며, C는 추가적인 스트레스 요인에 대한 가족의 인식을 의미이다. 즉, C는 기존 자원 또는 새로운 자원과 위기를 벗어나 평형을 회복하기 위하여 필요하다고 평가하는 모든 것에 대한 가족의 인식을 의미한다. 위기단계의 인식(C)은 위기상황에 대하여 재정의를 하려고 한다. 이런 재정의 과정에서 서로 다른 의견을 가진 가족 개인의 인식을 통합하려는 노력도 포함된다.

한 학생은 학점 관리로 스트레스를 받고 있다. 유튜버를 병행하므로 시간이 매우 부족하다. 그는 자신의 집중력과 시간관리에 주력하며 효율적으로 시간을 관리하며, 동시에 긍정적으로 생각하려고 노력한다. 이 때문에 불평으로 그릴 수 있는 상황도 바쁘지만 감사한 일상이 된다.

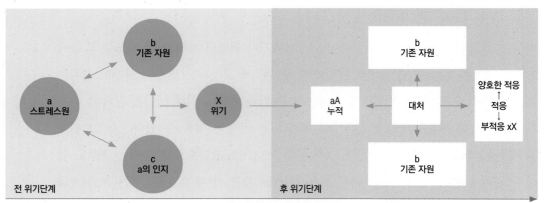

〈그림 7.2〉 맥커빈의 이중 ABC-X 모델

생생한 사례로 살펴보는 건강가정론

이처럼 가족들은 위기에 대처할 수 있는 힘이 있다. 이를 '가족대처'라고 하며, 이는 스트레스 요인을 제거하여 상황의 곤란함을 해결하는 힘을 말한다. 구체적으로 가족 내부의 분쟁이나 긴장의 해결 또는 가족 적응을 촉진할 필요가 있는 사회적, 심리적, 물질적 자원을 획득하거나 개발하는 개인 또는 가족단위의 행동적 적응을 의미한다. 가족대처는 역할 분담, 가족의 유대, 적응능력과 같은 가족 내부의 자원 강화와 함께 개발하는 것이 중요하다. 친인척의 정서적 지지, 전문적 원조와 같은 지역사회자원을 강화하거나 개발하여 끌어내려는 가족의 노력이 필요하다.

이처럼 가족은 위기에 적응한다. 적응력이란 가족구성원과 가족, 가족과 지역사회 양쪽의 기능 균형을 추구하려는 가족의 다양한 노력을 반영한 일련의 결과로 정의될 수 있다.

가족적응

- 양호한 적응(긍정적 측면)
  - 가족기능 수준에서 평형상태를 이루는 특징이 있다.
  - 가족통합을 유지 또는 강화할 수 있는 힘이 있다.
  - 가족구성원의 발달이나 가족단위로서의 발달을 지속적으로 추진한다.
  - 자신들의 환경을 통제할 수 있다는 자립심을 가지게 된다.
- 부적응(부정적 측면)
  - 가족기능의 평형을 점차 상실한다.
  - 가족통합의 저하, 개인적 발달과 가족단위로서의 발달 저하, 가족의 독립성과 자립성의 저하 또는 상실 이라는 대가를 지불하지 않으면 안 된다.

가족이 그들 안팎에 존재하는 여러 가지 문제에 대처하고 적응하기 위해서는 다양한 모순, 갈등, 위기에 직면할 수밖에 없다. 가족의 위기는 가족에게 필연적으로 발생하는 것이며 오히려 일상적이라고 받아들이는 것이 바람직하다. 가족갈등이 생기면 즉시 가족이 해체되는 것이 아니라 원래 상태로 되돌아가려는 항상성(homeostasis)의 기능에 의해 자기회복력 또는 자기치유력이 생성되어 어느 정도는 스스로 치유가 된다. 그러나 가족의 부적응이나 위기가 회복할 수 있는 한계를 넘으면 상담가의 전문적인 원조를 구하는 것이 바람직하다.

가족갈등의 다양성

- 가족은 비합리적인 면이 강하다.
- 가족은 보편적인 동시에 개별적 특수성을 가진 존재이다.
- 가족문제는 표면적으로는 동일해 보이나, 본질적으로는 개별적이다.
- 가족관계는 서로 유기적으로 상호작용하므로 일방적인 원인과 결과로 관계를 규정지을 수는 없다. 즉, 가족은 서로 복합적이고 연쇄적인 반응을 계속하므로, 가족 안에서 개인이 가진 문제는 개인만의 문제가 아닌 가족 전체의 문제로 받아들이는 것이 바람직하다.
- 가족은 비합리적인 면이 강하다.
- 가족은 보편적인 동시에 개별적 특수성을 가진 존재이다.
- 가족관계는 서로 유기적으로 상호작용하므로 일방적인 원인과 결과로 관계를 규정지을 수는 없다. 즉, 가족은 서로 복합적이고 연쇄적인 반응을 계속하므로, 가족 안에서 개인이 가진 문제는 개인만의 문제가 아닌 가족 전체의 문제로 받아들이는 것이 바람직하다.
- 가족의 인간관계는 다면적이며 농후하기 때문에 갈등과 부적응의 원인과 과정도 복잡하게 얽혀 있다. 가족은 시대, 사회, 지역에 의해 습관이나 의식에 차이가 있기 때문에, 각 가족의 갈등 원인과 과정, 내용에는 미묘한 차이가 있다.

건강가정 실천전문가들은 우리가 만나는 이용자(또는 내담자)들이 지닌 문제의 원인보다는 부적응이나 위기에 가족이 어떻게 대처하여 극복하는가에 더 관심을 갖는 것이 필요하다.

- 건강가정 실천전문가는 자신이 만나는 가족은 특수하고 개인적인 특징을 가졌다고 인정해야 한다. 즉, 문제를 유형화하거나 일반적인 상식만으로 이해해서는 안 되며, 보편적인 가치에만 얽매이지 말고 사례에 유연하게 접근해가는 것이 바람직하다.
- 건강가정 실천전문가는 내담자의 관점에서는 모든 사실이 내담자가 주장하는 것처럼 보인다는 사실을 염두에 두는 것이 중요하다. 만약 잘못되었다고 지적하면 오히려 반발하고 수용하지 않을 수 있다.
- 건강가정 실천전문가는 인간관계나 한 개인와 내면의 어려움과 가족을 바라보는 다양한 관점을 가져야

생생한 사례로 살펴보는 건강가정론

한다.

- 건강가정 실천전문가는 가족문제를 단지 자신의 지식을 토대로 이해하고 해석하려 하지 않으면서, 내담자나 그 가족의 고민이 무엇이며, 현실적으로 어떻게 해결하여 갈등에서 벗어날 수 있는가라는 물음으로 탄력성을 찾아가는 노력이 필요하다.

생각 나눔

Q1 다음 사례를 읽고, 학생이 스트레스(혹은 열등감)에서 벗어날 수 있는 방법에 관해 솔루션을 제안해봅시다.

사례. 저는 초등학교 시절 체육선생님의 권유로 저학년 때부터 태권도라는 운동을 시작하게 되었습니다. 초등학교 저학년 시절에는 운동선수라고 하더라도 신체능력이 크게 차이가 나지 않았습니다. 고학년이 되고나서부터 학생들의 신체능력이 곧 운동선수의 성적과 직결되는 현상이 나타나기 시작합니다. 저는 다른 학생들과는 다르게 고학년이 되고 나서부터 성장급등기를 보내고 또래친구들보다 10cm가량 키가 더 컸습니다. 그러다보니 대회를 나가게 되면 좋은 성적을 낼 수 있었습니다. 초등학교 졸업을 앞두고 제가 원하고 좋아하는 팀으로 스카우트되어서 중학교에 진학하게 되었습니다. 앞서 내용만 보게 되면 열등감을 느낄 만한 내용이 없을 것입니다. 하지만 문제는 중학생이 된 후에 생기게 되었습니다. 초등학교를 졸업할 당시 키가 170cm였지만 중학교 내내 키는 2cm밖에 크지 않았고 남들보다 열심히 운동하고 준비한다고 생각하였지만, 대회에 나가면 1등이라는 자리에 올라서기가 힘들었습니다. 열심히 운동하고 남들보다 더 많이 노력하는데 왜 안 되는 걸까라는 생각을 스스로 하게 되었고, 항상 결론은 신체적으로 내가 키가 작기 때문이라는 생각을 했었습니다.

Q2   다음 사례를 읽고, 여성이 스트레스에 벗어날 수 있는 방법에 관해 솔루션을 제안해봅시다.

사례. "일 년에 12번 제사를 지내는 종손집이었기에 고모들이 종종 집을 방문했습니다. 초등학생 때 고모들은 눈썹이 짙고, 날씬하며 친가 할머니를 많이 닮은 언니를 예쁘다고 큰소리로 칭찬했습니다. 실제로 저와 한 살 차이인 언니는 옷도 잘 입고 공부와 노래, 운동 모두 잘 했으며 학급회장을 도맡아하는 친화력도 있었습니다. 성격이 괄괄하고 드센 편이어서 고모들이 엄마에게 일을 많이 시키지 못하도록 하는 정의로움까지 겸비하여 어른들은 더 기특하다고 했습니다. 언니가 생일이나 화이트데이 때마다 남자아이들에게 너무 많은 선물을 받아서 피곤하다고 말하는 아빠의 얼굴에는 웃음이 가득했습니다. 저보다 10살 아래인 남동생은 우리 집의 슈퍼스타였습니다. 5대 독자라는 점, 젊었을 때 미남이었다는 아빠를 빼닮았다는 점은 고모들을 기쁘게 했습니다. 남동생이 제사상 앞에서 노래를 부르며 장난을 쳐도 가족들은 남자아이라서 개구지다며 미소를 지었습니다. 저는 남동생을 엄청 귀여워했기 때문에 동생이 장난을 심하게 쳐도 혼나지 않는 사실에 대하여 억울하지 않았습니다. 하지만 고모들이 예쁘다고 칭찬하기에 저는 너무 뚱뚱했고, 다소 둔했으며 항상 책만 보는 책벌레였습니다. 언니는 제가 공부를 잘한다고 칭찬해주었고, 남동생은 제가 들려주는 이야기를 좋아해주었으며, 엄마는 제 이마가 잘생겼다고 칭찬해주었지만, 고모들과 아빠, 학교 선생님들은 저의 장점을 알아차리지 못했습니다. 특히 큰 고모는 제가 부침개를 부칠 때 언니와 달리 덜렁대서 동태전을 망쳤다며 짜증을 내셨고 여자아이가 식탐이 있어서 제사상에 올릴 우엉 나물을 집어먹었다며 화를 내셨습니다. 저는 우엉 나물을 몇 개 집어 먹은 게 그리 큰 죄인가 생각하면서도 큰 고모의 매서운 눈초리에 마음이 상해서 기죽어 있었습니다. 그리고 기죽은 저를 보며 속상해하는 엄마 얼굴을 보고 가족들 눈에 잘 띄지 않도록 거실과 부엌의 중간에서 고개를 숙이곤 했습니다. 그리고 제가 좋아하는 만화 영화 〈피구왕 통키〉에 등장한 인물을 떠올렸습니다. 만화 속 이야기는 지금 내가 느끼는 부끄러움과 속상함, 서운함을 잊게 해주었기 때문입니다."

Q3   아래 한 학생이 스트레스에서 벗어날 수 있는 방법에 관해 솔루션을 제안해봅시다.

사례. "저는 중학생입니다. 학원도 친구들이 가장 많이 다니는 동네로 이사를 가서 가장 큰 학원을 다녔습니다. 학원에서 자연스레 3년 동안 외고를 준비하게 되었고 뚜렷한 목적의식이 없다보니 공부는 제대로 되지 않아서 외고 진학에 실패를 했습니다. 외고 진학에 실패하고 나니 저 자신을 되돌아보게 되었습니다. '나'라는 사람에 집중을 하면서 내가 진짜 하고 싶은 일은 무엇인지 찾기 시작했고 아직 나아가는 중입니다. 그런데 잘 모르겠더라구요. 점점 소심해지는 것 같아요. 이제는 옷을 살 때도 언니, 친구의 의견을 물어보고 그 의견이 절대적인 경우가 많아졌습니다. 도대체 제가 진짜 좋아하는 게 뭐고, 잘할 수 있는건 뭘지 고민이 되고 여러 가지 망설이는 부분이 커집니다."

Q4　윌슨(Wilson)과 가트만(Gottman)은 아동의 주의력과 스트레스에 관한 연구에서, 아동이 스트레스에 대응할 수 있을 때, 오히려 아동의 주의력 과정이 더 조직화되고 인지와 정서를 조절하고 주의집중 과정에 동반하는 생리적 반응에 더 잘 조절한다는 것을 밝혔습니다. 즉, 스트레스는 매우 역설적이어서 스트레스가 전혀 없다고 해서 행복한 것이 아닙니다. 중요한 것은 스트레스원을 효율적으로 대처하며 잘 관리하는 능력입니다. 아래 내용을 참고하여 당신만의 스트레스 감소법을 정리하고 설명해 봅시다.

스트레스 감소법

- 항상 낙관적인 마인드를 기반으로 사회적 관계를 형성하는 것은 스트레스를 보다 덜 경험하게 도와줍니다. 하지만 아무리 자신을 제어해도 반드시 스트레스를 받을 수밖에 없는 상황이 생기기 마련입니다. 그럴 때 우리는 스트레스에 대해 대처하고 관리해야 하는데, 그 방법에는 어떠한 것들이 있을지에 대해 알아봅니다.

- 이완이란, 우리가 스트레스로 인해 좋지 않은 영향을 받을 때 우리의 사고와 삶의 양식을 변경함으로써 스트레스 반응에 대처하는 모든 부분을 말합니다. 많은 연구, 실험 등이 이완 절차의 두통, 고혈압, 불안, 불면증을 완화하는데 도움은 줄 수 있습니다.

- 명상이란, 고통을 낮추고 자각과 통찰 그리고 연민을 증진시키기 위하여 사용하는 기법으로 '마음챙김 명상'이라고 부르기도 합니다. 마음챙김, 즉 명상을 할 때 두뇌에서도 어떠한 변화가 일어나는데, 첫 번째로는 두뇌 여러 영역들 간의 연결이 강화된다는 것이고, 두 번째로는 반추적 자각과 관련된 두뇌영역이 활성화된다는 것입니다. 세 번째로 정서상황에 대한 두뇌활성화를 낮추게 됩니다.

- 에어로빅 운동이란, 간단히 말해 심폐기능을 증진시키는 지속적인 유산소 운동입니다. 운동은 심장을 강화해주어 심장병에 쉽게 걸리지 않게 해줍니다. 실제로 활동적인 사람들이 비활동적인 사람들보다 비만, 심장질환, 수명, 각종 유전적 위험요인들의 영향을 약화시킬 수 있다고 합니다. 많은 연구들에 따르면 일주일에 적어도 3회 이상 에어로빅 운동을 하는 사람들은 비활동적인 또래에 비해서 스트레스를 잘 관리하고, 자신감과 활력을 더 많이 띠며, 우울감과 피로를 덜 느낀다고 합니다. 이로써, 에어로빅 운동이 우울과 불안을 예방하고 감소시킨다는 사실을 알 수 있습니다. 운동은 어떤 면에서는 항우울제와 같아 각성을 증가시키는데, 이것은 신체 내부에서 기분을 끌어올리는 화학물질들을 분비하게 만들기 때문입니다.

- 신앙심과 건강의 연관성에 대한 것입니다. 많은 연구들이 종교적 활동을 하는 사람들이 그렇지 않은 사람들보다 장수하는 경향이 있다는 상관관계를 밝혔습니다. 하지만, 아직 어떠한 뚜렷한 인과적 사실이 없는 것으로, 신앙심과 건강의 연관성을 예측만 하고 있는 상황입니다. 그 외의 방법으로는 마사지 치료도 근육을 이완시키며 우울을 완화하는 데 도움을 준다고 합니다.

7.2 가족탄력성

1) 가족탄력성의 개념

탄력성의 개념은 역경 속에서 성공적으로 적응하고 성장하는 아동에 대한 연구로부터 발전했으며 개인 및 2인 관계에 주로 적용되었다. 그러나 점차 가족체계의 교환고정 및 상호작용으로 관심이 확대되면서 비교적 새로운 이론적 구성체인 가족탄력성이 등장하였다. 가족탄력성은 가족체계 내에서 건강한 기능을 유지하고 스트레스나 위기상황에서 가족 분열을 막는 긍정적인 능력이다. 또한 가족이 위기에 직면할 때 적응하고 위험에 대처할 수 있도록 돕는 특징이 차원과 속성으로 정의된다. 이러한 정의의 강조점은 스트레스에 직면한 가족의 적응적인 자질에 초점을 두고, 특히 대처, 인내, 생존을 증진시키는 과정을 강조한다는 것이다. 학자들이 설명하는 가족탄력성의 요인은 다음과 같다.

〈표 7.2〉 가족탄력성의 요인

학자	가족탄력성 요인
Garmezy(1983)	원활한 의사소통, 자녀에 대한 부모의 이해수준
McCubbin(1993)	가족형태, 가족자원, 가족기능, 문제해결과 대처, 사회적 지지
Silliman(1994)	위임, 의사소통, 응집성, 적응력, 영성, 연결성, 시간공유, 효율성

이러한 가족탄력성의 대표 학자는 맥커빈(McCubbin)이다. 맥커빈의 가족탄력성 모델에서는 가족 내 긴장이 발생하면 가족내구력, 인지평가, 의사소통, 사회적 지지 등의 영향에 따라 가족원의 신체적, 심리적 안녕감을 이루는 가족 적응이 다르다는 것이 핵심이다. 이 모델에서의 스트레스는 가족에 변화를 가져오게 하는 도전으로 간주되며, 이러한 스트레스 상황을 극복하도록 힘을 부여하는 가족강점과 능력 강화에 연구 및 개입의 초점이 맞추어져 있다. 맥커빈의 가족탄력성 모델은 조정단계와 가족위기단계, 적응단계의 세 단계로 구성되어 있다.

생생한 사례로 살펴보는 건강가정론

2) 맥커빈의 가족탄력성 단계 설명

조정단계에서는 가족의 스트레스 요인이 발생했을 때 가족들은 조정단계를 거치면서 가족들이 일상생활을 영위하기 위해 형성해온 상호작용 패턴, 역할, 그리고 규칙을 유지하기 위해 시도한다. 가족조정단계는 일련의 구성요소들 간의 상호작용으로 가족과정과 결과를 형성하는 것으로 특징짓는다. 이러한 구성요소들은 가족구성원의 스트레스 요인과 요인의 심각성, 스트레스에 대한 가족의 평가, 가족의 문제해결과 대처방법이다. 조정을 위한 가족의 노력과 결과는 보다 긍정적으로 성공적인 조정의 극단에서부터 다른 극단까지 실패한 조정의 연속 체위에 존재한다. 조정이 성공했을 때는 기존에 형성되어 있는 가족기능의 패턴이 유지되고 환경적 영향에 대한 가족의 통제감이 강한 반면, 조정이 실패했을 때는 형성된 기능 패턴에서 변화가 요구되는 가족위기상황을 직면하게 된다.

가족위기는 조화와 균형을 복구하는 가족사회적 체계에서 계속적으로 파괴적이고 해체적인 능력상실의 상태로서 가족의 기능패턴에서의 보다 본질적인 변화를 요구하는 것으로 개념화되어 왔다. 가족스트레스는 가족능력의 불균형에 의해 초래되는 긴장 상태인 반면, 위기는 가족체계에서 불균형, 부조화 그리고 해체의 상태이다. 위기에 처한 가족들은 종종 긴장을 감소시키기 위해 실제적 노력을 순환적으로 시도하는 함정에 빠지게 된다. 그리고 가족의 상호작용과 기능이 새로운 패턴이 요구되는 상황에서도 가급적 적게 변화하려고 한다. 이처럼 어떤 경우에는 스트레스 요인이 가족의 발달단계 중 자연스럽게 발생하여 정상적인 위기를 유발하다가 안정을 가져오는 반면, 어떤 경우에는 하나의 스트레스 요인으로 인한 요구가 가족의 대응능력보다 훨씬 커서 비정상적인 위기를 초래하는 경우도 있다. 이러한 비정상적인 가족위기는 가족해체에서의 불균형과 부조화를 나타내며 안정성, 규칙, 조화감을 복구하기 위하여 가족 기능의 유형에서 근본적인 변화를 요구한다.

적응단계에서는 가족 적응은 가족위기를 극복하려는 가족의 노력을 이해하는 핵심이 되며, 이 모델의 중심 개념으로 가족위기상황에 대한 새로운 수준의 균형, 조화 기능을 가져오기 위한 가족 노력의 결과를 묘사하기 위해 사용되었다. 스트레스 요인이 발생했을 때 이에 대한 부적절하고 파괴적인 가족 기능 유형으로 인하여 조정에 실패하여 위기상황에 직면한 가족 기능의 수준은 가족의 기능 유형, 가족자원, 가족의 상황적 평가, 가족문제 해결과 대처능력의 상호작용적 영향에 의해 결정된다. 가족의 기능 유형은 가족체계가 전형적으로 기능하는지를 설명하는 기본적인 가족행동유형이며 가족자원은 돈, 프로그램과 같은 유형적인 것과 가족의 성실성, 민족의 정체감, 문화적 유산과 관습, 자존심과 같은 무형적인 것, 가족의 내구력과 같은 가족의 내면적 자원과 가족의 사회적 지지망과 같은 외부적인 자원으로 구성된다. 가족의 상황적 평가는 가족이 상황에 부여하는 의미일 수도 있고 전체적 상황에 대한 가족의 일반적인 지향이라고 할 수 있다.

조별 나눔

Q1 가족이 작고 큰 위기(예 사업 부도, 질병 등)에 마주하였던 경험이 있을 것입니다. 당신 가족이 위기를 극복했던 사례를 찾아 스스로 분석해봅시다. 그리고 회복 과정에서 어떠한 가족의 자원들이 활용되었는지 정리해봅시다.

Q2 위기의 한자어를 살펴보면 '위험(危)'과 '기회(機)'라는 의미가 합쳐져 있습니다. 위험은 해로움이나 손실이 생길 우려가 있거나 그런 상태로 정의되며, 기회는 어떠한 일을 수행하는 적합한 시기와 경우(박다정, 2016)를 말합니다. 이는 가족에 위기가 닥쳤을 때 위험이 닥침과 동시에 기회도 함께 주어진다는 말이겠죠? 이 용어를 볼 때, 당신에게 '위기'는 어떤 의미로 다가옵니까?

생생한 사례로 살펴보는 건강가정론

3) 가족탄력성에 관한 가족위기 극복 사례

이 장에서는 자신의 가족의 위기를 어떻게 극복하였는지 사례를 통해 가족탄력성의 힘을 간접적으로 경험해보자. 이 사례를 통해 가족들의 대처방식은 어떠한지, 그리고 노력과 결과에 이르는 능동적인 과정에서 어떠한 가족들의 고유한 가족탄력성 요인들이 있는지 논의해보자.

사례 1> 20대 초반 어느 아들의 글 : 갱년기를 맞이한 엄마

2020년, 제가 20살 초반이었던 무렵 어머님의 갱년기 기간 때 가정에 어려움이 있었습니다. 아버지는 퇴근 후 바깥 지인분들과 술자리로 하루 일과의 스트레스를 해소하셨지만, 어머님은 타지에서 오시기도 하고 지역에 지인분들이 많이 없으셔서 당신의 속내를 이야기할 수 있는 곳이 없으셨던 게 큰 요소였던 것 같습니다. 그러다 보니 심리적으로 상태가 좋지 못한 어머니는 직장을 다녀오신 아버지에게 가시 돋친 말을 하게 되고, 서로 상대방의 말을 들어주기 보단 자신의 말(입장)만을 표현하니 소통이 줄어들고, 같이 한집에 살더라도 따로 사는듯한 느낌이 들 정도였습니다.

그래서 저는 먼저 갱년기를 겪어보신 주변 지인들과 연락을 하여 어떻게 이겨내셨고, 갱년기가 오면 어떤 상태가 되는지 알아보며 제가 자식이라는 입장에서 어떻게 움직여주면 좋을지 자문을 구하며 알아보았습니다. 그리고 아버지와의 대화를 통해 제가 알아낸 정보들을 공유하고 어머니의 상태를 나눈 뒤 집의 분위기를 함께 바꿔보려고 노력하였습니다. 이 일을 겪고 난 후 가정은 혼자 바꿔나가기보다 함께 만들어가는 것이라고 느꼈습니다.

사례 2> 40대 중반 어느 여성의 글 : 코로나19 팬데믹으로 인한 가족의 변화

코로나19 팬데믹으로 인한 역경과 어려움 속에서도, 저희 가족은 가족 탄력성의 자원을 활용하여 변화에 대처하고 극복하는 능력을 보였습니다. 저희 가족은 코로나19로 인해 국내 여행 계획을 취소해야 했고, 자택에서의 생활이 길어지면서 심리적으로 스트레스를 받기 시작했습니다. 그러나 저희 가족은 이를 해결하기 위해 가족 구성원 모두가 함께 참여할 수 있는 활동을 계획하였습니다.

가족 구성원 중 한 명은 요리를 취미로 하고 있어, 가족 모두가 함께 요리하는 시간을 가졌습니다. 또한 다른 가족 구성원은 건강을 위해 요가를 하고 있었는데, 가족 모두가 함께 참여하여 집안에서 홈트를 하며 건강한 삶을 유지할 수 있었습니다. 또한 코로나19로 인해 자택에서의 원격 근무가 길어지면서 가족 구성원들의 스트레스와 불안감이 증가하였습니다. 이에 저희 가족은 가족 구성원 모두가 함께하는 가벼운 운동이나 산책, 가족 게임 등의 활동을 계획하여 모두가 함께 건강하고 즐겁게 시간을 보낼 수 있도록 하였습니다. 이처럼 저희 가족은 가족 구성원 모두가 함께 참여할 수 있는 활동을 통해 코로나19로 인한 역경과 어려움을 극복하였습니다. 가족 구성원 모두가 함께 참여하여 공동으로 대처하는 능력, 즉 가족 탄력성이 이를 가능하게 하였습니다.

사례 3> 50대 중반 어느 여성의 글 : 아들의 갑작스러운 교통사고

몇 년 전 평온한 가정에 갑자기 아들이 교통사고를 당했다며 대학병원 응급실에서 연락이 왔습니다. 저희 가족은 갑작스런 소식에 놀라 슬픔과 당황함 속에서도 서로에게 침착함으로 위로하며 부모로, 누나로 차분히 본인이 해야 될 일들을 해나가게 되었습니다.

그동안 관계가 원했던 부모와 자식과의 관계, 자녀 사이에서 보이지 않게 쌓였던 긴장 관계 등 모든 부정적인 요소가 한꺼번에 사라지고 오로지 안전과 회복에 최선을 다하고 있었습니다.

생사를 넘나들며 응급실에서 수술을 하고 있을 때, 온 가족은 응급실 복도에서 하나님께 간절한 마음으로 기도하며 신의 은총을 바라면서 눈물을 흘렸습니다. 그리고 곧 성공적인 수술에 감사하면서 다시 한번 가족애를 확인할 수 있었습니다. 또한 더불어 함께 아파해주고 격려해 주었던 주변의 친지와 이웃에 감사함을 느꼈습니다. 수술은 성공적으로 끝났지만 회복되기까지는 아직도 많은 기간 재활치료가 필요했습니다. 하지만 그 기간 동안 가족은 마음과 행동이 하나로 합쳐져 어떤 어려움과 고난 도 이겨 낼 수 있다는 자신감이 생겼습니다.

사례 4> 40대 중반 어느 남성의 글 : 아들의 갑작스러운 교통사고

제 인생에 제일 힘든 시기는 20대 중반을 넘어가고 있을 무렵이었습니다. 약 17년 전쯤으로 기억합니다. 그 당시 우리 가족은 아주 지극히 평범했으며 그저 무난한 생활루틴을 반복하며 각자의 할 일을 하며 지내고 있었습니다. 아버지와 어머니는 가족부양을 하기 위해 일을 하셨고, 누나는 취업준비생, 남동생은 현역군인 신분이었습니다. 군대 제대 이후의 제 대학생활은 만족스럽지 못했습니다. 어떠한 이유에서인지 모르겠지만 대학교를 졸업하고 그 전공으로 미래를 보장할 수 있을지에 관한 불확실성으로 전공보단 공무원 시험 준비에 열중했습니다. 집안의 '장남으로서 잘 되야 될텐데...' 라는 부담감 때문인지 보는 시험마다 낙방이었습니다. 점점 시간은 가고 제가 이루어야 할 성취와는 점점 멀어져가 저는 점점 비뚤어진 생각을 가지게 되었고 연락을 끊고 집을 나가기로 작정했습니다.

　저는 한참 동안을 방황하다가 문득 가족이 보고 싶어졌습니다. 하지만 가족들을 볼 자신이 없었죠. 망가진 제 모습이 결코 가족들 보기엔 좋지 않을 거란 불안감 때문이었을까요. 그래도 가족들 안부가 궁금했습니다. 저는 겨우 군대에 있는 동생에게 연락을 취했습니다. 동생 목소리를 듣자마자 울컥함이 올라왔습니다. 왜 이런 행동을 했는지에 대한 후회로 머릿속은 복잡해졌습니다. 그때 동생은 차분하고도 따뜻한 목소리로 제 안부와 걱정을 물어줬죠. 그리고 어머니가 편찮으시다고 했습니다. 저는 더 이상 지체하면 안 되겠다고 결심하고 바로 집으로 달려갔습니다.

집에 도착하자마자 가족들은 기다렸다는 듯이 저를 반겨주었습니다. 왜 그랬는지는 묻지 않았어요. 그저 밥은 잘 먹고 다녔는지, 아픈 데는 없는지 물어봐 주었습니다. 저는 한참을 멍하니 있다가 보이지 않는 곳에서 저를 응원해준 가족의 마음을 느꼈습니다. 그리고 제가 왜 그렇게 행동했는지 자연스럽게 설명하게 되었죠.

한순간의 방황으로 저는 가족들을 힘들게 했지만, 가족의 존재로 해결할 수 있었습니다. 그리고 머지않아 좋은 직장에 취업하는 데 성공할 수 있었죠. 이 모든 과정에는 가족들의 사랑과 믿음이라는 원동력이 있었던 게 아닐까 싶습니다.

사례 5> 30대 중반 어느 여성의 글 : 엄마의 우울증

저희 가족의 경우, 고난이나 역경이 생겼을 때 어떻게 하였는가에 대해서 생각해보았습니다. 가족들은 먼저 그 문제, 고난에 대해 같이 소통했습니다. 왜 문제가 발생했는지, 어떻게 하는 것이 최선책인지 등에 관해 말입니다. 그리고 문제해결 방법을 찾고, 그것을 각자의 역할 속에서 해결하는 방법을 찾았습니다. 그러니까 대부분의 고난이나, 역경의 문제는 의사소통을 통해서 찾고 그 역경에 대해서 분석한 뒤 의미를 찾고 이겨내기 위해서 모두 힘을 모았던 거죠.

하나의 사례를 들어보겠습니다. 저희 가족이 겪은 가장 큰 역경은 아마도 아버지가 갑작스럽게 돌아가

시고 어머니가 우울증에 걸린 때였던 것 같습니다. 그 당시 저는 아직 고등학교에 다니고 있었고, 어머니에 대한 의존도가 아주 높았었던 때였어요. 그건 아마 언니와 동생도 마찬가지였을 것입니다. 특히 막내 동생은 유치원생밖에 되지 않아서 엄마의 손길이 더 그리울 나이였거든요. 그런 어머니가 우울증으로 인해서 힘들어했고, 가족에서의 어머니 역할도 제대로 수행하지 못하였습니다. 그런 최악의 상황 속에서 저희 가족들은 하나로 뭉칠 수밖에 없었죠. 먼저, 어머니를 제외한 언니와 저는 동생을 돌보기 시작했어요. 그리고 어머니의 기분을 맞추며 하루하루 버텼습니다. 또한 어머니의 빈자리를 어떻게 채울 것인가에 대해서도 찾아내야 했죠. 어머니가 좋아하는 음악, 성경책, 뜨개질 등 많은 걸 같이 하면서 시간을 보냈습니다. 하지만 어느 겨울날, 어머니를 병원으로 모시고 갈 수밖에 없었습니다. 입원치료를 위해서였습니다. 아버지의 빈자리가 컸던 탓일 수도 있지만 그래도 언니와 저는 끝까지 엄마를 포기하지 않고 전문가의 도움을 받아 지금까지 계속 약물치료를 받으며 살고 있습니다. 예전보다 어머니가 우울증에 대한 거부반응이 없으시고 잘 따라와 주셔서 감사하게 생각하고 있습니다.

가족탄력성은 고난의 상황, 역경의 상황을 회복하기 위해서 작용하며, 원래의 상태로 복원하려고 하는 성질이 있습니다. 저의 사례를 보면, 어머니의 부재로 인한 가족의 균형이 무너지고 어머니의 정신건강이 악화된, 가족으로 보면 최악의 상황이었잖아요. 그래도 이를 해결하기 위해, 저희 가족은 고유한 가족들의 지닌 자원과 강점을 잘 발견해나간 듯합니다.

Walsh(1998)의 가족탄력성의 요소로 어떤 자원들이 활용되었는가를 살펴봤어요. 먼저, 자살 생각이나 우울증을 극복하기 위해선 정서적인 안정이 필요로 하며 그것은 주변의 사람들의 관심과 애정이 필요로 합니다. 또한 본인의 감정이나, 의사가 가족들에게 확실히 전달되어야 합니다. 즉 가족들은 공통의 문제에 대해서, 이를 해결하기 위해서 서로의 의견을 내놓고, 해결책을 찾았으며, 또한 그러한 과정에 개방적인 의사표현과, 명료한 의사전달로 자살 생각이나 부정적인 감정들을 줄여 나갈 수 있었습니다. 그리고 조직의 유형에 대해서 생각해볼 수 있었습니다. 우울증을 더 효과적으로 개선하기 위해서는 사회의 도움이 필요로 했죠. 그것은 바로 의사라는 전문가의 소견과, 그에 따른 처방일 것입니다. 그러한 가족 외 의사라는 지지체계의 도움은 중요하며, 이는 경제적인 상황이 뒷받침되어야 따라 오는 것입니다. 저희 가족의 경우, 경제적으로 부족한 편은 아니었기 때문에 이러한 사회적 도움을 받을 수 있었습니다. 그리고 이것은 플러스 요인으로 작용해서 증상에 대한 호전과 개선을 경험케 했죠. 이러한 가족탄력성의 요인들의 자원들을 모두 다 활용하여서, 이러한 최악의 상태, 역경을 가족은 극복하는 데 성공한 사례라 볼 수 있을 것입니다. 그리고 이러한 가족탄력성의 경우 큰 경우, 작은 경우 모두 작용하는 원리라 볼 수 있고, 이것은 가족을 유지하는 데 중요한 요소라고 생각합니다.

조별 나눔

Q1 위 5개 사례를 읽고 어떤 부분이 가장 인상적인지 그 이유와 함께 세 가지로 정리해보고 조별로 자유롭게 토의해봅시다.

Q2 나의 가족만이 지닌 고유한 힘, 자원 및 강점에 관해 찾아보고 조별로 자유롭게 토의해봅시다.

생각 나눔

위 사례자들과 같이 자신의 가족을 돌아봅시다. 가족탄력성의 정도는 어떠한가요? 역경과 어려움이 있을 때 대체로 어떻게 대처하나요? 자신의 경험 중 구체적인 예를 한 가지 들고 어떠한 자원을 사용하여 문제를 극복하였는지 분석해봅시다.

• 사건

• 극복 과정

• 주요 가족탄력성 요인 :
   –
   –
   –
   –
   –

8장
___

건강가정사업의 실제 및 실천기술(1) : 가족코칭과 가족상담 및 치료

전주람

이 장에서는 건강가정사업의 주된 사업 중에 하나인 가족상담 및 치료의 주요 개념과 실천적 적용에 관해 살펴보고, 동시에 놀이, 미술 등 다양한 매체들을 어떻게 가족상담과 접목시켜 상담적 개입에 적용할 수 있는지에 관해 이해해보고자 합니다.

8.1 가족코칭의 실천적 적용

1) 가족코칭의 개념

코치(coach)의 어원은 헝가리의 도시 코치(kos)에서 유래하였다. 이는 네 마리의 말이 끄는 마차에서 유래한 것이며, 전 유럽으로 퍼진 이 마차는 코치(kocsi) 또는 꼿지(kotdzi)로 불렸다고 한다.

코칭은 코치가 목표를 정하고 끌어가는 것이 아니다. 코칭받는 사람을 지칭하는 용어인 '코치이'가 스스로 목표를 정하고 성취해나갈 수 있도록 지지하는 것을 말한다. 즉, 코칭(coaching)은 코치이(coachee, 코칭받는 사람)의 변화와 성장에 촉진자 역할을 해주는 것이자, 개인이 지닌 잠재력을 극대화시켜 발전하도록 돕는 과정이다. 이를 통해 코칭을 받는 사람은 자신의 삶을 주체적이고 적극적으로 이끄는 리더로 성장할 수 있다. 요약하면, 코칭은 코치가 코치이로 하여금 자신이 처한 삶의 현실을 이해하게 하며, 스스로 목표와 비전을 세우게 하여 변화 및 성장할 수 있는 강력한 동기를 부여하는 것이다.

코칭의 개념

- 코칭은 코치가 토의나 대화로 개입 혹은 중재하는 것을 말한다(Stowell, 1986).
- 코칭은 개인의 자아실현을 서포트하는 시스템이다(에노모노 히데다케, 2003).

그렇다면 가족코칭은 무엇인가? 코칭에는 비즈니스코칭, 라이프코칭, 커리어코칭, 학습코칭 등 여러 분야가 있는데 그 분야가 어떻든 모든 코칭은 목표와 가치 또는 미래를 위한 스킬을 제공하는 비슷한 패턴을 공유한다.

가족코칭은 가족구성원의 성장 발달을 돕고, 건강한 가족생활을 이루도록 돕는 것이다. 아울러 가족구성원 각자가 리더십을 발휘하도록 지지한다. 이는 가족문제의 발생을 예방하고 위기가족의 문제해결을 돕는 실천기술이라 할 수 있다. 한 예로, 가족 간의 의사소통 영역에서 코치이의 잠재능력을 극대화시켜 보다 기능적인 가족이 되도록 도울 수 있다.

가족코칭의 개념

- 가족코칭은 가족구성원의 성장 발달을 돕는 실천기술이다.

- 가족코칭은 건강한 가족생활을 이루도록 돕는 실천기술이다.

- 가족코칭은 가족구성원이 리더십을 발휘하도록 지지하는 실천기술이다.

- 가족코칭은 가족문제의 발생을 예방하고 가족의 문제해결을 돕는 실천기술이다.

가족코칭의 영역과 주제(가족생활주기별 특징과 과제)

- 신혼기 : 새로운 부부관계 기초 확립, 가족계획, 부부와 함께하는 여가계획

- 유아기 : 자녀의 성장에 대한 가계설계, 부부역할의 재조정

- 자녀교육기 : 자녀의 진학과 교육비 계획, 자녀의 역할 분담

- 자녀독립기 : 부부관계 재조정, 자녀의 취직 및 결혼 지도, 노후를 위한 가계소득 및 지출 설계

- 관계정립기 : 노후생활 설계, 건강증진계획, 건강과 취미를 위한 자주적 생활시간 설계

2) 가족코칭의 실천적 적용

코칭을 실시하기 위해서는 우선적으로 코칭환경을 만드는 것이 필요하다. 코칭환경에는 코칭대상자를 지지하며 도와주려는 코칭의 의도, 긍정적이고 중립적인 코치의 말, 코치와 코칭대상자 간의 수평적 관계가 중요한 요소이다.

코칭환경의 요소

- 의도 : 코치이를 돕겠다는 긍정적인 의도인지가 중요

- 말 : 코치의 간결한 언어, 배려, 존중, 중립적 언어

- 수평적 관계 : 코치와 코치이의 협력적 파트너십

코칭을 실시하기 위한 접근방법은 다음과 같은 점을 고려할 필요가 있다. 아울러 가족코칭을 위한 리더자는 다음 네 가지 사항에 관해 숙지하고 적용할 수 있어야 한다.

코칭 과정에서 고려할 사항

- 가족의 잠재능력을 이끌어낼 수 있도록 복돋아 준다.

- 가족이 모험적 시도를 할 수 있는 안전한 공간을 만들어 준다.

- 가족의 강점을 인정하고 강화시켜 준다.

- 가족의 노력과 성장을 칭찬한다.

- 가족의 스타일과 강점을 최대로 발휘하도록 돕는다.

- 가족의 문제를 해결하고 예방하도록 도와준다.

- 가족구성원이 언급하는 말의 의미를 공감하고 이해한다.

- 가족구성원을 참여시켜 협력과 문제해결을 함께한다.

가족코칭 리더자가 고려할 사항

- 방향설정 : 방향설정은 가족이 어떤 방향을 가지고, 즉 어떤 삶의 목표와 미션을 가지고 살아갈 것인가를 의미하는 것이다. 방향설정을 잘 하기 위해서는 우선 가족의 미션과 비전을 수립하는 것이 필요하고, 이를 위해 어디로 가야 올바른 방법을 찾는지에 초점을 맞추어야 한다. 방향설정에 있어서 '당신에게 누가 중요한가, 당신의 소중한 사람에게는 무엇이 가장 소중한가, 당신의 목적은 무엇이며 어떻게 서로를 향해 나아갈 수 있으며 당신은 어디로 가고자 하는가, 또한 목적에 어떻게 도달할 수 있는가'를 질문해볼 수 있다.

- 한방향정렬 : 한방향정렬은 가족이 최대로 가족의 잠재력을 발휘하고 역량을 강화하기 위해 가족이 정한 방향으로 한방향정렬하는 것을 말한다. 한방향정렬에 있어서 '가족은 어떻게 함께 움직이는가?, 가족들은 각각 어떠한 역할을 해야 하는가, 가족의 비전을 성취하기 위해 가족들이 어떻게 한 방향으로 정렬할 수 있는가' 하는 질문은 도움이 된다.

- 임파워먼트 : 가족은 서로 신뢰하고 서로 격려한다. 즉, 코칭관계 형성에 있어서 잘 들어주는 태도와 자세를 가지고 공정하고 합리적인 겸손한 코치로서의 역할을 해야 한다.

- 모델되기 : 가족구성원끼리 긴밀한 신뢰를 구축하는 것에 있어서 나는 어떠한 모델인지를 확인해볼 수 있다. '누가 당신을 따를까요, 당신은 신뢰성을 갖추고 있나요, 당신이 신뢰성을 갖추기 위해 어떤 일을 할 수 있나요'라는 질문을 통해 확인할 수 있다.

마지막으로 가족의 역량 강화를 위한 질문을 정리해보았다. 실천현장에서 유용하게 적용할 수 있을 것이다.

가족의 역량 강화를 위한 질문

- 가족 비전과 미션을 위한 코칭 질문

    - 당신이 가족의 유대감을 유지하고, 보다 높이기 위해 할 수 있는 일은 무엇입니까?

    - 가족구성원들이 당신과 공유하고 싶어 하는 것은 무엇일까요?

    - 당신의 자녀가 당신과 공유하고 싶어 하는 것은 무엇일까요?

    - 남편의 입장이 되어 봅시다. 이 상황이 어떤 식으로 받아들여집니까?

    - 당신은 가족에게 어떤 영향을 주고 있습니까?

    - 가족과 어떤 관계를 맺는 것이 당신의 이상입니까?

    - 당신이 목표로 하는 가족의 상관도를 그려보세요.

    - 가족과 당신의 사명은 무엇인가요?

    - 당신의 가장 큰 장점은 무엇인가요?

    - 사는 데 아무런 제약이 없다면 당신에게 무엇을 주고 싶은가요?

- 부부를 위한 코칭 질문

    - 평소 남편(아내)에게 무슨 말을 전달하고 있습니까?

    - 남편과의 관계를 개선하기 위해 어떤 일을 해볼 수 있을까요?

    - 남편에게 욕구하고 싶은 것은 무엇입니까?

    - 당신이 미래를 향해, 두 사람을 위해 추구하고자 하는 것은 무엇입니까?

    - 당신이 남편과 잘 지냈을 때는 그 이유가 무엇이었다고 생각하시나요?

- 자녀를 위한 코칭 질문

    - 훗날, 자녀는 당신의 가족을 어떻게 기억할까요?

    - 아이들이 당신을 어떤 식으로 말해주기 바라나요?

    - 지금이기 때문에, 당신이 할 수 있는 것에는 어떤 것이 있을까요?

    - 더 좋은 가족이 되기 위해 어떻게 바꾸고 싶습니까?

    - 우리 가족은 'OOO한 가족이다'라고 표현해 주세요.

    - 당신이 가족과 보다 좋은 관계를 만들기 위해 할 수 있는 일은 무엇일까요?

Q1 가족코칭은 어떠한 변화를 이루기에 충분하다고 생각합니까?

Q2 가족코칭의 리더자라면 어떠한 철학 및 태도를 갖겠습니까?

Q3 만약 당신이 누군가로부터 코칭을 받는다면, 어떠한 리더자를 만나기 원합니까? 그 이유는 무엇입니까?

8.2 건강가정현장에서의 매체 활용을 적용한 가족상담 및 치료

이 절에서는 가족상담과 치료의 이해를 위한 기본적인 내용으로 가족체계이론의 주요 개념을 이해하고, 가족체계이론이 적용된 상담치료의 내용을 실천 현장에서 어떻게 적용하고 상담할 수 있는지에 관해 살펴보고자 한다.

1) 가족체계이론의 주요 개념

(1) 체계와 경계선

가족체계이론에서는 가족을 하나의 체계(system)로 이해한다. 체계란 하나의 전체로 기능하기 위해 합쳐진 부분들의 조직(Michael D. Reiter, 2021)이라고 할 수 있다. 즉, 가족이라는 하나의 체계는 낱낱의 부분이 모여 통일된 하나의 전체를 이룬다. 이는 마치 한국에서 마포구, 관악구, 동작구, 강남구 등이 모여 하나의 서울시를 이루는 것과 유사하다.

가족을 하나의 체계로 보면, 개인은 가족 내의 다른 체계들과 함께 가족의 기능을 분배하고 수행하며 상호작용한다. 가족은 정적 단위가 아니라 개인의 발달과 적응에 영향을 주기도 하고 이웃, 친척, 지역사회 같은 상위체계의 영향을 받기도 하는 개방적이고 역동적인 단위이다. 대표적인 하위체계의 예로는 부부하위체계, 부모하위체계, 형제하위체계 등이 있고, 각 하위체계는 세대, 성, 흥미 및 기능에 따라 체계를 형성하기도 한다. 이러한 하위체계들이 일정한 위계를 이루며 결과적으로는 전체적인 하나로 유지된다는 것이 가족체계이론의 골자이다. 여기서는 구체적으로 부부하위체계, 부모하위체계, 형제하위체계에 관해 살펴보자.

- 부부하위체계(spouse subsystem) : 부부는 남편과 아내를 아울러 이르는 말이다. 부부는 가족체계의 핵심이므로 그들의 정서적 안정과 원활한 기능은 가족체계의 안녕을 좌우한다. 구조적 가족치료의 창시자라고 불리는 미누친(Salvador Minuchin)은 특히 부부체계의 중요성을 강조하였다. 부부하위체계는 다른 체계의 필요와 욕구에 의한 방해로부터 보호하기 위해 분명한 경계선을 지녀야 하며, 서로 정서적 지지

를 줄 수 있는 그들만의 사적, 심리적 영역을 확보하는 것이 중요하다.

- 부모하위체계(parental subsystem) : 부모-자녀관계에서 부모는 권위를 갖는다. 자녀를 보호하고 지도하는 역할을 맡아 수행하며 자녀의 발달과 성장을 돕는다. 그들은 자녀를 적절하게 지도하며 통제할 과업을 지닌다. 아울러 자녀의 사회화를 위해 노력한다.

- 형제하위체계(sibling subsystem) : 자녀들 간에 협동하고 경쟁하며 서로 어떻게 지지해 나가는지를 배우는 동료관계(peer relationship)이다. 한 개인이 형제하위체계에서 어떠한 위치를 차지하는지는 일생에 중요한 의미를 부여한다. 예컨대, 책임감이 강한 첫째는 평생 어떠한 일의 수행에 있어서 과도한 책임감을 보일 수도 있고, 의지하기를 습관화했던 막내의 습관 역시 평생 이어질 수도 있다.

위 체계를 이해하기 위해 경계선을 이해할 필요가 있다. 미누친에 따르면 경계선은 가족원 누가, 어떻게 참여하는가를 규정하는 규칙이라고 설명한 바 있다. 경계선은 크게 세 가지로 정리해볼 수 있다.

경직된 경계선(rigid boundary)은 가족구성원 간에 많은 정보가 오고 가지 않는다. 마치 높은 담이 서로에게 있는 듯하다. 이러한 관계에서, 자녀는 학교에서 문제가 있어도 부모에게 도움을 요청하기 어렵게 된다. 또는 부모가 권위적이어서 모든 규칙을 엄격하게 규정하고 있어 자녀의 피드백은 반영되기 어렵다. 이러한 관계에서 가족들은 소외감과 고립감을 경험하기 쉽고, 결속력과 유대감을 찾아보기 어렵다.

반대로 **혼동된 경계선(diffused boundary)**은 가족들 간에 과도하게 정보를 공유한다. 상담에서 만난 한 남학생은 자신이 데이트를 마친 후 집에 돌아왔을 때 어떻게 데이트를 하였는지에 관해 그의 어머니가 상세하게 보고받기를 원했다. 이러한 가족의 경우, 가족원들의 사적인 생활이 보장되기 어렵기 때문에 가족 간의 갈등을 증폭시키는 주요 원인이 될 수 있다.

마지막으로 **분명한 경계선(clear boundary)**은 기능적인 경계선으로 가족원 간의 정보를 적절하게 공유한다. 예컨대, 여고생을 둔 한 부모는 친구들과 밤새고 노는 숙박을 허락하지 않는 규칙을 세울 수 있지만, 그녀의 베프가 유학가기 전날 안전한 환경에서 충분히 마지막 날을 함께 보낼 수 있도록 예외상황을 둘 수 있다. 이러한 가족은 아버지와 아들, 어머니와 아들, 아버지와 딸, 어머니와 딸의 관계와 같이 가족 내부의 하부구조가 친밀감을 유지하는 가운데 서로 신뢰하고 보다 결속력이 있고 안정

생생한 사례로 살펴보는 건강가정론

적인 가족관계를 유지할 수 있다. 이러한 가족이야말로 가장 이상적인 가족관계라고 할 수 있다.

(2) 항상성

항상성(homeostasis)은 1926년, 미국의 생리학자인 월터 캐넌(Walter Cannon)이 최초로 제창한 개념이다. 항상성은 '똑같은'과 '안정'을 뜻하는 어원인 'homeo'에서 유래되었다(Michael D. Reiter, 2021). 신체 항상성의 예는 잘 알려져 있다. 인간의 신체는 안정성을 유지하려는 경향을 지닌다. 다시 말해, 외부에서 발생하는 변화에 적응하는 능력으로 체온 조절, 혈당 농도가 대표적인 예이다. 이는 신체가 갖추고 있는 모든 자기조절 메커니즘을 내포하고 있다. 신체에는 이러한 변화를 감지할 수 있는 여러 센서가 있으며, 열과 같은 변화를 뇌에 알리는 역할을 한다. 땀은 체내의 열을 없애는 데 사용된다. 즉, 한 사이클이 끝나면 안정적인 평형 상태가 유지된다.

이러한 항상성은 가족에도 적용된다. 체계의 속성을 지닌 가족은 위기상황이나 스트레스에 직면했을 때 안정된 상태를 유지하려는 경향이 있다. 가족의 형태를 떠나 모든 가정은 현재의 균형과 안정을 그대로 유지하려 한다. 그리하여 가정에 위기상황이 닥치게 되면, 그 구성원들은 변화에 직면한 가정의 안정을 위해 노력을 하게 된다. 예컨대, 율리(가명) 씨 가족은 '성실하게 일하고 공부해야 한다'고 믿는다. 율리는 초등학교 3학년 때까지는 부모의 기대에 부응하는 성실한 학생이었지만, 고학년으로 갈수록 학교가기를 거부하고 그림 그리는 일에 몰두하며 혼자 집에서 공부하겠다고 고집을 피웠다. 율리의 이러한 행동은 가족이 '정상'이라고 여기는 항상성에서 벗어났으므로, 율리의 부모는 율리가 다시 성실하게 학교에 등교하여 학업을 지속하도록 여러 시도를 한다. 왜 학교에 가야 하는지, 공부가 왜 필요한지, 집에서 혼자 그림만 그리는 일이 무엇 때문에 문제가 있을 수 있는지 등에 관해 율리에게 설명하고 납득시킨 후 율리는 다시 학교에 등교하였다.

체계 균형을 유지하려는 노력은 한 구성원의 문제가 개선됨에 따라 이번에는 다른 구성원들이 문제의 조짐을 드러내는 상황에서도 찾아볼 수 있다. 왜냐하면 가족들 간의 역할은 변화되고 또 상호 간에 교환되기도 하지만 가정의 기본 구조는 변경되지 않기 때문이다. 따라서 한 구성원의 문제가 개선된다고 해도 근본적으로 가정에 어떤 긍정적인 변화가 일어나는 것은 아니다. 대체로 가정은 변화를 맞이하기보다는 현재의 상태를 그대로 유지하려는 경향이 있기 때문에, 이러한 균형을 깨뜨리지 않기 위해서 한 구성원의 문제가 개선되고 그에게 어떤 변화가 생기면 다른 구성원에게 문제의 조짐이 생겨 그가 그 역할을 담당하게 된다. 그러므로 이와 같은 가족체계의 모순에서 탈피하려고 하면 현재의 상태를 그대로 유지하기 위해 가족구성원 간에 이루어지는 부정적인 역할 담당의 악순환이 중단되어야 한다. 그리고 다른 적절한 방법을 시도하고 가족의 상황을 개선해 나가야 한다. 가족체계의 균형 유지와 위기상황 극복을 동시에 가능케 하는 문제는 가족상담 및 치료에서 중요하게 다루어지는 요소이다. 이처럼 가족체계의 균형은 가족체계의 항상성 개념으로 더 잘 이해될 수 있다. 마치 우리 몸이 외부 환경의 급격한 온도 변화에서 체내 자동조절장치가 작동하여 항상 일정한 온도를 유지하려는 것과 같다.

2) 가족상담의 기본원리

가족의 개념은 앞서 살펴본 바와 같이 역사와 사회문화적 특성에 따라 다양한 의미를 지니므로 사람들이 그려 내는 가족의 모습은 모두 다르다. 이러한 가족 안에서 무수히 많은 현상들(phenomenon)이 존재한다. 가족원 간의 친밀하고 끈끈한 사랑이 있으면서도 경쟁과 시기, 갈등과 자녀문제, 고부갈등 등 다양한 문제가 존재한다. 마치 사랑의 이면에는 미움이 있는 것처럼 깊은 감정적 뒤엉킴이 자리잡고 있다.

이처럼 복잡한 '가족'을 만나는 가족상담 영역에서는 일차적으로 가족상담의 개념과 원리를 이해할 필요가 있다. 상담사가 가족을 만날 때 가족이 지닌 문제를 어떻게 이해할 수 있는가? 상담사가 가족과 가족이 지닌 문제를 안다는 출발점은 어디에 있는가? 또한 가족은 자신들의 문제를 어떻게 이해하고 있는가? 정신건강 분야에 종사하는 전문가들 중에는 가족을 배제한 치료적 접근방법은 그 효과성을 기대하기 어렵다고 생각하는 사람이 늘어나고 있다. 이처럼 가족상담에 대한 관심이 높아지고 논의가 활발해지고 있다. 가족상담사들은 사티어가 가족을 모빌에 비유한 사실을 잘 기억해야 한다(Satir, 1967). 모빌은 한 조각이 흔들리면 줄에 매달린 또 다른 조각들도 자신의 의지와는 상관없이 흔들리는 속성을 가진다. 이처럼 가족상담사들은 가족을 집합체인 전체로 이해하며, 가족 각각의 특성보다 그들이 서로에게 어떻게 관계하는지 맥락을 파악해야 한다. 그리고 무엇보다 가족이 무엇인가보다 가족이라는 조직 안에서 가장 잘 기능하는 것이 어떤 것인지를 이해하는 것이 매우 중요하다.

가족단위의 상담접근적 측면에서 보면, 가족이 지닌 모든 심리적 문제(예 우울증, 알코올중독, 강박과 폭력 등)는 가족상담의 대상이 될 수 있다. 부부간의 문제, 자녀 문제, 맞벌이로 인한 가사분담 문제, 경제적 문제, 양육 문제, 심리적/신체적으로 불안 정한 청소년, 공격적인 자녀, 등교를 거부하는 아이, 집 떠나는 부모, 핸드폰 중독의 자녀 또는 부모, 부모(할머니·할아버지) 돌봄 문제, 가족 내 환자 및 부양 문제, 한부 모 또는 재혼가족의 심리적·경제적 문제, 학대와 폭력의 문제, 약물과 알코올중독 문 제, 마약 문제, 자살과 중독 문제 등 무수히 많다. 보다 구체적으로는 일상 중 마트에 서 장보는 문제(예 저렴한 것을 사느냐, 양 적고 질 높은 것을 사느냐), 장바구니 문제 (예 음식물과 세제를 섞어 담느냐 그렇지 않느냐), 화장실 청소 문제(예 거울의 습기 를 목욕 후 닦느냐 마느냐), 통장 관리 문제(예 남편 혹은 아내에게 자신의 지출을 보 고하느냐 마느냐), 외도와 성적인 문제, 신뢰와 불신의 문제, 손톱을 물어뜯는 자녀 걱 정, 그네를 못타는 아이, 사회성이 떨어지는 아이, 공부만 하는 아이, 삶의 의욕과 동 기가 부재한 대학생, 자신을 학대하여 스트레스를 해소하는 여대생 등 다양한 사례 가 있다.

이러한 많은 문제와 사례들은 가족상담사들에게 혼란을 가중시킬 수도 있겠지만, 가족상담의 원리는 동일하다. 다음의 전체성, 상호작용, 순환적 인식론을 잘 기억하자.

- 전체성 : 체계를 전체로 인식한다. 이 때문에 체계 내에서 어떠한 한 부분의 변화는 전체 체계의 변화로 이어진다. 이러한 특성을 상담사는 상담적 개입에 적용하는데, 일례로 내담자에게 과제를 부여함으로써 가족의 변화를 시도할 수 있다. 한 예로, 호프집을 운영하는 한 30대 남편은 아내의 잔소리가 듣기 싫어 집에 늦게 들어가곤 했다. 전기를 아껴 쓰고 양말을 뒤집어 놓지 말고 바르게 벗어두라고 했으며, 호프집 운영은 예산에 맞게 해야 한다고 잔소리했다. 상담사는 아내의 잔소리를 금지시키고 남편의 기존과는 다 른 반응을 이끌어내고자 시도하였다. 그러자 남편이 음식물 쓰레기를 정리해주거나 집에 일찍 들어가는 등 일상에서 소소한 몇 가지 변화를 관찰할 수 있었다.
- 상호작용 : 가족상담의 특징은 원인과 결과를 밝혀내기보다는 가족 내의 상호작용을 중시하는 것이다. 예 컨대, 부모가 자녀를 격려하고 칭찬하면, 자녀는 동기부여가 되어 보다 열심히 자발적으로 공부할 수 있다.

또한 아내가 남편을 인정해주면, 남편은 긍정적인 기분을 경험하며 가사일을 보다 적극적으로 도와줄 수도 있을 것이다. 그리고 남편이 아내의 반찬이 맛있다고 긍정적으로 표현해줄 때 아내는 남편의 긍정적 피드백을 통해 맛있는 식사제공을 위해 노력할지도 모르겠다.

- 순환적 인식론 : 순환적 인식론이란, 사건을 순환적 또는 회귀적인 연쇄 속에서 일어나고 있는 것으로 바라보는 관점이라고 간단히 정리할 수 있겠다. 이는 직선적 인과관계와 대비되는 용어라고 할 수 있다. 예컨대, 한 3살 남자아이가 보챌 때 엄마는 아이에게 윽박지른다. 스트레스가 가중된 아내는 남편이 퇴근하고 돌아오자 남편에게도 짜증을 부린다. 그러자 남편도 짜증이 나서 아내에게 집안 청소가 엉망이라고 잔소리를 하기 시작한다. 이러한 분위기에서 아이는 결국 울게 되고, 남편과 아내는 말다툼이 심해지며 5년 전 명절 때 양가 부모님 댁을 방문하며 선물 문제로 싸웠던 일을 회상하며 갈등이 심해졌다.

위 세 가지는 가족상담의 세부적인 이론(사티어, 구조적 가족치료, 보웬 등)에 모두 적용되는 기본적인 원리라고 할 수 있겠다. 마지막으로 가족상담사가 확인해야 할 주된 몇 가지 사항은 다음과 같다.

- 상담의 주된 고객은 누구인가?
- 내담자는 무엇 때문에 고통받고 있는가?
- 상담의 계기가 된 사건에 대한 탐색으로, 왜 이 시점에 상담을 받으러 왔는가?
- 상담소에 방문하기 전까지 문제를 해결하기 위해 내담자는 어떠한 노력을 했는가?
- 사건을 둘러싼 전후의 맥락은 어떠한가?

3) 놀이, 미술 등 매체를 활용한 가족상담 및 치료

(1) 가족놀이치료

놀이치료란, 훈련된 치료자가 심리적 문제를 지닌 내담자를 돕기 위해 체계적으로 놀이의 치료적 힘을 적용시키는 대인관계 과정으로 아동상담의 여러 접근들 중 하나이다. '놀이행동에 참여할 수 있는 아동의 능력회복'이라는 공통 목표가 있다. 한 명의 정해진 놀이치료자에 의해 이루어지는 놀이치료는 치료자의 특수한 이론적 지침과 인성, 아동문제의 배경과 현재의 증상 등을 통합하여, 치료계획을 수립하고, 치료목표를 향해 작업하는 것을 말한다. 무엇보다 중요한 것은 놀이 과정에서 이루어지는 아

Q1 가족의 상호작용 개념을 하나의 사례를 예로 들어 설명해봅시다.

Q2 가족상담이 문제의 원인을 발견하고 그 문제를 해결하는 데 주력하는 개인상담과 무엇이 다른지 설명해봅시다.

동과 치료자의 치료적 관계 형성이다.

놀이치료의 접근법으로는 정신분석적 놀이치료, 이완놀이치료, 적극적 놀이치료, 관계 놀이치료, 비지시적 놀이치료 등이 있다. 정신분석적 놀이치료에서, 안나 프로이트(Anna Freud)는 놀이를 아동과의 관계 형성을 위한 도구로 사용하였다. 관계 형성 이후에는 치료의 초점을 언어적 상호작용으로 옮겨 아동의 꿈과 백일몽 분석에 주력하였다. 이완놀이치료는 1930년대 후반에 발달, 심리분석적 이론으로 정화적 가치(catharsis)에 기본 신념을 두었다. 트라우마, 스트레스를 가진 아동에게 적합하며, 치료자의 적극적인 역할을 강조하였다. 또한 적극적 놀이치료는 정신분석적 놀이치료에 반발하며, 아동의 과거 경험을 재생하지 않더라고 자연스럽게 노는 동안에 아동의 공포와 분노를 발산할 수 있다는 의미를 강조하며 적극적·능동적 의미의 놀이치료를 강조하였다. 관계적 놀이치료에서는 '지금-여기'를 강조(인본주의적 상담이론에 영향)하였다. 치료자와 아동 사이의 정서적 관계의 치료적인 힘(curative power)을 강조, 즉 치료적 관계의 형성 자체를 강조하였다. 마지막으로 비지시적 놀이치료는 칼 로저스(Carl Rogers)의 인본주의적 상담이론에 힘입어 1940년 관계치료를 확장시켜 발전되었다. 인간중심(내담자중심)의 상담과 치료-유기체의 내적인 자아실현 경향성을 강조하였다. 그 외에도 대안적 인지 과정을 통하여 심리적 스트레스와 부적응적인 행동을 감소시키는 데 목적을 둔 인지행동적 놀이치료 등 여러 이론적 토대가 있다.

이러한 놀이치료를 가족상담에 적용해보면, 최근 가족상담 및 치료와 관련하여 발달된 부모-자녀 놀이치료가 시도되었다. 부모-자녀 놀이치료(filial therapy)는 부모에게 자녀와의 상호작용을 적절하게 수행하도록 가르쳐 자신이 지닌 양육태도의 미숙함을 극복하고 자녀들에게는 치료적인 변화를 일으키는 방법이다. 이는 마치 상담자들이 적정 기간에 상담 수련을 받고 상담현장에 투입되는 것에 비유할 수 있다. 부모들 역시 훈련 과정을 통해 부모역할을 올바르게 학습하고 난 후에 자녀와 적절한 부모역할을 실행할 수 있다. 이를 통해 자녀 문제의 감소뿐 아니라 예방에도 효과가 있을 것이라는 관점에서 출발한 것이 바로 부모-자녀 놀이치료이다. 그러므로 부모-자녀 놀이치료는 부모와 자녀 간에 지닌 독특한 그들만의 유대관계를 탐색하며 자녀의 상담 대행자가 되도록 하는 것이다.

232

Q1 '놀이'는 치료의 도구로 활용되기도 하나, 일상생활에서 놀이는 자녀들의 성장과 발달에 필요한 도구 자체로써 기능합니다. 건강한 가정을 유지하기 위해, 혹은 활기찬 가족을 위해 가정에서 활용할 수 있는 놀이방법을 3가지 찾아 논의해봅시다.

Q2 초등학교 6학년의 한 남학생이 스마트폰 중독 문제로 상담에 의뢰되어 놀이치료를 실시하였지만 3개월이 지나도 호전되지 않습니다. 상담사는 고민하던 중, 그와의 대화 중 '놀이'는 그에게 매우 '유치한' 것으로 어린아이들이나 갖고 노는 정도로 이해하고 있다는 사실을 알아차렸습니다. 이 상담사는 어떻게 조치하는 것이 바람직할까요?

(2) 가족미술치료

가족미술치료는 가족체계 이론과 미술치료이론을 접목시킨 상담기법이다. 미술을 매개체로 활용하여 가족구성원들의 상호작용을 보다 기능적으로 변화시킬 수 있다. 가족구성원들은 가족에 대한 이해와 수용을 증진시키고, 건강한 관계로 발전시키기 위한 가족치료의 한 방법이라고 할 수 있겠다.

가족미술치료는 1950년대에 프랑스의 포로(Porot)와 미국의 헐스(Hulse)가 환자의 가족에 관한 정보를 파악하기 위해 '가족화 검사(family drawing test)'를 실시한 것이 출발점이다. 이후 1960년대 정신의학 분야에서 가족관계의 중요성이 부각되며, 가족원 전체를 대상으로 하는 역동적인 상담기법으로 시도되었다. 나움부르크(Naumburg)는 융(Jung)의 보편적 상징 개념(집단무의식)과 설리반(Sullivan)의 대상관계 개념을 자신의 작업으로 통합하고, 환자의 그림을 '상징적 대화'의 한 형태로 보면서, 언어적 의사소통의 틀을 중요시하는 기법을 사용하였다. 퀴아트코스카(Kwiatkowska)는 나움버그(Naumberg), 슈테른(Sternn), 미어즈(Meares), 크레이머(Kramer) 등에 의해 확립된 정신분석적 미술치료의 연장으로 가족미술치료(family art therapy)를 창시하였다(Kwiatkowska, 2001).

1970년대를 전후하여 번스(Burns)의 동적 가족화, 빙(Bing)의 합동미술치료, 웨이슨(Wadeson)의 부부미술치료 등 새로운 기법들이 등장하였다. 동적 가족화(KFD)는 가족원들이 무엇인가를 하고 있는 모습(doing)을 그리게 하여, 가족구성원 간의 역동적 관계를 파악하는 데 응용되었다. 또한 합동미술치료(CFD)는 가족 전원이 둥근 테이블에 앉아 누가 어떤 그림을 그렸는가를 분석하기 위한 기법으로, 각자 다른 색의 재료를 사용하여 한 장의 가족화를 그리게 하는 방법이다. 그리고 부부미술치료는 부부가 서로의 그림을 수정하여 서로 어울리게 하는 기법이다. 최근에는 1990년 초반 번스가 개발한 동그라미 중심 가족화(FCCD, Family Centered Circle Drawing)가 소개되어 가족미술치료 분야에서 사용되고 있다.

우리나라에서는 1990년대 초에 심리학과 특수교육 분야에서 미술치료에 대한 연구가 시작되었으며, 1992년에 한국미술치료학회의 발족을 기점으로 대학과 연구소에서 본격적인 연구와 함께 전문미술치료사를 배출하고 있다. 그리고 2000년대에 진입하면서 가족들에 대한 중요성이 부각되며, 가족미술치료에 관한 서적들이 출간되고, 학술지논문과 학위논문들이 발표되기 시작하였다.

가족미술치료는 가족체계이론과 미술치료를 결합시킨 하나의 응용심리치료기법이다. 그러므로 미술과제가 문제의 진단과 치료적 개입의 수단으로 사용된다. 가족미술치료는 전체 가족을 대상으로 '공동 미술체험'을 통해 가족문제를 진단하고 치료하며, 의사소통 양상과 결정을 내리도록 돕는다. 또한 서로에 대한 인식과 역할을 명료화시켜주는 치료적 역할을 할 뿐 아니라 유용한 의사소통방법이다. 가족미술치료는 미술활동의 이미지 표출 과정을 통해 일상생활에서 억제되어 있던 상황이나 상실, 억제, 방어 등이 명확하게 표출될 수 있으며, 자신이 지닌 세계관을 재발견하고 자기 동일화, 자기실현을 달성하게 된다. 미술활동은 자기표현과 의사소통의 한 방법으로, 과거와 현재의 생활사를 조사하여, 원가족과의 관계경험에서 비롯된 역기능적인 행동의 원인을 탐색하고, 초기 결함들을 해결할 수 있다. 또한 부모됨과 문제해결능력 향상, 새로운 역할과 의사소통 양식으로 갈등해결방식의 예행연습을 위한 가족치료의 도구가 된다. 미술경험은 상호작용, 개방적 태도, 통찰력, 그리고 새로운 기술에 대한 적응을 촉진시킨다.

가족의 경험을 객관화시키는 가족미술치료는 가족문제에 대한 새로운 시각을 갖게 함으로써, 가족들로 하여금 문제증상에 초점을 맞추는 대신 구조적이고 개념적인 가족문제에 관심을 갖도록 한다. 가려졌던 가족문제를 구체적으로 드러내주고, 문제를 재정의해주며, 더 나아가 가족구조를 재구성하여 건강한 가족관계로 성장하도록 하는 것이다. 즉, 가족미술치료는 가족을 하나의 체계로 보고 가족체계에 초점을 맞추어 전체 가족을 변화시키는 것이 그 목적이다.

가족미술치료에 있어 미술작업이 가지는 장점은 세 가지로 요약할 수 있다. 첫째, 미술 과정은 가족문제의 진단을 돕고 가족원 간의 상호작용을 증진시키며 유용한 의사소통의 도구가 될 수 있다. 둘째, 미술작업은 무의식적인 의사소통뿐만 아니라 무의식적인 마음을 표출해내는 수단이 된다는 점에서 유용하다. 셋째, 미술결과물에 대한 지속적인 검증을 통해 변화의 지속성을 확인할 수 있다. 어떠한 미술작품은 가족역동성의 증거가 될 수도 있고 관계패턴이나 심리적 특징을 잘 보여준다.

특히 미술은 특히 아동에게 다음과 같은 이점들이 있다.

- 미술은 아동으로 하여금 그들의 정신과 감각을 사용하도록 한다.
- 아동은 과거, 현재와 미래의 사건과 관계되는 생각이나 감정을 잘 보여준다.
- 미술활동은 아동으로 하여금 분노, 적대감 등 부정적 감정을 해소시킬 수 있는 정화기능을 가지고 있다.
- 미술활동은 아동 스스로 주도하고, 조절하는 활동이다.
- 미술재료를 선택하고 미술활동을 해나가면서, 또 완성된 작품을 통해 아동은 성장과 성취감, 개인적인 만족감과 가치감을 느낄 수 있다.
- 미술은 어떠한 이유로 말하기를 주저하거나 말이 없는 아동과 친밀감을 형성하여 치료관계를 이루는 데 유용한 방법이 된다.
- 미술은 치료자로 하여금, 아동의 마음을 다치게 하지 않고, 아동의 방어기제를 허물어뜨리지 않으면서 아동이 지닌 무의식의 세계를 드러내준다.
- 미술은 여러 정보와 더불어 다음에 대한 보충적 자료가 되므로 아동을 진단하는 데 도움을 준다.

결론적으로 미술치료는 표현의 자유를 주면서, 아동이 자신을 신뢰하고, 자신을 스스로 통제하며 상담자와의 관계를 다스리는 데 도움이 되는 외적 구조와 조직을 제공한다.

미술치료에서 주로 사용되는 가족 관련 평가도구는 아래와 같다.

- 집-나무-사람 그림검사(H-T-P, House-Tree-Person) : HTP는 벅(Buck, 1948, 1964)이 개발하고 벅과 해머(Hammer, 1969)가 발전시킨 것으로, 일반적으로 집은 현실을 반영하며, 나무는 그린 사람의 개인적인 변화 과정을 반영하고, 사람 그림은 자기 또는 자아기능을 나타낸다고 할 수 있다.

- 동적가족화(KFD, Kinetic Family Drawing) : 번스와 코프먼(Burns & Kaufman, 1970)은 동적가족화 검사를 개발하여 가족의 역동성을 이해하는 도구로 사용하였다. 가족구성원이 무엇인가를 하고 있는 장면을 그리도록 하는 것이다. 기존의 움직임 없는 그림검사들과 달리 가족구성원들이 뭔가를 하고 있는, 즉 움직임을 첨가시키는 것은 아동의 자아개념과 관련된 측면, 그리고 가족을 포함한 대인관계에서의 감정표출을 끌어내는 데 도움을 줌으로써 가족 내 자기 자신과 다른 구성원들에 대한 지각을 파악하고 가족 간 상호작용과 역동성을 알아 볼 수 있다.

- 동물 가족화 : 가족을 자신이 그리고 싶은 동물 모양으로 되도록 그리게 하고 못할 경우에는 동물 그림을 오려 붙이게 할 수도 있다. 또 꽃이나 자연물로 대체할 수 있다.

- 콜라주 : 내담자의 현재 심리적 상황에 대해 인식하고 내담자로 하여금 편안하게 치료 장면에 참여할 수 있게 해준다. 내담자의 관심과 흥미를 분명히 해주며, 감정을 쉽게 나타낼 수 있게 해주는 특징을 갖고 있어 심상 발견이나 자신의 개발이 가능하다. 부적절한 감정 및 욕구불만 등의 내적 표현에 있어 효과가 높고 퇴행이 잘 표현되는데, 작품을 만들고 이야기하는 과정 자체가 치료효과를 주며, 작품에 나타난 그림들의 내용, 화면의 색채, 구도, 이야기 내용들을 통해 내담자를 이해할 수 있다.

마지막으로 미술치료사의 역할은 다음과 같다. 미술치료사는 가족의 다양한 형태구조를 관찰하여 내담자들에게 적절한 매체를 제공해야 하며 미술작업을 통하여 나타난 정보를 이야기하거나 활용하는 데 적절한 시간을 할애해야 한다. 또한 미술치료사는 미술의 잠재력을 충분히 인지하고 있어야 한다. 미술작업은 무의식을 표면화한다는 것을 명심하고 주의해야 하며 기법들을 사용함에 있어서 신중해야 한다. 이러한 미술체험은 내담자들로 하여금 직관력을 키워주고 새로운 기술을 채택하는 데 도움을 주기도 한다. 또 미술치료사는 반드시 미술재료, 치료지침, 치료 과정에 대하여 충분한 지식을 갖추어야 하며, 가족 상담에 대한 이론을 숙지해야 한다.

생생한 사례로 살펴보는 건강가정론

Q1 미술(그림그리기, 미술도구를 활용한 자기표현 등)에 거부감을 가진 아동이 있다면, 어떠한 방식으로 미술매체를 활용할 수 있는지 살펴봅시다.

Q2 콜라주로 자신의 모습을 표현해봅시다. 조원끼리 헌 잡지를 활용하여 큰 도화지에 각자 잡지에서 자신을 표현하는 그림이나 글귀를 찾아 오려 붙입니다. 그런 후 그림과 글이 무엇을 의미하는지 조원들과 이야기나눠봅시다.

Q3 자신을 하나의 '색깔'로 표현한다면 무엇입니까? 빨강, 노랑, 초록, 검정, 하양 등 여러 색채를 떠올리며 자신을 색으로 표현하고 그 이유에 관해 설명해봅시다. 그리고 가족원들도 어떤 색깔로 표현할 수 있는지 설명해봅시다.

9장

건강가정사업의
실제 및 실천기술(2) :
건강가정사업 전달체계와 운영 및
건강가정사의 역할과 윤리

건강가정에 대한 필요성과 중요성에 대한 인식이 높아지면서, 개인의 가정에서 건강가정을 이루기 위한 노력이 필요할 뿐 아니라 국가나 사회에서도 제도적으로 건강가정을 이룰 수 있는 기반을 만들어야 한다는 인식도 높아지게 되었습니다. 따라서 건강가정사업을 이루는 사회적 기반을 만들기 위한 기본법령의 제정에서부터 가족을 위한 정책과 건강가정사업을 시행하기 위한 전달과 운영을 위한 체계의 구성이 이루어졌습니다. 그리고 이러한 전달체계 내에서 건강가정사업을 실천하기 위한 다양한 프로그램이 필요하게 되었습니다.

따라서 이 장에서는 우리나라의 건강가정사업이 어떠한 목적과 정책 및 어떠한 전달체계를 바탕으로 구성되어 있으며, 실제적으로 건강가정사업을 운영하기 위해서 어떤 프로그램이 운영되고 있는지에 대해 살펴보려고 합니다. 또한 건강가정사의 역할과 윤리 및 자격에 대해서 살펴봄으로써, 건강가정사업을 운영하기 위한 건강가정사의 역량을 갖는 데 도움이 되고자 하였습니다.

9.1 건강가정사업 전달체계

1) 건강가정사업의 개념과 목적

건강가정사업이란 가족의 문제를 예방하고, 가족문제 발생 시 효율적으로 해결하여 가정의 건강성을 강화하기 위한 전문적인 가족복지서비스를 의미한다. 2004년에 「건강가정기본법」이 제정되어 2005년 1월부터 시행되면서 국내에서도 명시적인 가족정책들이 등장하였다. 「건강가정기본법」의 제3조와 제4조는 "건강가정사업이란 건강가정을 저해하는 문제(이하 '가정문제'라 한다)의 발생을 예방하고 해결하기 위한 여러가지 조치와 가족의 부양·양육·보호·교육 등의 가정기능을 강화하기 위한 사업"이라고 밝히고 있다.

이에 정부에서는 2006년부터 5년마다 건강가정기본계획과 정책과제를 수립하고 있다. 국가 및 지방자치단체에서는 이런 정책과제를 이루기 위해서 중앙 및 시도, 시군구에 건강가정지원센터를 두고 건강가정사업을 수행하고 있다. 건강가정사업의 목적은 건강가정지원센터 설치와 운영을 통해서 수요자 중심의 서비스 전달체계를 갖추고, 지역주민의 특성을 고려한 맞춤형 가족지원서비스를 제공함으로써 가족의 안정성 강화 및 가족관계 증진에 기여하고자 함에 있다.

생각 나눔

※ 본 장의 건강가정사업의 실천기술(2)의 내용을 이해하기 위해서는 가족센터 사이트(www.familynet.or.kr)나 각 연도별 가족사업(여성가족부) 안내를 참조하는 것이 도움이 됩니다.

Q 가족센터 사이트나 해당 연도의 가족사업 안내를 찾아보고 내가 관심 있는 사업 영역이나 내용에는 어떤 것이 있는지 이야기해보세요. 왜 그 영역이나 내용에 관심을 가지는지 이야기해봅시다.

생생한 사례로 살펴보는 건강가정론

2) 「건강가정기본법」과 건강가정사업

「건강가정기본법」 제3장에는 국가와 지방자치단체에서 지원해야 할 건강가정사업 내용이 제21조부터 제33조까지 제시되어 있다. 구체적인 내용을 소개하면 다음과 같다.

- 가정에 대한 지원(제21조)
- 위기가족긴급지원(제21조의2)
- 위기가족긴급지원에 관한 정보의 이용(제21조의3)
- 위기가족긴급지원에 대한 비용의 지원(제21조의4)
- 자녀양육지원의 강화(제22조)
- 가족단위 복지증진(제23조)
- 가족의 건강증진(제24조)
- 가족부양의 증진(제25조)
- 민주적이고 양성평등한 가족관계의 증진(제26조)
- 가족단위의 시민적 역할증진(제27조)
- 가정생활 문화의 발전(제28조)
- 가정의례(제29조)
- 가정봉사원(제30조)
- 이혼 예방 및 이혼가정지원(제31조)
- 건강가정교육(제32조)
- 자원봉사활동의 지원(제33조)

3) 건강가정사업의 내용 변화

건강가정지원센터는 2005년부터 시행된 「건강가정기본법」에 따라 가족정책의 전달체계로서 정부의 가족정책 추진방향에 부응하여 건강가정사업을 실시하였다. 2005년에 중앙 건강가정지원센터가 개소하였고, 2011년에는 중앙 건강가정지원센터가 '(재)한국건강가정진흥원'으로 법인화되었으며, 2012년은 지역 건강가정지원센터가 총 149개소로 늘어나 사업이 확대 실시되었다. 또한 2014년부터는 가족유형과 관계없이 다양한 가족에게 보편적이고 포괄적인 서비스를 제공하기 위해서 건강가정지원센터 및 다문화가족지원센터가 통합서비스를 실시하였다. 따라서 2020년에 건강가정지원센터는 23개소, 2023년에 건강가정지원센터·다문화가정지원센터 통합서비스 운영기관은 196개에 이르렀다. 그러나 지역 내 모든 가족이 이용할 수 있는 통합적 서비스를 제공함에도 명칭 때문에 특정 가족만 이용할 수 있는 곳으로 잘못 알려지는 경우도 있어서 2021년 10월 13일부터 가족센터(www.familynet.or.kr)로 이름을 바꾸었다.

최근의 건강가정사업은 다양성과 보편성 및 성평등에 바탕을 두고 있는 것으로, 2021~2025년까지 시행되는 '제4차 건강가정 기본계획'의 발표(여성가족부, 2021)와도 관련된다. '제4차 건강가정 기본계획'에서 의미하는 '다양성'은 모든 가족이 차별 없이 존중받으며 정책에서 배제되지 않는 여건 조성에 초점을 두는 것이다. '보편성'은 한부모·다문화 가족에 대한 맞춤형 지원을 지속 강화하면서도 보편적 가족 지원으로 정책 패러다임을 확장하는 것을 의미한다. 또한 '성평등'은 남녀 모두 일하고 돌볼 권리의 균형을 중시하는 성평등 관점의 정책 기조를 강화하는 것이다. 따라서 제4차 건강가정 기본계획은 '2025 세상모든가족함께', '모든 가족과 모든 구성원을 존중하는 사회' 구현을 비전으로 '가족 다양성 인정'과 '평등하게 돌보는 사회'를 목표로 함을 밝혔다(그림 9.1, 그림 9.2).

비전	"2025 세상모든가족함께" 모든 가족, 모든 가족구성원을 존중하는 사회	
목표	가족 다양성 인정	평등하게 돌보는 사회
영역별 과제	영역(4개)	정책과제(11개)
	1. 세상 모든 가족을 포용하는 사회기반 구축	1. 가족 다양성을 수용하는 법·제도 마련 2. 가족 다양성 인식과 평등한 가족문화 확산 3. 가정폭력 대응 강화 등 가족 구성원 인권 보호
	2. 모든 가족의 안정적 생활 여건 보장	1. 가족 변화에 대응하는 경제적 기반 강화 2. 가족 특성을 고려한 자녀양육 여건 조성 3. 지역 중심의 통합적 가족서비스 체계 구축
	3. 가족 다양성에 대응하는 사회적 돌봄 체계 강화	1. 지역 기반 다양한 가족의 돌봄지원 확대 2. 안전하고 촘촘한 돌봄 체계 구축 3. 가족 돌봄 지원의 양적·질적 강화
	4. 함께 일하고 돌보는 사회 환경 조성	1. 남녀 모두 일하면서 돌볼 수 있는 권리 보장 2. 성평등 돌봄 정착 및 돌봄 친화적 지역사회 조성

〈그림 9.1〉 제4차 건강가정기본계획의 정책체계

생생한 사례로 살펴보는 건강가정론

4) 건강가정지원사업의 추진체계

최근 건강가정사업의 추진체계는 여성가족부와 한국건강가정진흥원, 시도 및 시군구 건강가정지원센터를 거쳐서 다문화가족지원센터, 가족센터(구, 건강가정지원센터·다문화가족지원센터)를 통해 이루어진다고 할 수 있다. 건강가정지원센터는 시군구 청장이 직영하거나 민간에 위탁할 수 있으며, 학교법인과 사회복지법인, 그리고 사단법인이 많이 수탁하고 있다(이원숙 외, 2022). 또한 2023년도의 센터 유형별 현황을 살펴보면 건강가정지원센터 13개소, 다문화가족지원센터는 20개소, 가족센터 (구, 건강가정지원센터·다문화가족지원센터) 211개소가 운영되고 있다.

〈그림 9.2〉 제4차 건강가정기본계획의 주요 내용

여성가족부에서는 건강가정사업 관련 안내자료(가족사업안내서)를 발행하고 있다. 이 사업안내 자료에는 건강가정지원사업의 추진체계나 해당 연도에 실행해야 하는 각종 사업에 대한 안내와 기준, 프로그램의 내용이나 운영 절차, 서식 등이 제공되어 있다. 따라서 여성가족부 홈페이지에서 해당 연도에 대한 '가족사업안내'를 참조하면 된다.

먼저, 건강가정사업의 전달체계를 소개하면 다음과 같다.

(1) 여성가족부

건강가정지원센터나 다문화가족지원센터, 가족센터의 전달체계를 구성하고 있는 주체는 여성가족부를 중심으로 한국건강가정진흥원, 시도 및 시군구 센터 등으로 구분할 수 있다. 여성가족부는 센터들의 기본운영계획을 수립하고, 관련 법규 등을 정비하며, 센터의 설치계획을 수립하고 사업비의 교부 및 정산, 평가 등의 관리 및 감독을 병행한다. 한국건강가정진흥원은 건강가정지원사업을 지원하는 역할을 담당한다.

(2) 한국건강가정진흥원

한국건강가정진흥원은 건강가정지원사업을 지원하는 기관으로, 다양한 가족의 삶의 질을 제고하고 가족 역량 강화를 위한 가족정책을 효율적이고 체계적으로 지원하며, 이를 위해 가족지원프로그램을 개발 및 보급하고 있다. 또한 주요 가족정책 관련 시범사업을 실시하고, 직원 전문성 및 역량 강화 교육이나 시도 및 시군구 센터의 사업지원 및 평가 업무를 지원하고 통합정보시스템의 관리와 운영 및 네트워크 구축 및 홍보사업을 진행한다.

(3) 시도 및 시군구 센터

건강가정사업의 전달체계는 시도 건강가정지원센터와 시군구 건강가정지원센터로 구분할 수 있다. 시도 센터는 한국건강가정진흥원과 시군구 센터사업을 지원하고 관리하며, 직원역량강화교육에 참여한다. 또한 시도별 특성에 맞는 가족지원프로그램을 개발하여 보급하고, 가족 관련 정보 및 데이터베이스를 구축하는 역할을 담당한다. 시군구 센터는 지역 단위로 가족지원서비스를 일차적으로 제공하고, 지역사회 유관기관과의 연계를 통해 통합적 가족지원서비스를 제공하는 역할을 수행한다.

5) 건강가정사업의 전달체계

건강가정사업은 건강가정지원센터와 다문화가족지원센터, 가족센터의 세 가지 주체를 통해서 이루어지고 있으므로 사업주체별 역할과 체계에 대해서 간략하게 살펴보고자 한다(이원숙 외, 2022).

(1) 건강가정지원센터에 대한 이해

건강가정지원센터는 2005년 1월부터 시행된 「건강가정기본법」 제34조에 근거하여 건강가정사업을 수행하는 것으로, 「건강가정기본법」 제35조에 따라 건강가정지원센터를 설치하여 수요자 중심의 서비스 전달체계를 갖추고, 지역주민의 특성을 고려한 맞춤형 가족지원서비스를 제공하여 가족관계증진 및 가족의 안정성을 강화하는 것이다(여성가족부, 2023).

    건강가정사업과 관련된 사업주체별 역할은 다음과 같다.

① 건강가정지원센터의 전달체계

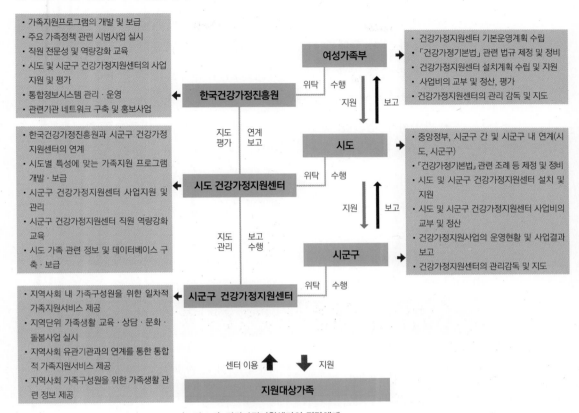

〈그림 8.3〉 건강가정지원센터의 전달체계

가) 여성가족부

　　㉠ 가족서비스 운영기관 사업모델 제시 및 운영계획 수립

　　㉡ 가족서비스 운영기관 사업비의 교부 및 평가

② 건강지원센터의 사업 내용

가) 시군구 건강가정지원센터사업

　　시군구 건강가정지원센터는 지역사회 주민들을 대상으로 건강가정지원센터 사용을 직접 수행하는 기관이다. 주로 건강가정지원센터가 수행해야 할 공통사업을 중심으로, 지역 특성을 반영한 특성화된 사업을 함께 진행하기도 한다.

㉠ 사업 방향

  a. 다양한 가족 지원, 이용자 참여 확대를 통한 가족기능 지원 강화

    ▪ 이용자 참여 확대를 위해 가족이 함께하는 가족단위 프로그램 활성화

    ▪ 한부모 가족, 조손 가족 등 다양한 가족이 참여할 수 있는 프로그램 강화

  b. 생애주기별 부모교육 등 가족교육 활성화

    ▪ 관공서·공공기관·학교·기업·군부대 등 찾아가는 가족교육 활성화

    ▪ 아버지 교육 중 일부를 직장맘 남편을 위한 특화프로그램으로 운영

    ▪ 아빠의 육아 참여를 확대할 수 있는 프로그램 활성화

      · 육아정보 공유를 위해 아빠자조모임 운영·지원

㉡ 영역별 수행사업(공통사업)

〈표 9.1〉 시군구 건강가정지원센터 공통사업

구분 영역	시군구 센터 공통사업	특징
가족돌봄 나눔 (3가지 사업중 2가지 선택)	모두가족 봉사단	· 기존 가족봉사단의 활동내용을 '돌봄'을 주제로 전환하여 운영
	모두가족 품앗이	· 전업주부와 맞벌이 주부가 함께 운영하는 품앗이, 남성이 참여하는 품앗이 등 다양한 그룹 운영
	아버지-자녀가 함께하는 돌봄프로그램	· 아빠와 자녀가 함께하는 돌봄프로그램 운영
가족교육	생애주기별 가족교육	· 가족 내에서 발생하는 문제를 예방하고 가족구성원의 역량을 강화시키기 위한 부모, 부부, 조부모, 자녀 등 가족을 대상으로 한 생애주기별 다양한 교육 · 예비/신혼기·중년기·노년기 부부교육 등 · 예비부모교육, 영유아기·아동기·청소년기 자녀를 둔 부모교육 등
	남성대상 교육	· 아버지교육, 찾아가는 아버지 교육, 남성대상 자기돌봄교육 등
가족상담	가족(집단)상담	· 생애주기에 따라 발생되는 가족 내 다양한 갈등과 문제의 해결을 위한 상담사업 · 개인을 대상으로 하는 개별적 접근과 가족구성원이 함께 참여하는 가족단위의 통합적 접근을 포함 · 가족단위의 면접 상담 유도 · 연간 상담실적이 100명 이하인 센터는 가족집단상담을 연간 2건 이상 반드시 포함
가족문화	가족사랑의 날	· 수요일, 가족이 모두 함께하는 프로그램
	가족친화 문화프로그램	· 가족캠프, 가족축제, 가족체험활동 등

계속

생생한 사례로 살펴보는 건강가정론

구분 영역	시군구 센터 공통사업	특징
지역사회 연계	지역사회 협의체 참여, 협약 및 연계사업	• 지역사회 협의체, 유관기관 네트워크 활용 및 참여

나) 시도 건강가정지원센터 사업

시도 건강가정지원센터의 사업은 시군구 건강가정지원센터의 지원에 중점을 두고 이루어진다.

ⓒ 사업방향

a. 시군구 센터 지원에 중점을 두고, 대민서비스는 지역상황에 맞게 실시

b. 시군구 센터의 건강가정사업을 지원하고, 센터의 직원 및 활동가의 역량을 강화하며 유관기관과의 연계 사업에 중점

c. 시군구 센터 설치비율 증가 시 점차 시도 센터의 역할 강화

ⓛ 영역별 수행사업(공통사업)

〈표 9.2〉 시도 건강가정지원센터 공통사업

구분 영역	시도 센터 공통사업	특징
인적 자원 역량 강화 (교육지원)	시군구 센터 직원 교육	• 광역단위 상담직원 교육, 직원 워크숍 등 • 연간 5과목 또는 30시간 이상
	시군구 센터 활동가 교육	• 센터에서 활동하는 인력 교육 • 연간 5과목 또는 30시간 이상
특성화사업 및 정책지원 (사업지원)	시도별 특성에 맞는 프로그램 개발	• 광역 단위 특성에 맞는 시범사업 운영 및 매뉴얼 개발
네트워크 활성화 (연계)	광역단위 업무협의회	• 중앙과 시군구 센터의 연계 역할 • 시군구 센터 지원방문, 모니터링 등
	유관기관 연대사업	• 유관기관의 발굴과 사업연계
홍보	광역단위 홍보	• 캠페인성 홍보사업 등
	시군구 센터 홍보 지원	• 시군구 연계 홍보활동 • 홍보매체 개발 및 활용

ⓒ 별도예산에 의한 여성가족부 추진사업

  a. 공동육아나눔터 사업

    육아 공간 및 돌봄프로그램 제공, 이웃 간 자녀돌봄 품앗이 활동 조성 지원 등

  b. 아이돌봄 지원 사업

    취업 부모들의 양육부담을 경감하고 가정에서의 개별 양육을 희망하는 수요에 탄력적으로 부응하기 위해 가정으로 아이돌보미를 파견하여 가정 내 개별 돌봄서비스를 제공하는 사업

  c. 가족역량강화지원사업

    ■ 지원대상

      ・기준 중위소득 100% 이하 자녀를 양육하는 한부모·조손 가족 등 가족 기능 및 역량강화를 위해 지원이 필요한 취약·위기 가족

      ・긴급위기 가족 : 사고·재난 등 경제·사회적 위기사건에 직면한 위기 가족

    ■ 지원내용

      ・심리·경제적 자립, 역량강화를 위한 지속적인 사례 관리

      ・정보제공 및 지역사회 자원 활용·연계

      ・부모교육, 가족관계, 자녀양육교육 등 프로그램 및 자조모임

      ・자녀 학습·정서 지원(예 배움지도사 파견 지원)

      ・생활도움지원(예 키움보듬이 파견 지원)

      ・긴급위기지원(예 지지리더, 키움보듬이 파견)

      ・이혼 전후 가족관계 회복 지원

  d. 권역별 미혼모·부자 지원기관 운영지원 사업

    미혼모·부가 자녀를 스스로 양육하고자 할 경우 초기 위기에 대처할 수 있도록 상담, 출산비, 병원비 등 지원

  e. 교육문화프로그램 및 자조모임 등 서비스를 제공함으로써 양육 및 자립 지원

ⓡ 가족상담 전문인력 운영

  a. 가족센터 가족상담 전문인력 운영 준용

(2) 다문화가족지원센터에 대한 이해

다문화가족지원센터는 결혼이민자 가족의 사회문화적 적응 지원체계 구축을 위하여 2006년에 시군구별로 '결혼이민자가족지원센터'(12개소)를 지정하여 운영하였고, 한국어교육 및 아동양육 방문교육 사업을 통합하여 전국 서비스 전달체계를 구축하였으며, 2008년에는 '다문화가족지원센터'로 명칭을 변경하였다. 다문화가족지원센터는 「다문화가족지원법」 제12조에 근거하여 다문화 가족의 안정적인 정착과 가족생활을 지원하기 위해 설치된 것으로, 가족 및 자녀의 교육·상담, 통·번역 및 정보제공, 역량강화 지원 등 종합적인 서비스를 제공하여 다문화 가족의 한국사회적응을 돕고 사회·경제적으로 자립할 수 있도록 지원하는 기관이다. 다문화가족지원센터를 이용하는 회원은 결혼이민자(혼인귀화자 포함), 일반 귀화자, 배우자, 시부모, 자녀(중도입국자녀 포함), 친인척, 외국인근로자, 외국인 유학생, 북한이탈주민 등이 해당된다.

다문화가족지원센터 관련사업 추진체계를 살펴보면 다음과 같다. 중앙관리기관은 전국 다문화가족지원센터에서 시행하는 사업에 대한 프로그램 매뉴얼 개발과 보급, 인력 양성, 사업관리 및 평가 지원 등 전국 사업을 관리하도록 위탁받은 기관을 말한다. 그리고 거점센터는 설치 지역을 전국 16개의 광역으로 구분하여 센터·관련기관 간 네트워크 구축, 방문교육지도사 교육, 관할지역 센터사업 지원 등을 수행하기 위해서 지정·관리하는 센터를 말한다.

① 다문화가족지원센터의 전달체계

다문화가족지원센터의 전달체계를 바탕으로
다문화가족지원센터의 사업에 대해
설명하면 다음과 같다.

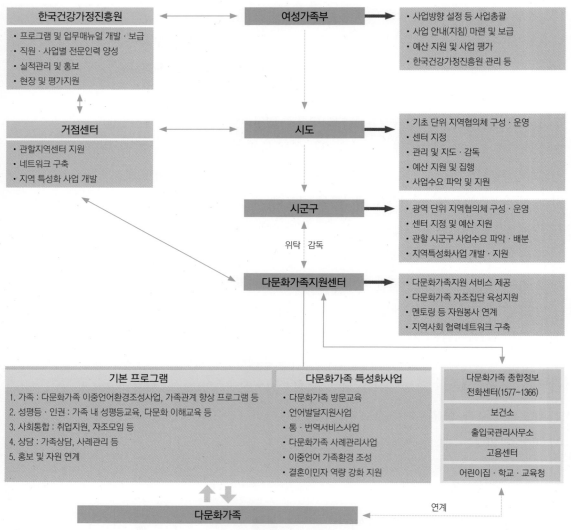

한국건강가정진흥원		여성가족부	
• 프로그램 및 업무매뉴얼 개발 · 보급 • 직원 · 사업별 전문인력 양성 • 실적관리 및 홍보 • 현장 및 평가지원	↔	• 사업방향 설정 등 사업총괄 • 사업 안내(지침) 마련 및 보급 • 예산 지원 및 사업 평가 • 한국건강가정진흥원 관리 등	

거점센터		시도	
• 관할지역센터 지원 • 네트워크 구축 • 지역 특성화 사업 개발	↔	• 기초 단위 지역협의체 구성 · 운영 • 센터 지정 • 관리 및 지도 · 감독 • 예산 지원 및 집행 • 사업수요 파악 및 지원	

시군구
• 광역 단위 지역협의체 구성 · 운영
• 센터 지정 및 예산 지원
• 관할 시군구 사업수요 파악 · 배분
• 지역특성화사업 개발 · 지원

위탁 감독

다문화가족지원센터
• 다문화가족지원 서비스 제공
• 다문화가족 자조집단 육성지원
• 멘토링 등 자원봉사 연계
• 지역사회 협력네트워크 구축

기본 프로그램
1. 가족 : 다문화가족 이중언어환경조성사업, 가족관계 향상 프로그램 등
2. 성평등 · 인권 : 가족 내 성평등교육, 다문화 이해교육 등
3. 사회통합 : 취업지원, 자조모임 등
4. 상담 : 가족상담, 사례관리 등
5. 홍보 및 자원 연계

다문화가족 특성화사업
• 다문화가족 방문교육
• 언어발달지원사업
• 통 · 번역서비스사업
• 다문화가족 사례관리사업
• 이중언어 가족환경 조성
• 결혼이민자 역량 강화 지원

다문화가족 종합정보
전화센터(1577-1366)

보건소

출입국관리사무소

고용센터

어린이집 · 학교 · 교육청

다문화가족

연계

〈그림 9.4〉 다문화가족지원센터의 전달체계

② 다문화가족지원센터의 사업

다문화가족지원센터의 사업은 크게 보면 다문화 가족에 대한 교육과 상담, 사회통합 등 다문화 가족 문화사업, 다문화 인식개선 및 지역사회 홍보와 정보 제공으로 나누어 볼 수도 있다. 다문화가족지원포털 홈페이지 다누리(www.liveinkorea.kr)를 통해서 다문화 가족의 안정적인 가족생활 지원 관련의 다양한 내용 및 정보를 살펴볼 수 있다.

가) 다문화가족지원센터 프로그램

다문화가족지원센터에서 운영되는 프로그램의 체계를 소개하면 다음과 같다(여성가족부, 2023).

〈표 9.3〉 다문화가족지원센터 프로그램 안내

구분	공통필수	선택(예시)	비고
가족	• 이중언어가족환경 조성사업 (연간 10시간) • 다문화가족 학령기 자녀 입학 및 입시 정보 제공(부모 대상, 연간 4시간) ※ 상·하반기 각 1회	• 가족의사소통 프로그램 • 가족관계향상 프로그램 • 결혼과 가족의 이해, 가족의 의미와 역할 • 아버지 교육 • 부모-자녀관계 및 자긍심 향상 프로그램 • 자녀교육 프로그램/자녀성장지원사업 등 • 부모역할교육, 자녀건강지도, 자녀생활지도 • 국내체류 결혼이민자의 부모 대상 손자녀 양육·교육 프로그램 • 다문화 한부모 양육·교육 프로그램 • 다문화 가족 자녀 사회포용안전망 구축사업	연간 필수 14시간, 선택 26시간 이상 (이중언어코치 배치 센터는 공통필수 중 이중언어환경 조성 프로그램 160시간 이상)
성평등·인권	• 가족 내 성평등 교육 • 다문화 이해 교육 • 인권감수성 향상 교육 • 결혼이민자와 한국인 배우자·부모 대상 프로그램(多함께 프로그램) 등(2시간) • 폭력피해 대처 및 예방교육	• 결혼이민자 대상 인권교육 프로그램 • 다문화 가족 관련법과 제도 • 이주민과 인권 • 찾아가는 폭력예방교육	20시간 이상 실시
사회통합	• 취업 기초소양교육 • 구직자 발굴 시 e새일(새로 일하기)시스템과 연계된 워크넷 등록 및 새일센터로 적극 연계 • 새일센터의 결혼이민자 대상 직업교육훈련 개설 시 적극 협조(교육 과정 설계·모집 등)	–	e새일시스템과 연계된 워크넷 등록 및 새일센터 연계 (10건 이상)

계속

구분	공통필수	선택(예시)	비고
사회 통합	• 다문화 가족 나눔봉사단 소양 교육(4시간 이상) • 다문화 가족 나눔봉사단 활동	• 한국사회 적응교육 • 소비자·경제교육 • 학업지원반 운영 및 연계 • 다문화 가족 자조모임 • 다문화 인식 개선 • 결혼이민자 멘토링 프로그램 • 결혼이민자 정착단계별 지원 패키지 프로그램 　(=결혼이민자 자립지원 패키지 프로그램) 등 　(미래찾기, 길찾기 등 미래설계 프로그램 중 　선택) ※ 건가·다가 통합서비스 운영기관은 공통필 　수사업으로 실시 • 재난안전교육 • 다문화 가족 교류·소통 공간 • 선거교육	15시간 이상 실시 (봉사자 소양교육 필 수 4시간 포함)
상담	가족상담	• 개인상담 • 집단상담 • 사례관리 • 위기가족 긴급지원 • 외부상담기관 연계 등	연간 80회기 이상
구분	세부프로그램 영역		비고
홍보 및 자원연계	• 지역사회 홍보 • 지역사회 네트워크 • 찾아가는 결혼이민자 '다이음' • 홈페이지 운영 등		센터 홈페이지 프로그램 안내게시판에 익 월 프로그램에 대한 안내글 게시(매월 30 일까지)

나) 다문화가족지원센터 프로그램별 사업 세부내용체계

다문화가족지원센터의 프로그램별 사업은 가족, 성평등·인권, 사회통합, 상담, 홍보 및 자원연계로 구분할 수 있다. 각 프로그램별 사업의 세부내용체계를 소개하면 다음과 같다(여성가족부, 2023).

㉠ 가족

항목	내용
내용	• 가족 간의 소통을 통한 믿음과 사랑 증진 • 올바른 부모 역할에 대한 이해 증진 • 가족 내 이중언어 사용 활성화로 소통 증진 및 다문화 정체성 함양
대상	다문화 가족 등

세부 내용	공통필수(14시간 이상)	선택(예시, 26시간 이상)
	• 이중언어가족환경 조성프로그램 　(연간 10시간/20가정) 　※ 이중언어코치 배치센터는 　　160시간 이상 실시(가족사업 　　안내 제2권 p.253 참조) • 다문화 가족 학령기 자녀 입학 및 　입시 정보 제공(부모 대상, 연간 　4시간 이상) 　※ 상·하반기 각 1회	• 가족의사소통 프로그램 • 가족관계향상 프로그램 • 결혼과 가족의 이해, 가족의 의미와 역할 • 아버지 교육 • 부모–자녀관계 및 자긍심 향상 프로그램 • 자녀교육 프로그램/자녀성장지원사업 등 • 부모역할교육, 자녀건강지도, 자녀생활지도 • 국내체류 결혼이민자의 부모 대상 손자녀 양육·교육 프로그램 • 다문화 한부모 양육·교육 프로그램 • 다문화 가족 자녀 사회포용안전망 구축사업

항목	내용
주요 키워드	소통, 화합, 사랑, 이해
방법	• 다문화 가족 이중언어 가족환경조성 프로그램의 부모교육은 '다문화가족 이중언어 가족환경조성을 위한 부모교육 프로그램(2015)'을 참조하여 운영 • 다문화 가족 이중언어 가족환경조성 프로그램의 부모–자녀 상호작용교육은 '다문화가족 이중언어 가족환경 조성을 위한 부모–자녀 놀이활동(2014)', '세계 여러 나라의 전통놀이를 활용한 부모–자녀 상호작용 놀이활동(2016)'을 참조하여 운영 • 교육과 체험 등을 센터 및 지역특성에 맞추어 적합하게 실시 • 교육내용 및 운영방법에 있어 단기성 또는 행사성 사업 지양 • 자녀와 부모 함께 적극적으로 참여하는 기회 증진 • 학생 관련 프로그램 기획 시 교육청 사업과 중복 사업 지양 • 대상에 맞는 주제 및 진행방법 선정
교재	센터 자체 교재 활용
참고자료	• 다문화가족 자녀성장지원사업 프로그램 매뉴얼 및 업무매뉴얼(2016) • 다문화가족 이중언어 가족환경 조성을 위한 부모–자녀 놀이활동(2014) • 다문화가족 이중언어 가족환경 조성을 위한 부모-자녀 상호작용 프로그램(지도자용 지침서)(2014) • 세계 여러 나라의 전통놀이를 활용한 부모–자녀 상호작용 놀이활동(지도자용 지침서)(2016) • 세계 여러 나라의 전통놀이를 활용한 부모–자녀 상호작용 놀이활동(워크북)(2016) • 세계 여러 나라의 전통놀이를 활용한 부모–자녀 상호작용 놀이활동(2016) • 다문화가족 이중언어 가족환경 조성을 위한 홍보물 콘텐츠 DVD(2015) • 다문화가족 이중언어 가족환경 조성을 위한 교육용 콘텐츠 DVD(2015) • 다문화가족 이중언어 가족환경조성사업 : 네 꿈을 펼쳐라 DVD(2016) • 세계 여러 나라의 전통놀이를 활용한 부모–자녀 상호작용 놀이활동 DVD(2016) • 다문화가족지원센터 가족프로그램 매뉴얼(2015)
강사	각 분야별 전문강사
참고	건강가정지원센터에서 다문화가족을 포함하여 가족교육을 실시할 경우 가족교육으로 인정 가능 (단, 실적 중복입력 불가)

ⓛ 성평등·인권

항목	내용		
내용	• 부부간의 성평등 인식 고취 • 가족 간의 성평등 인식 고취 • 가족 간의 이해와 믿음 쌓기 • 인권의식 함양 • 인권 침해문제 발생 시 보호 및 구제방법 숙지		
대상	다문화 가족 등		
세부 내용	**공통필수** • 가족 내 성평등 교육 • 다문화이해 교육 • 인권감수성 향상 교육 • 결혼이민자와 한국인 배우자·부모 대상 프로그램(多함께 프로그램) 등(2시간) • 폭력피해 대처 및 예방교육	**선택(예시)** • 결혼이민자 대상 성평등 교육 프로그램 • 다문화 가족 관련법과 제도 • 이주민과 인권 • 찾아가는 폭력예방교육	**비고** 20시간 이상 실시
주요 키워드	성평등, 이해, 믿음, 인권, 차별금지		
방법	• (성평등) 서로를 이해하기 프로그램에 당사자 적극 참여하는 방안 마련 : 역할 바꾸어 하기 등 다양한 방법 활용 • (인권) 여성가족부와 국가인권위원회의 연계 방안, 인권 관련 NGO 등 단체, 전문가 활용 • 지속적이고 실효성 있는 교육 실시 • 찾아가는 폭력예방교육 신청방법 : 여성가족부 예방교육 통합관리 사이트(shp.mogef.go.kr)에서 신청 가능		
참고자료	• 다문화가족지원센터 성평등 프로그램 매뉴얼(2015) • 다문화가족지원센터 인권 프로그램 매뉴얼(2015)		
강사	분야별 전문강사		
참고	• 민주적이고 양성평등한 가족관계 확립, 인권의식 함양에 기여할 수 있는 프로그램으로 구성해야 함 • 건강가정지원센터에서 다문화가족을 포함하여 성평등·인권 교육을 실시할 경우 성평등 교육으로 인정 가능(단, 실적 중복입력 불가)		

ⓒ 사회통합

항목	내용
내용	사회통합을 위한 사회구성원으로서의 권리와 의무, 책임에 대한 지식과 소양 함양
대상	다문화가족 등(센터 회원 정의 참조)

	공통필수	선택(예시)	비고
세부 내용	• 취업 기초소양교육 • 구직자 발굴시 e새일시스템과 연계된 워크넷 등록 및 새일센터로 적극 연계 • 새일센터의 결혼이민자 대상 직업교육훈련 개설 시 적극 협조(교육 과정 설계·모집 등)	–	e새일시스템과 연계된 워크넷 등록 및 새일센터 연계(10건 이상)
	• 다문화 가족 나눔봉사단 소양교육 (4시간 이상) • 다문화 가족 나눔봉사단 활동	• 한국사회 적응교육 • 소비자·경제교육 • 재난안전교육, 선거교육 • 학업지원반(검정고시반 등) 운영 및 연계 • 다문화 가족 자조모임 • 다문화 인식 개선 • 결혼이민자 멘토링 프로그램 등 • 결혼이민자 정착단계별 지원 패키지 프로그램 　※ 건가·다가 통합서비스 운영기관은 공통필수사업으로 실시 • 다문화 가족 교류·소통 공간	15시간 이상 실시(봉사자 소양교육 필수 4시간 포함)

항목	내용
주요 키워드	취업연계, 협업
방법	• 학업지원반(검정고시반 등) 희망자가 있는 경우 반 운영 및 전문기관으로 연계 가능 • 취업을 위한 자격증, 면허증 등 준비반 운영방안 • 취업 관련 기관 간 연계 : 직원 중 1명을 반드시 취업지원 담당자로 지정
참고자료	• 결혼이민자 정착단계별 지원패키지 개발(2015) • 다문화가족지원센터 사회통합 프로그램 매뉴얼(2015) • 다문화가족 취업연계 및 교육지원 업무매뉴얼(2016) • 다문화가족지원센터를 기반한 지역맞춤형 다문화인식개선 프로그램 매뉴얼(2016)
강사	분야별 전문강사
참고	• 워크넷, 새일센터, 연계의 경우 구직희망자 등록하는 것도 1건으로 인정 • 새일센터 등 취업훈련 전문기관에 대상자 연계 시 단순한 기관 소개가 아닌 실제 등록으로 이어질 수 있도록 하고, 구직희망자 동의 시 다문화가족지원센터에서 상담한 내용을 전문기관에 전달할 수 있음 　※ 다문화가족지원센터에서는 취업연계 중심으로 운영하고 새일센터에서 결혼이민자의 체계적인 직업훈련 지원하도록 여성가족부에서 역할을 조정하여 2011년부터 운영 중임

ⓐ 상담

항목	내용
내용	• 다문화 가족 부부·부모·자녀관계 개선 및 가족갈등 등 관련 상담을 통해 다문화 가족의 내부 스트레스 완화 및 가족의 건강성 증진 • 상담을 통해 가정해체 예방 • 갈등해소를 통해 이해 강조 • 사례 관리하기
대상	다문화 가족 등(센터 회원 정의 참조)

세부 내용			
	영역	공통필수	선택(예시)
	상담(연 80회기 이상)	가족상담	• 개인상담 • 집단상담 • 사례관리 • 심리검사 • 위기가족 긴급지원 • 외부상담기관 연계

〈상담〉
• 친인척문제 : 문화차이, 의사소통, 부모와의 갈등, 형제자매와의 갈등 등
• 부부문제 : 외도, 배우자의 가출, 별거, 폭력, 이혼 등 부부갈등 및 가족해체 문제
• 자녀문제 : 자녀와의 갈등, 이성/친구관계, 학교폭력, 임신, 비행(약물, 알코올중독, 가출 등), 폭력 등
• 사회문제 : 사회부적응, 이웃관계갈등, 사회적 차별 및 소외 등
• 성문제 : 성폭력, 성추행, 성병, 성에 대한 정보 등
• 경제문제 : 경제적 어려움, 채권·채무, 경제상담 등
• 취업상담 : 취업기관 추천상담, 직장내 갈등 및 스트레스 등
• 법률상담 : 이혼상담, 혼인신고 절차상담, 체류상담, 국적취득(귀화)상담, 중도입국자녀 입양절차 상담 등
• 중독상담 : 알코올중독, 도박중독, 약물중독, 인터넷중독 등
• 장애상담 : 신체질환 및 장애 등
• 기타 : 개인 관련 문제, 기타 등

〈사례관리〉
다문화 가족의 정착을 위해서 국제결혼가정의 특성을 고려한 가족형성 초기 적응과 집중적 맞춤 지원, 복합적이고 장기적이며 만성적인 문제로 가족갈등이 심화된 다문화 가족 구성원이 스스로 삶을 계획하고 실천할 수 있는 역량을 갖출 수 있도록 다양한 서비스를 지원하는 것

• 프로세스

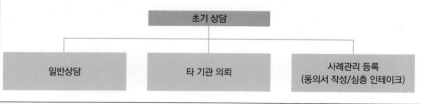

계속

생생한 사례로 살펴보는 건강가정론

항목	내용
방법	• 센터에 배치된 상담전문인력 활용, 상담전문인력 미배치 센터의 경우 동등한 자격을 갖춘 객원상담원, 자원봉사자 등 활용 가능. 필요시 관련 전문기관과의 연계 실시 ※ 단, 다문화가족지원 사례관리사업 센터의 경우 사례관리업무는 다문화가족사례관리사가 담당하도록 함 • 내방, 방문, 전화, 온라인상담 등 다양한 경로로 상담제공 및 적절한 서비스 연계 추진
참고	• 다문화사례관리 매뉴얼(2012) • 다문화가족 사례관리사업 결과보고서(2013) • 다문화사례관리 실무활용 매뉴얼(2014) • 다문화가족지원센터 상담 프로그램 매뉴얼(2015)

ⓗ 홍보 및 자원연계

  a. 지역사회 홍보

    ▪ 다문화 캠페인과 언론매체 인터뷰 등 홍보활동

    ▪ 지역 센터별 홍보자료, 소식지 제작 및 배포

    ▪ 다국어판 생활·정책 정보지 보급 확대

    ▪ '한국생활안내' 등 중앙관리기관 홍보물 안내

    ▪ 정보 제공 : TV 등 방송매체를 활용하여 정보 제공 활성화 등

    ▪ 다문화 가족 대상 정보제공사업 활성화 : 다문화 가족의 사회적응력을 제고하고 잘못된 정보로 불이익을 받는 경우를 방지하기 위해 취업, 법률, 의료 및 복지 상담서비스, 안전 정보 제공

  b. 지역사회 네트워크

    ▪ 지역사회 내 다문화가족지원사업이 통합적·체계적·효율적으로 추진될 수 있도록 서비스 전달체계 구축 및 서비스 제공기관 연계

    ▪ 시군구 다문화가족지원 담당부서가 총괄 조정 역할

      · 법무부, 문화체육관광부, 교육부 등 관련부처 사업과 연계·조정 강화

      · 지역사회복지협의체에 센터 참여 추진

    ▪ 일선서비스 전달체계는 센터가 중심이 되어 관련기관-민간단체-기업 간 협력네트워크 구성

      · 공동사업 추진, 대상자 발굴·홍보, 전문서비스 연계 추진

      · 지역사회내 결혼이민자가 필요로 하는 서비스 제공기관 파악 및 연락처,

주소 등 정보 제공 강화

- 사회복지관, 주민자치센터, 마을회관 등 지역 인프라를 적극 활용하여 다문화 가족 지원프로그램 운영으로 서비스 접근성 강화

c. 홈페이지 운영

- 지역별 다문화가족지원센터 홈페이지(다누리) 운영 : 센터 홈페이지 프로그램 안내게시판에 익월 프로그램에 대한 안내글 게시

d. 찾아가는 결혼이민자 '다이음'

- 결혼이민자가 주체적으로 지역사회의 다문화 수용성 제고 활동에 참여

(3) 가족센터(통합센터 : 구, 건강가정지원센터·다문화가족지원센터)에 대한 이해

가족센터는 지역 중심의 통합적 가족서비스 기반을 조성하여 건강가정·다문화가족지원센터의 기능을 확대하여 가족센터로 명칭을 바꾸고 다양한 유형으로 전환하고 있다(여성가족부, 2023).

① 가족센터의 사업방향

가족사업의 사업방향을 소개하면 다음과 같다(여성가족부, 2023).

- 지원대상 확대 : 일반·다문화 가족 중심에서 일반, 다문화, 한부모·조손 가족, 맞벌이가정, 1인 가구, 북한이탈 가족 등으로 지원대상 확대
- 지원시간 확대 : 주간·주중 중심에서 야간·주말까지 지원시간 확대
- 지원서비스 확대 : 지역여건 및 정책 수요자 특성에 맞는 맞춤형 서비스 제공

  ※ 맞벌이 가정의 일·가정 양립 지원, 다문화 가족 자녀 성장지원 등 생애주기별 맞춤형 서비스 강화 등

가) 지역사회 가족지원서비스 대상자 확대 및 가족문제 대응력 강화

  ㉠ 가족의 안정성 강화 및 가족관계 증진을 위한 가족지원서비스 확대

나) 다양한 가족의 특성과 생애주기별 맞춤형 서비스 강화

다) 일·가정 생활의 이중고에 지친 워킹맘과 워킹대디의 고충 해소, 자녀육아 등 가정에서의 부모역할 강화 및 역할갈등 해소 지원

생생한 사례로 살펴보는 건강가정론

라) 다문화 가족의 학령기 자녀에 대한 부모-자녀관계 향상, 사회성 발달 및 미래설
   계 지원 등 다문화 가족 자녀의 특성을 반영한 맞춤형 프로그램 제공

마) 다문화 가족과 한부모(미혼모 등)·조손 가족 등에 대한 특성화된 서비스를 제공
   하여 가족들의 역량강화 및 안정적 가족생활과 사회통합 지원

바) 가족단위 여가프로그램 제공 등을 통한 이용자 참여 확대 및 가족친화지역문화
   조성

사) 다양한 가족 지원, 이용자 참여 확대를 통한 가족기능 지원 강화 및 지역사회 가
   용자원과 연계한 토털서비스가 가능하도록 지역사회의 다양한 유관기관과 연계

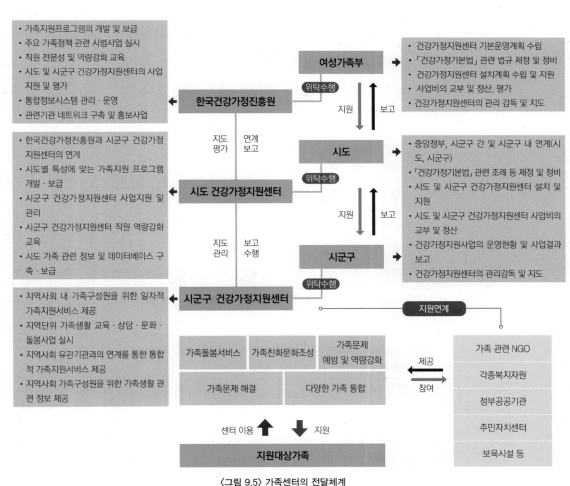

〈그림 9.5〉 가족센터의 전달체계
출처 : 가족센터 홈페이지(www.familynet.or.kr)의 주요 사업 전달체계도

및 협력 지원 강화

아) 문화사업영역에서 유사사업 통합(나눔봉사단 및 가족봉사단, 공동육아나눔터 상시프로그램 등)을 통한 가족융합 및 사회인식 개선

  ㉠ 다문화 가족 및 한부모 가족 등 다양한 가족유형에 대한 긍정적 인식 제고 및 교류 활성화를 통해 가족포용성 향상 도모

자) 통합서비스는 수요자의 특성 및 수요에 적합한 프로그램으로 다양하게 운영하며, 아빠의 육아참여 지원프로그램 강화 및 찾아가는 교육 활성화 등 서비스 제공방법의 다양화를 통해 가족관계 개선 도모

차) 다문화/비다문화 통합 시 비언어적 프로그램의 확대를 통해 다양한 참여자의 진입장벽 개선

카) 다문화 가족, 한부모 가족, 워킹맘들의 적극적인 참여와 활동가로의 유도를 통해 시민의식 고취 및 가족편견해소를 위한 가족친화문화사업 강화

타) 다문화 가족, 북한이탈주민 가족, 한부모 가족 대상 가족기능 강화를 위한 별도 집단상담 프로그램 활성화

② 가족센터의 영역별 수행 사업

가족센터의 영역별 수행 사업의 체계를 소개하면 다음과 같다.

가) 영역별 사업의 체계와 내용

영역	기본사업	비고
가족관계	부모 역할 지원[(임신·출산(부모) 지원, 영유아기 부모 지원, 학부모 지원, 가족가치교육, 아버지 역할 지원)], 부부 역할 지원(부부갈등 예방·해결 지원, 노년기 부부 지원), 이혼 전후 가족 지원, 다문화 가족관계 향상 지원, 이중언어 가족환경조성, 다문화 가족 자녀성장 지원, 가족상담, (손자녀 돌봄)조부모 역할 지원, 노부모 부양가족 지원	교육, 상담(정보제공 및 초기상담), 문화 프로그램 등
가족돌봄	가족희망드림 지원	교육, 상담(정보제공+초기상담→전문상담) 돌보미 파견, 사례관리 등
가족생활	맞벌이 가정 일가정양립 지원, 다문화 가족 초기정착 지원, 결혼이민자 취업 지원, 1인가구 지원, 다문화 가족자녀 사회포용안전망 사업	교육, 상담, 정보제공, 문화 프로그램 등

계속

영역	기본사업	비고
가족과 함께하는 지역 공동체	가족봉사단(다문화가족 나눔봉사단), 공동육아나눔터(자녀돌봄 품앗이), 다문화 가족 교류·소통공간 운영, 가족사랑의 날, 결혼이민자 정착단계별 지원 패키지, 인식 개선 및 공동체 의식, 가족친화문화 프로그램, 찾아가는 결혼이민자 다이음사업, 다함께 프로그램, 기타(사업 영역에 속하지 않는 사업)	모임, 활동, 문화 프로그램 등

주 1) _____ : 밑줄의 3개 사업은 다문화가족지원 프로그램 중 우선적으로 시행
　　2) 사업영역별 기본사업 외의 건강가정사업 또는 다문화가족사업, 지역특성화 사업 등 운영 가능
　　3) 서비스방법 : 영역에 맞는 기본사업은 지역적 여건, 특성, 수요에 따라 운영
　　4) 교육·상담·정보제공·사례관리·문화 프로그램 등을 연계하여 센터에서 자율적으로 선택 가능(단, 단기성 또는 행사성 사업, 직접적인 현금·현물지원 사업 지양)
　　5) 가족의 유형에 상관없이 모든 가족에게 수요에 맞는 서비스 지원하되, 가족의 특성별로 특화된 별도 프로그램 운영 가능
　　6) 지역 내 유관기관(어린이집, 학교, 기업, 청소년상담센터, 가정폭력상담소 등)과 네트워크 구축·연계 운영 강화
　　7) 서비스시간 : 서비스 이용 제고를 위해 서비스제공시간을 주중, 야간, 주말 등 다양화하여 운영

가족센터의 프로그램을 조금 더 구체적으로 살펴보면 다음과 같다.

　㉠ (가족관계) 부모역할 및 가족관계 개선, 가족의사소통, 가족구성원의 역량강화를 위한 맞춤형 서비스 지원, 가족형태·생애주기·문제유형별 가족갈등과 문제해결, 성평등·인권의식 고취를 위한 교육·상담·문화 프로그램 등 운영

　　a. 부모역할 지원 : 영유아기-아동청소년기-성년기 자녀를 둔 부모의 생애주기 및 가족특성에 따른 부모됨의 의미, 올바른 부모역할 및 부모-자녀 간 관계 형성 방법, 자아존중감 향상, 역량 강화 지원, 아버지 역할 지원

　　　■ 임신·출산(부모) 지원 : 임신, 출산 관련 교육·정보·문화 프로그램 등을 제공

　　　■ 영유아기 부모 지원 : 영유아 자녀 관련 부모 역할 지원

　　　■ 학부모 지원 : 초·중·고등학생 자녀 이해하기 및 소통 등 부모 역할 지원

　　　■ 예비부부·부모 지원 : 자기에 대한 이해, 결혼의 의미, 행복한 부부관계, 부모됨의 의미 등 역할 지원

　　　■ 예비부부·부모대상 건전한 혼례문화 확산을 위한 교육 운영

　　　■ 아버지 역할 지원 : 일·가정 양립의 중요성 및 가정 내 아버지 역할 지원, 자녀와의 상호작용 방법 등에 대한 지원, 육아 및 가정생활에 적극적인 아빠들의 자조모임 운영, 아버지-자녀가 함께하는 돌봄 프로그램 등

　　b. 부부 역할 지원 : 부부의 생애주기에 따른 양성평등한 부부 역할 지원

- 부부갈등예방·해결 지원 : 양성평등하고 민주적인 가족관계 지원, 가족발달주기에 따른 생애설계와 역할 훈련, 배우자 이해, 부부갈등 해결 등을 위한 생애주기별 부부교육, 부부상담 등의 서비스 제공
- 노년기 부부 지원 : 노년기의 발달 및 가족관계의 특성 이해하기, 부부 및 부모 역할 재조정하기, 가정자원관리(가계재무, 시간관리 등) 관련 서비스 제공

c. 이혼 전후 가족 지원 : 18세 미만의 자녀의 관점에서 이혼신청 가족 및 이혼 전후 가족 대상 가족기능 강화를 위한 상담·교육·문화 서비스 등 제공

d. 다문화 가족관계 향상 지원 : 다문화 가족 부부간의 성평등, 가족 간 성평등 인식고취 등 성평등 교육, 다문화이해교육 및 인권감수성 교육 등
- 배우자·부부 교육 : 다문화 가족 참여자를 대상으로 운영(일반가족과 통합하여 운영하는 경우 다문화 가족이 50% 이상 참여하는 경우 실적으로 인정)

e. 이중언어 가족환경 조성 : 영유아 자녀를 둔 다문화 가족을 대상으로 이중언어 환경 조성을 위한 이중언어 부모코칭, 부모-자녀 상호작용 프로그램, 이중언어 활용 프로그램을 지원하는 사업[연간 10시간(20가정) 이상]

f. 다문화 가족 자녀성장 지원 : 학령기 다문화 가족 자녀 및 부모 대상 부모-자녀관계 향상 프로그램 및 정체성·사회성·리더십 개발을 위한 맞춤형 프로그램 지원, 기존 서비스 기관과 연계 등(세부 내용은 사업참고자료 1의 다문화가족 자녀성장지원 사업 참조)

g. 가족상담 : 생애주기에 따라 발생하는 가족 내 다양한 갈등을 해결하기 위하여 부모-자녀 간, 부부간 가족관계 개선, 비혼청소년 임신갈등상담, 이혼 전후 가족상담 등 다문화 가족 및 비다문화 가족대상 가족상담 제공
- 일반상담, 정보제공상담, 집단상담 등 실시
- 비혼청소년 임신갈등상담의 경우 별도 세부지침 제공
- 긴급위기가족의 경우 우선 지원

h. 면접교섭서비스 : 이혼 후 자녀를 양육하지 않는 부 또는 모가 자녀와 만날 수 있도록 면접교섭 서비스 제공

- (신청) 면접교섭 서비스 신청서(양육비이행관리원 누리집_정보공간_자료실)
- (접수) 양육비이행관리원 이행촉진부, 서비스 수행 센터
- (서비스 제공) 건강가정지원센터·가족센터의 면접교섭 서비스 수행 : 가구별 면접교섭 서비스 지원계획 수립 및 상담위원 지정, 상담 결과 및 종결보고, 월별 실적보고 진행
- 8회기 제공(최대 12회기까지) : 면접교섭 서비스 후 필요시 가족전문심리상담 제공(무료 10회기)

i. (손자녀 돌봄) 조부모 역할 지원 : 자녀의 맞벌이, 자녀가족의 해체 등의 이유로 손자녀를 돌보는 조부모에게 심리·정서 상담 및 교육 등 제공

j. 노부모 부양가족 지원 : 장애·질병 노부모 부양가족에 대한 심리·정서 상담, 부양가족들 간 소통 커뮤니티 운영, 노부모 케어 교육* 등 제공[*노인마음 이해하기, 노인과의 의사소통, 노인돌봄(보건, 영양, 건강운동 등) 등 교육]

ⓛ (가족돌봄) 가족구성원의 일시적 장기적 부재, 상황적 위기 등으로 가족기능이 약화된 가족에 대한 돌봄서비스 지원, 가족 유형 특성에 따른 맞춤형 가족기능 강화 서비스 운영

a. 가족희망드림 지원
- 가족기능이 취약한 1인 가구·한부모·조손 가족 및 긴급위기 가족 등에게 가족기능 및 역량 강화를 도모할 수 있는 서비스 제공
- 세부내용은 2023년 가족사업안내 제2권의 Ⅶ. 가족희망드림 지원사업 안내 참조

b. 면접교섭서비스 : 이혼 후 자녀를 양육하지 않는 부 또는 모가 자녀와 만날 수 있도록 면접교섭서비스 제공

ⓒ (가족생활) 가족특성에 따른 고충상담, 생활정보 제공, 초기정착 지원 등 맞춤형 가족생활 프로그램 운영

a. 맞벌이 가정 일·가정양립 지원
- 직장 내 고충 및 가정 생활정보 등 맞벌이 가정의 일·가정양립의 지원 프로그램 운영

- 지역 여건·특성에 따라 직장생활 지원 또는 가정생활 지원 선택 가능
- 워킹맘·대디지원사업을 위한 서비스 매뉴얼을 참조하여 운영

b. 다문화 가족 초기정착 지원 : 결혼이민자 한국어교육 등 입국 초기 결혼이민자 및 그 가족을 대상으로 내·외부 자원 연계 등을 통한 다문화 가족 초기정착 지원 서비스

c. 결혼이민자 취업 지원 : 결혼이민자 취업기초 소양교육, 취업훈련 전문기관 연계, 자격증·면허증 반 운영 등 결혼이민자에 대한 취업 지원서비스

d. 1인 가구 지원 : 1인 가구를 대상으로 고독·고립 예방과 문제해결을 위한 심리정서상담 지원, 돌봄 지원, 사회적 관계망 지원 및 사례 관리

e. 다문화 가족자녀 사회포용안전망 : 취학 전 다문화 가족자녀들에게 기본학습을 지원하고, 학령기 다문화 가족 자녀들을 대상으로 상담 및 진로탐색 지원

㉣ (가족과 함께하는 지역공동체) 양성평등한 가족문화, 지역사회 공동체 문화, 가족친화 사회환경 조성, 다문화 인식 개선 등 가족과 지역사회연계 프로그램 운영

a. 가족봉사단(다문화가족 나눔봉사단) : 가족단위 자원봉사활동, 다문화 가족 자조모임

b. 공동육아나눔터 : 육아 공간 및 돌봄프로그램 제공, 이웃 간 자녀돌봄 품앗이 활동 조성 지원 등

c. 다문화 가족 교류·소통공간 : 다문화 가족 자녀돌봄 및 성장 지원, 결혼이민여성 자조활동, 지역사회 통합 등 다문화 가족의 사회 참여·소통을 위한 공간 지원

d. 가족사랑의 날 : 정시퇴근 문화 확산 등 캠페인, 매주 수요일 가족이 함께 참여하는 프로그램, 지역사회연계 가족친화 프로그램 운영 등

e. 결혼이민자 정착단계별 지원 패키지 : 한국생활 초기 적응이 이루어진 결혼이민자를 대상으로 결혼이민자가 스스로 본인의 정착 과정을 설계하고 관련 서비스 탐색, 실행계획 수립 등을 수행할 수 있도록 지원(세부내용은 2023년 가족사업안내 I권 외 참고 2 결혼이민자 정착단계별 지원 패키지 사업 참조)

f. 인식개선 및 공동체 의식

- 다문화, 한부모, 조손, 북한이탈 가족 등 다양한 가족의 특성 이해 및 편견 해소 지원
- (서비스방법) 가족단위 동아리 조성, 이웃 간 품앗이 조성, 캠페인, 자치활동 공간 조성(공동육아나눔터 등), 지역사회협의체, 유관기관 네트워크 적극 활용 및 참여 추진, 기관이나 기업 등과의 가족지원 사업 협력, 지역 내 유관시설 등과의 가족지원을 위한 가족서비스협의체 구성 등

g. 가족친화문화 프로그램 : 가족캠프, 가족축제, 가족체험활동 등 가족 구성원 전체가 참여하는 프로그램 운영

h. 찾아가는 결혼이민자 다이음사업 : 결혼이민자들이 지역사회 다문화 활동가로 참여하여 유치원, 어린이집, 아동복지센터, 학교, 시설, 모임 등 다양한 지역공동체를 '찾아가는 다문화 친화 활동' 지원

i. 다(多)함께 프로그램 : 결혼이민자와 배우자, 배우자의 부모 등 다문화가족 구성원 간 상호이해를 강화하고 다문화 가족의 긍정적 정체성 형성과 문화 공존을 유도하는 것이다. 따라서 상대국의 문화를 이해하고 가족 간에 소통하는 방법이나 가정 폭력 예방 등에 대해서 발표하고 이야기를 나누거나 공동활동을 진행하는 방법으로 이루어지는 것이다.

나) 영역별 사업 관련 유의사항

㉠ 가족센터는 4개 영역의 사업을 모두 수행

㉡ 사업 수행 후 사업별로 만족도 조사와 성과 평가를 실시하고, 평가 결과는 추후 사업에 반영

　　a. 만족도 설문은 공통서식을 준수하고, 프로그램의 성격에 알맞게 추가 구성 가능

　　b. 가족관계 위기징후 척도 및 가족스트레스 척도를 사용하여 이용자에게 맞는 서비스를 계획하고 성과를 측정할 수 있도록 함

㉢ 상담사업 실시 시 가족상담 운영규정(안)에 의거하여 운영하여야 하며, 가족상담 매뉴얼을 적극 활용하여야 함

㉣ 가족지원서비스 우선 제공대상

a. 프로그램 제공 시 한부모·조손·이혼위기 가족 등 가족 기능이 약화된 가족
　　　및 저소득 취약계층 가족 우선 지원

다) 별도 예산에 의한 센터 추진사업

　㉠ 아이돌봄 지원사업

　　취업 부모들의 양육부담을 경감하고 가정에서의 개별 양육을 희망하는 수요에
　　탄력적으로 부응하기 위해 가정으로 아이돌보미를 파견하여 가정 내 개별 돌봄
　　서비스를 제공하는 사업

　㉡ 가족희망드림 지원사업

　　가족기능이 취약한 한부모·조손 가족 등과 경제·사회적 위기사건을 직면한 긴
　　급위기가족에 대한 가족기능 및 역량강화 지원

　㉢ 권역별 미혼모·부자 거점기관 운영 지원사업

　　미혼모·부가 자녀를 스스로 양육하고자 할 경우 초기 위기에 대처할 수 있도록
　　상담, 출산비 등 병원비, 교육문화 프로그램 및 자조모임 등 서비스를 제공함으
　　로써 양육 및 자립 지원

　㉣ 공동육아나눔터 사업

　　육아 공간 및 돌봄프로그램 제공, 이웃 간 자녀돌봄 품앗이 활동 조성 지원 등

　㉤ 이중언어가족환경 조성사업

　　영유아 자녀를 둔 다문화 가족을 대상으로 이중언어 환경 조성을 위한 이중언
　　어 부모코칭, 부모-자녀 상호작용 프로그램, 이중언어 활용 프로그램을 지원하
　　는 사업

　㉥ 방문교육 지원사업

　　센터를 방문하기 어려운 다문화 가족을 대상으로 한국어교육, 부모교육, 자녀생
　　활서비스 제공

　㉦ 통번역 지원사업

　　입국 초기 결혼이민자의 초기 정착단계에서 경험하는 의사소통 문제 해결을 위
　　하여 통번역서비스를 지원하는 사업

　㉧ 다문화 가족 자녀언어발달 지원사업

생생한 사례로 살펴보는 건강가정론

언어발달 교육이 필요한 자녀와 부모 대상 교육 및 상담서비스를 제공하는 사업

ⓧ 다문화 가족 사례관리사업

다문화 가족의 복합적·만성적 문제 해결을 위하여, 다문화가족지원센터 내·외부 자원 연계 등을 통한 맞춤형 종합서비스를 제공하는 사업

ⓩ 결혼이민자 역량강화 지원사업

결혼이민자, 중도입국자녀가 한국어를 학습하여 한국의 일상생활과 사회생활에 적응할 수 있도록 지원하기 위하여 다문화가족지원센터를 통하여 한국어교육 실시

9.2 건강가정사업을 위한 프로그램의 실제

건강가정사업은 건강가정사업의 전달체계에서 살펴본 것처럼, 건강가정지원센터, 다문화가족지원센터, 가족센터(건강가정지원센터·다문화가족지원센터)를 통해서 이루어지고 있다. 그러나 최근에는 건강가정지원센터나 다문화가족지원센터에 비해서 가족센터의 수가 증가하고 있다. 우리 주변에 있는 다양한 가족의 통합적인 문제를 돕기 위해서 건강가정지원센터의 홈페이지를 가족센터(www.familynet.or.kr)로 개편하고 다양한 서비스를 제공하고자 노력하고 있다. 따라서 건강가정사업을 위한 프로그램은 가족센터에서 제시하고 있는 프로그램을 중심으로 안내하고 그 프로그램의 예시를 소개하고자 한다.

전국 가족센터의 사업 운영 및 사업영역은 가족문제의 예방과 해결을 위한 가족돌봄나눔사업, 생애주기별 가족교육사업, 가족상담사업, 가족친화문화조성사업, 정보제공 및 지역사회 네트워크 사업을 추진하고 있다. 일반가족은 물론 한부모 가족, 조손 가족, 다문화 가족, 일탈청소년 가족, 군인 가족, 수용자 가족, 맞벌이 가족, 이혼전후 가족 등의 다양한 가족 지원을 위한 상담, 교육 및 문화 프로그램이 결합된 맞춤형 통합서비스를 제공하며, 아이돌보미 지원, 공동육아나눔터사업 등의 돌봄지원사업, 취약가족과 위기가족을 위한 취약·위기가족 지원사업, 미혼모부자가족 지원사업,

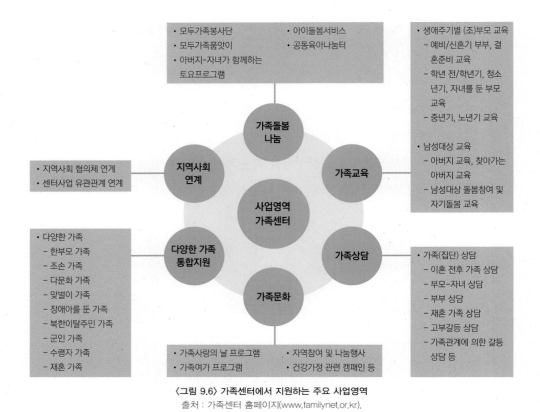

〈그림 9.6〉 가족센터에서 지원하는 주요 사업영역

출처 : 가족센터 홈페이지(www.familynet.or.kr).

기타 타 부처와 유관기관의 협력사업 등을 통해 다양한 가족사업을 수행하고 있다 (www.familynet.or.kr). 가족센터에서 제공하는 주요 사업영역을 제시하면 〈그림 9.6〉과 같다.

1) 건강가정사업 프로그램의 내용

구체적인 프로그램의 내용을 소개하면 다음과 같다(여성가족부, 2023).

(1) 가족돌봄나눔

가족돌봄나눔 사업이란 가족원들의 가족돌봄 역량을 강화하여 가족관계 개선을 도모하고, 가족돌봄의 스트레스를 줄이는 것과 아울러서 우리 가족 이외에 지역 내 이웃간 돌봄나눔 문화를 확산하여 참여가정과 사회의 성장 및 행복이 지속될 수 있도록 지원하는 사업이다(한국건강가정진흥원, 2012). 즉, 가족구성원의 일시적이거나 장

생생한 사례로 살펴보는 건강가정론

기적 부재, 상황적 위기 등으로 가족기능이 약화된 가족에 대한 돌봄서비스 지원, 가족 유형 특성에 따른 맞춤형 가족 기능 강화서비스 운영을 말한다. 이와 관련된 사업으로는 건강가정지원센터에서는 가족돌봄나눔 영역에서 모두 가족봉사단과 모두 가족품앗이, 아버지-자녀가 함께 하는 (토요)돌봄 프로그램이 있으며 3개 사업 중 2개 사업을 운영하는 것을 기본으로 하고 있다(여성가족부, 2022).

① 모두가족봉사단('가족 함께 돌보기'를 위한 지역봉사단)

가) 기존 가족봉사단의 활동 내용을 '돌봄'을 주제로 전환하여 운영

나) 센터내 또는 지역사회 돌봄 프로그램과 결합하여 운영

다) 모든 가족이 참여하는 것이 좋으나 아동, 청소년을 포함한 2인 이상의 가족이 돌봄봉사활동에 참여 가능(돌봄 목표시간 설정)

라) 자녀돌봄에서 출발하여 노인, 장애아, 환자 등 돌봄이 필요한 다양한 대상으로 확대

마) 봉사활동을 위한 교육, 자조모임도 활동내용에 포함

② 모두가족품앗이('자녀 함께 키우기'를 위한 지역품앗이)

가) 기존 구성원 간의 재능나눔, 돌봄나눔 활동을 넘어서 지역사회와 타 공동체로 돌봄 품앗이를 확대

나) 전업주부와 맞벌이주부가 함께 운영하는 품앗이, 남성이 참여하는 품앗이 등 다양한 그룹 운영

다) 품앗이 활동을 위한 전체가족 예비교육, 전체 가족회의 등은 가족품앗이 활동에 포함

③ 아버지-자녀가 함께하는 돌봄 프로그램

가) 아버지의 양육 참여 확대를 위해 유아나 초등학생을 위한 돌봄 프로그램 운영

나) 아이 돌봄이나 품앗이, 상담 등 기타 다양한 프로그램과 연계하여 운영

④ 아이돌봄서비스

가) 취업 부모들의 양육부담을 경감하고 가정에서의 개별 양육을 희망하는 수요에 탄력적으로 부응하기 위해 가정으로 아이돌보미를 파견하여 가정 내 개별 돌봄 서비스를 제공하는 사업

나) 시간제서비스(기본형과 종합형), 영아종일서비스, 질병감염아동서비스, 기관연계 서비스 등의 다양한 서비스 제공

다) 아이돌봄서비스(아이돌보미) 사이트에서도 다양한 정보를 확인 가능

⑤ 공동육아나눔터

가) 부모 등 보호자들이 모여서 양육과 관련된 정보를 공유하고 자녀를 함께 돌보는 활동

나) 가족 기능을 강화해 나가는 공간을 운영하도록 함으로써, 자녀돌봄을 위한 안전한 공간 제공

다) 육아정보 및 장난감이나 놀이교구 및 놀이활동 지원과 품앗이 돌봄 공동체를 구성 및 운영하여 육아부담 경감

(2) 가족교육 영역

가족교육 사업은 가족구성원의 역량을 강화함으로써 가족문제의 예방에 초점을 두는 사업이다.

① 생애주기별 가족교육

가) 가족 내에서 발생하는 문제를 예방하고 가족 구성원의 역량을 강화시키기 위한 부모, 부부, 조부모, 자녀 등 가족을 대상으로 한 생애주기별 다양한 교육

나) 예비/신혼기·중년기·노년기 부부교육 등

다) 예비부모교육, 영유아기·아동기·청소년기 자녀를 둔 부모교육 등

② 남성대상 교육

가) 일·가정 양립과 가족생활의 남성 참여 활성화를 위한 교육

나) 남성 대상 자기돌봄 교육

다) 찾아가는 아버지교육을 통한 아빠 대상 육아교육

따라서 가족교육을 위해서는 다양한 프로그램이 진행될 수 있다. 따라서 그 내용에 대해서 살펴보면 다음과 같다.

(3) 가족교육 프로그램
① 생애주기별 프로그램

생애주기별 프로그램은 인간의 성장과 발달 및 그 안에서 겪는 출산이나 이혼, 늙음과 병듦과 같은 다양한 삶의 과정에서의 가족들의 내용들을 반영할 수 있다.

〈표 9.4〉 생애주기별 프로그램의 예

생애단계	프로그램의 예
미혼기 (결혼 준비교육 프로그램)	• 남녀 차이 이해증진 프로그램 및 평가 • 10대 미혼모를 위한 교육 프로그램 • 예비부부를 위한 결혼 준비교육 프로그램 • 대학생 성의식 실태 분석을 통한 성교육 프로그램
신혼기	• 결혼 초기 부부를 위한 부부교육 프로그램 • 가정폭력 예방 및 대처 프로그램 • 예비부모교육 프로그램 • 맞벌이 가족을 위한 가족생활교육 프로그램 • 젊은 며느리를 위한 고부관계 향상 프로그램 • 부부대화법 프로그램
자녀 아동기 (유아기 및 학령기)	• 아동의 대인관계 개선 프로그램 • 초등학생 흡연 예방 프로그램 • 입양부모를 위한 부모교육 프로그램 • 한부모가정 아동의 자아존중감 및 사회적응력 향상을 위한 또래집단 프로그램 • 유아 및 아동을 위한 경제교육 프로그램 • 아동기 부모교육 프로그램
자녀 청소년기 (중고등학생 자녀)	• 청소년 자녀와 부모관계 향상 프로그램 • 비행청소년의 자아성장 프로그램 • 저소득층 가정 청소년의 일탈행동 예방 프로그램 • 자녀와의 대화를 위한 부모교육 프로그램 • 초기 청소년의 건강한 성을 위한 교육 프로그램 • 실직 가정 청소년의 적응 증진을 위한 프로그램

계속

생애단계	프로그램의 예
중년기	• 실직자 가정의 복지자원을 위한 상담 프로그램 • 퇴직자의 사회적응을 위한 퇴직준비교육 프로그램 • 실직자의 사회심리적 대처기능 향상을 위한 위기개입 프로그램 • 부부갈등교육 프로그램 • 성인자녀를 위한 노인부양교육 프로그램 • 중년남성 대상 가족생활교육 프로그램 • 자기인식 향상을 통한 부부친밀감 증진 프로그램
노년기	• 노년기 준비교육 프로그램 • 노년기 가족관계 향상을 위한 프로그램 • 치매가족 부양가족 부양스트레스 관리 프로그램 • 치매노인의 사회심리적 재활을 위한 집단 프로그램
특수한 환경 가족을 위한 프로그램	• 재혼준비 프로그램 • 이혼 후 적응을 위한 집단상담 프로그램 • 빈곤여성 가장 가족의 모-자녀 관계 증진 프로그램 • 결혼이민자 가족의 생활적응 향상 교육 프로그램

출처 : 도미향 외(2019).

생애주기별 프로그램에서 다룰 수 있는 내용을 몇 가지만 간략하게 소개해보면 다음과 같다.

가) 예비부부를 위한 교육

가족을 이루기 전부터 결혼과 가족의 의미 및 역할에 대해 인식하는 것은 행복한 결혼과 가족을 이루기 위해서 매우 중요한 요소이다. 결혼 전에 예비부부를 위한 교육 프로그램이 의사소통 및 갈등해결능력과 양성평등적 성역할 태도 형성에 영향을 미치는 것으로 나타났다(여성가족부, 2011a). 예비부부 및 신혼기 부부 프로그램을 소개하면 〈표 9.5〉와 같다.

나) 부모교육

가족에서 자녀양육은 매우 중요한 부분이며, 부모로서 기본적으로 알아야 할 내용들도 많이 있다. 따라서 부모교육 프로그램은 부모가 자녀를 양육하는 데 필요한 역량을 키울 수 있도록 지원한다. 부모의 양육스트레스를 감소시킬 뿐 아니라 부모-자녀 관계의 문제를 해소하는 데에도 도움이 된다(여성가족부, 2011b).

회기	주제	주요 내용
1	결혼과 가족	• 참여자 환영하기, 프로그램 목적과 내용 소개 • 형성기 가족관계, 부부적응 • 집단규칙 정하기 • 가계도 그리기, 결혼 생활에 대한 기대 나누기
2	양성평등한 부부 만들기	• 양성평등한 부부관계의 필요성, 맞벌이 부부의 특성, 부부 역할의 변화 • 맞벌이 가족의 어려움, 시간갈등 및 역할갈등, 자녀양육 문제 • 성역할 고정관념 알아보기
3	의사소통 다루기	• 부부 의사소통의 중요성 • 공감, 상대의 말 듣고 공감하기, 적극적인 나–전달법 • 격려편지 작성
4	부부갈등 대처하기	• 부부갈등 원인 : 남녀의 근본적 차이, 서로 다른 역할기대, 권력의 비균등성, 친밀감, 배우자의 과도한 통제, 경쟁성 • 결혼생활 중에 겪는 부부갈등 • 현재 커플의 문제해결 패턴 점검하기
5	분노 조절하기	• 왜 분노하는가, 분노의 반응 • 내가 성장한 가족의 분노 표현 • 분노 조절하기 : 분노일지 작성, 사과하는 법 배우기
6	사랑 만들어가기	• 즐거운 성생활 준비 • 남녀의 성 이해하기, 성지식 테스트 • 개방적 성 의사소통

출처 : 여성가족부, 중앙건강가정지원센터(2007).

가족교육 영역을 위해 여성가족부에서 생애주기별 부모교육과 관련한 다양한 자료를 개발하였다. 따라서 생애주기별 부모교육 및 남성 대상 교육을 실시할 때 '부모교육 매뉴얼(2017년 개발)'을 적극 활용하면 도움이 된다. 부모교육 매뉴얼은 여성가족부 '좋은 부모 행복한 아이'의 부모교육강의실을 참고로 하면 좋다. 부모교육 매뉴얼은 생애주기별(예비부모, 영유아기, 학령기), 가족특성별(맞벌이, 한부모, 재혼, 다문화, 조손, 비동거), 아버지, 상담 등으로 구성된 12권(PPT, 동영상 포함)으로 되어 있으므로 다양한 가족의 상황에 맞게 활용이 가능하다.

② 남성 대상 교육 프로그램

남성 대상 교육은 가족 생활에 아버지가 잘 참여할 수 있도록 돕는 프로그램이다. 남성 대상 교육은 자녀의 연령에 따라서 다양할 수 있고, 건강가정지원센터에서 실행된

<표 9.6> 청소년기 자녀를 둔 부모교육 프로그램

회기	주제	주요 내용
1	앗! 말이 오고 가요	• 부모-자녀 간 의사소통의 중요성 이해 • 부모가 흔히 행할 수 있는 잘못된 대화방법 인식 • 들을 때와 말할 때의 구분 • 듣기, 공감하며 말하기의 효과적인 방법
2	부자아이 만드는 부자 부모되기	• 자녀의 역할 모델로서 부모의 경제생활 기본개념과 원리 • 청소년의 소비문화 이해 및 공감대 형성 • 자녀의 용돈관리 및 경제교육 지도
3	컴퓨터! 통하는 부모, 즐기는 아이	• 컴퓨터 중독 예방에서의 부모 역할 인식 • 컴퓨터 사용에 관한 자녀의 입장 이해 • 컴퓨터 중독에 대한 부모의 효과적인 대처방법
4	공부 · 진로코치로서의 부모	• 자녀를 둘러싼 시대적 상황 인식 • 자녀의 공부와 진로를 코칭해야 하는 부모역할 인식 • 코칭역량의 강화 및 실천 방안 탐색
5	주체적인 자녀와 부모	• 자녀를 북돋우는 부모로서의 자신감 형성 • 생활의 의미와 삶의 주인공이 되어야 하는 주체성 인식 • 인생주기 안에서 자신의 단계 이해 및 생활 진단 • 장/단기 생활목표 및 표준의 설정과 실천

남성 대상 교육은 다양한데, 그 기본적인 내용을 간략하게 소개하면 다음과 같다(이원숙 외, 2022).

(4) 가족상담 영역

가족상담 영역은 생애주기에 따라 발생되는 가족 내 다양한 갈등과 문제해결을 위한 상담사업으로, 개인을 대상으로 하는 개별적 접근과 가족구성원이 함께 참여하는 가족단위의 통합적 접근방법을 사용하는 영역이다. 상담과정에서는 정서적 지원을 실시하거나 심리검사가 필요한 경우에는 심리검사를 제공하기도 하고, 미술 및 음악 치료 등을 실시할 수도 있다.

① 생애주기에 따라 발생되는 가족 내 다양한 갈등과 문제해결을 위한 상담사업

가족상담은 여러 가지 상황의 가족문제에서 상담이

〈표 9.7〉 자녀연령별 남성대상 가족친화교육 프로그램

회기	주제	주요 내용
연령공통	아버지, 그 특별한 이름	• 아버지, 과거와 현재 그리고 미래 • 아빠효과(fathering effect) • 좋은 아버지 되기의 출발, 나는 어떤 사람인가?
영유아기	쑥쑥 크는 아이, 성장하는 아빠	• 영유아기에 대한 이해와 아버지 역할 • 영유아 자녀에게 친구 같은 아빠란?
영유아기	놀이하는 아빠, 친구같은 아빠	• 아빠와의 놀이의 중요성 이해 • 놀이하는 아빠 되기 실천 전략
유아기	아동기, 내 자녀 바로 알기	• 아동기에 대한 이해와 아버지의 역할 • 아버지 역할 실태
유아기	친구같은 아빠, 우리는 잘 통해요!	• 친구같은 아빠란? • 실천 전략
청소년기	우리 아이가 달라지고 있어요	• 청소년기 자녀의 발달 특성 및 부모–자녀관계 특성 • 자녀와 좋은 관계 유지를 위한 아버지 역할
청소년기	아이와 통(通)하는 친구 같은 아버지	• 청소년기 자녀 지도원리 이해 • 청소년 자녀와의 대화 요령

〈표 9.8〉 가족센터에 의뢰된 가족문제

구분	내용
부부문제	성격, 가치관, 종교, 성, 외도, 자살문제, 스트레스
이혼문제	이혼을 고려하는 경우, 부부갈등 조정을 위한 상담 및 이혼 후 자녀 양육과 관련된 상담 지원
부모문제	부모–자녀관계 단절, 자녀의 부모 거부 등 자녀 양육과 관련된 상담 지원
자녀문제	자녀의 성격, 가치권, 가출, 사망 등으로 힘들어하는 가족의 심리적 어려움, 경제적 문제 등
가족문제	중독, 폭력, 가출, 사망 등으로 힘들어하는 가족의 심리적 어려움, 경제적 문제 등
가족내 관계문제 등	경조사, 부양, 간병 어려움, 배우자 선택, 혼수·예단 가치관 차이, 의사소통, 세대 간 차이 등
성인 자녀–부모 세대 간의 문제	고부갈등 등 시가·처가와의 어려움
가족 기능문제	재혼 가족, 한부모 가족, 조손 가족, 다문화 가족, 떨어져 사는 가족, 기러기 가족 등 가족별 상담 및 집단상담 지원
기타 가족문제	건강, 경제, 성, 폭력 문제 및 갈등

이루어질 수 있다.

② 개인을 대상으로 하는 개별적 접근과 가족구성원이 함께 참여하는 가족단위의 통합적
접근을 포함

③ 가족단위의 면접상담 유도

연간 상담실적이 100명 이하인 센터는 가족집단상담을 연간 2건 이상 반드시 포함한다.

(5) 가족문화사업 영역

가족문화사업은 가족단위의 문화서비스를 제공하여 가족이 함께 시간을 보내면서 서로를 이해하는 폭을 넓혀 양성평등하고 가족친화적인 문화를 확산시키고 문화시민 의식을 함양하기 위한 것이다. 그 구체적인 내용을 살펴보면 다음과 같다(중앙건강가정지원센터, 2008b).

다양한 문화조성사업

- 다양한 가족문화 체험 및 캠프
- 다양한 형태의 가족에 대한 사회적 인식 개선교육 및 홍보
- 다문화 가족 전통문화 체험교실
- 다양한 가족과 가족봉사단 간 매칭(결연) 프로그램
- 소외가족 지원 프로그램(다문화 가족, 북한이탈 가족 등 취약가족 생활 적응 지원)
- 다문화인식 개선 홍보캠페인

가족친화적 사회(기업)문화조성사업

- 가족친화적 사회문화 조성을 위한 일반인 대상 홍보캠페인
- 가족 유해기업광고 등 유해 지역사회환경 감시활동
- 가족−지역 공동체 활성화 사업
- 기업 대상 친가족문화 홍보캠페인
- 가족 친화사업 사례 발굴 및 가정의 날 포상
- 가족과 직장 연계 프로그램

가족단위 자원봉사 문화조성사업

- 일반인 대상 가족 자원봉사 홍보캠페인

생생한 사례로 살펴보는 건강가정론

- 가족단위 자원봉사 활성화 : 가족센터 가족봉사단 운영 · 관리

- 특성화된 가족자원봉사 프로그램 개발

가족문화 캠페인사업

- 가족단위 여가문화조성사업(가족단위 여가 프로그램의 개발 · 보급)

- 건강한 명절문화조성사업

- 합리적인 가정의례문화조성사업

- 가정의 달 홍보캠페인사업

① 가족사랑의 날

'가족사랑의 날'은 대표적인 가족문화사업이다. '가족사랑의 날'을 통해 가족은 '가족
사랑 실천 약속'을, 직장에서는 '알찬 일과, 정시퇴근 일터 만들기'에 참여한다. '가족
사랑의 날' 프로그램은 매주 특정한 날을 선정하여 가족이 함께할 수 있는 프로그램
을 실시하면서 가족의 의미를 새기고 관계회복을 위한 프로그램을 진행하는 것이다.
회사에서도 야근이 없는 정시퇴근을 권장하여 가족이 저녁이 있는 삶을 가지도록 하

〈표 9.9〉 가족사랑의 날 프로그램

월	주제	주요 내용
1월	가족달력 만들기	가족의 기념일을 직접 체크할 수 있도록 가족달력 제작
2월	전통떡 만들기	명절을 맞이하여 가족이 함께 전통떡 만들기 체험을 제공
3월	가정 헌법 만들기	가족 내 규칙의 소중함을 인식하고 새로운 가족여가 문화 조성
4월	가족오카리나 만들기	흙으로 빚어 가마에서 구워내는 오카리나 만들기
5월	가족티셔츠 만들기	5월 가정의 달을 맞이하여 가족 모두 커플티 만들기
6월	미니정원 만들기	원예활동을 통한 가족의 정신적 스트레스 해소
7월	가족문패 만들기	가족의 개성을 살려 문패 만들기
8월	다식다과 만들기	한국의 전통 다과예절을 통해 가족예절 배우기
9월	냅킨 공예 만들기	냅킨을 활용하여 집안 활용품 만들기
10월	토피어리 만들기	가족구성원 간의 친밀감 향상 및 소통 증진을 위한 원예 프로그램
11월	우리 춤춰요	가족단위 동작치료를 통한 가족관계 증진 프로그램
12월	가족앨범 만들기	가족의 활동을 앨범으로 제작하여 소감 나누기

출처 : 안산시 건강가정지원센터(2013). 가족사랑의날 사업계획서.

는 것이다.

② 가족여가문화활동

가족여가문화활동은 문화 프로그램과 체험활동 등을 통한 건전한 가족여가문화를 갖도록 하는 것이다. 가족캠프나 사진공모전, 주말 가족농장이나 공연 및 전시, 문화 체험활동 등이 해당된다.

③ 축제 및 행사

축제 및 행사는 가족과 이웃이 어울리는 지역문화의 장을 제공하여 가족 간의 친밀 감과 유대감을 증진하는 것이다. 5월 가정의 달 행사나 가족축제 및 행사, 가족영화제 나 체육대회 등이 해당된다.

④ 캠페인

캠페인은 평등한 가족문화를 확대하고, 건강한 가족의식을 확립하고자 하는 것으로, 건강가정캠페인이나 출산장려캠페인, 건전한 결혼문화조성캠페인, 양성평등캠페인 등 이 해당될 수 있다.

⑤ 지역사회연계영역(지역사회 네트워크)

건강가정사업은 건강가정지원센터뿐 아니라 지역사회 내 여러 기관(주민자치단체, 보건소, 종합사회복지관, 보육시설, 민간단체)에서 실시하는 사업과 유사하거나 중복되기도 하므로(송혜림, 2006), 지역사회 유관기관과 네트워크가 연계되는 것은 공동사업을 추진하는 데 효과적이다. 지역사회 협의체나 유관기관과 네트워크를 구축하여 지역사회에 있는 자원과 전문성을 파악하고, 참여한 기관의 역할을 조정하며 지역주민의 참여를 추진하면서 기관협약을 통하여 연계사업 활성화에 노력하는 것이 필요하다(윤경자 외, 2012; 여성가족부 2023).

⑥ 다양한 가족통합 지원

다양한 가족통합 지원 영역은 한부모 가족, 조손 가족, 다문화 가족, 맞벌이 가족, 재

〈그림 9.7〉 지역연계사업

출처 : 한국건강가정진흥원(2013).

혼 가족, 북한이탈주민 가족 등 다양한 가족을 대상으로 가족양육지원, 관계 향상 교육 등의 서비스를 실시하여 가족의 취약한 기능을 보완함으로써 가족 기능의 회복을 지원하는 것이다.

2) 건강가정지원센터 프로그램의 실제

이번 절에서는 경상남도와 부산광역시 건강가정지원센터의 '2020 우수사업보고서'를 토대로 2020년에 실시된 프로그램들 중에서 우수사업으로 선정된 프로그램의 일부를 소개하고자 한다(경상남도, 부산광역시 건강가정지원센터, 2021). 프로그램들 중에는 코로나 상황을 고려하여 비대면으로 시행된 경우들도 있으므로, 그러한 상황을 고려하여 융통적으로 프로그램을 계획하고 운영하길 바란다.

(1) 프로그램 예시 1 : 가족돌봄나눔사업 프로그램

"오, 아빠: 오늘은 아빠랑 노는 날"(비대면)

부산진구 건강가정지원센터

항목	내용
영역구분	가족돌봄나눔
사업목적 및 목표	〈사업목적〉 • 아버지와 자녀가 함께하는 돌봄 프로그램을 통하여 아버지의 양육 참여를 확대한다. • 미술, 공예, 요리체험 등 다양한 매체를 활용하여 아버지와 자녀의 상호작용 및 친밀감을 증진시킨다. 〈사업목표〉 • 아버지-자녀가 함께하는 돌봄 프로그램을 회기당 2시간, 총 10회기 20시간 실시한다. • 5~10세 자녀와 아버지를 회기당 25명, 연인원 250명을 대상으로 프로그램을 실시하여 참석률을 80.0% 이상 달성한다. • 전체 프로그램 종료 후 성인 참여자를 대상으로 척도형 만족도 조사(7문항, 35.0점 만점 리커트척도)를 실시하여 평균 4.50점 이상을 목표로 한다. • 프로그램 효과성 검증을 위하여 참여 아버지를 대상으로 가족기능 및 양육행동척도를 활용하여 사전 · 사후 검사를 실시하고, 사전대비 사후평점 5% 이상 향상을 목표로 한다.
사업일시	2020.8.~11. / 10회
사업장소	• 참여자 : 각 가정 내(온라인 Zoom 라이브 방송) • 강의 : 부산진구건강가정지원센터 교육실 외
사업대상	• 가족 미술치료 : 5~10세 자녀와 아버지 실인원 10가족 28명, 연인원 127명 • 가족 공예체험, 요리체험 : 5~10세 자녀와 아버지 실인원 10가족 24명, 연인원 114명 • 총 실인원 20가족 52명, 연인원 241명

계속

생생한 사례로 살펴보는 건강가정론

항목	내용		

아버지와 자녀가 함께하는 미술치료 5회기

회기	일정	세부내용
1	8.29.(토) 10:00 ~ 12:00	• 가족미술치료 1 – 서로 얼굴 관찰하기, 얼굴 그리기 – 풍선인형 만들기
2	9.5.(토) 10:00 ~ 12:00	• 가족미술치료 2 – 이야기 풍선 만들기
3	9.12.(토) 10:00 ~12:00	• 가족미술치료 3 – 모빌 만들기 – 구슬미로 만들기
4	9.19.(토) 10:00 ~ 12:00	• 가족미술치료 4 – 스트링아트 만들기
5	9.26.(토) 10:00 ~ 12:0	• 가족미술치료 5 – 행복한 우리집 시계 만들기

아버지와 자녀가 함께하는 공예체험 3회기, 요리체험 2회기

회기	일정	세부내용
1	10.14.(수) 19:00 ~ 21:00	• 가족공예체험 1 – 목공예 : DIY 연필꽂이
2	10.24.(토) 10:00 ~12:00	• 가족요리체험 1 – 멸치오색주먹밥&고구마라떼
3	10.28.(수) 19:00 ~ 21:00	• 가족공예체험 2 – 미니어처건축: 미니가옥
4	11.7.(토) 10:00 ~ 12:00	• 가족요리체험 2 쇠고기가래떡찜&견과류바
5	11.11.(수) 19:00 ~ 21:00	• 가족공예체험 3 – 클레이아트 : 방문패 만들기

사업성과

• 비대면 방식으로 프로그램을 운영하여 코로나19 확산을 예방하고 안전하게 프로그램을 진행하였다.

• 네이버 밴드를 활용하여 참여자에게 참여방법, 안내사항을 공지하여 원활하게 참여할 수 있도록 하였다.

• 프로그램 진행 전 워킹스루, 택배로 재료를 수령할 수 있도록 안내하였으며 필요한 재료를 프로그램 진행 전에 준비할 수 있도록 사전공지하여 원활하게 진행되도록 하였다.

• 아버지-자녀가 함께하는 돌봄 프로그램을 제공하여 아버지의 양육참여를 확대하였다.

• 다양한 매체를 활용한 미술치료기법으로 단순한 미술활동이 아닌 심리 · 정서적 발달 및 치료의 요소가 가미될 수 있도록 하여 아버지-자녀의 상호작용을 돕고 친밀감을 향상시켰다.

• 공예체험 활동을 통해 친밀감 향상을 돕고 의사소통을 촉진하였으며 요리체험을 통해 건강한 밥상에 대해 배우고 요리를 직접 해봄으로써 즐길 수 있도록 하였다.

• 일상생활에서 아버지와 자녀가 함께할 수 있는 활동을 안내하여 아버지들의 적극적인 양육 참여를 도모하였다.

• Zoom 화상채팅을 통해 실시간으로 강사와 소통하고 참여자의 활동 모습을 보고 전문적인 개입과 적극적인 피드백을 제공할 수 있었다.

(2) 프로그램 예시 2 : 가족교육사업 관련 프로그램

"가족사랑의 날 문화체험 및 캠페인 활동" (비대면)

창원시 건강가정·다문화가족지원센터

항목	내용		
영역구분	가족문화–가족 사랑의 날 프로그램(가족과 함께하는 지역공동체)		
사업목적 및 목표	〈사업목적〉 • '가족사랑의 날' 프로그램 운영으로 가족친화문화 도모 및 가족관계를 향상시킨다. • 가족사랑의 날 캠페인 운영으로 정시퇴근문화 확산 및 가족의 건강성을 증진시킨다. 〈사업목표〉 • 가족사랑의 날 문화체험 및 캠페인 연 14회 운영 • 부부 및 자녀를 둔 가족 연 700명(1회 50명) 이상 참여 • 참여자 만족도 4.5점 이상 확보, 기대치 대비 실현치 10% 이상 상승		
사업일시	2020.5.~11.(문화체험 7회, 캠페인 7회) / 14회		
사업장소	참여자 가정, 창원시 관내 산책로·공원·관광명소 등		
사업대상	부부 및 자녀를 둔 446가족 1,518명 ※ 가족문화체험 및 가족사랑의 날 캠페인 각 223가족 759명: 전체 참여 가족 중 다문화 가족 참여비율 22.5%(50가족)		

사업내용	회기	일정	세부내용	
			문화체험	캠페인
	1	5.21.(목)	FUN FUN한 우드 스피커 만들기	코로나19 극복 응원메세지 작성, 덕분에 챌린지
	2	6.5.(금)	요리COOK 조리COOK 간식 만들기 1(밥통브라우니, 키위청 만들기)	동물에 비유한 우리 가족 알아보기
	3	7.29.(수)	우리 가족 핫플레이스 소개하기	우리 가족 칭찬 릴레이
	4	8.13.(목)	요리COOK 조리COOK 간식 만들기 2(선인장 컵케이크 만들기)	가족이 함께 만드는 하트사진 찍기
	5	9.16.(수)	뚝딱뚝딱 휴지케이스 만들기	가족이 함께하는 즐거운 식사시간
	6	10.14.(수)	놀면 뭐하니? 책으로 물들자	확찐자 탈출 운동하기
	7	11.24.(목)	우리 가족 단풍놀이, 숲속을 걸어요(가족과 5,000보 걷기 인증)	가족을 행복하게 하는 문구 작성

계속

항목	내용
사업성과	• 코로나19 상황에 적절한 비대면 프로그램을 실시한다. 　– 코로나19 상황의 장기화 및 사회적 거리두기 실천으로 외출 자제, 가정에 머무는 시간이 많은 가족이 야외에서 가족들과 함께할 수 있는 다양한 활동거리를 제시하여 양육 부담 경감 및 심리적 안정감을 제공한다. 　– 참여자 간 접촉 최소화를 위해 꾸러미 배부 시간 분산, 우편발송으로 코로나19 감염을 예방한다. • 신규 가족, 아버지 참여 가족, 다문화 가족 등 다양한 가족의 참여를 확대한다. 　– 신규 · 아버지 참여 · 다문화 가족 우선접수 시행으로 다양한 가족 참여를 유도(신규 가족 95%, 아버지 참여가족 74%, 다문화 가족 22% 참여)하였으며, 비대면 프로그램 진행으로 맞벌이 가족 및 아버지 참여 가족, 원거리에 거주하는 가족 참여를 이끌어낸다. • 2019년 만족도 결과를 반영하여 계절·시기에 적절한 다양한 문화체험 프로그램으로 가족소통·유대감 증진, 관심도 증가한다. 　– 2019년 만족도 분석 결과 반영, 만족도가 높았던 요리, 공예 활동을 각 2회씩 진행하였고, 가족미션활동 등 가족참여형 프로그램 운영으로 가족소통과 대화의 기회를 제공하였으며, 참가자 접수가 10분 이내로 조기마감되어 가족들의 높은 관심도를 확인할 수 있었다. 　– 휴가철(우리 가족 핫플레이스 소개하기), 가을철(놀면 뭐하니? 책으로 물들자 · 우리 가족 단풍놀이 숲속을 걸어요)과 같이 계절 및 시기에 맞는 프로그램 진행으로 가족들의 높은 호응과 재참여의사 및 추천을 이끌어낸다.

(3) 프로그램 예시 3 : 가족교육사업 관련 프로그램

방구석 특집 "우리 아이가 알고 싶은 거침없는 성교육 이야기"(비대면)

해운대구 건강가정지원센터

항목	내용
영역구분	가족교육
사업목표	• 10대 청소년기 자녀를 둔 부모가 '자녀가 생각하는 성'을 이해하도록 한다. • 가정에서 건강한 성교육을 실천하는 방법을 훈련시킨다. • 성과 관련된 개념을 익히고 성교육의 방향과 목적을 이해한다. • 가정 내에서 부모가 자녀의 발달단계에 따른 성교육을 실시할 수 있도록 역량을 강화시킨다.
사업일시	2020.4.20.(월)~5.19.(화) / 13회
사업장소	신청자 가정 내
사업대상	10대 청소년기 자녀를 둔 부모

계속

항목	내용		
사업내용	회기	일정	세부내용
	1	4.20.(월)~5.19.(화)	알기 쉽게 풀어보는 성 관련 용어
	2		발달 단계의 이해와 성교육 지침
	3		성교육자 자기 이해
	4		여자 청소년들이 이야기하는 여자 청소년 성 문화
	5		남자 청소년들이 이야기하는 남자 청소년 성 문화
			중간평가 실시
	6	4.20.(월)~5.19.(화)	청소년들이 이야기하는 남녀 성 문화의 차이
	7		몸이미지와 외모지상주의
	8		여성의 몸과 성 지식
	9		남성의 몸과 성 지식
	10		십대 성폭력 피해상담의 실제
	11		십대 성폭력 가해상담의 실제
	12		십대 성폭력의 현황과 문제점
	13		아동·청소년 성 관련 법과 제도 이해
		5.19.(화)	최종평가 실시
사업성과	• 만족도 조사 결과 : 평균 4.54점(5.0점 만점) • 청소년기 자녀를 둔 부모가 본 교육에 참여함으로써 자녀의 발달단계에 맞게 성교육을 실시할 수 있는 역량을 향상시킨다. • 'n번방'과 같은 이슈로 인해 관심이 높아진 청소년기 성 문화를 여자·남자 청소년이 말하는 청소년의 성 문화를 통해 알 수 있었다. • 청소년들의 토론을 통해 평소 접하기 어려운 그들의 생각과 성에 관한 고충을 알 수 있었다. • 질문에 부모로서 대처하고, 잘못된 점을 수정해줄 수 있는 Q&A 형식의 교육을 통해 실제 교육에서도 활용할 수 있었다. • 매회 소감문 작성을 통해 교육내용을 정리하고, 복습할 수 있는 시간을 가진다.		
향후과제	최근 청소년의 성에 관한 문제가 큰 이슈가 되면서 부모들의 관심 또한 높아졌다. 본 센터에서도 계획된 인원 대비 많은 인원의 참여가 있었으며, 부모들이 보이는 관심도가 지속적으로 증가하고 있음을 확인하였다. 이는 청소년 자녀를 둔 부모들을 대상으로 하는 성교육이 필수적으로 실시되어야 함을 시사한다. 즉 관련 교육 프로그램을 차년도에도 실시할 필요가 있다.		

생생한 사례로 살펴보는 건강가정론

(4) 프로그램 예시 4 : 가족집단상담사업 관련 프로그램

"가족 소통 & 힐링 캠프"(대면)

해운대구 건강가정지원센터

항목	내용
영역구분	가족상담
사업목적 및 목표	코로나19(COVID-19) 바이러스 확산으로 인해 실내에서 주로 생활했던 가족들의 피로감을 해소하고 자연 속에서 상호이해심을 향상하고, 소통 훈련을 통한 가족 친밀감을 향상하고자 한다.
사업일시	2020.7.17.(금)~18.(금) / 6회
사업장소	초원숲속글램핑장(기장군 정관면)
사업대상	3인 이상으로 구성된 가족(연령 무관)

사업내용	회기	일정		주제	진행사항
	1	7.17.(금)	14:00~15:00	가족 물놀이	참여자가족들의 시간을 배정하여 사회적 거리두기를 유지한 가족별 코스체험
	2		15:00~16:00	심리검사를 활용한 소통 훈련	
	3		16:00~17:00	보물찾기	
	4		17:00~18:00	레크리에이션	
	5	7.18.(토)	10:00~11:00	미니텃밭 만들기	각 가족 숙소에서 진행
	6		11:00~12:00	수료식 및 만족도 평가	

사업성과	• 만족도 조사 결과 : 평균 4.93점(5.0점 만점) • 코로나19가 확산되는 상황에서 감염을 예방하고, '사회적 거리두기'를 준수하기 위하여 기존의 프로그램과는 다른 방법으로 진행하였다. 이를 통해 가족들이 자연 속에서 안정감을 느낄 수 있었고 가족 협동심이 향상되었다. • 성격 및 기질검사(TCI)를 활용하여 가족소통훈련을 하므로 가족 상호이해가 증진되었고, 소통방법을 습득함으로써 친밀감 및 가족건상성이 향상되었다. 간단하지만 타당도와 신뢰도가 높은 검사를 통해 참여자들의 실생활에 필요한 정보 및 소통에 대한 정보를 제공할 수 있었다. • 본 캠프는 장기간 지속된 사회적 거리두기로 인한 가족들의 피로감과 스트레스를 해소하고, 이러한 위기 속에서도 가족들을 위한 공공의 서비스가 항상 마련되어 있다는 인식을 심어주어 가족들이 안도감을 갖게 하는 효과가 있었다.
향후과제	코로나19로 인해 일상에 변화가 찾아왔으나 일상생활을 살아가야 하는 다양한 가족들은 공공의 서비스가 중단된 상황에서 더 큰 어려움을 느끼고 있었다. 2020년 초반에는 이러한 팬데믹을 처음 겪는 상황이라, 가족서비스 형태 변경에 어려움이 있었으나 해운대구 건강가정지원센터는 '코로나 극복을 위한 가족욕구조사'를 발빠르게 진행하여 가족들의 필요를 파악하고 이를 실현하기 위한 방안을 마련하여 본 캠프를 진행할 수 있었다. 이에 앞으로도 어떠한 일상에 변화가 찾아오더라도 가족들의 건강성 향상을 위한 가족서비스가 중단되지 않도록 다양한 형태의 가족서비스를 마련할 필요가 있다.

(5) 프로그램 예시 5 : 비대면 프로그램

가족집단상담 "똑똑한 소통, 가족의 세계"

김해시 건강가정·다문화가족지원센터

항목	내용		
영역구분	가족상담(가족관계)		
사업목적 및 목표	• 가족회의를 통해 가족구성원 간의 대화하는 시간을 가지고 의사소통과 친밀감을 향상시키기 위한 모임을 가진다. • 가족 내에서 민주적인 방법으로 조직을 운영하고 서로가 타협할 수 있도록 의사소통한다. • 가족회의를 통해 소중한 시간을 보낸다.		
사업일시	• 1회 : 2020.6.11.(목)~18.(목) • 2회 : 2020.9.2.(수)~14.(월)		
사업장소	개별 가정		
사업대상	• 1회 : 초등학교 4학년 이상~고등학생 자녀를 둔 40가정 • 2회 : 초등학교 1학년 이상 자녀를 둔 70가정 * 1회 만족도 조사 의견에서 초등학교 저학년 자녀도 함께 참여하고 싶은데 대상이 되지 않아 아쉬웠다는 의견을 반영하여, 2회차에는 초등학교 1학년으로 대상을 확대하였다.		
사업내용	세부내용은 다음과 같다. 表 참조		

세부내용은 다음과 같다.

일정	세부내용	준비사항
6.11.(목)~6.18.(목), 9.1.(화)~9.14.(월)	신청자 접수(구글폼) • 참여자 및 보호자 이름 및 생년월일, 연락처, 참여경위 등 • 개인정보동의서	신청서(구글폼, 개인정보동의 포함)
6.11.(목)~6.18.(목), 9.2.(수)~9.14.(월)	가족회의록 서식, 가족규칙 내용, 약속장 신청자 휴대폰 또는 이메일로 전송	가족회의록 서식, 가족규칙 내용, 약속장 서식
6.11.(목)~6.23.(화), 9.2.(수)~9.14.(월)	가족회의 진행 • 존댓말 쓰기 • 응원하고 격려하는 말하기 • 무슨 이야기든 듣고 호응 잘하기 • 지킬 수 있는 약속 정하기 • 서로를 존중하는 시각 가지기 • 상대방의 말을 끝까지 듣기	가족회의록, 가족규칙, 약속장
6.24.(수), 9.14.(월)	만족도 조사 및 소감(구글폼), 가족회의하고 있는 사진, 약속장 사진 제출(카카오플러스 채널)	약속장 사진, 가족회의 사진, 만족도 조사지, 카카오플러스채널
6.25.(목), 9.16.(수)	치킨 쿠폰 발송	접수대장

계속

항목	내용
사업성과	• 가족 간 대화를 통해 친밀감 향상 및 건강한 가정을 이룰 수 있는 밑거름이 되었다. • 가족규칙을 제공하여 가족회의를 하는 동안 부모와 자녀는 서로 존중하면서 자신의 생각을 표현할 수 있도록 제시하여 민주적인 의사소통이 될 수 있게 하였다. 참여자들에게 가족회의는 다소 생소할 수 있지만 예시를 보며 진행 과정에 있어 편안하게 접근할 수 있었다는 것이다. • '아이들과 소통하는 방법이 늘 어렵고 힘들었는데, 새로운 방식으로 쉽게 소통할 수 있어서 좋았습니다', '이번을 계기로 한 달에 한 번씩 가족회의를 하기로 하였습니다', '아이에게 야단치지 않고 함께 의견을 이야기할 수 있는 것이 좋았습니다', '남편과 사이가 좋지 않아 한참 집에서 가족들이 말을 안 하고 있었는데 가족회의를 통해 분위기가 좋아졌습니다' 등 코로나19로 일상생활과 가족체계의 변화에 가족만의 규칙을 정하고 마음 건강을 나누는 데 효과적이라고 사료된다. • 가족이 열띤 토론을 하면서 서로가 이해되는 것에 절충과 협의를 하며, 가족법규를 만들 수 있었다.
향후과제	중간 확인이나 독려가 있었으면 좋겠다는 의견과 회의 후 결정된 사항이 잘 지켜지지 않았을 때 피드백을 받을 수 있으면 좋겠다는 의견이 있었다. 향후 프로그램 추진 시 이를 반영할 수 있는 프로그램을 계획하면 좋을 것 같다.

가족회의 진행 시 참고 서식 – 가족회의 규칙

1. 회의 중에는 서로에게 존댓말 사용하기

  – 존댓말을 사용하면 서로를 존중하는 마음이 생긴다.

2. 응원하고 격려하기

  – 마음속으로만 생각하지 말고 꼭 말로 표현한다.

  – 서로 응원하고 격려하는 시간으로 만들다보면 일상생활에서도 자연스럽게 긍정적인 말이 나온다.

3. 무슨 이야기든 듣고 호응을 잘 해주기

  – 상대방이 무슨 감정으로 말하는지 생각하고 반응해주면 상대방은 나를 '믿어준다'는 생각을 갖게 되고,

  그것은 많은 위로나 응원이 된다.

4. 지킬 수 있는 약속으로 정해보기

  – 지킬 수 있는 약속을 생각한다. 한 가지만 정해도 좋다.

5. 서로를 존중하는 시각 가지기

  – 부모, 자녀가 아닌 인격체로 인정한다.

6. 상대방의 말을 끝까지 들어주기

  – 상대방이 하는 말을 '맞다, 틀리다'라고 판단하지 말고 끝까지 듣는다.

7. 가족회의를 통해 약속된 내용과 약속기간을 정하고(예 한 달 정도) 잘 지켜지면 서로에게 칭찬을 한마디씩

  하고 포옹해주기, 잘 지켜지지 않을 시 다시 회의를 통해 점검하는 시간 가지기!

8. 마지막으로 가족들 간에 소감 나누기

　– 회의하고 있는 사진, 약속장을 인증샷으로 찍어서 전송, 만족도 조사 등을 한다.

가족회의록 예시

일시	2020.9.5.(토) 18:00~19:00	장소	거실
참여자	아빠, 엄마, 아들		
회의주제	핸드폰 게임 사용시간 정하기		
회의내용	아빠 : 어떤 상황에서는 절제가 중요한데 게임은 절제가 잘 안 되는 것 같다. 아들 : 더 하고 싶은 마음에 엄마, 아빠 몰래 한다. 다른 친구들은 엄마, 아빠가 허용해줘서 몰래 하지 않고 부모를 속이지 않는다. 게임을 허용해 달라. 엄마 : 게임을 허용하면 더욱 중독되는 아이들이 많다. 특별한 경우를 제외하고는 게임을 하지 않았으면 좋겠다. (중략) 아들 : 게임을 허용할 수 있는 시간을 함께 정하자.		
회의소감	아들 : 자유로운 대화의 시간이어서 좋았다. 엄마, 아빠 : 서로의 생각에 대해 알 수 있는 시간이어서 좋았다.		

약속장 예시

약속한 내용

하나, 게임은 평일 1시간, 주말 2시간만 하기
둘, 허용된 시간에 게임을 하는 동안 잔소리하지 않기
셋, 약속을 지키지 않으면 벌금 내기(아빠 5,000원, 엄마 10,000원, 자녀 3,000원)
넷, 모아진 벌금 사용처는 가족회의를 통해 정하기

우리 가족은 약속한 내용을
2020년 9월 19일까지 지킬 것을 약속합니다.

약속한 날짜 : 2020년 9월 5일
1차 평가일 : 2020년 9월 19일 오후 6시

참여자 : 아빠 ○○○(서명), 엄마 ○○○(서명),아들 ○○○(서명)

(6) 프로그램 예시 6

이혼위기가정 가족기능강화지원사업

경상남도 건강가정지원센터

항목	내용		
영역구분	• 다양한 가족 통합 지원 • 기타(이혼위기가정 가족기능강화지원사업)		
사업목적 및 목표	이혼위기가정의 부모들이 이혼 후에도 올바른 부모 역할을 수행할 수 있도록 맞춤형 부모교육 및 가족 문화프로그램 등을 실시함으로써 부모와 자녀 간의 긍정적 관계를 형성하고 건강한 가족기능을 강화하여 가족친화적 경상남도를 조성한다.		
사업일시	2020. 2.~12. / 163회		
사업장소	경상남도 건강가정지원센터 교육실 외		
사업대상	이혼 과정에 있는 가정의 부모 및 자녀		
사업내용	이혼위기가정 전문상담사 위촉 및 운영, 부모교육 및 자녀상담, 문화 프로그램 실시		

순서	주제	내용	대상
1	이혼위기가정 전문상담사 위촉 및 운영	• 이혼위기가정 전문상담사 재위촉 및 운영 • 이혼위기가정 전문상담사 활동평가회의 및 역량강화교육 실시	도내 상담 및 부모교육 전문가
2	이혼위기가정 부모교육 및 자녀상담	• 일정 : 2020. 2.~11. / 횟수: 총 155회 • 연인원 : 234명 • 내용 – 부모교육 : 이혼에 대한 생각나누기 및 라포 형성, 발달 단계에 따른 자녀의 특성과 부모 역할, 이혼 과정 중의 협의가 필요한 사항들, 부모교육의 명료화를 통한 마무리 – 자녀상담 : 이혼위기가정 아동의 심리정서 표현을 위한 놀이, 미술치료 등 지원	이혼위기가정 부모 및 자녀
3	문화프로그램	• 인원 : 24명 / 횟수: 총 3회 • 내용 : 가족집단상담, 문화활동	이혼위기가정 부모–자녀

추진실적	• 이혼위기가정 전문상담사 위촉 및 운영 연 1회 실시(100% 달성), 총 5명 위촉 • 이혼위기가정 전문상담사 평가회의 연 3회 실시(100% 달성), 총 13명 참석 • 이혼위기가정 전문상담사 역량강화교육 연 2회 실시(100% 달성), 총 10명 참석 • 부모교육 및 자녀상담 총 155회 실시(100% 달성), 총 234명 참여 / 문화프로그램 총 3회 실시(100% 달성), 총 24명 참석
사업성과	• 부모교육을 통해 이혼 갈등이나 과정 중의 부모들이 자녀의 복리를 최우선으로 고려해야 한다는 것을 인지하고, 자녀양육에 관한 건강한 태도와 지식을 습득하는 기회를 마련하였다. • 개인상담 및 가족과의 다양한 활동을 통해, 부모의 갈등으로 인한 자녀의 불안과 스트레스를 완화하고, 부모–자녀 간의 친밀감을 향상할 기회를 마련하였다. • 건강한 가족가치관 및 부모역할에 대한 사회적 관심을 높여 가족친화적인 경상남도를 조성하는 데 기여하였다. • 2021년, 코로나19 사태가 지속될 것을 대비하고, 이동거리 등의 이유로 비대면 상담을 원하는 이용자 욕구를 반영해, 전화·화상 상담을 병행하고자 하였다. • 2020년에는 10월 중에 문화 프로그램을 시행했으나, 2021년에는 2/4분기, 3/4분기, 4/4분기로 회기를 분산해, 프로그램의 후속 상담에 가족별로 참여할 수 있도록 기회를 마련하고자 하였다.

(7) 프로그램 예시 7

"이혼위기가정 가족기능강화지원사업"(비대면과 대면 결합)

사상구 건강가정·다문화가족지원센터

항목	내용
영역구분	다양한 가족 통합지원(가족관계)
사업목적 및 목표	가정내 이중언어 사용 활성화를 통해 다문화자녀의 정체성을 확립하고 글로벌 인재로 성장할 수 있도록 지원하며 가족구성원의 긍정적인 태도의 변화 등 가정내 소통증진 및 친밀감을 도모한다.
사업일시	2020.4.~12. / 60회
사업장소	센터교육실, 다문화나눔터, 대상가정 등
사업대상	영유아·미취학 자녀를 둔 다문화 가족 및 예비부모

사업내용	구분	그룹	일시	장소	세부내용	비고
	부모 코칭	1	8.20.(목) 10:00~14:00	대상가정	• 이중언어에 대한 이해 증진·마음열기 • 부모되기의 교육과 이중언어 환경에서 부모의 역할 • 나만의 오르골 만들기	비대면 (카카오톡)
		2	8.21.(금) 10:00~14:00	대상가정	• 사례를 통한 이중언어교육의 효과 및 개선방안 • 영유아기 이중언어교육	비대면 (카카오톡)
		3	11.5.(목) 10:00~14:00	다문화나눔터	• 이중언어에 대한 이해 증진·마음열기 • 보석십자수 액자 만들기	대면
		4	11.7.(토) 10:00~14:00	다문화나눔터	• 이중언어에 대한 이해 증진·마음열기 • 보석십자수 액자 만들기	대면
		5	11.14.(토) 9:30~13:30	다문화나눔터	• 사례를 통한 이중언어교육의 효과 및 개선방안 • 크리스마스액자, 간식 도시락 만들기	대면
	부모 – 자녀 상호 작용 프로 그램	1	4.13.(월)~5.13.(수)	대상가정	• 이중언어 부모–자녀 상호작용 모종심기	대면
		2	6.1.(월)~6.24.(수) 10:00~12:30	대상가정	• 이중언어 부모–자녀 상호작용 교육 • 장난감 만들기(김밥, 양초, 조명등 등)	비대면 (카카오톡)
		3	7.20.(월)~8.5.(수) 10:00~12:30	대상가정	• 이중언어 부모–자녀 상호작용 교육 • 영아용품 만들기(산모수첩, 모빌, 아기 크로스백)	비대면 (유튜브)
		4	8.8.(토)~8.30.(일) 10:00~12:30	대상가정	• 이중언어교육(미술활동)	비대면 (카카오톡)
		5	9.26.(토)~10.18.(일) 10:00~12:30	대상가정	• 손유희 배우기 • 엄마와 만들기 활동 • 엄마나라 말 배우기(교재 배부)	비대면 (카카오톡
		6	10.12.(월)~12.14.(월) 10:00~12:00	대상가정	• 이중언어교육(펜드로잉)	비대면 (Zoom)

계속

생생한 사례로 살펴보는 건강가정론

항목	내용					
	구분	그룹	일시	장소	세부내용	비고
사업내용	이중언어활용프로그램	1	4.13.(월)~5.13(목)	대상가정	• 엄마나라 '손씻기' 율동 배우기	비대면 (카카오톡)
		2	9.20.(일) 10:00~14:00	대상가정	• 베트남 추석문화 체험하기	비대면 (카카오톡)
		3	11.21.(토) 13:00~17:00	센터교육실	• 중국음식 만들기	대면
		4	12.12.(토) 10:00~14:00	대상가정	• 크리스마스용품 만들기	비대면 (카카오톡)
		5	12.19.(토) 10:00~14:00	대상가정	• 크리스마스트리용품 만들기	비대면 (카카오톡)
추진실적	• 부모코칭 : 총 5회기(20시간), 만족도 3.76점(4.0점 만점) • 부모-자녀 상호작용 프로그램 : 총 50회기(120시간), 만족도 3.83점(4.0점 만점) • 이중언어활용 프로그램 : 총 5회기(20시간), 만족도 3.84점(4.0점 만점)					
사업성과	• 코로나19 확산 방지 및 예방을 위해 온라인 비대면 교육으로 진행하였으며 사회적 거리두기단계에 따라 대면교육도 병행하였다. 양방향 화상교육, 동영상 및 만들기 키트 등을 제공하여 가정에서 안전하게 참여할 수 있었으며, 특히 한국어가 월활하지 않은 참여자도 혼자 복습할 수 있었다. • 부모코칭을 통해 이중언어발달에 대한 기초 지식을 가지고 언어발달 촉진을 위한 환경 조성방안을 알아볼 수 있었고, 가족구성원과 함께 활동함으로써 이중언어교육에 대한 편견 및 오해가 해소되어 참여자들이 긍정적인 이중언어교육 태도를 가졌다. • 이중언어환경의 중요성을 인식시키고 이중언어교육에 대한 인식을 개선함으로써 다문화 가족 자녀의 건강한 성장을 지원하고 다문화 가족으로서의 자긍심을 제고할 수 있었다. • 코로나19로 인해 외부로 나가기 힘든 부모와 자녀들이 비대면 프로그램에 참여함으로써 가족 간 사랑을 느끼고 엄마와 함께 집에서 노는 시간이 길어짐에 따라 놀이로 자연스럽게 엄마나라말을 습득함으로써 사업의 효과가 높은 것으로 보였다. 또한, 외부기관과 연계하여 미술활동을 제공하여 자신과 타인의 삶과 의사소통 방식이 가지는 차이와 고유성을 발견할 수 있도록 함으로써 참여자의 호응도 및 만족도를 높였다.					
향후 과제	• 사업의 다양성을 위한 외부기관(도서관, 아세안문화원 등)과 연계가 필요하다. • 이중언어활용 프로그램을 통한 각 나라별 이중언어 공동체 형성이 필요하다.					

〈어쩌다 아빠〉 프로그램(도미향 외, 2019)은 '아빠와 자녀가 함께 하는 가족통합 프로그램'으로 사업목적, 사업목표, 사업대상, 기대 효과 등의 내용이 생략되어 있는 '가족에게 보내는 안내문'입니다.

본 장에서 소개된 "오, 아빠 : 오늘은 아빠랑 노는 날" 등 다양한 프로그램들에서 제시되어 있는 사업목적 및 목표, 사업내용, 일시, 사업(기대) 효과 등의 내용을 참조하여 작성해보세요. 그리고, 내가 프로그램을 계획한다면 어떠한 것을, 왜 바꾸어보고 싶은지(목적, 목표, 대상, 기간, 효과) 등에 대해서도 생각하여 작성해 보시기 바랍니다. 프로그램의 계획에 대해서 생각해 볼 수 있는 좋은 기회가 될 것입니다.

"어쩌다 아빠"

경남 진주시건강가정지원센터
(가족 교육 · 돌봄 · 문화 사업)

1. 행사일시 : 2017년 8월 19일 토요일(10:00~15:00)
 * 신청기간 : 2017년 7월 18일(화)~ 8월 11일(금) (선착순, 신규 우대)
2. 장소 : 전주시건강가정지원센터 2층 강당
3. 대상 : 전주시에 주소를 둔 초등학생 자녀와 아버지 15쌍(30명)
4. 참가비 : 무료
5. 내용

시간	내용	비고
09:50~10:00	등록 및 접수	
10:00~12:00	• 아빠 교육 : 내 아이를 위한 아빠 코칭(소통의 기술) • 자녀 돌봄 : 쿠키클레이(다양한 쿠키 만들기)	강사 • 교육-여○○ • 쿠키-박○○
12:00~13:00	중식	
13:00~15:00	DIY 가구 및 선반 만들기(아빠 & 자녀)	
15:00~15:30	만족도 조사 및 마무리	

조별 구성원들이 가족센터 홈페이지(www.familynet.or.kr)에서 가족돌봄과 관련하여 다양한 프로그램들이 무엇이 있는지 찾아봅시다(가족센터-참여마당-프로그램안내에서, 가족돌봄/교육/상담/문화/지역사회연계 등 분류를 찾아보시면 도움이 됩니다). 2인 1조로 나누어 다양한 지역에서 어떤 프로그램이 진행되고 있는지 조사하여 보고, 원하는 목적이나 분야에 맞는 프로그램을 계획해봅시다.

※ 학술연구정보서비스(www.riss4u.net)에 들어가서 건강가정지원센터나 가족돌봄 등의 키워드를 입력하여 관련된 다양한 프로그램에 관한 논문을 찾아보아도 도움이 됩니다.

9.3 　건강가정사의 정의, 역할 및 윤리

1) 건강가정사의 정의

'건강가정사'란 누구인가? 건강가정사는 「건강가정기본법」에 근거하여 건강가정사업을 수행하기 위하여 관련분야에 대한 학식과 경험을 가진 전문가를 말한다. 보통 건강가정사의 자격 취득을 위해 대학 또는 이와 동등 이상의 학교에서 사회복지학, 가정학, 여성학 등 관련 교과목을 이수한다(「건강가정기본법」 제35조 제2, 3항).

이 자격을 취득한 후 건강가정사들은 현장에서 다음과 같은 업무를 수행한다.

건강가정사들의 일과 진로

- 건강가정사는 '건강가정지원센터(가족센터)'에 취업 가능

- 가정문제의 예방 · 상담 및 개선
- 건강가정의 유지를 위한 프로그램 개발
- 건강가정 실현을 위한 교육(민주적이고 양성평등적인 가족관계 교육 포함)
- 가정생활문화운동의 전개
- 가정 관련 정보 및 자료 제공
- 가정에 대한 방문 및 실태 파악
- 아동보호전문기관 등 지역사회자원과의 연계
- 그 밖에 건강가정사업과 관련하여 여성가족부장관이 정하는 활동

2) 건강가정사의 역할

건강가정사는 복지 관련 현장에서 어떠한 일을 수행하는가? 센터의 위치와 조직에 따라 역할이 상이하겠으나, 대체로 상담자 역할, 가족생활교육자 역할, 가족문화사업 실천자 역할, 프로그램 개발자 역할, 정보제공자 역할, 가족실태조사자 역할, 지역사회 네트워크 연계자 역할, 센터 운영자의 역할 등 총 8가지로 나누어볼 수 있다.

(1) 상담사 역할

건강가정사는 가족에서 발생하는 제반 여러 문제에 대하여 전문적인 상담서비스를 제공한다. 예컨대, 가정생활 전반에 걸친 어려움 해결 및 가족구성원 간의 관계 증진을 위한 일을 할 수 있다. 또는 이혼문제에 대한 상담이나 이혼숙려제 등의 도입으로 건강가정사의 상담자 역할이 확대될 것으로 예상되고 있다. 구체적으로 상담의 종류로는 개인상담, 가족상담, 전화상담, 사이버상담, 심리검사 및 평가, 집단상담 등 기관에 따라 여러 형태로 진행될 수 있다.

(2) 가족생활교육자 역할

건강가정사는 문제가 있는 가정뿐 아니라 일반 가정의 기능 강화와 삶의 질 향상을 위한 가족문제 예방교육을 실시한다. 이는 예방적 차원의 접근으로 문제가 발생한 이후 치료적 접근보다 시간과 예산을 절감할 수 있다는 점에서 매우 중요하다. 구체적인 프로그램으로는 군인가족 프로그램, 예비부부-결혼 준비교육 프로그램, 신혼기 부

부 적응교육, 청소년기 자녀를 둔 부모교육, 중년기 부부관계 향상 교육, 노후준비교육 등 생애주기별로 다양한 프로그램이 있다. 이를 통해 가족생활 발달 과정 단계마다 예상되는 어려움에 미리 대비할 수 있다.

아울러 건강가정사는 가족생활교육의 강사, 프로그램 진행자, 각 회기별 참여자를 관리하는 역할도 수행한다.

(3) 가족문화사업 실천자 역할

가족문화사업은 단순한 휴식, 놀이를 넘어서는 것으로 건강한 가정생활문화를 고취하기 위해 다양한 가족문화사업의 프로그램을 기획, 홍보, 참여를 주도하는 역할이다. 예를 들어, 양성평등한 명절문화 만들기, 가족단위 자원봉사활동, 가족사랑 걷기대회 등이 있다.

(4) 프로그램 개발자 역할

가족구성원 개개인의 욕구와 생활공동체로서의 가정이 추구하는 욕구를 분석하여 시대 상황에 맞는 프로그램을 끊임없이 개발하는 역할을 수행한다.

(5) 정보제공자 역할

위기가정이나 요보호가정 등의 회복을 위한 정보 제공, 일반가정을 대상으로 가정생활의 질적 향상을 위해 필요한 정보 제공 및 가정기능 강화를 위한 상담과 교육에 필요한 종합적 정보 데이터망을 구축할 필요가 있다. 아울러 지역사회 주민들이 언제든지 이용할 새로운 정보를 계속 업데이트하며, 인터넷상의 게시판 등에 이용자가 올리는 질문사항을 수시로 점검할 필요가 있다.

(6) 가족실태조사자 역할

국가와 지방자치단체는 사회적으로 건강가정을 구현하고 가정문제를 예방하는 데 교육, 연구 및 프로그램 개발과 관련하여 필요한 욕구와 수요를 파악하기 위하여 5년마다 가족실태조사(「건강가정기본법」 제20조)를 하도록 규정하고 있다. 실태조사 결과는 건강가정사업의 정책방향을 설정하는 근거자료로서 활용되어야 할 것이다.

(7) 지역사회 네트워크 연계자 역할

위기가정의 보호 및 가정기능 강화를 위해 활용할 수 있는 지역사회의 전문기관(가정폭력 상담소, 성폭력 상담소, 사회복지관 등) 연계 및 유사한 상황에 처한 가정 간의 연계 및 교류를 위한 네트워크를 구축할 필요가 있다. 필요에 따라 지역사회 자원을 효과적으로 활용할 수 있도록 도움을 주는 역할을 해야 한다. 아울러 한부모 가족, 조손 가족, 장애아 가족 등 연계 자조집단 형성에 도움을 줄 수도 있다.

(8) 센터 운영자의 역할

센터의 예산계획 수립 조정 및 제반규정 등을 제공 총괄한다. 인사위원회나 자문위원회 등을 운영하며, 센터의 내부회의(직원회의 등)를 주관한다. 그리고 센터협력기관(중앙건강가정 지원센터, 여성가족부, 지방자치단체, 위탁법인 등)과의 협조가 원활히 이루어지도록 하고 각종 외부회의에 참석하는 등의 대외적인 활동을 수행한다.

3) 건강가정사의 윤리적 책임

건강가정사업 수행 과정에서 건강가정사는 다양한 개인적 가치관을 가진 개인과 가정을 만난다. 연령, 성별, 계층별 차이 등 다양한 표준 등으로 건강가정사가 윤리적 갈등을 경험할 수 있다. 즉, 무엇을 해야 하며, 무엇은 주의해야 하는지를 명확하게 알려주는 표준이 필요하다. 따라서 지침으로 삼아야 할 윤리강령이 필요하다. 그러나 아직 건강가정사 윤리강령은 제정되어 있지 않기 때문에, 미국의 가정생활전문가를 위한 윤리강령(Bredehoft, 2003; 도미향 외, 2019 재인용)을 제시하고자 한다.

윤리강령과 지침의 제정목적은 다음과 같다. 첫째, 건강가정사들이 좀 더 전문적으로 행동할 수 있도록 격려하는 데 활용될 수 있다. 둘째, 복잡하고 결정을 내리기 어려운 사안에 관해 건강가정사들이 대처할 수 있는 지침을 제공할 수 있다.

'가정생활전문가'를 위한 윤리강령과 지침은 강제력을 지닌 법적 의미보다는 교육적 의미를 확장시킨다는 전제로 만들어졌다. 이 지침들은 가정생활전문가가 현장에서 만날 수 있는 새로운 주제에 민감하게 적용될 수 있도록 만들어졌다. 따라서 이 윤리강령과 지침들은 시대적 관심사가 반영되어야 하는 만큼 언제든 합의에 의해 수정이 가능하다.

Q1 건강가정사가 현장에서 자신의 역량을 최대한 발휘하기 위해 어떠한 자질을 갖추어야 한다고 생각하나요? 세 가지를 찾아 논의해봅시다.

Q2 한 가족은 가족여가로 고민입니다. 초등학생 딸과 사춘기에 접어든 아들은 부모와 의견이 맞지 않습니다. 문화기행을 원하는 부모는 역사지로 여행 가기를 원하지만, 사춘기에 접어든 아들은 혼자 집에 있기를 원하고 초등학생 딸은 놀이기구가 많은 장소를 원합니다. 이 때문에 가족센터를 방문하여 조언을 구하는데, 만약 당신이 이들을 맞이한 건강가정사라면 어떻게 여가계획에 도움을 줄 수 있을까요?

Q3 건강가정사가 이혼 후 부–자 가족으로 살아가는 가족을 위해 지역사회 네트워크 연계자의 역할을 전문적으로 수행한다면 구체적으로 어떠한 임무를 수행할 수 있나요?

브레드호프트(Bredehoft)의 가정생활전문가를 위한 윤리강령

- 인간의 존엄성에 민감해야 하고, 남을 이용하는 모든 형태를 피해야 한다.

- 성, 성적 경향, 나이, 결혼 상태, 인종, 종교, 국적, 능력 또는 사회·경제적 지위에 따라 비윤리적으로 차별적이어서는 안 된다.

- 내담자들에게 영향을 주려고 시도할 때도 강제나 조작과 같은 방법들을 사용해서는 안 된다.

- 전문가로서의 역할과 친밀한 사적 관계들을 분리해야 한다. 즉, 내담자 혹은 다른 대상들과 타당치 않은 사적 관계들을 발전시키지 않아야 한다.

- 이중적이고 다양한 역할상황들에 대해 민감해야 하고, 윤리적이어야 한다. 예를 들어, 자신의 자녀들이 등록된 수업을 가르칠 수도 있고, 워크숍에서 자신이 평가해야 하는 직장동료들을 만날 수도 있다.

- 전문적 역할 수행에서 비밀을 보장해야 한다. 예를 들어, 어떤 사람에 대한 정보를 공유하고 있다면 그 사람에 관한 정보를 보호해야 한다. 이러한 비밀보장을 지키기 위해 정보는 변형되거나, 복합적인 경우들로 만들어지거나 요약되기도 한다.

- 만약 아동학대 또는 극심한 해를 끼칠 가능성이 있을 정보들이 있는 보고서를 작성해야 한다면, 그에 관련되는 사람들의 권리들을 보호하기 위해 보고서 작성 전 개인에게 그 사실을 알려주어야 한다.

- 직업상 또는 개별 접촉하게 되는 모든 대상들을 성적으로 괴롭히는 것은 피해야 한다. 성희롱이란 환영받지 못하는 친밀한 성적 접근과 요구, 고용의 상태에서 어떤 유익 또는 서비스를 제공받기 위한 성적 행위, 타당치 못한 목적을 위한 개인적인 학습 또는 작업, 그리고 협박하고, 적대하는 불량한 작업 환경을 의미한다.

- 학회나 조직에 소속되어 있는 경우, 그 학회나 조직의 역할전문 지침서들을 동시에 이용하여야 한다. 예를 들면, 가족치료사들은 미국결혼가족치료협회의 윤리적 지침서들을 사용해야 한다.

이러한 건강가정사는 다음과 같은 윤리강령을 숙지할 필요가 있다(도미향, 2019).

건강가정사가 지켜야 할 윤리

- 건강가정사는 전문가로서의 책임감을 갖고 직무에 임한다(성실성).

- 건강가정사는 전문가로서의 자질을 유지하기 위해 전문지식과 기술을 향상시키는 데 최선을 다해야 한다.

- 건강가정사는 직무상 취득한 정보를 이용하여 부당한 영리를 취하지 않는다.

- 건강가정사는 이용자의 사생활을 최대한 존중한다.

- 건강가정사는 팀워크를 해치는 행동을 하지 않으며, 동료 간에 존중과 신뢰로 대한다.
- 건강가정사는 동료나 가족센터 또는 단체의 비윤리적 행동에 대해서는 공식적인 절차로 대처한다.
- 건강가정사는 소속기관의 권익보호에 힘쓰며, 기타 유관기관과 협조관계를 유지한다.
- 건강가정사는 가족복지 전문가로서 인간의 존엄성에 민감해야 하며, 대상자를 이용하는 모든 행동을 피해야 한다.

위 내용을 종합하면, 건강가정사의 윤리강령은 크게 세 가지로 나누어 볼 수 있다. 첫째, 개인적 차원에서 건강가정사로서의 품위와 자질을 지키기 위해 노력해야 한다. 둘째, 전문성 개발을 위해 꾸준히 노력해야 한다. 마지막으로 업무와 관련하여 정당하지 않은 방법으로 경제적 이득을 취해서는 안 된다.

그리고 사회적 차원에서 살펴보면, 첫째, 클라이언트의 권익 보호와 추구를 최우선 가치로 삼고, 둘째, 동료 건강가정사를 존중하고 신뢰하는 자세로 협력한다. 그리고 마지막으로, 사회적 약자를 보호하고, 대변하며 사회정의를 실천하기 위해 노력하는 것이 필요하다.

조직적 차원에서는 기관의 사업목표 달성을 위해 노력한다. 또한 기관의 부당한 정책이나 요구에 대해 전문가로서 적절히 대응하며 필요시 윤리위원회에 보고해야 한다.

구체적으로 다음 사례들을 통해 당신이 건강가정사라면 어떻게 대처할지 논의해 보자.

건강가정사업 수행 과정에서 건강가정사는 다양한 개인적 가치관을 가진 개인과 가정을 만난다. 연령, 성별, 계층별 차이 등 다양한 표준 등으로 건강가정사가 윤리적 갈등을 경험할 수 있다. 이에 현장에서는 예측하지 못한 여러 상황이 발생하며 교과서적인 윤리와 원칙에 관해 딜레마를 겪거나, 고민이 됨에도 같은 직장 내 동료나 선후배에게 말하지 못하는 일이 발생할 수도 있다. 그럼에도 불구하고, 우리는 건강가정사로서의 윤리와 사명감을 지켜나가며 정직과 성실함을 벗어날 수 없으므로, 무엇보다 '곤란한 상황'이 발생하였을 때 선후배에게 조언을 구하고 자신만의 윤리적 철학을 되짚어보는 등 진지한 노력의 과정이 중요하다.

Q1 건강가정사 A씨는 가족센터를 방문한 한 초등학생 여자아이(15세)를 만났습니다. 그녀는 가족센터에서 상담받기를 원하였습니다. 면담을 마친 후, 그녀의 부모는 이혼했으며 기초생활수급자임을 알게 되었습니다. 아버지와 단둘이 지내는 날이 많았습니다. 아버지는 직업이 없었고 술에 취해 지내는 일이 대부분이었습니다. A씨는 학생의 이야기를 경청하며 공감해주었습니다. 자신의 괴로움이 받아들여지자, 아이는 점차 자신의 깊은 이야기를 해나갔고 아버지에게 자주 폭력을 당한 사실을 알게 되었습니다. 건강가정사는 아이의 아버지를 아동보호전문기관이나 수사기관에 아동학대로 신고해야 할까요? 아니면 상담의 비밀보장을 지켜야 할까요?

Q2 만약 아이가 건강가정사의 신고를 꺼린다면, 혹은 반대한다면 어떠한 결정을 내릴 것인가요?

9.4   건강가정사의 직무와 자격

건강가정사는 「건강가정기본법」이 지향하는 철학과 이념의 실천가로, 건강가정사업의 전달체계를 운영하고 전달하는 업무를 담당하는 사람이다(강유진·차승은, 2013). 건강가정사는 국민과 국가 및 지방자치단체의 유기적인 연계를 인식하고 가족구성원의 복지를 증진시킬 수 있는 지원책을 실천하는 데 전문가적 자질을 발휘해야 하는 사람이라고 할 수 있다(유영준 외, 2020).

Q1　23세 A씨(여성)는 가족센터 실습생입니다. 그녀의 수퍼바이저(남성, 28세)는 여러 활동을 함께 하며 A씨의 집안환경에 관해서도 알게 되었고, 두 사람은 갈수록 이야기가 잘 통하고 친밀해졌습니다. A씨는 수퍼바이저를 신뢰하고 의존하며 서로 '좋은 책'을 선물해주기도 하는 등 감사의 표현을 하곤 하였습니다. 이후, A씨는 자신을 지지해주는 수퍼바이저를 점점 이성적으로 느끼기 시작하였고, 수퍼바이저는 종종 불편한 감정을 겪기 시작했습니다. A씨는 업무 외에 사적으로 커피를 마시거나 식사할 것을 자주 요청하였습니다. 당신이 A씨라면 둘의 관계를 어떻게 만들어가겠나요? 그 이유는 무엇인가요?

Q2　당신이 수퍼바이저라면 이러한 상황을 어떻게 대처해나갈 것인가요?

1) 건강가정사의 직무

건강가정사는 전국 시도 및 시군구 건강가정지원센터에서 다음(유영준 외, 2020)과 같은 업무를 담당한다. 「건강가정기본법 시행령」 제4조에서 제시하는 건강가정사의 업무를 살펴보자.

(1) 가정문제의 예방·상담 및 개선

가족구성원 간에 발생하는 소통의 어려움 등 가정 내에서 발생하는 고민을 논의하고, 예방 및 상담을 통해서 현재의 상황을 인식하고 어려움을 해소하기 위한 개선방안을 모색하는 업무를 담당한다. 가족단위의 예방과 상담, 해결을 위한 프로그램 개발 및 운영을 위한 업무가 해당된다.

(2) 건강가정의 유지를 위한 프로그램의 개발

가족구성원의 욕구가 충족되면서 인간다운 삶이 보장될 수 있도록 가족단위를 위한 프로그램 개발 및 운영에 관한 업무를 담당한다.

(3) 건강가정 실현을 위한 교육

민주적이고 양성(兩性) 평등적인 가족관계 교육을 포함한다. 부부 및 세대 간의 갈등과 같이 가족구성원 간의 갈등을 예방하고 민주적이고 양성평등한 가족관계를 증진시킬 수 있도록 하기 위한 업무를 담당하는 것이다. 부모교육, 가족상담, 평등가족 홍보 등 다양한 가족지원 및 교육서비스 업무가 해당된다.

(4) 가정생활문화운동의 전개

아이들은 가정을 통해서 가정의 생활문화를 경험하면서 사회가 갖고 있는 문화를 학습하게 된다. 따라서 건강가정사는 가족의 여가문화, 양성평등 가족문화, 건강한 의식주 생활문화, 합리적인 소비문화, 가족단위 자원봉사활동, 지역사회공동체 문화의 형성과 같은 건강한 가정생활문화를 형성하는 것과 관련된 업무를 담당한다.

(5) 가정 관련 정보 및 자료 제공

가족생활주기에 따른 발달 과업을 잘 수행하여 다음 단계의 가족으로 변화하는 데 어려움이 발생하지 않도록 부부교육, 아동양육방법, 아동 및 청소년기의 발달특성, 부모-자녀의 관계와 소통에 관한 교육 등 가정 관련 정보와 자료를 제공한다. 제공받은 가정 관련 정보 및 자료를 통해서 가족구성원이 서로를 이해할 수 있도록 돕고 서로 지지할 수 있는 기반이 되도록 하는 것이다.

(6) 가정에 대한 방문 및 실태 파악

지역사회 내에 있는 가정을 방문하여 가정 내에 있는 고민이나 어려움을 찾아내어 문제를 예방하고 가족구성원이 주체가 되어 문제를 해결할 수 있도록 돕는 것이다. 또한, 가족구성원을 대상으로 실태조사를 실시하여 가정문제를 이해하고 전문화된 서비스를 제공하기 위해 노력하는 업무 등을 수행한다.

(7) 아동보호전문기관 등 지역사회자원과의 연계

가족구성원 간에 발생되는 부부간 갈등(가정폭력, 성폭력, 부부싸움 등), 아동학대, 노인학대 등에 대해서 지역사회 전문기관과 연계하여 문제를 해결한다. 지역사회 네트워크를 통한 안전망이 형성될 수 있도록 하는 업무가 해당된다.

(8) 그 밖에 건강가정사업과 관련하여 여성가족부장관이 정하는 활동

건강한 가정을 만들기 위하여 위의 일곱 가지 이외의 건강가정사업에 관심을 갖고, 지역사회와 지역주민의 특성을 고려한 건강가정지원센터의 특성화 사업 및 운영을 위한 업무를 담당한다.

2) 건강가정사의 자격

(1) 건강가정사의 자격기준

「건강가정기본법」 제35조 제3항에 의하면 건강가정사의 자격기준은 '대학 또는 이와 동등한 학교에서 사회복지학·가정학·여성학 등 여성가족부령이 정하는 관련 교과목을 이수하고 졸업한 자'로 명시하고, 건강가정사의 자격과 직무에 관해 필요한 사항은 대통령령으로 정하도록 하고 있다(동법 제35조 4항).

(2) 건강가정사의 이수 교과목

대학에서 건강가정사가 되기 위해 이수하여야 하는 관련 교과목에는 12과목(핵심 과목 5과목, 기초이론 4과목, 상담·교육 등 실제 3과목)이 있으며, 36학점을 이수하면 자격을 취득할 수 있다. 대학원에서 관련 교과목을 이수하는 경우, 건강가정사 이수 교과목 중 8과목(핵심 과목 4과목, 기초이론 2과목, 상담·교육 등 실제 2과목) 이상 24학점을 이수하면 자격증을 취득할 수 있다. 다만, 핵심 과목 1/2, 관련 과목 1/2의 범위 내에서 대학 또는 이와 동등 이상의 학교에서 이수한 교과목도 대학원에서 이수한 것으로 본다.

구분		교과목
핵심 과목		건강가정론, (건강)가정(족)정책론, 가족상담(및 치료), 가정(족)생활교육, 가족복지론, 가족과 젠더, 가족(정)과 문화, 건강가정 현장실습, 여성과 (현대)사회, 비영리기관 운영관리 중 **5과목 이상**
관련 과목	기초이론	가족학, 가족관계(학), 가족법, 아동학, 보육학, 아동(청소년)복지론, 노년학, 노인복지론, 인간발달, 인간행동과 사회환경, 가족(정)(자원)관리, 가계경제, 가사노동론, 여가관리론, 주거학, 생애주기영양학, 여성복지(론), 여성주의이론, 정신건강(정신보건사회복지)론, 장애인복지론, 가정생활복지론, 상담이론, 자원봉사론, 성과 사랑, 법여성학, 여성과 문화, 일과 가족(정), 사회복지(개)론 중 **4과목 이상**
	상담·교육 등 실제	생활설계상담, 아동상담, 영양상담 및 교육, 소비자 상담, 주거상담, 부모교육, 부부교육, 소비자교육, 가정생활과 정보, 가계재무관리, 주택관리, 의생활관리, 지역사회 영양학, 프로그램 개발과 평가, 사회복지실천기술론, 지역사회복지론, 연구(조사)방법론, 부부상담, 집단상담, 가족(정)과 지역사회, 여성과 교육, 여성과 리더십, 여성주의 상담, 사회복지실천론, 위기개입론, 사례관리론 중 **3과목 이상**

(3) 동일 교과목으로 인정되는 교과목

〈표 9.11〉 동일 교과목으로 인정되는 교과목

영역	관련 교과목	동일 교과 인정 교과목
핵심 과목	가정(족)생활교육	가족생활교육프로그램, 가족생활교육 및 실습
	가족과 문화	한국가정(족)생활문화, 한국가정(족)생활사, 가족(정)생활문화
	가족과 젠더	(여)성과 가족
	가족복지론	가족복지 및 정책
	가족상담(및 치료)	가족치료, 가족상담(이론) 및 실습(연습), 가족치료(및 실습), 가족상담 및 가족치료
	비영리기관 운영관리	공공가정경영, 사회복지행정론
	여성과 (현대)사회	여성학(기초), 여성학의 이해
기초이론	가계경제	가정경제학
	노년학	노인학
	보육학	보육학개(특)론
	상담이론	상담심리학, 상담(의) 이론과(및) 실제
	가족(정) (자원)관리	가정경영(원)론
	아동학	아동발달
	여성주의 이론	여성학 이론
	인간발달	발달심리

계속

생생한 사례로 살펴보는 건강가정론

영역	관련 교과목	동일 교과 인정 교과목
상담·교육 등 실제	부부상담	부부치료, 부부문제와 상담
	연구(조사)방법론	사회복지조사론, 여성학방법론, (아동가족)연구방법론, 상담연구방법론, 연구 및 조사방법, 생활과학연구법, 사회조사방법론, 가정(관리)학연구법
	여성주의 상담	(한국)여성상담(실습)
	영양상담 및 교육	영양교육 및 상담

동일 교과목 인정신청이란 건강가정사 자격 취득을 위해 자신이 이수한 교과목이 「건강가정기본법」에서 제시하는 교과목과 동일한 교과목인지 판단하기 어려운 경우 여성가족부 신청절차에 따라 일정 양식을 통해 인정 가능 여부 심의를 요청하는 것을 의미한다. 동일 교과목 인정신청 및 민원 안내처는 여성가족부의 가족정책과 등에 전화로 문의할 수 있다.

(4) 건강가정사 자격 취득방법

건강가정사 자격 취득은 국가에서 별도로 정한 인증시험 또는 국가공인시험과 인증서, 자격증 취득에 관한 발급절차가 없다. 즉, 「건강가정기본법」에서 규정하는 관련 교과목을 이수하고 이를 증명할 수 있는 성적증명서와 졸업증명서를 해당 기관에 제출하면 건강가정사로서의 자격을 인정받는다.

(5) 교과목 이수 인정 가능 대학 범위

「건강가정기본법」에 의해 건강가정사 관련 교과목을 이수한 것으로 인정이 가능한 대학의 범위는 다음과 같다(여성가족부, 2023).

「건강가정기본법」 제35조 제3항에 규정된 "대학 또는 이와 동등 이상의 학교"의 인정범위는 아래와 같다.

① 「고등교육법」 제2조에 명시된 학교

대학, 산업대학, 교육대학, 전문대학, 방송대학 · 통신대학 및 방송통신대학, 기술대학

② 「평생교육법」에 의한 학위 취득자

교육부장관의 인가를 받아 설치한 사내대학, 원격대학(사이버대학)에서 학위 취득자

③ 「독학에 의한 학위 취득에 관한 법률」에 따른 학위 취득자

「독학에 의한 학위 취득에 관한 법률」에 따른 학위 취득자

④ 「학점인정 등에 관한 법률」에 의한 학위취득자

「학점인정 등에 관한 법률」에 의한 학위 취득자로 「학점인정 등에 관한 법률」에 따른 학점은행제를 통해 부분적인 교과목 이수도 가능(이수 교과목수, 이수학점 등 제한 없음)

3) 건강가정사의 현장실습

건강가정 현장실습은 미래의 건강가정사로서 가져야 할 실무능력의 배양과 현장교육 경험을 제공하기 위한 것으로, 학교 교과 과정을 통해서 학습한 이론적 지식을 바탕으로 이론을 실천에 적용하는 구체적인 방법을 습득하는 것이다(여성가족부, 2013).

(1) 건강가정사 현장실습의 의의

건강가정사는 「건강가정기본법」의 시행에 따른 가족서비스 전문인력으로, 개별 가족에게 건강가정서비스를 최종적으로 전달하는 공적서비스 전달체계이다(강유진·차승은, 2013). 건강가정의 철학과 이념에 따라서 개별 가족단위로 가족의 욕구 충족과 건강한 가정을 위한 전문서비스를 제공할 수 있는 역량을 갖추기 위해서 건강가정사의 이론학습과 현장실습은 매우 중요하다.

(2) 건강가정사 현장실습의 목적

건강가정 현장실습의 목적은 대학에서 교과 과정을 통해서 학습한 건강가정 이론을 현장에 적용하는 구체적인 방법을 습득하고 전문적인 지식과 실천능력을 가진 가정 문제 해결의 전문가인 건강가정사를 양성하는 것이다.

(3) 건강가정사 현장실습의 원칙
① 실습지도자의 준수 원칙

건강가정 현장실습을 지도하는 실습지도자는 다음과 같은 원칙을 준수해야 한다.

첫째, 예비 건가가정사가 「건강가정기본법」의 이념과 목적, 철학을 갖고 있는지 점검한다.

둘째, 예비 건강가정사가 세운 실습목적과 실습목표를 얼마나 성취하고 있는지 점

검 및 지도한다.

셋째, 건강가정 현장실습지도자의 지도에 따라 실습참여 여부를 점검한다.

넷째, 영역별 건강가정사의 직무와 역할 이해, 전체적인 그림을 보여줄 수 있도록 실습교육을 진행한다.

다섯째, 건강가정사업에 대해 이해할 수 있도록 돕고, 실무능력에 대한 평가로 강점을 찾으면서 접근할 수 있도록 지지와 격려한다.

여섯째, 건강가정 실천현장의 선배 건강가정사와 관계를 잘 맺고 마무리할 수 있도록 지도한다.

② 예비 건강가정사(실습생)의 준수 원칙

건강가정 현장실습에 참여하고자 하는 예비 건강가정사(실습생)는 다음과 같은 원칙을 준수해야 한다.

첫째, 예비 건강가정사는 건강가정 현장실습의 목적을 어느 정도 성취하고 있는지 점검한다.

둘째, 건강가정 현장실습지도자의 지도에 따라 실습에 잘 참여하고 있는지 점검받으며, 실습 활동현황, 주제별 내용과 결과를 점검한다.

셋째, 건강가정 현장실습에 참여하면서 이해되지 않는 부분이 있다면 실습지도자에게 꼭 문의하여 배울 수 있도록 한다.

넷째, 예비 건강가정사는 건강가정 실천현장에 대한 이해를 위해 적극적인 자세와 태도로 선배 건강가정사와의 관계, 기관서비스 이용 가족과의 관계 등에 관심을 갖고 실습에 임하도록 한다.

다섯째, 예비 건강가정사는 현장실습을 마무리할 때까지 준전문가로 인식하고 책임감 있는 자세로 현장실습에 참여한다.

(4) 건강가정사 현장실습의 주체

① 실습기관

실습기관은 미래의 건강가정사를 양성시키며, 건강가정사업의 질적 향상과 건강가정사업 분야를 발전시키는 매개 역할을 담당한다. 건강가정 현장실습의 실습공간 확보 및 시설을 제공하고, 교육기관과 긴밀한 연락을 유지한다. 실습지도 준비와 실습생 오리엔테이션을 실시하고 건강가정사의 역할모델을 제공하며, 건강가정 실습의 평가와 건강가정사의 전문가적 정체성 형성을 위한 도움을 담당한다.

② 실습지도자

실습지도자는 건강가정 관련 이론적 지식과 경력으로 미래의 건강가정사를 양성시키기 위한 슈퍼비전을 제공한다. 또한 건강가정사의 정체성 확립을 위한 건강가정사업에 대한 이해를 돕고, 건강가정 현장실습생의 욕구와 직무능력에 맞게 실습업무를 경험할 수 있도록 지도한다.

③ 실습생

실습생은 건강가정사 이수 교과목을 이수하여 건강가정 현장실습을 준비하는 자로서, 건강가정사업의 이해를 도모하고 건강가정사업을 운영하는 실습기관을 찾아 예비 건강가정사로 활동한다.

④ 학교(교육기관)

학교는 건강가정을 위한 전문인력 양성의 필요성을 인식하여 건강가정과 관련된 이수 교과목을 개설하고 학생들이 이수할 수 있도록 설명한다. 그리고 건강가정 현장실습에 대한 오리엔테이션 진행, 실습기관과 연계, 행정처리 및 실습 관련 지도를 담당한다.

(5) 실습기관(실습지도자) 및 실습생 자격기준

건강가정사를 양성하기 위한 건강가정 현장실습을 위해서는 실습기관, 실습지도자, 실습생의 자격기준을 살펴보아야 한다(한국건강가정진흥원, 2013).

① 실습기관의 자격기준

실습기관은 「건강가정기본법」 제35조에 의해 건강가정사업을 시행하는 건강가정지원센터로 자격 있는 실습지도자가 있는 기관이어야 한다. 그리고 실습지도자에게 업무 조정 및 인센티브를 줄 수 있는 기관이어야 한다. 지역별 건강가정지원센터는 센터의 상황에 따라 실습생을 모집하여 실습지도자에 의해 실습지도를 진행한다.

② 실습지도자의 자격기준

실습지도자는 건강가정지원센터의 팀장급 이상 또는 가족에 관한 연구 및 실무경력 3년 이상인 자이어야 한다.

③ 실습생의 자격기준

'건강가정현장실습' 과목을 이수하면서 건강가정사 이수 교과목 중 핵심 및 관련 과목을 각각 3과목 이상 이수한 자가 실습받는 것을 권장하지만, 실습지도자의 판단에 따라 재량으로 실습생을 선발할 수 있다.

(6) 건강가정 현장실습 진행절차

건강가정 현장실습은 실습준비단계, 실습단계, 실습종결 및 평가단계로 구분할 수 있다. 각 주체의 단계별 역할을 살펴보면 〈표 9.12〉와 같다(한국건강가정진흥원, 2013).

〈표 9.12〉 건강가정 현장실습의 주체별 역할

구분	실습기관	실습지도자	실습생	교육기관
실습준비 단계	• 실습 경고 • 실습행정 처리 • 실습환경 조성	• 실습지도계획 수립	• 실습센터정보검색 • 실습센터 선정 • 실습센터방문, 면접 • 실습 전 학습 • 실습행정처리	• 실습센터 정보제공 • 실습센터 선정 • 실습센터 배정 • 실습행정처리 • 실습오리엔테이션
실습 단계	• 실습 오리엔테이션 • 업무 실시 • 실습지도	• 실습생면담 • 실습생교육 • 실습업무지도	• 실습업무 실시 • 실습과제 수행	• 실습상황 점검
실습종결 및 평가 단계	• 실습행정 처리	• 실습생평가 • 실습지도 평가	• 실습생 자기평가 • 실습보고서 작성	• 실습 교육평가 • 실습생 성적평가

(7) 건강가정 현장실습의 구성과 내용

건강가정 현장실습은 필수업무와 선택업무로 구분된다. 필수업무는 기관 및 지역사회와 서비스 대상에 대한 이해, 실습 일정과 과제에 대한 오리엔테이션, 건강가정지원센터의 행정업무, 프로그램 운영을 위한 보조진행, 실습평가회 등으로 구성된다. 선택업무는 지역사회 조직사업, 지역사회 홍보활동, 프로그램 개발과 평가, 사례관리 및 타기관 방문 등으로 구성된다.

〈표 9.13〉 건강가정지원센터 현장실습의 구성과 내용

구분		내용	과제물
필수	오리엔테이션	• 기관소개 • 지역소개 • 대상집단의 이해 • 실습생의 자세와 역할 • 실습일정과 과제 안내	–
필수	행정업무	• 각종 기안서(공문, 품의서 작성 및 결재 과정 참여) • 기관운영과 관련된 규정 검토 • 사업수행 절차(매 사업별 계획서, 실행서, 만족도 조사, 피드백 등의 절차를 체계화하는 과정 및 관련된 문서 관찰 등)	관련 서식 작성 및 제출
필수	프로그램 보조진행	• 가족생활교육 프로그램 보조진행 • 가족문화 프로그램 보조진행 • 기타 센터의 특화사업 보조진행	프로그램 계획서, 평가서,과정일지, 기타 해당자료
필수	실습평가회	• 과제에 대한 슈퍼비전 • 실습생의 자세 등 전반에 대한 슈퍼비전	실습평가서
선택	선택	• 지역사회 조직사업 : 지역사회 자원 개발, 주민교육, 건강가정 네트워크 구축 • 지역사회 홍보활동 • 프로그램 개발 및 평가 • 사례관리 • 타 기관 방문 및 지역탐방	활동기록서(프로그램계획서, 프로그램 평가서, 사례관리 기록서, 기관 방문 보고서, 지역 탐방 보고서 등)

(8) 건강가정 현장실습의 실습시간

건강가정 현장실습은 방문실습 2학점(64시간) 이상을 포함하도록 교과가 구성되어 있으며, 총 64시간 방문실습 중 48시간 이상은 건강가정지원센터를 통해 실습을 하고 나머지 시간은 가족과 관련한 서비스 제공기관의 실습을 인정한다(여성가족부,

2013). 건강가정 현장실습은 실습생의 실습시기에 따라서 학기 중 실습과 방학 중 실습으로 나눌 수 있다.

① 학기 중 실습

학기 중 실습은 학기 시작부터 종료까지 주 1회 8시간 실습기관에 출석하여 최소 48시간 이상 시행해야 한다.

② 방학 중 실습

방학기간 중 실습은 방학기간 중 1일 8시간 연속된 6일 동안 실습기관에 출석하여 최소 48시간 이상 실습해야 한다.

4) 가족센터, 건강가정지원센터 및 다문화가족지원센터의 직급별 채용 자격요건

가족센터, 건강가정지원센터, 다문화가족지원센터는 「건강가정기본법」 제35조 제2항의 규정에 의한 전문가(이하 "건강가정사"라 한다)를 두어야 하며, 동조 제3항 및 동법 시행규칙 제5조 별표 및 부칙 제2항의 규정에 따라 임용해야 한다.

가족센터, 건강가정지원센터 및 다문화가족지원센터 직급별 채용자격 요건은 다음 〈표 9.14~표 9.16〉과 같다. 통합서비스 운영기관은 기존 건강가정지원센터와 다문화가족지원센터의 종사자 승계를 원칙으로 하고, 신규채용 직원은 건강가정사, 사회복지사 등 센터 종사자 자격기준을 적용하며, 행정 및 일반사무 전담을 위한 운영지원사무원(행정지원인력)을 배치할 수 있다.

(1) 시도 가족센터 및 시군구 가족센터

〈표 9.14〉 시도 가족센터 및 시군구 가족센터 직원 채용 자격요건

직급	자격요건
센터장	• 관련사업 3년 이상 근무경력자(관련학과 석사학위 취득자) • 관련사업 5년 이상 근무경력자(관련학과 학사학위 취득자) • 관련사업 7년 이상 근무경력자 • 시군구가 직영하는 경우 5급 이상 공무원 가능 • 기타 위 각 호에 상당하다고 인정되는 경력을 가진 자

계속

직급	자격요건
부센터장(사무국장, 총괄팀장) ※ 가족센터	※ 가족센터의 경우 센터장 밑에 1인의 부센터장 또는 총괄팀장(사무국장)의 직위를 둘 수 있음(센터의 여건에 따라 자율적으로 운영) • 관련사업 2년 이상 근무경력자(관련학과 석사학위 취득자) • 관련사업 4년 이상 근무경력자(관련학과 학사학위 취득자) • 관련사업 6년 이상 근무경력자 • 시군구가 직영하는 경우 5급 이하 공무원 가능
팀장/팀장 또는 과장	• 관련사업 1년 이상 근무경력자(관련학과 석사학위 취득자) • 관련사업 3년 이상 근무경력자(관련학과 학사학위 취득자) • 건강가정사 또는 사회복지사 자격요건을 갖춘 자로서, 관련사업 3년 이상 근무경력자 • 관련사업 5년 이상 근무경력자 • 시군구가 직영하는 경우 6급 이하 공무원 가능
팀원	• 관련학과 학사학위 이상 소지자(졸업예정자 포함) • 건강가정사 또는 사회복지사 자격요건을 갖춘 자 • 관련사업 2년 이상 근무경력자 • 시군구가 직영하는 경우 7급 이하 공무원 가능
행정인력 등	• 관련사업 2년 이상 근무경력자(고등학교 졸업 또는 이와 같은 수준 이상의 학력이 있다고 다른 법령에서 인정받은 자) • 전산, 회계 관련 자격증 소지자 • 기타 위 각 호에 상당하다고 인정되는 경력을 가진 자

(2) 건강가정지원센터 및 다문화가족지원센터 직원 채용 자격요건

〈표 9.15〉 시도 건강가정지원센터 및 다문화가족지원센터 직원 채용 자격요건

직급	자격요건
센터장	• 관련사업 2년 이상 근무경력자(관련학과 박사학위 취득자) • 관련사업 4년 이상 근무경력자(관련학과 석사학위 취득자) • 관련사업 6년 이상 근무경력자(관련학과 학사학위 취득자) • 관련사업 8년 이상 근무경력자 • 시도가 직영하는 경우 4급 이상 공무원 가능 • 기타 위 각 호에 상당하다고 인정되는 경력을 가진 자
팀장	• 관련사업 1년 이상 근무경력자(관련학과 석사학위 취득자) • 관련사업 3년 이상 근무경력자(관련학과 학사학위 취득자) • 관련사업 5년 이상 근무경력자 • 시도가 직영하는 경우 5급 이하 공무원 가능
팀원	• 관련학과 학사학위 이상 소지자 • 관련사업 2년 이상 근무경력자 • 시도가 직영하는 경우 6급 이하 공무원 가능

계속

생생한 사례로 살펴보는 건강가정론

직급	자격요건
행정인력 등	• 관련사업 2년 이상 근무경력자(고등학교 졸업 또는 이와 같은 수준 이상의 학력이 있다고 다른 법령에서 인정받은 자) • 전산, 회계 관련 자격증 소지자 • 기타 위 각 호에 상당하다고 인정되는 경력을 가진 자

〈표 8.16〉 시군구 건강가정지원센터 및 다문화가족지원센터 직원 채용 자격요건

직급	자격요건
센터장	• 관련사업 2년 이상 근무경력자(관련학과 석사학위 취득자) • 관련사업 4년 이상 근무경력자(관련학과 학사학위 취득자) • 관련사업 6년 이상 근무경력자 • 시군구가 직영하는 경우 5급 이상 공무원 가능 • 기타 위 각 호에 상당하다고 인정되는 경력을 가진 자
팀장	• 관련사업 1년 이상 근무경력자(관련학과 석사학위 취득자) • 관련사업 3년 이상 근무경력자(관련학과 학사학위 취득자) • 관련사업 5년 이상 근무경력자 • 시군구가 직영하는 경우 6급 이하 공무원 가능
팀원	• 관련학과 학사학위 이상 소지자(졸업예정자 포함) • 건강가정사 또는 사회복지사 자격요건을 갖춘 자 • 관련사업 2년 이상 근무경력자 • 시군구가 직영하는 경우 7급 이하 공무원 가능
행정인력 등	• 관련사업 2년 이상 근무경력자(고등학교 졸업 또는 이와 같은 수준 이상의 학력이 있다고 다른 법령에서 인정받은 자) • 전산, 회계 관련 자격증 소지자 • 기타 위 각 호에 상당하다고 인정되는 경력을 가진 자

(3) 다문화가족특성화사업 직원 채용 자격요건

① 방문교육지도사

가) 한국어교육지도사

　㉠ 「국어기본법 시행령」에 따른 한국어 교원 3급 이상 자격 소지자

　㉡ 「국어기본법 시행령」 별표 1의 한국어교원 양성 과정(필수이수시간 120시간) 이수자로서 정부기관 및 시민·사회단체 등에서 이민자 대상 한국어교육 경력 120시간 이상 확인 가능자(시민·사회단체 등이란 수익사업을 하지 않는 비영리법인 및 국가기관 등에 부여하는 고유번호증을 소지한 기관이거나 법인을 말함)

나) 생활지도사

건강가정사·보육교사·교원(유치원교사자격 포함) 자격을 보유한 전문학사학위 이상 소지자

② 다문화가족 사례관리사

관련학과(사회복지학, 상담학, 가족복지학 등 사례관리 관련 학과) 학사학위 이상 소지자 또는 사회복지사 1급 자격증 소지자(사회복지분야 관련 경력자 우대)

③ 다문화가족 자녀언어발달지도사

언어치료학과, 언어병리학과 등 언어발달·촉진학과 전문학사학위 이상 소지자(졸업예정자 포함)로 언어재활사 자격증을 취득한 자

④ 통번역 전담인력

결혼이민자, 한국어능력시험(TOPIK) 4급 이상

⑤ 이중언어코치

결혼이민자, 한국거주기간 2년 이상, 한국어능력시험(TOPIK) 4급 이상

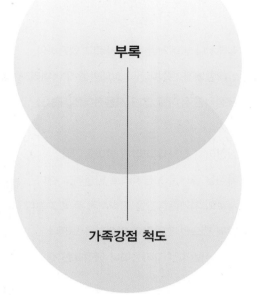

부록

가족강점 척도

※ 우리가족의 강점을 찾아보고자 한다. 다음의 설명을 읽고 문항을 작성한 후, 강점(S)은 몇 개인지, 성장시켜야 할 점(G)은 몇 개인지 세어 보자. 그리고 성장을 위해 노력할 점을 생각해보자. 건강한 가족의 특성은 여섯 가지 범주로 나누어 볼 수 있다.

각 문항의 내용을 자기가족이 가진 '강점(strength)'으로 여긴다면 S자를, 앞으로 더욱 '성장(growth)'시켜 나가야 할 필요가 있다고 여겨지면 G자를 왼쪽 번호 옆에 적는다. 특정 문항의 내용을 자기가족에게 적용시킬 수 없거나 중요하지 않다고 여기면 NA(not applicable)라고 적는다. 영성적 차원은 자신이 믿는 종교를 대입시키면 된다.

평가도구

① 사랑과 애정 표현

1 _____ 우리는 서로 고마움을 표현할 줄 안다.

2 _____ 우리는 서로에게 깊고 진정한 애정을 느낀다.

3 _____ 우리는 서로 심한 비판을 하지 않는다.

4 _____ 우리는 긍정적으로 말한다.

5 _____ 우리는 서로 상대방이 잘한 일을 인정해 준다.

6 _____ 우리는 서로 상대방의 좋은 점을 볼 줄 안다.

7 _____ 우리는 서로 (다이아몬드를 캐듯이) 좋은 점을 찾으려고 애쓴다.

8 _____ 우리는 진지하게 감사나 고마움을 표할 줄 안다.

9 _____ 우리는 집에서나 남에게나 예의 바르고 정중하다.

10 _____ 우리는 상대방에게 빈정대거나 상대방을 깎아내리지 않는다.

11 _____ 우리는 긍정적인 유머를 많이 사용한다(상대방을 당황하게 하거나 상처주는 말이 없는 농담).

12 _____ 우리는 칭찬이나 찬사를 고맙게 받아들인다.

13 _____ 우리는 가정을 즐거운 보금자리로 만들려고 한다.

14 _____ 우리는 서로의 자기존중감을 강화시켜 주려고 한다.

15 _____ 우리는 함께 있으면 편안함과 안정감을 느낀다.

16 _____ 우리 가정의 전반적인 고마움이나 애정표현 정도는 S인가, G인가?

② 헌신

17 _____ 우리 가족은 '항상 함께' 한다.

18 _____ 부부관계를 우리 가족의 핵이라 여기고 성장시키려 한다.

19 _____ 우리 부부는 서로 충실하게 대한다.

20 _____ 우리는 서로를 소중한 사람으로 여기고 서로에게 가치를 부여한다.

21 _____ 우리는 서로를 배려하고 돕는다.

22 _____ 우리는 가족 공통의 목표를 세우며 산다.

23 _____ 우리는 직장을 포함한 바깥 활동보다 가족에게 우선을 둔다.

24 _____ 우리는 서로 정직하다.

25 _____ 우리는 좋은 가족 전통을 만들어 가려고 한다.

26 _____ 우리는 필요할 때 서로 인내할 줄 안다.

27 _____ 우리는 서로 무조건적인 사랑을 한다.

28 _____ 우리는 서로 의지하며 산다.

29 _____ 우리는 가족을 위해 희생할 줄 안다.

30 _____ 가족에 대한 전반적인 헌신의 정도는 S인가, G인가?

③ 긍정적 의사소통

31 _____ 우리는 커뮤니케이션(대화나 토론)하는 시간을 갖는다.

32 _____ 우리는 긍정적인 커뮤니케이션을 한다.

33 _____ 우리는 서로의 말에 귀를 기울인다.

34 _____ 우리는 메시지의 의미를 잘 점검한다(피드백을 보내고 명료화함).

35 _____ 우리는 상대방의 입장에서 보려고 한다(공감하기).

36 _____ 우리는 비판, 판단, 군림을 삼간다.

37 _____ 우리는 정직하고 진실하다(그리고 친절하다).

38 _____ 우리는 의견이 어긋나도 수용한다.

39 _____ 우리는 갈등이 있어도 한 번에 한 가지씩 다룬다.

40 _____ 우리는 갈등이 있을 때 상대방의 인격을 공격하지 않고 구체적인 문제에 초점을 맞춘다.

41 _____ 우리는 갈등을 해결할 때 타협이나 합의를 찾는다(누가 이기고 누가 지는 방법이 아니라).

42 _____ 우리는 상처주는 말이나 행동을 삼간다.

43 _____ 우리는 차이가 있어도 이해하고 수용하려고 한다.

44 _____ 우리 가정의 전반적인 긍정적인 커뮤니케이션의 정도는 S인가, G인가?

④ 함께 시간 보내기

45 _____ 우리는 정기적으로 함께 식사한다.

46 _____ 우리는 집안일을 함께한다.

47 _____ 우리는 집 안에서 함께 즐기는 시간을 갖는다(놀이나 게임).

48 _____ 우리는 가족이 함께 종교활동에 참여한다.

49 _____ 우리는 함께 학교나 사회활동에 참여한다.

50 _____ 우리는 함께 모여 생일이나 기념일을 축하해준다.

51 _____ 우리는 가족 휴가를 갖는다.

52 _____ 우리는 각자의 동료관계를 즐거워한다.

53 _____ 우리는 계획하지 않고도 저절로 즐거운 시간을 가지게 된다.

54 _____ 우리는 서로 함께할 수 있는 시간을 마련한다.

55 _____ 우리가 함께 보내는 시간은 즐겁거나 유익하다.

56 _____ 가족과 함께 보내는 시간의 전반적인 평가는? S인가, G인가?

⑤ 영적 성장

57 _____ 우리는 하느님이 우리 삶에 어떤 목적을 가지고 계심을 믿는다.

58 _____ 우리는 우리 삶을 인도하는 도덕적 신념과 가치가 있다(정직, 책임감).

59 _____ 우리는 인내, 용서, 그리고 분노 표현의 절제와 같은 미덕을 실천한다.

60 _____ 우리는 어려운 시기라도 하느님과의 관계 때문에 내적 평화를 누린다.

61 _____ 우리의 삶은 희망적이고 신뢰할 수 있다고 믿는다.

62 _____ 우리는 하느님이 우리의 가족을 돌보고 인도해 주시리라 믿는다.

63 _____ 우리는 교회라는 가족의 일원임을 믿는다(한 지체임을 믿음).

64 _____ 우리는 성실한 신앙심을 가진 가족이나 친구와 교류한다.

65 _____ 우리는 하느님이 우리 가족을 사랑하고 인도해주심을 고맙게 여긴다.

66 _____ 우리는 교회 모임에 다 같이 참여한다.

67 _____ 우리는 성서를 읽거나 영적 독서를 한다.

68 _____ 우리는 매일 기도하는 시간을 갖는다.

69 _____ 우리는 살아가면서 하느님의 말씀을 생각해본다.

70 _____ 우리는 일상생활에 영성적 가치를 실현하려 한다(예를 들면, 용서의 가르침).

71 _____ 우리 믿음에 관한 극단적이거나 끝없는 논쟁을 삼간다.

72 _____ 영성적 차원에 대한 가정의 전반적 평가는 S인가, G인가?

⑥ 스트레스와 위기대처

73 _____ 우리는 사소하고 성가신 스트레스는 무시할 수 있다.

74 _____ 우리는 사소한 근심에 관심과 정력을 쏟지 않는다.

75 _____ 우리는 일상의 고투나 도전이 큰 목표 달성을 위한 단계라고 믿는다.

76 _____ 우리는 유머나 건설적인 농담을 통해 스트레스와 긴장을 해소한다.

77 _____ 우리는 앞으로 있을지도 모를 일을 놓고 걱정하지는 않는다.

78 _____ 우리는 스케줄이 너무 복잡할 때는 줄일 줄 안다.

79 _____ 우리는 중요한 일에 우선적으로 관심과 정력을 쏟는다.

80 _____ 우리는 여가활동과 취미활동을 즐긴다.

81 _____ 우리는 야외활동이나 레크리에이션을 즐긴다.

82 _____ 우리는 정기적으로 운동을 한다.

83 _____ 우리는 상황이 나빠도 긍정적인 면을 보려고 한다.

84 _____ 우리는 위기에 처하면 마음을 모아 대처하려고 한다.

85 _____ 우리는 위기상황에 놓이면 서로 지지해주려고 한다.

86 _____ 우리는 힘들 때 친구, 교회, 이웃으로부터 도움을 구한다.

87 _____ 우리는 위기상황에 처할 때 전문가의 도움을 구한다.

88 _____ 우리는 위기상황에서 영성적 자원(하느님의 도움, 신앙, 희망)을 활용한다.

89 _____ 우리는 위기상황을 개인이나 가족의 성장 기회로 여긴다.

90 _____ 우리는 좋은 커뮤니케이션을 통해 감정을 나누고 문제를 해결하려 한다.

91 _____ 우리는 변화에 유연하게 대처하고 잘 적응해나간다.

92 _____ 가족 스트레스와 위기 대처에 대한 전반적인 평가는 S인가, G인가?

이 척도를 통해 가족을 평가해봄으로써, 가족의 성장과 긍정적 변화를 촉진시킬 수 있는 가족강점을 발견할 수 있을 것이다(제석봉 외, 2004).

1장

유영주(1990). 신가족관계론. 교문사.

유영주(1999). 건전가정과 건강가족의 개념 설정에 대한 논의. 한국가정관리학회지, 43(3), 93-102.

유영주(2001). 건강가족연구. 교문사.

이재경(2015). 가부장제 이후의 한국 가족-정상성에서 유연성으로-. 한국문화연구, 29, 283-310.

전주람·최경(2021). 은유법을 활용한 대학생들의 가족개념에 관한 연구. 문화와융합, 43(7), 871-888.

정진경(2001). 한국 가족의 변화에 따른 심리적 과제. 사회과학연구, 28(2), 293-313.

Coontz, S.(1997). The Way We Really Are: Coming to Terms with America's Changing Families. New York:Basic Books.

David Olson, John DeFrain(2003). Marriages and Families. McGraw-Hill Higher Education.

박하얀(2021). https://www.nocutnews.co.kr/news/5561262.

한국민족문화대백과(2022). http://encykorea.aks.ac.kr.

2장

강유진(2020). 무자녀 가족의 출산 행동에 관한 연구: 출산 결심형, 출산 보류형, 출산 포기형을 중심으로. 총신대논집, 40, 187-215.

김남영(2020). 무자녀 가족에 대한 가족생애주기와 목회상담적 접근. 장로회신학대학교 일반대학원 실천신학 목회상담학 전공.

김미숙(2021). 한국 가족 어디까지 왔나?-가족위기 대 재구조화 논쟁-. 보건복지포럼, 5-19.

김정미, 양성은(2013). 자발적 무자녀가족의 선택 동기와 사회적 인식에 대한 질적 연구. 한국가정관리학회지, 31(5), 79-95.

김주현, 송민경, 이현주(2010). 기러기 아빠의 분거가족 결정과 유지경험에 관한 연구.

사회복지연구, 41(4), 107-133.

문혁준, 양성은, 김상림, 손서희, 윤수정, 천희영(2020). 결혼과 가족. 창지사.

박종서, 임지영, 김은정, 변수정, 이소영, 장인수, 조성호, 최선영, 이혜정. 송지은(2021). 2021년도 가족과 출산 조사-(구)전국 출산력 및 가족보건복지 실태조사. 한국보건사회연구원.

신난희(2013). 탈북여성 디아스토라 경험연구. 한국학대학원 박사학위논문.

서정연, 김한곤(2015). 출산자녀수별 기혼여성의 출산의지에 영향을 미치는 요인. 한국인구학, 38(3), 1-24.

여성가족부(2022). 2021년 전국다문화가족실태조사.

여성가족부(2021). 가족 다양성에 대한 국민 인식 조사.

여성가족부(2021). 제4차 건강가정기본계획(2021~2025).

여성가족부, 한국여성정책연구원(2021). 가족 다양성에 대한 국민 인식 조사(여성가족부, 2021), 2021년 가족정책포럼, 비혼동거실태조사 결과와 정책적 함의: '결혼해야 가족인가요?'-함께하는 삶, 가족, 그리고 정책이야기.

유영준, 이성희, 김민경, 조금랑, 홍우정, 오봉욱(2020). 건강가정론. 정민사.

이민아(2013). 계획적 무자녀 가족. 한국사회학, 47(2), 143-176.

이수연(2012). 무자녀 부부의 결혼생활 의미에 대한 현상학적 연구. 신라대학교 대학원 석사학위논문.

이수현(2012). 기혼여성의 무자녀 결정시기와 요인에 관한 연구. 여성학 연구, 22(3), 43-88.

이수연, 공미혜(2012). 무자녀 부부의 결혼생활 의미에 대한 현상학적 연구. 한국가족관계학회지, 17(2), 23-44.

이화연, 노승철, 최은영(2011). 1인가구의 인구·경제·사회학적 특성에 따른 성장패턴과 공간분포. 대한지리학회지, 46(4), 480-500.

이완, 채재은(2017). 기혼 여성의 자녀가치관과 추가출산의형 간의 관계에서 출산 장려 정책의 조절효과 분석. 디지털융복합연구, 15(9), 65-78.

장혜경, 민가영(2001). 재혼가족의 적응실태와 지원방안에 관한 연구. 한국여성개발원, 62, 153-180.

최영미, 박윤환(2019). 결혼 및 출산에 대한 인식변화 분석과 저출산 원인의 유형화. 시민문학, 36, 101-137.

통계청(2021). 인구주택총조사.

통계청(2021). 장래인구추계: 2020~2070년.

통계청(2021). 합계출산율.

통계청(2022). 인구주택총조사.

통계청(2021). 통계로 보는 1인 가구조사.

통일부(2022). 북한이탈주민정책 현황(https://unikorea.go.kr/unikorea/business/
    NKDefectorsPolicy/status/lately/, 2023년 2월 26일에 인출)

뉴시스(2022년 10월 11일). 대한민국, 사람이 없어진다(https://www.newsis.com/view/?id=
    NISX20221007_0002041025)

파이낸셜 뉴스(2022년 1월 6일). MZ세대 기혼 남녀, 10명 중 6명 맞벌이(https://www.
    fnnews.com/news/202201060926383613c=Naver_campaign=biz, 2023년 2월 26일에
    인출)

3장

김승권, 김연우, 이성용, 윤홍식, 진미정(2013). 한국 가족변화의 특징과 전망 협동연구:
    가족변화 대응 국가·사회 발전 기본전략. 경제·인문사회연구회 기획 협동연구총서,
    12-03-08(20).

김은지, 장혜경, 황정임, 최인희, 김소영, 정수연, 성경(2015). 2015년 한부모가족 실태조
    사. 여성가족부.

김정옥(2008). 가정의 건강성 강화 프로그램 개발을 위한 웰니스 패러다임적 접근. 한
    국가족관계학회지, 13(2), 37-56.

김혜신, 김경신(2011). 결혼이주여성과 한국인 남성부부의 가족건강성 관련 변인 연구.
    한국가족관계학회지, 16(2), 59-86.

서종선(2007). 건강가정 및 건강가정실천방안에 대한 인식 연구. 제주대학교 대학원 석
    사학위논문.

유계숙(2004a). 건강가족의 요소에 관한 연구. 한국가족관계학회지, 9(2), 25-42.

유계숙(2004b). 건강가족을 위한 가족의 기능과 특성에 관한 성인의 의식. 한국가정관
    리학회지, 22(4), 173-180.

유영주(1999). 건강가정과 건강가족의 개념설정에 대한 논의. 한국가정관리학회지, 17(3), 93-102.

유영주(2004). 한국 건강가정의 의미와 방향 모색. 한국건강가족실천운동본부. UN세계 가정의 해 10주년 기념 심포지엄 자료집.

유영주, 이인수, 김순기, 최희진(2013). 한국형 가족건강성척도 II(KISS-II) 개발연구. 한국가정관리학회지, 31(4), 113-129.

윤경자, 김정옥, 현은민, 전영자, 유계숙, 김은경(2019). 건강가정론. 공동체.

이선형, 임춘희, 강성옥(2018). 새로운 건강가정론. 학지사.

이은주, 유영주(1995). 가족의 건강도. 측정을 위한 척도개발에 관한 연구. 한국가정관리학회지, 13(1), 145-156.

제석봉, 박경 옮김(2004). 환상적인 가족만들기. 학지사.

조희금, 김경신, 정민자, 송혜림(2013). 건강가정론. 신정.

조희금, 김경신, 정민자, 송혜림, 이승미, 성미애, 이현아(2005). 건강가정론. 신정.

한국건강가정진흥원(2013). 건강가정지원센터 운영가이드북.

Barnhill, L.R.(1979). Healthy family systems. Family Coordinator, 28, 94-100.

Beaver, W.R., & Hampson, R.B.(2003). Measuring family competence: The Beaver systems model. In F. Walsh(ed.). Normal Family Processes(3rd.), New Yotk: Guilford. Press, pp.549-580.

Billingsley, A.(1986). Black Families in White America. Touchstone Books.

Curran, D.(1983). Traits of a Healthy Family. Minneapolis: Winston Press.

DeFrain, J., & Stinnett, N.(2000). American Family Strengths Inventory. Lincoln, NE, U.S.A.: Department of family and Consumer Sciences, University of Nebraska.

DeFrain, J., & Stinnett, N.(2002). Family strengths. In J. J. Ponzetti et al.(Eds.), International encyclopedia of marriage and family(2nd ed.). New York: Macmillan Reference Group.

Krysan, M., Moore, K.A., & Zill, N.(1990). Identifying Successful Families: An Overview of Constructs and Selected Measures. Washington DC: Child Trends, Inc.

Lewis, J.M.(1989). How's Your Family?. NY:Brunner/Mazel.

Olson, D.H., & DeFrain, J.(2000). Marriage and the family: Diversity and strengths. Mayfield Publishing Co.

Olson, D.H., & Defrain, J.D.(2003). Marriages and families: Intimacy, diversity, strengths, and diversity. McGraw-Hill Company.

Olson, D.H., & Lavee, Y.(1989). Family systems and family stress: A family life cycle perspective. In K.kreppner & R.M.Lerner(Eds.), Family Systems and Life-span Development, Hillsdale, NJ: Erlbaum.

Otto, H.A.(1962). What is a strong family?. Marriage and family Living, 24(1), 77-80.

Stinnett, N., & Sauer, K.H.(1977). Relationship characteristics of strong families. Family perspectives, 11.

Stinnett, & Defrain(1985). Secrets of Strong Families. Boston: Little, Brown.

그림책

『가족 백과 사전』(메리 호프만 글, 로스 애스퀴스 그림, 신애라·차정민 역, 밝은 미래, 2010).

『그레이스는 놀라워!』(메리 호프만 글, 캐롤라인 빈츠 그림, 최순희 역, 시공주니어, 2005).

『나는 두 집에 살아요』(마리안 드 스멧 글, 닝커 탈스마 그림, 정신재 역, 두레아이들, 2012).

『너 누구 닮았니』(로리 뮈라이유 글, 오딜 에렌 그림, 최윤정 역, 비룡소, 2022).

『달라질 거야』(앤서니 브라운 글·그림, 허은미 역, 미래엔아이세움, 2003).

『돼지책』(앤서니 브라운 글·그림, 허은미 역, 웅진주니어, 2001).

『따로 따로 행복하게』(배빗 콜 글·그림, 고정아 역, 보림, 2008).

『말하고 싶지 않아』(지니 프란츠 랜섬 글, 캐스린 쿤츠 피니 그림, 이순미 역, 보물창고, 2009).

『모든 가족은 특별해요』(토드 파 글·그림, 원선화 역, 문학동네, 2005).

『세상의 모든 가족』(알렉산드라 막사이너 글, 앙케쿨 그림, 김완균 역, 푸른숲주니어, 2014).

『실』(토릴 코베 글·그림, 손화수 역, 현암주니어, 2020).

『아기 할머니』(함영연 글, 한혜정 그림, 고래책빵, 2021).

『아빠, 쟤들은 언제 가요?』(우테 크라우제 글·그림, 김서정 역, 문학과지성사, 2012).

『아빠가 아빠가 된 날』(나가노 히데코 글·그림, 한영 역, 책읽는곰, 2009).

『아빠는 궁전을 사주신대요』(클레이레징거 글, 아네테 뢰더 그림, 유혜자 역, 어린이 가
   문비, 2005).

『아빠한텐 집이 너무 작아』(유리 슬레거스 글·그림, 김선희 역, 마리앤미, 2021).

『엄마 아빠가 생긴 날』(제이미 리 커티스 글, 로라 코넬 그림, 조세현 역, 비룡소, 2005).

『엄마가 엄마가 된 날』(나가노 히데코 글·그림, 한영 역, 책읽는곰, 2009).

『엄마와 나』(레나타 갈린도 글·그림, 김보람 역, 불의여우, 2018).

『없다 업다』(전정숙 글, 이장미 그림, 어린이아현, 2020).

『엠마』(웬디 케셀만 글, 바바라 쿠니 그림, 강연숙 역, 느림보, 2004).

『열두띠 동물 까꿍놀이』(몽골어판)(최숙이 글·그림, 체렝호를러 역, 보림, 2009).

『오른발, 왼발』(토미 드 파올라 글·그림, 정해왕 역, 비룡소, 2004).

『온 세상 사람들』(피터 스피어 글·그림, 이원경 역, 비룡소, 2021).

『왜 나는 엄마가 낳지 않았어요?』(아말테아 글, 줄리아 오레키아 그림, 김현주 역, 아름
   다운사람들, 2014).

『우리 가족입니다』(이혜란 글·그림, 보림, 2009).

『우리 엄마는 외국인』(줄리안 무어 글, 메일로 소 그림, 박철화 역, 봄볕, 2016).

『우리는 가족이에요』(박종진 글, 혜경 그림, 키즈엠, 2019).

『울타리 너머 아프리카』(바르트 무이아르츠 글, 안나 회그룬드 그림, 최선경 역, 비룡소,
   2007).

『이름짓기 좋아하는 할머니』(신시아 라일런트 글, 캐드린 브라운 그림, 신형건 역, 보물
   창고, 2019).

『이모의 결혼식』(선현경 글·그림, 비룡소, 2004).

『인도에서 태양을 보다』(데디 킹 글, 주디스 잉글레세 그림, 유봉인 역, 내인생의책,
   2019).

『진짜 동생』(제럴드 스테르 글, 프레데릭 스테르 그림, 최윤정 역, 바람의아이들, 2004).

『찬다 삼촌』(윤재인 글, 오승민 그림, 느림보, 2012).

『커다란 포옹』(제롬 뤼에 글·그림, 명혜권 역, 달그림, 2019).

『태오 이야기』(조아름 글·그림, 고래이야기, 2017).

『특별한 손님』(안나레나 맥아피 글, 앤서니 브라운 그림, 허은미 역, 베틀북, 2005).

『파랑오리』(릴리아 글·그림, 킨더랜드, 2018).

『풍선 세 개』(김양미 글·그림, 시공주니어, 2019).

『할머니 엄마』(이지은 글·그림, 웅진주니어, 2016).

『할머니는 어디로 갔을까』(아르노 알메라 글, 로뱅 그림, 이충호 역, 두레아이들, 2012).

4장

도미향, 주정, 최순옥, 이무영, 송혜자, 장미나(2019). 건강가정론. 신정.

윤소영(2010). 여가에 대한 생애주기 관점과 여가생활주기 단계별 모형 개발. 가정과 삶
　　의 질 연구, 28(4), 103-115.

이철수(2009). 사회복지학사전. 블루피쉬.

정미경(2022). 생애주기를 고려한 공동주택의 공간계획에 관한 연구. 건국대학교 예술디
　　자인대학교 석사학위논문.

국립국어원 표준국어대사전(2023). https://stdict.korean.go.kr/search/searchView.do

5장

양옥경, 김미옥(1999). 사회복지실천에서의 권한부여 모델에 관한 고찰. 사회복지, 43,
　　155-172.

장휘숙(2009). 성인초기의 발달과업과 행복의 관계. 한국심리학회지: 발달, 22(1), 19-36.

정홍인(2017). 중장년 사무직 근로자의 경력발달과업 성취수준, 성공적 노화 예측요인,
　　성공적 노화 간의 구조적 관계. 고려대학교 박사학위논문.

Blazer, D. G., & Hybels, C. F.(2009). Depression in later life: Epidemiology, assessment,
　　impact, and treatment. The Guilford Press.

Ensel, Walter M. & Lin, Nan(1991). The Life Stress Paradigm and Psychological　Distress.
　　Journal of Health and Social Behavior, 32, 321-341.

Havighurst, R. J.(1972). Developmental tasks and education(5th ed). New York: McKay.

Hobfoll, S. E.(1989). Conservation of resources: A new attempt at conceptualizing stress.
　　American Psychologist, 44(3), 513-524.

Hutteman, R., Hennecke, M., Orth, U., Reitz, A. K., & Specht, J.(2014). Developmental
　　tasks as a framework to study personality development in adulthood and old age. European

Journal of Personality, 28(3), 267-278.

Lazarus, R. S., & Folkman, S.(1984). Stress, Appraisal, and Coping. N.Y., Springer Publishing Company.

Miley, K. K. and B. Dubois(1995). Generalist Social Work Practice: An Empowering Approach. Boston: Allyn and Bacon.

Saleebey, D.(1996). The strengths perspective in social work practice: Extensions and cautions. Social Work, 41, 296-305.

6장

권선중, 김교헌, 이홍석(2006). 한국판 감사 성향 척도(K-GQ-6)의 신뢰도 및 타당도. 한국심리학회지, 11(1), 177-190.

김선주(2002). 유아의 정서지능과 대인간 문제해결 능력간의 관계. 연세대학교 교육대학원 석사학위.

박화윤, 안라리(2006). 만 3, 4, 5세 유아의 연령별 사회적 능력과 정서조절전략의 관계. 유아교육연구, 26(4), 351-370.

이홍표 역(2008). 심리치료에서 정서를 어떻게 다룰 것인가. 학지사.

DePaulo, B.M.(1992). Nonverbal behavior and self-presentation. Psychological Bulletin, 111(2), 203-243.

Friesen, W.V.(1972). Cultural differences in facial expressions in a social situation: An experimental test of the concept of display rules. Doctoral dissertation, University of California, San Francisco.

Goldman S. L., Kraemer D.T., Salovey P.(1996). Beliefs about mood moderate the relationship of stress to illness and symptom reporting. Journal of Psychosomatic Research, 41, 115-128.

Swinkles A., Giuliano T.A.(1995). The measurement and conceptualization of mood awareness: Attention directed toward one's mood states. Personality and Social Psychology Bulletin, 21, 934-949.

Mayer, J.D., & Stevens, A.A.(1994). An emerging understanding of the reflective(meta-) experience of mood. Journal of Research in Personality, 28(3), 351-373.

Olson, D.H.(2000). Circumplex Model of Marital and Family Systems. Journal of Family

Therapy, 22, 144-167.

Olson, David H., Olson-Sigg, Amy, & Larson, Peter J.(2008). The Couple Checkup. Thomas Nelson.

Parsons, T., & Bales, R. F.(Eds.)(1955). Family, socialization and interaction process. New York: Free Press.

Spitzberg, B.H., & Cupach, W.R.(2002). Interpersonal skills. In M.L. Knapp & J.A. Daly (Eds.), Handbook of interpersonal communication(pp. 564-611). Thousand Oaks, CA: Sage.

Stinnett, N., Sanders, G., DeFrain, J., & Prkhurst, A.(1982). A nationwide study of family who perceive themselves as strong. Family Perspectives, 16.

Stinnett, N., & DeFrain, J.(1985). Secrets of strong families. Boston: Little, Brown.

7장

김경욱, 조윤희(2011). 대학신입생의 진로스트레스와 대학생활적응과의 관계에서 자기효능감의 매개 및 조절효과. 청소년학연구, 18(4), 197-218.

김익균(2008). 건강가정론. 파워북.

이훈구, 김인경, 박윤창(2000). 경제불황이 20대 미취업 실업자에 미치는 심리적 영향. 한국심리학회지: 사회문제, 6(2), 103-114.

이희세(2015). 치매노인 가족스트레스가 가족적응에 미치는 영향. 한영신학대학교 박사학위.

장미희(2011). 가족탄력성이 성인발달장애인의 비장애형제자매 관여에 미치는 영향. 중앙대학교 석사학위.

장수미, 경수영(2013). 대학생의 취업스트레스와 중독행동의 관계: 불안의 매개효과를 중심으로. 보건사회연구, 33(4), 518-546.

전미애(2006). 대학생의 진로준비행동과 스트레스 대처전략에 관한 연구. 충남대학교 석사논문.

최승혜, 이혜영(2014). 대학생의 불안, 취업스트레스 및 자아존중감이 우울에 미치는 영향: 회복탄력성의 조절효과. 한국콘텐츠학회논문지, 14(1), 619-627.

Boss, P.(2001). Family stress management: a contextual approach. Thousand Oaks, CA : Sage

Publications.

Garmezy, N.(1983). Stressors of childhood. In N. Garmezy & M. Rutter(Eds.), Stress, coping, and development in children. New York, NY: McGraw-Hill.

McCubbin, M.A., & McCubbin, H.I.(1987). Family Stress Theory and Assessment. In H. I.

Silliman, B.(1994). Rationale for resilient families concept paper. National Network for Family Resiliency.

Lazarus, R., & Folkman, S.(1984). Stress, Appraisal, and Coping. New York: Springer.

Larsen, R.J.(2000). Toward a science of mood regulation. Psychological Inquiry, 11, 129-141.

Weinstein, N., Deci, E.L., & Ryan, R.M.(2011). Motivational determinants of integrating positive and negative past identities. Journal of Personality and Social Psychology, 100, 527-544.

대한임산건강증진학회(2023). https://www.healthpro.or.kr.

8장

도미향, 주정, 최순옥, 이무영, 송혜자, 장미나(2019). 건강가정론. 신정.

에노모노 히데다케(2003). 코칭의 기술(존경받는 리더의 5가지 코칭 기술). 황소연역. 새로운제안.

Buck, J.N.(1948). The H-T-P test. Journal of Clinical Psychology, 4, 151-159.

Burns, R.C., & Kaufman, S.H.(1970). Kinetic family drawings (K-F-D): An introduction to understanding children through kinetic drawings. Brunner Mazel.

Hammer, E.F.(1969). Hierarchical organization of personality and the H-T-P, achromatic and chromatic. In Buck, J.N., & Hammer, E.F.(Eds.) Advances in the House-Tree-Person Techniques: Variations and Applications. Los Angeles.

Stowell, S.J.(1986). Leadership and Coaching(Doctoral Dissertation). University of Utah.

Michael, D. Reiter(2021). 가족치료의 길잡이. 학지사.

Spitzberg, B.H., & Cupach, W.R.(2001). Power, empathy, and sex role ideology as predictors of obsessive relational intrusion. Top Four paper presented at the Western States Communication Association Convention, Coeur d'Alene, ID.

경상남도, 부산광역시 건강가정지원센터(2021). 2020 우수사업보고서.

강유진, 차승은(2013). 건강가정론. 공동체

도미향, 주정, 최순옥, 이무영, 송해자, 장미나(2019). 건강가정론, 도서출판 신정.

송혜림(2006), 건강가정사 양성교육 자료집-건강가정론. 여성가족부.

안산시 건강가정지원센터(2013). 가족사랑의날 사업계획서.

여성가족부(2023). 2023 가족사업안내 I권.

여성가족부(2011a). 결혼 준비교육 프로그램의 효과성 메타분석. 가족정책기초연구 정책브리프 2011-5호.

여성가족부, 중앙건강가정지원센터(2007). 예비부부 및 신혼기 부부 참여 집단 프로그램.

여성가족부(2011b). 부모교육 프로그램의 효과성 메타분석. 가족정책기 초연구 정책브리프 2011-4호.

여성가족부(2013). 2013학년도 건강가정지원센터 사업안내.

유영준, 이성희, 김민경, 조금랑, 홍우정, 오봉욱(2020). 건강가정론. 정민사.

윤경자, 김정옥, 현은민, 전영자, 유계숙, 김은경(2012). 건강가정론. 공동체.

이원숙, 신나연, 박영혜(2022). 건강가정론. 학지사.

중앙건강가정지원센터(2008b). 건강가정지원센터 운영가이드북.

한국건강가정진흥원(2012). 건강가정지원센터 가족돌봄 나눔사업 운영안 개발. 서울:한국건강가정진흥원.

한국건강가정진흥원(2013). 2013 건강가정지원센터 운영가이드북.

저자 소개

전주람 서울에서 태어났으며, 성균관대학교에서 가족학(가족관계 및 교육, 가족문화)으로 박사학위를 최종 취득하였다. 서울시립대학교 교육대학원 교수학습·상담심리 연구교수로 2017년 7월부터 2019년 6월까지 재직했으며, 현재는 서울시립대학교 교직부 소속으로 〈부모교육과 가족관계〉, 〈심리검사를 활용한 심리치료〉, 〈심리학의 이해〉를 가르치고 있다. 아울러 서울가정법원 상담위원으로 2014년부터 최근까지 활동 중이며, 2022년부터는 통일부 통일교육위원으로 활동하고 있다. 지속적인 연구 관심사로는 가족관계, 부부회복, 문화갈등, 남북사회문화 등이 있다. 주요 논문으로는 「50대 부부갈등을 겪는 중년 부부의 변화유발요인과 호르몬 변화에 관한 가족치료 사례연구」(단독), 「Understanding career-designing experiences of North Korean immigrant youths in South Korea」(공저), 「50-60대 북한이주남성들의 일경험에 관한 질적사례연구: 일의 심리학 이론을 중심으로」(공저), 「20대 이혼을 결심한 신혼기 부부에 관한 가족치료 사례연구」(단독), 「북한이주민들의 남한사회에서 직장 유지경험에 대한 질적사례연구」(공저), 「북한이주민과 근무하는 남한사람들의 직장생활 경험에 관한 혼합연구」(공저) 등이 있으며, 저서로는 『절박한 삶』(공저, 2021년 서울대학교 다양성위원회 선정도서), 『20대에 생각해보지 않으면 후회할 것들』(공저), 『부모교육』(공저) 등이 있다. 2016년 KBS 〈생로병사의 비밀 : 뇌의 기적〉 600회 특집에 부부상담사로, 2021년 KBS 통일열차 일요초대석에 출연하였다.

최경 서울에서 태어났으며, 성균관대학교에서 대학원에서 아동심리 및 교육 관련하여 석사와 박사를 전공하였다. 전문대학교 유아교육과 교수를 거쳐서 현재는 대진대학교 사회복지·아동학부에서 아동학전공 교수로 있다. 영유아의 심리와 교육뿐 아니라 영유아에게 중요한 영향을 미치는 가족이나 부모 및 교사 교육에 관심을 가지고 있다. 또한 그림책이 사람의 마음을 이해하고 교육하는 데 미치는 영향과 가치에 관심을 가지고 있어서 직접 그림책을 기획하거나 쓰기도 하였고, 그림책을 통한 심리 상담과 교육에 대해서도 관심을 가지고 연구하고 있다. 연구에는 「은유법을 활용한 대학생들의 가족개념에 관한 연구」, 「대학생이 인식한 부모가 자녀의 심리적 안전기지가 되기 위한 양육환경에 관한 연구」, 「영유아 그림책에 표현된 노인과 대상의 관계 및 관계유형 분석」, 「다문화그림책 선정기준에 대한 보육교사의 인식」, 「예비유아교사를 위한 그림책을 활용한 인성교육 프로그램 개발」 등이 있다. 이론서에는 『그림책과 예술교육』, 『즐거운 그림책 쓰기』, 『보육과정』, 『독서치료』, 『부모교육』이 있고, 그림책에는 『세상에서 가장 무서운 건 누구?』, 『누가 벽에 낙서한 거야?』, 깨금발 그림책 기획 등이 있다.